国家哲学社会科学成果文库

NATIONAL ACHIEVEMENTS LIBRARY
OF PHILOSOPHY AND SOCIAL SCIENCES

逻辑学视野中的认知研究

任晓明　等著

中国社会科学出版社

任晓明　男，1953 年生，四川泸州人，武汉大学哲学系博士研究生毕业。曾任南开大学哲学院教授、博士生导师。现为四川大学哲学系文科讲席教授。

　　曾先后承担国家社科基金重大项目、重点项目和后期资助项目共 4 项。独著《当代归纳逻辑探赜》，合著《决策、博弈与认知》、《计算机科学哲学研究》、《非经典逻辑系统发生学研究》等。在《中国社会科学》、《哲学研究》、《哲学动态》、《世界哲学》等发表论文 100 多篇。获得中国逻辑学会学术成果奖一等奖、四川省人文社科优秀成果一等奖、金岳霖学术奖二等奖等。曾担任中国逻辑学会副会长、天津市逻辑学会会长并担任马克思主义理论研究和建设工程重点教材《逻辑学》首席专家。

《国家哲学社会科学成果文库》
出版说明

为充分发挥哲学社会科学研究优秀成果和优秀人才的示范带动作用，促进我国哲学社会科学繁荣发展，全国哲学社会科学工作领导小组决定自 2010 年始，设立《国家哲学社会科学成果文库》，每年评审一次。入选成果经过了同行专家严格评审，代表当前相关领域学术研究的前沿水平，体现我国哲学社会科学界的学术创造力，按照"统一标识、统一封面、统一版式、统一标准"的总体要求组织出版。

全国哲学社会科学工作办公室
2021 年 3 月

目　　录

Contents

导　论

　　本书的主题是"基于逻辑视域的认知研究"，即从逻辑学的视角看认知，探讨逻辑学与心理学、逻辑学与认知科学的关系。这里的逻辑学既包括演绎逻辑，又包括非演绎逻辑，比如归纳逻辑；既包括西方逻辑，又包括印度因明和中国逻辑。这里的心理学主要指认知心理学。从思想史上看，逻辑学与心理学相互纠结，又相互分离，呈现合久必分，分久必合的发展趋势。因此，考察逻辑学与心理学发展的历史渊源，研究其理论发展的得失和规律，对我们探讨逻辑学与认知科学的关系，提出并探讨其深层次问题是必要的。

一　逻辑学与心理学的分与合

　　西方逻辑奠基人亚里士多德首次确立了三段论的推理规则，讨论了形如"所有 A 是 B""有些 A 是 B""没有 A 是 B""有的 A 不是 B"的量化语句构成的推理。从而开创了怎样区分有效三段论和无效三段论的探索。对三段论的这种探索最终转向有效性概念本身的研究。这一时期的逻辑学和心理学研究尚处于萌芽或初始阶段，尚未分化为独立的学科。[①]

　　19 世纪的哲学家康德在《纯粹理性批判》中指出，逻辑的规则就是思维的基本结构：不按规则行事的思考不是真正的思考。此后，这种"超验的"（Transcendental）逻辑学说逐渐转化为心理主义的自然化倾向。按照心理主义的观点，所有的思想和知识都是心理的想象，因此，逻辑规律就是心理学的规律。雅各布·弗里斯（Jakob Fries）、弗里德里希·贝内克

---

① Keith Stenning and Michiel van Lambalgen, *Human Reasoning and Cognitive Science*, London: A Bradford Book The MIT Press Cambridge, Massachusetts, 2008, p. 9.

（Friedrich Beneke）、布伦坦诺（F. Brentano）、冯特（W. Wundt）、迈农（A. von Meinong）、齐亨（T. Ziehen）、利普斯（T. Lipps）等人就是其代表人物。他们坚持认为，所有的思考和认知都是心理现象，因此，逻辑规律与心理规律无异。在他们看来，逻辑学来源于心理学，逻辑学得以建立的基础来源于心理学的基础。这种观点在19世纪得到不少逻辑学家的支持，其中的代表人物是约翰·斯图亚特·穆勒（John Stuart Mill，又译密尔）。他继承了英国的经验论观点，认为人类所能获得的一切知识都起源于经验，人类的认知不能超出经验的范围，逻辑学作为人类知识的一部分也不例外。穆勒认为，逻辑是对经验的归纳概括，比如对矛盾律的解释，他认为矛盾律是对信仰与不信仰这两种精神状态的概括。若将这两种精神状态指向外部世界，可以发现光明与黑暗、噪音与寂静、前行与后继等现象，而每一个肯定的现象都与其否定处在尖锐的对立之中。矛盾律 ¬（A∧¬A）无非就是把同一时间内对立"信念"不能共存这一经验事实加以普遍化。因此，规范性规则和描述性规则是一致的。

按照这种观点，逻辑学和心理学就像一枚硬币的两面：逻辑研究同时也是认知研究，逻辑学和心理学是合二为一的。只不过逻辑学侧重于规范性，心理学侧重于描述性。逻辑的东西和心理的东西并没有截然分明的界限。

与此同时，反心理主义在西方思想界也在持续发展，不过，直到1884年弗雷格（Frege）出版《算术基础》，1900年胡塞尔（Husserl）出版《逻辑研究》，才标志着反心理主义取得了胜利。弗雷格在《算术基础》中指出，逻辑学的基本规则并不来源于心理学。在该书的序言中，他开宗明义，主张在学术研究中必须遵循三条原则：

1. "始终要把心理的东西和逻辑的东西、主观的东西和客观的东西严格区别开来。"[①]

弗雷格认为，这种心理主义的观点混淆了逻辑本身和从事逻辑推理的心理活动。一个人在从事逻辑推理的时候，确实发生心理的活动。这种心理的活动是主观的活动，是因人而异的。一个人的心理推导活动可能正确，也可能错误，但是逻辑规律本身则是不变的，逻辑的定理是永真的。例如，有人

---

① G. Frege, *The Frege Reader*, Blackwell, Oxford, 1997（edited by M. Beany）：90.

可能把 1 + 2 算作 4，但是 1 + 2 = 3 的真理性并不以人的计算的心理活动为转移。他还指出，"不应该把对于一个观念的起源的描述当作一个定义，也不应该把对于意识到一个命题的心灵的和肉体的条件的说明当作是一个证明，还不应该把对一个命题的发现与它的真混淆起来！"①

2. 只有在语句的语境中，而不是在孤立的词中，才能找到词的意义。

3. 注意把概念与其对象区别开来。

弗雷格一下子击中了心理主义经验基础的软肋。他明确指出，心理主义的失误在于混淆了逻辑的东西与心理的东西，混淆了对象与关于对象的认识。在他看来，心理主义面临的困难在于：

1. 心理主义使得逻辑只归属于观念，从而无法解释为什么逻辑可以应用到现实世界。

2. 逻辑的知识和数学的知识都是客观的，而如果逻辑规律是各人心中的属性，那么将无法确保其客观性。

读一读从弗雷格著作中摘取的这几段文字就不难理解他的反心理主义观点了。

关于第 1 点，弗雷格指出：

> 逻辑的心理处理……则必然导致心理上的唯心主义。因为所有的知识都是可判断的，而现在每一座通往客观的桥都断裂了。（弗雷格：《概念文字》）②

> 逻辑学家……太容易卷入心理学之中……逻辑决不是心理学的一部分。对所有的人而言，毕达哥拉斯定理都表达同样的思想，而每个人都有不同于其他所有人的而专属于他自己的表述、情感和解决。思想不是心理结构，思想不是由内部产生和形成的，但对思想的理解业已客观给定。（弗雷格，给胡塞尔的信③）

---

① G. Frege, *The Frege Reader*, Blackwell, Oxford, 1997（edited by M. Beany）: 89.

② 转引自 G. Frege, *The Frege Reader*, Blackwell, Oxford, 1997（edited by M. Beany）: p. 10。

③ 参见 E. Husserl, *Briefwechsel*, Volumes 1 – 10. Kluwer, Dordrecht, Netherlands, 1994（6）。

最后一句特别有意思："思想不是由内部产生和形成的"，若这句话是对的，那么研究思想就不是认知科学的分内事了。心理学家对推理的兴趣只在于心智通过什么步骤做出推断，即过程比结果更重要。这段引文表明，逻辑研究的是客观给定的对象，心理学研究的是推理的心理过程。这是两条不同的研究进路。

关于第 2 点，弗雷格说：

> 如果除了我们自己之外，什么都把握不了，那么不同观点的［真正］对立，［以及］相互理解就是不可能的，因为不存在共同的基础，心理感觉的概念就不会有这样的基础。不存在对不同观点的对立加以裁决的逻辑。（弗雷格《算术基础》①）

按照这段论述，如果"对不同观点的对立加以裁决的逻辑"是我们追求的目标，那么一定存在一个客观的有效的逻辑。因为，从弗雷格写给胡塞尔的信中可以看出，逻辑就好像思想王国的物理学，它研究"客观给定"思想的结构。对于逻辑这种规范性特点，心理主义显然是一个威胁，因为，能为思想提供一种规范才配得上逻辑之名；而心理主义不可能提供逻辑上有效的规范性理论。如果我们怀疑这种客观的思想王国的存在，就会受到相对主义、怀疑主义的困扰。

弗雷格认为，传统的强心理主义给逻辑学的发展带来极大的阻碍，也给人们对逻辑学的认识带来混乱和困难。在《概念文字》中，弗雷格指出只有句子表达的内容和概念文字有关，而涉及心理作用的东西与概念文字没有关系，这就是逻辑研究的对象和心理学研究的对象的区别。事实上，17—19世纪，逻辑学发展比较缓慢，甚至没有取得较大的进展，这与心理主义占据统治地位不无关系。这种心理主义客观上成为逻辑学进一步发展的"桎梏"。

此外，乔治·汉弗莱（George Humphrey）在《思想》（*Thinking*）一书

---

① 相关的部分重印在 G. Frege, *The Frege Reader*, Blackwell, Oxford, 1997（edited by M. Beany）p. 10。

中表达了"心理学要摆脱逻辑学的枷锁"① 的观点；乔治·米勒（George Miller）也认为，逻辑学和心理学的关系是这样："事实上，逻辑学是一个形式的系统，正如算术是一个形式系统一样，要求未经逻辑训练的人合乎逻辑地思考就像要求学前儿童知道乘法口诀一样。"从米勒的论述中，我们不难发现，米勒认为，逻辑学是一个形式系统，其和心理学的事实是没有联系的，同样，心理学和逻辑学之间没有任何的关系。在这种思想指导下，逻辑学与心理学至此分道扬镳，独自开始了自己的研究进程。

　　总之，弗雷格等人的反心理主义思想澄清了逻辑和认知研究中的一些基本概念，指出了心理主义的局限甚至失误。这在客观上促使逻辑学走向数学化的道路，对现代逻辑的发展起到了积极的推动作用。但是它对心理学的发展显然是致命一击。而且，弗雷格激烈批评心理主义的矫枉过正也使自己面临挑战和困境。与这种激进反心理主义的立场相比，胡塞尔的思想对后来认知科学发展的贡献更大。他的温和反心理主义客观上为后来心理主义的复兴扫清了障碍。

　　胡塞尔早年是一个心理主义者，正是弗雷格率先擎起了反心理主义的大旗，对胡塞尔的《算术哲学》（1891）中心理主义的尖锐批评，促使后者与他一道成为反心理主义的代表人物。在《逻辑研究》② 中，胡塞尔指出，逻辑学并不描述心理学的情景和事件。如果逻辑规律是关于心理事件的经验规律，那它们像所有的经验规律一样，必然是近似的和暂时的。但逻辑规律是正确的，不容置疑的，因此不可能是经验的。在他看来，有关逻辑规律的心理主义会导致相对主义：不同的人根据不同的逻辑规律进行推理，这在原则上是可能的，以至于对一个人是真的东西可能对另一个人则不是真的，然而，真在一定条件下是绝对的，不只是针对某一个人。在这一点上，胡塞尔与弗雷格是相似的。他们都坚持逻辑的确定性。

　　人们都期望将逻辑规律看成精确的、不容置疑的、客观的，但这一假设还需要得到辩护。为提供这一辩护，在《逻辑研究》中，胡塞尔提出了一

---

① George Humphrey, *Thinking*, New York: Wiley, 1951.

② E. Husserl, *Logische Untersuchungen*, Vol. 1, Husserliana, Volume 18 – 19, Nijhoff, The Hague, Netherlands, 1975.

种现代逻辑意义上的新观点：逻辑不是规范的，而是理论的学说，按我们现在的说法，逻辑是一门数学学说。作为理论学说的逻辑研究的是"真""判断"之类的概念。胡塞尔通过把理论性陈述"只有如此这般的论证才能保真"和规范性陈述"真是好的"加以组合，奠定了逻辑的规范性地位，从而得到结论："只有如此这般的论证才是好的"。从逻辑的数学部分解析出规范性可能有潜在的好处，因为它重点关注的是，究竟怎样证明规范性陈述"真是好的"才是合理的，这就开拓了比如"（这类的）真（就那一目的）是好的"之类陈述的相对化空间。与弗雷格不同的是，胡塞尔在坚持逻辑的确定性的同时，又容许逻辑真有一定的相对性。这就为摆脱反心理主义的困境打开了一个突破口。

具体来说，胡塞尔介绍了本质上类似于现代逻辑分类的律则。例如，胡塞尔讨论了"判断的纯粹形式"，也就是一个形式语言的句法；"意义的形式范畴"，也就是"变量""指称""真值""命题""因果"这些概念的语义学的研究；"对象的形式范畴"，也就是什么是"形式本体"，如"对象""事态""连续统""片刻"等概念的研究。最后，胡塞尔认为纯粹的逻辑学也包括形式理论的研究，不仅仅是命题及其推理相互关系的研究。

在胡塞尔看来，现代逻辑完全遵守上述律则。应该研究逻辑系统的"元属性"，比如一致性，即系统中的不矛盾性。其中最重要的元属性是形如"只有如此这般的论证模式保真"的元定理，它依赖于"知识的可能域"研究中对真概念的初始刻画。只有通过以下形式的原则："在这一特定的知识域，如此这般形式的真是好的，因此只有如此这般的论证才是好的"，规范性才有可能。这意味着逻辑规律在某种意义上是无懈可击的，它们是所研究领域中那个结构的数学后承，但根据同样的原因，这些规律又是相对于一个特定领域的。按照这种观点，逻辑并不提供绝对有效的形式，而是给出相对于特定领域有效的形式。在这一点上，胡塞尔的思想与心理主义有一定相容性。[①] 胡塞尔的逻辑观在认知科学中所起的作用比弗雷格的观点更具指导性。

从胡塞尔的理论中，我们看到，虽然胡塞尔是反心理主义的，但是他和

---

① Keith Stenning and Michiel van Lambalgen, *Human Reasoning and Cognitive Science*, London: A Bradford Book The MIT Press Cambridge, Massachusetts, 2008, p. 12.

穆勒一样，认为逻辑学和心理学是紧密联系在一起的，他在穆勒的基础上更进了一步，发展了一个更加成熟的逻辑学和心理学紧密联系的观点，成为我们今天逻辑与认知研究的先驱。弗雷格的逻辑学在罗素悖论建立后被证明不是普遍的和同构的，这种在数学背景之下发展起来的逻辑学和心理学是相分离的。胡塞尔对形式语言的句法、概念的语义学的研究和他认为逻辑学是关于形式语言结构刻画的观点奠定了他成为人工智能先驱的地位，也有人认为胡塞尔的逻辑理论在认知科学中的影响力尤为显著。

以上讨论了三种不同的观点：第一种是以穆勒（旧译密尔）为代表的心理主义，他们认为逻辑学的基础来源于心理学；第二种是以弗雷格为代表的反心理主义，他们认为逻辑学和心理学之间没有关系，胡塞尔虽然是反心理主义的，但是他认为逻辑学和心理学是相互联系的；第三种是以汉弗莱和米勒为代表的反逻辑主义的观点，他们认为心理学并不来源于逻辑学。不论是穆勒的强心理主义，还是弗雷格的反心理主义都过于极端，认为逻辑学和心理学毫无联系；胡塞尔认为心理学和逻辑学有联系，但他否认逻辑规律是经验的，坚持逻辑规律是客观的，这对于逻辑学研究的认知转向是革命性的，为逻辑学的发展开辟了新的研究领域，为认知科学和人工智能等的研究提供了理论基础。

二　新心理主义的兴起

实际上，20 世纪的分析哲学是以其非心理学取向为特色的（Hacker，1996：4）。在这一时期，对心理主义的批判对逻辑和哲学实践产生了巨大影响。虽然后来反心理主义取得了对心理主义的重大胜利，导致心理主义在哲学、逻辑学、心理学、数学等领域的全面溃退，但是，随着岁月的推移以及对先前成果的反思，不少学者逐渐质疑：反心理主义者并没有提出对于心理主义的摧毁性论证；他们所提出的替代方案，例如弗雷格主张思想客观性的观点，本身也面临许多严重的困难；心理主义正在以某种新的形式在当代哲学和科学中复活。当然，心理主义的复活并不是对穆勒等人思想的简单重复，而是在克服心理主义困难的过程中，在新的历史条件下的新发展。这种升级换代的心理主义通常称为"新心理主义"。

新心理主义思想的产生既有其历史背景，又有其现实需要。

第一，哥德尔不完全定理的提出，给弗雷格等人的逻辑主义浇了一瓢凉水，同时在反心理主义大本营注入了一缕清新的气息。19 世纪末，弗雷格提出了较为完备的现代逻辑系统，掀开了现代逻辑发展的新篇章。在他看来，没有什么思想上、数字上的东西不能用他的逻辑量词来描述。他和罗素都在独立地探讨同样的问题，都想用逻辑来加固数学的基础。1902 年，就在弗雷格出版其大作第二卷那天，他收到罗素的来信，这是一封每一个逻辑学家都不想收到的信。罗素发现，作为逻辑基础的集合论也出现了悖论。

弗雷格马上回信：亲爱的，你所发现的矛盾使我惊呆了。我不得不承认，这于我犹如晴天霹雳，难道还有在大厦即将建成之际发现地基动摇更悲惨的吗？无论如何，你的发现是出色的，这可能引领逻辑学向前迈进一大步。尽管它乍一看来让人心烦。

尽管罗素等人在消解悖论的过程中推动了逻辑学的发展，但困扰逻辑主义者的不确定问题仍悄然袭来。因为声称最具确定性的数学和逻辑领域正面临一场危机。谁能确保数学和逻辑就不存在矛盾？建起防火墙就可以防范不确定性吗？很可能这些防火墙本身导致了矛盾。这种矛盾深深困扰一个人，他就是库尔特·哥德尔。此人是维也纳学派的独行侠，受过良好的逻辑训练。1930 年 8 月，在维也纳的一间咖啡屋里，年轻的哥德尔提出了一个著名定理，认为自己的发现将永远终结弗雷格和罗素给自己设定的逻辑探索目标。逻辑主义者都知道，想要成为数学基础的逻辑，必须是完全且不矛盾的。但哥德尔告诉卡尔纳普，通过研究罗素的大作，自己发现了惊天的秘密。那就是：任何逻辑系统中要么是无矛盾的，要么是完全的。但不能同时拥有这两者。在罗素的著作中，哥德尔发现，罗素的逻辑系统也存在这个鱼和熊掌不可兼得的问题。这表明在数理逻辑中，存在某些真的东西，它实际上是真的，但永远不能证明其真。哥德尔关于数学、逻辑也有限度的观点，给了逻辑主义乐观派当头一棒。对逻辑的绝对确定性的探索，终于遇到了瓶颈。哥德尔以后，人们逐渐认识到，所有的数学和逻辑系统都有限度，永远不可能拥有完全确定的知识。这就宣告了逻辑新纪元的终结。

实际上，逻辑主义在理论基础方面遭遇失败的同时，却在认知科学和工程应用中取得了意义重大的成功。这一切都源于计算机和信息技术，源于认知科学的兴起。目前，尽管我们仍然在从事逻辑学的理论探索，但逻辑学已经扩张到包括心理学在内的各学科门类，深入到我们每个人的日常生活中。

第二，认知科学的兴起超越了逻辑与认知截然分明的界限，为认知逻辑、人工智能逻辑等非经典逻辑的诞生开辟了道路。在采用信息处理隐喻的认知模式中，逻辑具有了双重地位：一方面作为形式的、符号的表征语言，另一方面作为产生行为和思想的推论机制。在体现逻辑双重性方面，皮亚杰（Piaget）的"逻辑主义"①堪称代表。皮亚杰认为，形式演绎运算的习得是认知发展的桂冠。皮亚杰的研究表明，学前儿童并没有掌握简单的经典谓词逻辑，但他认为每个人最终都能够掌握。因此，逻辑既是心理过程，又是形式语言，这就证明这种形式的逻辑主义有致命的弱点。事实上，沃森（Watson）的选择任务心理实验就是对经典逻辑纯粹形式观点的一种反叛。更多的批评意见指出，经典逻辑推理机制的反应迟缓，特别是涉及从一个给定的目标出发进行回溯推理时，这一点表现得尤为突出。为回应上述批评，纽厄尔（Newell）和西蒙（Simon）提出的"生成系统"（Production Systems），安德森（Anderson）和赖比尔（Lebiere）提出的ACT－R系统，只保留肯定前件的推理规则，允许快进处理，但这种解决的代价是使推理的其他步骤变得异常复杂。这一切有益的尝试为认知与逻辑的研究提供了新的可能性。

第三，人工智能中神经网络理论的问世引起了人们对由经典逻辑给出的符号表征式的批评：这种脆弱的全有或全无表征无法刻画本质上有模糊界限的实际认知表征。更严重的是，学习性符号表征实现起来非常困难。因此，从处于认知革命核心的推理、计算和语言分析概念的立场看，演绎心理学导致了认知心理学的没落，很多人怀疑，在我们学术圈之外，人类推理是否真的发生过。于是许多著名的心理学院都不开设有关推理的课程了。即使他们教了有关推理的课程，也主要关注的是类比推理，并将其看作与确定性演绎对立的一种推理。显然，由于经典逻辑在基本假设和规律上面临一些困难和挑战，使得经典逻辑研究在某些方面走向了衰落。显然，通过研究逻辑和认知的相互关系，考察经典逻辑中的一些富有争议的问题，有助于逻辑和认知的健康发展。

新心理主义一方面继承了传统心理主义的基本内核，另一方面吸取了反心理主义的合理内核。这表现在以下方面：

---

① J. Piaget, *Logic and Psychology*, Manchester University Press, Manchester, UK, 1953.

第一，逻辑学不同于心理学，在思维规律和过程的研究中，它们有不同的分工。

逻辑学的建立是为了表达和掌握符号的处理方式和命题之间的蕴含关系，而心理学则侧重于精神活动的事实和过程。自近现代以来，很多心理学家、逻辑学家和哲学家普遍认同心理学和逻辑学是不同的两门学科的观点。例如，科恩（Cohen）、亨利（Henle）、布雷恩（Braine）、索伯（Sober）、利普斯（Rips）和麦克纳马拉（Macnamara）等人在他们的著作中都论述了类似的观点。康德在《逻辑学讲义》里区分了逻辑学和心理学的分工："一些逻辑学家在逻辑学里假设了心理学的原则，但是把这些原则带入逻辑学就像从生活中提取道德一样荒谬。如果我们从心理学里提取这些原则，亦即从我们所理解的观察事实中提取原则，我们只会看到思维是怎样发生的，以及思维如何受到多方面的妨碍和制约。这样导致的仅仅是偶然性规律的认知，然而，在逻辑学里，这不是一个偶然性的规则，而是一个必然性的规则，问题在于不是我们如何思维，而是我们应该怎样去思维。因此，逻辑学的规则一定不是从偶然的理解应用中，而是从必然的理解应用中得到的，这种必然性的理解应用无须任何的心理学，在它自身那里就可以找到。"[1] 从康德对逻辑与心理的区分中我们看到，心理学和逻辑学的功能是截然不同的，心理学的对象是偶然性的，而逻辑学的对象是必然性的，如果把心理学的规则运用到逻辑学里，将会限制和阻碍逻辑学的进一步发展。不仅如此，我们可以看出，逻辑学家关注的是可靠的推理标准，而心理学家关注的是实际的生活过程。逻辑学上必然的理解应用从逻辑学自身就可以得到，无须从心理学的偶然的、经验的理解应用中得到，因此要避免在逻辑学里使用心理学的经验规律。蒯因在他的《认识论自然化》（Epistemology Naturalized）一文中也指出，逻辑学和心理学的分工今天依然存在。心理学揭示的是科学事实，它不能给科学事实一个逻辑论证，而逻辑的功能正是如此。一般认为，逻辑学是一门规范的科学，而心理学不是，这也许是因为逻辑学规律的客观性和必然性，人们才说逻辑学是一门规范的科学，

---

① Kant, I., *Logic*, Translated by R. S. Hartman & W. Schwarz, New York: Bobbs-Merrill, [1800] 1974, p. 16.

正像康德所说的那样，逻辑学不是关于我们如何思维的学问，而是关于我们该如何去思维的学问。蒯因和戴维斯等逻辑学家也认为，没有任何一个心理学家清楚地解释了变异逻辑的表达式，只有逻辑学家能够清楚地解释它们。进一步说，逻辑学家解释这些表达式的逻辑性质比其他人更深入，如果逻辑学家给出了这些表达式如何学习和如何使用的解释，心理学家就必须向逻辑学家学习。

第二，逻辑学与心理学相互影响，相互制约。一方面，逻辑学作为工具将影响和制约心理学的研究，而心理学中则蕴含了相干逻辑的一些认知结构细节。尽管逻辑学家努力避免在逻辑学中引入心理学的观点，坚持逻辑学和心理学相互分离的原则，但事实上，我们看到的结果是，逻辑学不容易受到心理学观点的影响，而心理学需要借助逻辑学理论来论证自身。例如，经典逻辑主要来源于对算术命题的分析，在经典逻辑里，算术命题通常是一个主要的讨论话题，因为对象在算术命题里是永恒的和不变的，它们的所有性质是必然的。经典逻辑纯外延的讨论不关乎心理学的经验事实分析，逻辑常项和函项可以是任意的字符，心理学的心理过程和精神生活的分析是被排除在外的。经典逻辑实际上只是要判断一个命题是不是重言式；而指导我们如何去构建一个比经典逻辑更丰富的解释自然语言表达式的方式是关于心理事实的方式，只有心理学的事实才有可能指导我们如何去构建逻辑学。

另一方面，心理学将影响逻辑学并制约逻辑学的发展。我们知道，逻辑学的构建是用数学的对象（常项和函项）和数学自身的方式（算术分析）完成的，不是心理学的方式。在构建逻辑学的过程中，它受到确定的认知事态和事件的制约，这是心理学对逻辑学施加影响的一种方式。尽管这个观点看起来是清楚明白的，但是它不被逻辑学家、哲学家和心理学家们所重视并认可它们的价值。这是因为在弗雷格时代，几乎所有的逻辑学家对心理主义是相当排斥的，正如布伦塔诺（Brentano）所说的一样，"许多虚伪的逻辑学家拒斥心理主义这个恶魔，尽管这个恶魔也是他们自己。"①

---

① Brentano, F., *Psychology form an Empirical Standpoint*, Translated by A. C. Rancurello, D. B. Terrel and L. L. McAlister, London: Routledge & Kegan Paul, p. 306.

　　可见，逻辑学对心理主义的拒斥是没有根据的。内德·布洛克（Ned Block）在《心理主义和行为主义》一文中阐明了心理学的智能研究有助于逻辑学上理解什么是知性；艾德里安·库森斯（Adrian Cussins）在《多样的心理主义》一文中指出，心理学上概念构成的研究与逻辑学上理解什么是概念相关；这些成果都表明一些逻辑学家对心理主义的拒斥是毫无根据的，心理学以它自身的方式制约了逻辑学的发展。正如麦克纳玛拉所说："我选择心理学的断言承诺了逻辑学类型框架的缩略图，我相信心理学断言的理由是我相信逻辑学的类型是逻辑学自然发展的结果。"①

　　那么，具体来说，心理学如何制约逻辑学的发展？事实上，每一个心理学的断言对逻辑表达式的影响在于我们对这些表达式能否理解。这就像当弗雷格收到罗素的信时感到沮丧一样，当他完成《算术基础》第二卷时，发现建立这座大厦的地基塌陷了，这表明心理学的事实制约逻辑学的构建。这并不是说一个特殊的心理学断言能够指导我们去建立一种独一无二的逻辑学，甚至说所有相互关联的心理学事实指导我们去构建一种独一无二的逻辑学。然而，我们清楚的是构建逻辑学的自然限制条件是和心理学的事实相关的，心理学的事实制约了逻辑学的构建。

三　新心理主义的得与失

　　坚持逻辑学和心理学的相互影响和相互制约的观点，正是新心理主义的重要特征和核心内涵。著名逻辑学家范本特姆在逻辑与认知的互动研究方面很有影响，他所采取的就是一种新心理主义立场。这种新心理主义与19世纪末20世纪初的经典心理主义不同，它不把逻辑规律简单地归结为心理现象。而是在促使逻辑学科与心理学科走向互动化、实现主体化过程中采取了一种新的立场。② 新心理主义主张逻辑与经验事实之间是有联系的，这种联系在于逻辑理论往往受人类推理的经验事实启发。这一立场与2008年凯斯·斯坦宁（Keith Stenning）和米歇尔·范·郎巴根（Michiel van Lambal-

---

　　①　John Macnamara and Gonzalo E. Reyes Edited, *Logical Foundation of Cognition*, New York: Oxford University Press, 1994, p. 18.

　　②　郭美云、周君：《试析约翰·范本特姆对逻辑"心理主义"的辩护》，《哲学研究》2013年第8期，第72—77页。

gen）的专著《人类推理和认知科学》（Human Reasoning and Cognitive Science）的观点遥相呼应。但这并不表明逻辑主义已经寿终正寝，实际上逻辑主义留下了相当丰厚的遗产，在逻辑和哲学中具有相当重要的地位。[①] 笔者所采取的也是新心理主义立场。这里的关键是，在逻辑学发展中，逻辑这一词出现了不同层级的含义。最里边的层级亦即最核心的部分是逻辑中最早的成分，例如三段论、命题逻辑等；最外层的边界是模糊的，而且范围不断在变换，尤其是随着逻辑学科不断扩充，其边界越来越模糊化。不同的类比推理在逻辑的各个层级中展现出不同分布。比如，在三段论的层级中，类比推理往往作用于大前提的发现中。在这里分布的浓度比较低，随着向外推展，浓度越来越高，在模糊地带浓度相当高。就经验和实践而言，逻辑的核心部分离经验和实践较远。这也是造成逻辑与心理无关的印象的原因之一。但我们的论证已经显示这一点是假象。就逻辑的客观性而言，逻辑成为认识对象保证了其客观性。但我们不能因为客观性而忽略认识过程，这是出现心理与逻辑之争的真正原因，也是造成逻辑与心理无关的印象或直观的真正原因。因为认识过程属于心理过程。

新心理主义最诱人的地方在于，第一，它对逻辑与心理的关系持一种温和的宽容态度，这种态度有利于逻辑学和其他学科的交叉和互动，有利于逻辑和心理学科的发展。第二，它有利于超越逻辑与心理之争这种长期困扰我们的问题。逻辑与心理之争的极端立场不仅对于人类认识的发展无益，而且对学科的发展无益。面对这一问题，新心理主义与其说是回答或者解决了争论，不如说是提出了一种更加宽容的探究策略。

换言之，对新心理主义的得失分析给了我们重要的启示：

（1）强心理主义的观点和反心理主义的观点都各执一端，它们都限制了逻辑学的发展。逻辑学的心理主义使逻辑学的发展止步不前，反心理主义使逻辑学的发展受到限制；反逻辑主义认为心理学和逻辑学没有关系同样是极端的。逻辑学和心理学是两门相互独立的学科，我们应该坚持逻辑学和心

---

① 参见［美］赫伯特·霍赫贝格《逻辑主义及其在当代的遗产》，［荷］西奥·A. F. 库珀斯主编《爱思唯尔科学哲学手册：一般科学哲学焦点主题》，郭贵春等译，北京师范大学出版社2015年版，第499页。

理学的分工。但是我们也应该看到逻辑学和心理学之间的相互联系，心理学的事实制约逻辑学规律的构建，但是要避免心理主义过于强势地侵占逻辑学的领域，影响逻辑规律的客观性和必然性；心理学需要逻辑学的形式语言来论证自身的理论，但是心理学是对心理事实的过程的描述，看重的是过程，而不是结果，我们应该看到逻辑的和心理的对象的区别。随着人类认识的发展，认知科学正受到越来越多的逻辑学家的关注，与之相关的人工智能的研究更是当今逻辑学和计算机科学主要的关注点之一。同时，认知心理学作为心理学的分支也受到越来越多的心理学家和认知科学家的关注。认知科学作为一个新兴的学科，它吸收了心理学的理论并且使用逻辑学作为它的工具，给予逻辑学和心理学平等的地位，对心理学主义和逻辑主义之间的争论是一个超越。

（2）逻辑学和心理学是两个不同的学科，一方面应该坚持它们相互的独立性，为彼此保留一席之地；另一方面，逻辑学和心理学是相互制约的，就像数学和物理学相互制约一样。类似地，逻辑学本质上是认知理论的一个组成部分，它运用恰当的数学语言表达认知的性质，运用数学工具探索认知的性质和过程。尽管逻辑学的建立是为了表达和掌握符号的处理方式和命题之间的蕴含关系，但逻辑学也有它自己的表征方式。所以，逻辑学和认知科学之间的关系就像微积分和力学的关系一样，认知科学和逻辑学是相互制约的。认知科学是包括逻辑学、心理学、人类文化学和哲学以及其他学科的一个交叉学科，这个事实本身是否可以看作是对强心理主义和反心理主义之间的一个和解？在我们看来，答案应当是肯定的。

（3）我们基本赞同新心理主义的观点，但必须强调的是，我们持有的是一种基于理性批判的新心理主义。我们主张在心理主义和反心理主义两种极端的观点之间保持必要的张力。也就是说，基于理性批判的新心理主义一方面要保留心理主义的基本内核，另一方面要汲取反心理主义的合理内核。关键的问题是，要准确把握"度"。

简言之，以这种哲学观点作为逻辑起点，我们将探讨这三方面问题：第一，归纳逻辑研究面临的困难是什么？克服这种困难的出路是什么？第二，人工智能逻辑研究面临的困难是什么？克服这种困难的出路是什么？第三，中国古代逻辑研究面临的困难是什么？克服这种困难的出路是什么？本书将围绕这三方面展开。

四　论著概要

（一）研究目的和创新

1. 研究目的

论著研究的最终目的是开展基于逻辑视域的认知研究。这种认知研究不同于认知心理学家的研究，也不同于逻辑学家的认知逻辑研究。我们聚焦于推理研究，既要考虑推理的心理状态又要探究推理的逻辑机制。既追求规范性，又要考虑推理的描述性；我们所说的推理是广义的，既有形式化的推理，又有非形式的推理。即便是形式化也是广义的，不仅包括语形（句法）的形式化，也包括语义和语用的形式化。最后，我们将探讨不同文化背景下的推理和论证的认知基础和特性。

2. 对象、方法和视角的创新

（1）逻辑学研究对象的创新。在逻辑与认知的互动关系层面上开展跨学科研究，国内已经有一些研究，但是将逻辑学的研究对象从自然科学领域扩展到社会文化领域，从而将人工智能、心理学和认知科学的研究方法引入逻辑学领域的研究在国内尚未充分展开。

（2）对逻辑学和认知科学理论的扩展研究是一种方法创新。本研究不局限于对经典逻辑和经典认知计算主义的探讨，而是扩展到广义的计算和逻辑，这不仅有助于推动我国逻辑学研究，而且有可能在自然科学、社会科学以及社会生产实践中产生良好效果，引起较大反响。

（3）从认知基础的视角探讨中国逻辑史研究的困境和出路是一种视角创新。通过研究中国古代主导推理类型的认知基础和认知模式，希望能在建构中国特色的人文社会科学话语体系方面做出自己的贡献。

（二）主要内容和新观点

本书的内容包括三个方面：（1）基于归纳逻辑视域的认知研究；（2）基于人工智能逻辑视域的认知研究；（3）基于中国古代逻辑的文化与认知基础研究。

第一章到第十章主要讨论基于归纳逻辑视域的认知问题。以往的归纳逻辑研究主要聚焦于归纳逻辑相对于演绎逻辑在创新功能上的优势，力图借鉴演绎逻辑的方法实现归纳逻辑的形式化，但进展缓慢；本研究则侧重于从认知和计算的宽广视角探讨归纳逻辑的形式化及其在人工智能中的应用。第十一章和第十二章主要讨论基于人工智能逻辑视域的认知问题。以往的人工智能逻辑研究囿于图灵计算和计算主义哲学观，其发展屡遭挫折；本研究试图突破上述局限，在质疑计算主义纲领的基础上，尝试从图灵计算转向自然计算。第十三章和第十四章主要讨论中国古代推类的逻辑与认知问题。以往的中国古代逻辑研究受制于"据西释中"的思维定式以及纯粹理性主义羁绊而进展缓慢，近年来虽然一些有识之士已经意识到文化诠释的必要性但并未深入到认知基础层面；本研究试图突破上述局限，在逻辑的文化诠释基础上，探讨不同文化背景下逻辑在语言文字层面的认知基础，进一步探讨汉字造字法体现的汉民族认知模式和认知结构，尝试探寻中国古代逻辑的认知根基。现分述如下。

导论部分是该研究的哲学基础和逻辑起点。主要探讨基于逻辑视域的认知研究的问题背景和有关哲学问题，讨论这项研究的目的、内容、学术价值和应用价值，等等。通过探讨逻辑学与心理学的关系进而探讨逻辑与认知的分合、新心理主义的兴起和新心理主义的得失问题。我们持有的是一种基于理性批判的新心理主义。认为基于理性批判的新心理主义一方面要保留心理主义的基本内核，另一方面要吸取反心理主义的合理内核。主张在心理主义和反心理主义两种极端的观点之间保持必要的张力。

第一章是该研究的切入点。探讨认知心理学视野中的逻辑推理，涉及逻辑学与心理学对推理的不同认知。本章探讨归纳逻辑中的贝叶斯方法在心理学中的运用，主要关注贝叶斯方法对归纳推理中的心理现象的解释，认为贝叶斯方法能够对演绎推理中的行为偏差做出解释，所以归纳逻辑、演绎逻辑以及心理学中的推理都能还原为概率的方法。

第二章探讨认知心理学视野中的支持理论并考察其从逻辑到认知的视角转换。主要涉及内涵主义和外延主义之争以及相关的逻辑与认知问题。我们知道，归纳支持理论和概率判断的支持理论都基于非外延性、次可加性、非互补性的假定。前者是规范性理论，而后者是描述性理论。支持关系是相对的而不是绝对的。无论是可加性、次可加性还是非互补性，作为一种规则或基本原理，它们都各有一定的适用范围，不存在普遍适用的绝对有效规则。

从逻辑刻画和认知描述相结合的角度发展支持理论，有助于拓展支持理论研究者的视野。用内涵逻辑手段来解决支持理论的形式表述问题，是一个值得尝试的发展方向。

第三章进一步从认知心理学视角探讨贝叶斯推理的逻辑和认知问题。认知心理学研究表明，人们在贝叶斯推理过程中并未遵循贝叶斯规则，而是采用了"锚定—调整"启发式策略。这也表明，逻辑视野中的贝叶斯推理研究虽然没有忽略基础概率信息，但是对其重视程度不够。实际上，人们在贝叶斯推理中的表现与任务情境有很大的关系，同时人们在整合信息时由于问题结构的复杂性以及日常生活经验的影响，表现出某些认知偏向。概率信息的格式、呈现方式等都会影响人类的贝叶斯推理，而主体因素如知识背景、认知风格、情绪状态等也会影响贝叶斯推理。所以，贝叶斯推理是由众多因素共同影响和推动的一个主观概率估计过程。

第四章从认知科学视角考察类比推理的哲学基础问题。除了贝叶斯推理之外，类比推理也是认知科学推理研究的主要内容之一。本章主要涉及类比推理的理论渊源、划分和性质等哲学问题，着重从认知推理视角和认知实验的视角看类比推理。我们认为，类比推理的主要问题是类比形式化难度较大，不能仅限于逻辑的研究，应该研究认知科学中的类比计算模型和认知机制，这可能是类比推理未来发展的方向之一。如何进行多维度的类比形式化研究，这是下一章主要探讨的问题。

第五章试图突破经典逻辑的限度，从更宽泛的计算和认知的视角讨论类比推理的形式化尝试。不仅探讨隐喻逻辑中的类比形式化，而且探讨数学类比的形式化、认知科学类比的形式化、溯因推理类比形式化等非隐喻的形式化进路。从不同领域、不同视角对类比推理进行形式化研究。显然，这种形式化是广义的形式化，它比经典逻辑系统的形式化宽泛，不仅包括句法（语形）的形式化，而且包括语义和语用视角的形式化。如果按照经典逻辑建构形式系统的严格要求，那么类比推理形式化的道路将步履维艰。但是认知研究中对经验规则的逻辑刻画，对情景修正和情景改变的探讨，可以为类比推理借鉴认知科学研究成果，为类比推理形式化的认知研究提供发展机遇。在第六章将进一步讨论克服类比推理形式化困难的另一途径：类比推理的计算和认知研究。

　　第六章从计算和认知的视角探讨类比推理的形式化问题。主要探讨类比的计算程序、结构主义计算理论、基于案例推理的计算理论。讨论计算主义视域中的类比推理。主要探讨巴萨在计算主义哲学影响下对常识模型的批判，进而提出了关于心理与逻辑的关系论证。认为类比推理所体现的不确定性、模糊性和主体依赖性在基于案例推理的研究中体现得十分突出。由此引出从哲学层面探讨类比推理合理性及其辩护问题。我们认为，类比推理研究给出的重要启示是：第一，对类比推理的辩护不仅要考虑其必要性，而且要探究其充分性，亦即研究它在自然科学、社会科学和人类思维中的可应用性以及创新功能；第二，类比推理是一种主体依赖性和知识依赖性推理，既要考虑其客观因素，更要探究其主观因素。

　　第七章从认知科学哲学视角探讨溯因推理的哲学问题。溯因推理是认知科学哲学研究的主要内容之一。本章主要以皮尔士的溯因推理理论为范例，探讨了溯因推理的性质、历史渊源；溯因推理与狭义归纳的不同；后期皮尔士对溯因的新认识，等等，从科学认知的视角探讨了溯因推理与"最佳说明推理"的关系，然后探讨最佳说明推理的合理性问题。进而指出这种推理的合理性争议一直持续不断，范·弗拉森（van Fraassen）在这场争论中占有特殊重要的位置，他提出一系列反"最佳说明推理"的经典论证，对于当代认知科学哲学的发展有重要启示。

　　第八章探讨视觉溯因的逻辑和认知问题。主要从认知科学发展前沿的视觉认知角度探讨溯因推理，探讨视觉溯因和溯因视觉的关键在于考察溯因的双重方面，即溯因的本能和溯因的推理。本章依次探讨皮尔士的知觉溯因思想、马格纳尼的视觉溯因思想、拉夫托普诺斯的溯因视觉思想。对视觉溯因的研究，有助于我们拓展溯因推理的研究视野，不仅从逻辑的视角探究溯因推理，而且从认知的角度研究溯因推理，吸取计算机科学和人工智能对溯因推理和溯因模式的研究成果，在此基础上开展哲学的研究，实现跨学科多视角的溯因推理研究。视觉溯因作为一种非言语的图示推理，可以极大地推动归纳逻辑、语言逻辑、认知逻辑和人工智能逻辑的发展，展现出极大的发展潜力。

　　第九章在视觉溯因研究的基础上探讨动物溯因的逻辑和认知问题。主要根据认知科学发展的新成果，从动物认知角度探讨溯因推理。主要涉及皮尔士的动物溯因思想、马格纳尼的动物溯因思想等。皮尔士和马格纳尼关于动物溯因既是本能，又是推理的论断，深化了视觉溯因既是心理机制，又是推理的论断，为我们从逻辑与认知的双重角度研究溯因开拓了新的思路。另外，从认知进化的角度开展对动物溯因进一步凸显了溯因认知研究的动态性。这就极大扩展了溯因推理研究的视域，具有明显的创新性。

第十章探讨基于动态信息和信念修正的认知基础问题。主要涉及动态信息的认知问题、动态信息的逻辑、基于溯因推理的信念修正，等等。我们认为，动态信息的认知刻画和基于溯因的信念修正模型都是对信息、信念的动态研究。前者使用动态认知逻辑手段，后者使用溯因推理模式，它属于一种以多种条件下的不完整信息为特征的推理模式。现代逻辑使用信念修正的概念来刻画溯因推理的动态认知过程，而溯因推理的语义树结构的程序化及其全局策略和局部策略的提出有助于实现信念修正系统形式化，从而更好地描述其动态认知过程和处理信念修正问题。

第十一章探讨经典计算主义的基本问题。讨论计算认知的理论渊源、面临的困难和回应，探讨摆脱困境的出路。我们认为，涉身认知科学给出的修正方案带有明显的非计算或者反计算特征。非计算或者反计算方案都或多或少带有理论上的缺陷。涉身认知科学的修正方案对新计算主义的发展有一定的启示作用。

第十二章探讨新计算主义。探讨了新计算主义的兴起以及对计算的重新解释。着重探讨如何摆脱认知计算困境的问题，进而提出从图灵计算转向自然计算的新思路。我们认为，正是受益于涉身认知科学的启发，我们实现了对计算概念的扩展，将其由图灵计算扩展为自然计算，从而建立新的"保护带"，维护了经典计算主义研究纲领的完整性。同时，自然计算将为我们的认知研究提供新的方法论指导。自然计算的出现极有可能衍生出新的认知主体。关于这种"个体＋环境"复合主体的考虑极有可能促进半人工生命的科学研究，推动人工智能的发展。

第十三章探讨中国逻辑史研究的困难并指出可能的出路。讨论了"中国逻辑"的名与实、"据西释中"的理与据、"多元化研究"的源与流，最后探讨了中国古代"推类"的逻辑和认知特性。中国逻辑史研究面临的困局表明，中国逻辑史研究之所以困难重重，原因在于，中国逻辑史研究不仅需要进行文化诠释，而且需要从汉语言文化的认知基础方面去阐明中国古代逻辑的特性。只有这样，中国逻辑史研究的多元化才有可能迎来明媚的春天！

第十四章聚焦中西文化互动中的中国古代逻辑及其认知基础研究。一方面讨论了国内学界对先秦诸子逻辑思维的认知定位，另一方面探讨了海外学者对中国古代逻辑的独特看法。聚焦中国古代逻辑思想的文化诠释和认知分析。不仅探讨中国古代逻辑思维的认知特点，而且从汉语言文字角度探讨汉民族的认知模式及其特点，追寻中国古代逻辑的认知根基，以揭示中国古代逻辑研究面临困难的深层次根源。

结语概述了本书的基本思想。我们指出，主观与客观，本身并无对错优劣，关键在于"度"。"度"才是逻辑的无上智慧，是逻辑发展的崇高境界。"度"既是一种真，更是一种美。深谙其中之奥妙的中国思想文化传统，历来反对走极端，认为过犹不及。主张拿捏分寸，从心所欲但不逾矩。西方文化传统也主张在对立的两极之间保持必要的张力，强调二端之间的连续和过渡，这与中华文化的洞见不谋而合，有异曲同工之妙。我们强调，在逻辑和认知研究中，主观与客观并非截然二分，它们看似对立，实质是相互作用、相辅相成，应该全面地辩证地看待。

（三）理论意义和应用价值

本研究的理论意义和应用价值主要体现在：

（1）把逻辑学家与认知科学家的研究工作结合起来，促进逻辑科学与认知科学的互动，从科学认知的视角看待归纳推理，开展基于归纳逻辑视域的认知机制、认知推理、认知模型的理论与方法的研究，这对于推动逻辑科学整体进步有重要的意义。

（2）人工智能的逻辑理论及其计算主义哲学观对推动人工智能早期的研究起到了重要作用，但目前面临一些困难。而基于新计算主义的自然计算有可能取得突破。因此，人工智能的逻辑和认知研究，具有理论意义，更具有较大应用价值。

（3）基于博大精深的中华文化背景，探究中国古代推类的语言文化基础，特别是追寻中国古代逻辑的认知根基，从汉字造字法视角探讨汉民族逻辑思维的认知模式和特性，开展中国古代逻辑和语言的深层认知基础研究，具有极其重要的认识论和方法论意义。

总之，本书可能促进哲学、逻辑学、计算机科学、语言学、认知科学、文化人类学、心理学和社会学等的发展，有助于开辟若干人文社会科学研究新方向，为解决我国社会发展中遇到的现实问题提供理论支撑。

第　一　章

认知心理学视野中的逻辑推理

逻辑推理是认知心理学和逻辑学共同关心的课题。尽管二者研究的重点不一样，研究方法也不一样，但是它们都有一些相通以至于可以相互借鉴的内容。遗憾的是，由于逻辑学中反心理主义的强大影响，使得这种互通、互动以及借鉴的渠道一度并不通畅。但近年来，随着新心理主义的兴起，出现了一种新的取向，那就是，认知心理学越来越关注逻辑推理，从认知心理学角度对归纳推理和演绎推理开展研究，已经形成了一个新的研究方向。然而，国内学界对这方面的研究非常薄弱，所以，我们的研究首先从认知心理学视野中的逻辑推理开始。

第一节　认知心理学与逻辑推理

在弗雷格之前的 200 多年里，逻辑学和心理学携手并进，甚至逻辑的基础也被还原于心理，比如穆勒的逻辑学体系就是一个范例。但是弗雷格和胡塞尔对此极为反感，明确提出批评意见，此后逻辑在反心理主义的旗帜下取得了很大的进步，甚至在理解人类认知这一维度上也硕果累累，尤其是在人工智能领域。但是我们需要反思的是，在这种反心理主义旗帜下取得的认知成果是否是人类大脑本身的认知？也许和人类大脑的实际认知运行机制相去甚远。所以现在逻辑学有必要和实验心理学联合起来，目的在于探索人类大脑真实的认知，而不是撇开实验心理学利用纯逻辑去创造人工智能，毕竟很多人工智能解决不了的困难在人脑那里完全不是问题。

目前国内学界对逻辑与心理的关系的认识大多还停留在反心理主义的立

场上，但是也有部分学者对两者的融合进行了有益的尝试。蔡曙山认为，心理学研究感性认知，而逻辑学研究理性认知，但是二者长期分离，认知科学的诞生为两者的融合提供了理论框架，产生了逻辑心理学和心理逻辑学。① 面对反心理主义的批评，他认为即使在弗雷格时代，反心理主义也仅仅是一个流派，当时也存在着重视心理的直觉主义逻辑，在后弗雷格时代，逻辑走向了回归自然语言的路径，例如乔姆斯基的心理主义语言学对心理因素就比较重视。② 他具体研究了推理在学习中的作用，以 THOG 推理实验、沃森的选择任务实验、约翰逊·莱尔德等人的三段论心理实验为例，分析了推理中的逻辑因素与心理因素，进而探索心理推理在学习和认知中的作用。③ 周丽洁认为逻辑学对归纳推理的解释存在很多困难，人们发现逻辑学为归纳推理制定规则是行不通的，而心理学对归纳推理的研究采取了不同进路，比如描述归纳推理的内在心理规律而不是制定规则，进而建立归纳理论模型。④ 张玲用了大量的心理逻辑实验来证明人类在进行逻辑推理时要受到很多心理因素的影响，⑤ 比如通过对假言命题和选言命题的关系进行实验研究，进一步确证了人们的实际推理过程不完全符合演绎逻辑的规则，受到很多心理因素的影响。⑥ 但是以上的工作仍然具有不足之处，在逻辑与心理的融合上还停留在思辨的水平上，实质性的工作还需要进一步推进。

第二节　归纳推理的经验心理学研究

归纳推理是一种不能得到确定结论的推理，传统归纳推理主要包括简单

---

① 蔡曙山：《认知科学框架下心理学—逻辑学的交叉融合与发展》，《中国社会科学》2009 年第 2 期。

② 蔡曙山：《逻辑、心理与认知——论后弗雷格时代逻辑学的发展》，《浙江大学学报》（人文社会科学版）2006 年第 5 期。

③ 蔡曙山：《推理在学习与认知中的作用》，《重庆理工大学学报》（社会科学版）2011 年第 8 期。

④ 周丽洁：《从逻辑学到心理学——归纳推理的心理学意义初探》，《贵州教育学院学报》（社会科学版）2008 年第 8 期。

⑤ 张玲：《心理逻辑经典实验的认知思考——认知科学背景下逻辑学与心理学的融合发展》，《自然辩证研究》2011 年第 11 期。

⑥ 张玲：《假言命题与选言命题关系的实验研究——对逻辑学、心理学与认知科学的思考》，《晋阳学刊》2012 年第 3 期。

枚举法和排除法。演绎推理具有单调性，但是归纳逻辑是非单调的，也就是说增加它的前提可能改变原有的结论。有意思的是，心理学中许多认知过程也是非单调的，在感知中，获得对象的更多信息通常能够改变解释的方式；在学习领域，当获得新的观察，我们的假设可能被推翻。所以用归纳的方法去研究心理学中的认知是一个可以尝试的视角。[1]

归纳又处在逻辑学和心理学相融合的关节点上，冯·赖特认为，归纳法可以从三个方面进行研究：第一，归纳的心理学问题，主要研究归纳的起源问题、科学的发现问题；第二，归纳推理的逻辑问题；第三，归纳辩护的哲学问题。[2]

从经验心理学的观点来看，心理行为表现出归纳逻辑的特点。认知心理学家把归纳支持看成一种主观概率，即对于特殊个体、特殊命题的相信程度即信念度。因为心理学的核心问题是信念修正的动态分析，即增加新信息修改原始的信念。在心理学或者人工智能中，概率的这种主观主义的研究叫作贝叶斯进路，而贝叶斯进路已是心理学研究的中心问题之一。[3] 所以我们有两个理由去采纳心理的贝叶斯模型：第一，概率是一种正确处理不确定性的方法，第二，在解决认知的相关问题上它是有效果的。但在实践中，认知的概率模型有多大程度的有效性，更好的模型离我们还有多远，心理在什么意义上能看成是概率的，这些都仍然是有待进一步探索的开放性问题。

在经验心理学的历史上，心理学家独立于演绎推理而用了不同的理论框架去研究归纳推理。在这部分，我们关注归纳推理的经验研究，也关注标准归纳逻辑能否解释归纳强度依赖的因素。一般而言，传统归纳就是关于从特殊前提到一般结论的推理，比如，我们观察到麻雀有羽毛，可以追问所有鸟有多大可能都有羽毛。我们用归纳强度来衡量不同归纳推理的有效性，比如下面两个推理：

① Dov M. Gabbay, Stephan Hartmann, John Woods, *Handbook of the History of Logic*, *Inductive Logic*, Volume 10, Elsevier (2011), p. 554.

② 熊立文：《现代归纳逻辑的发展》，人民出版社 2004 年版，第 145 页。

③ Gabbay, D., and Woods, J., *Handbook of the History of Logic* (2011), p. 556.

（1）<u>所有马都具有尾骨</u>
　　　所有动物都有尾骨

（2）<u>所有松鼠具有尾骨</u>
　　　所有动物都有尾骨

在感知上，不同归纳推理的归纳的强度可以是不同的，在上面的例子中，虽然它们的归纳强度是一样的，但是在感知上（1）的结论似乎比（2）更强。

认知心理学家通过心理实验探讨了归纳推理的认知规律。利普斯（Rips）做了一个归纳推理的实验，实验目的是探讨人们怎样把动物的性质推广到其他范畴上去。实验假定某种动物都患有某种传染病，然后判断其他物种有多大的概率患这种疾病，例如所有兔子患有某种疾病，狗患有这种疾病的概率有多大？利普斯在前提和结论中运用了不同的动物范畴进行实验，结果表明有两个因素提高了从前提到结论的推理强度：前提和结论的相似性以及前提的典型性，前提与结论越相似或者更加典型的前提将导致一个更强的推理。[①]

归纳推理的另一个重要研究归功于尼斯伯特（Nisbett）。他设计了一个实验，内容是让被试观察到某个部落的一个成员是肥胖的，然后归纳出部落中肥胖者的比例，实验发现人们对结论范畴的变化非常敏感。也就是说对一个变化的范畴，人们不愿意去做出一个强的推理，但是对一个不变的范畴，人们愿意去概括他们的观察。这个结果明显不同于利普斯的结论，因为利普斯发现结论的典型性不影响归纳强度。[②]

上面阐释了单一前提的推理，但是人们经常遇到多前提的推理，是什么提高了它们的推理强度？其中一个因素就是前提的数量。在前面的例子中，尼斯伯特系统地改变了被试观察到的证据数目。例如被试观察到或者 1 个肥胖的人，或者 3 个肥胖的人，或者 20 个肥胖的人，然后分别询问部落中肥胖者的比例，实验发现越多的肥胖者被观察到，那么归纳强度就逐渐提高，

①　L. J. Rips, "Inductive Judgments about Natural Categories", *Journal of Verbal Learningand Verbal Behavior*, 14, 665–681, 1975.

②　R. E. Nisbett, D. H. Krantz, C. Jepson, and Z. Kunda, "The Use of Statistical Heuristics in Everyday Inductive Reasoning", *Psychological Review*, 90, 339–363, 1983.

一般而言，随着样本数目的增长推理强度将会增加。[1] 尽管前提的纯粹数量的确对归纳有影响，但有证据表明只有前提的多样性才会影响归纳的强度，因为重复相同的证据不会增加归纳强度。

牛需要食盐
马需要食盐
（3）────────────
所有动物都需要食盐

牛需要食盐
大象需要食盐
（4）────────────
所有动物都需要食盐

尽管这两个论证具有同样的强度，但是大部分人认为（4）的推理强度比（3）更高，因为（4）的前提具有多样的信息。虽然尼斯伯特发现变化的结论导致更弱的归纳推理，但是多样的前提导致更强的归纳推理，所以多样性的影响是在不同的方向上进行的，相对于一个典型的前提导致一个更强的推理，比如（1），带有两个典型前提的推理比带有一个典型前提和一个非典型前提的推理弱，所以上文中（3）比（4）更弱。[2]

归纳推理不像演绎推理从形式上就能判断结论的真假，它本质上是不确定的，所以它需要超出给定的信息寻找其他信息以减少不确定性是合理的。归纳推理的例子都依赖外部知识的运用，这些知识没有被表达在归纳论证中。[3]

一些心理学家进一步研究了归纳中外部知识的作用。例如梅迪（Medin）研究了关于植物分类学者和树木维护工人对植物范畴的归纳推理，他主要关注相似性的影响，实验发现在不同的群体中相似性概念是不同的，维护工人趋向于依据形状和景观目的等功能相似性来对植物进行分类，而学者依据科学种类来进行分类，另外，学者偏好在同样的种类下进行归纳论证，

─────────────

① R. E. Nisbett, D. H. Krantz, C. Jepson, and Z. Kunda, "The Use of Statistical Heuristics in Everyday Inductive Eeasoning", *Psychological Review*, 90, 339 – 363, 1983.

② Dov M. Gabby, John Woods, Stephan Hartman, *Handbook of the History of Logc*, *Inductive Logic*, Volume 10, North Holland, 2011: 574.

③ Dov M. Gabby, John Woods, Stephan Hartman, *Handbook of the History of Logc*, *Inductive Logic*, Volume 10, North Holland, 2011: 575.

而维护工人偏好在同样的功能之下进行推理，这就表明了相似性的影响。①

外部知识影响的其他证据已经揭示了它们在推理中的作用，比如尼斯伯特的研究就是一个关于性质范围的知识影响归纳推理的例证。我们已经得知"观察到多个部落的成员是肥胖的"不能提高"部落其他成员是肥胖的"这个推理的强度，因为肥胖是个体性质而不是群体性质。另外尼斯伯特发现，相对于肥胖这一性质，在肤色上却能得到更强的推理，比如看到"一个部落成员的肤色是黄色"就能提高"其他部落成员的肤色也是黄色"这一推理，因为这假设了"同一种族将有同样的生理特征"。②

在推理中某些性质比其他的性质具有更宽的范围，但实际上这种作用很复杂，因为依靠范畴特定的性质可能导致更强的或更弱的或居间的推理，例如就"具有两个腔室的肝脏"这一解剖性质来说，从老虎到鹰的推理就比从鸡到鹰的推理更强，因为鸡和鹰具有同样的生物学范畴，共享了许多本质属性，人们愿意把解剖性质从鸡的类推广到鹰的类，但老虎和鹰在生物学上是不同的，不大可能把解剖性质从一个推广到另一个。但是考虑行为特征"晚上进食"，Heit 发现鸡到鹰的推理强度比老虎到鹰的推理强度弱，这里忽略了老虎和鹰之间生物学的不同，而被进食行为的相似性所影响，所以做出了更强的推理。③

心理学家们从认知心理学视角，对归纳推理做了新的理论解释。他们描述了归纳推理的几个认知规律：相似性、典型性、多样性和推理中外部知识的影响。这些结果对归纳的认知心理学解释提出了挑战，传统的认知模型很难回答这些问题，但是贝叶斯模型能够回应这个挑战。依据贝叶斯模型，评估一个归纳论证被看成是对某个性质的学习，首先假设某个性质，人们利用已经获得的经验去更新对假设的信念度，当获得的经验越多时，这个假设就越趋近于真，比如人们知道牛有尾骨，这就增加"所有动物都有尾骨"这

① D. L. Medin, E. B. Lynch, J. D. Coley, and S. Atran, "Categorization and Reasoning among Tree Experts: Do All Roads Lead to Rome?", *Cognitive Psychology*, 32, 49–96, 1997.

② R. E. Nisbett, D. H. Krantz, C. Jepson, and Z. Kunda, "The Use of Statisticalheuristics in Everyday Inductive Reasoning", *Psychological Review*, 90, 339–363, 1983.

③ E. Heit and J. Rubinstein, "Similarity and Property Effects in Inductivereasoning", *Journal of Experimental Psychology: Learning, Memory, and Cognition*, 20, 411–422, 1994.

一假设的信念度，当知道马也具有尾骨时，这个假设的信念度进一步增加，所以随着经验的不断增加，假设就逐渐被接受为知识。

贝叶斯模型能够解释以上的经验规律，例如模型能够解释相似性的作用。给定兔子得了某种疾病，容易得到狗而不是熊也得了相同的疾病，因为依据已知性质，"兔子和狗"比"兔子和熊"更相似。贝叶斯模型也给出了典型性的影响，因为非典型的个体将具有大量的特殊性质，先验信念表明这些性质是特殊的而且不能被投射，但是典型范畴的先验信念将表明它们同其他范畴在很多性质上类似，所以典型范畴的新性质可以推广到其他范畴。①贝叶斯模型同样能解释多样性的影响，带有两个相似范畴的论证比如牛和马，会使人想起很多特殊的性质相对于其他的农场动物都是真的，那么牛或马的一个新的性质对于农场动物也是真的，所以带有两个不同个体的论证，比如牛和熊，就不能使人想起对于其他农场动物都为真的特殊性质。②

总之，贝叶斯模型确实能阐述很多现象，包括相似性、典型性、多样性和推理中知识的影响等，当然也有其他的模型能够解释同样的结果，但是贝叶斯模型的解释更加简单，需要的前提也更少，所以从理论选择的角度来说，贝叶斯模型更加可取。

第三节　演绎推理的经验心理学研究

演绎逻辑学家认为人类应该使用有效的推理形式，但是实验发现人类使用了大量的非有效的推理形式，这就是演绎推理与实际的偏差，而且演绎逻辑不能解释这种现象。这部分主要关注演绎推理认知心理学研究的三个主要方面：条件推理、材料选择、量词三段论推理，在每一部分将描述经验结果中演绎推理的偏差，然后用贝叶斯模型去解释这种偏差。

首先关注条件推理，认知心理学家用实验研究了四种条件推理的模式：肯定前件式 MP、否定后件式 MT、否定前件式 DA、肯定后件式 AC。逻辑学

---

①　Dov M. Gabby, John Woods, Stephan Hartman, *Handbook of the History of Logc*, *Inductive Logic*, Volume 10, North Holland, 2011：575.

②　Dov M. Gabby, John Woods, Stephan Hartman, *Handbook of the History of Logc*, *Inductive Logic*, Volume 10, North Holland, 2011：577.

要求使用有效的推理，但是通过实验发现 50% 以上的人按照下列顺序使用这四个推理：MP > MT > AC > DA，这就揭示了逻辑模型的预测与人类行为之间存在偏差。[①]

在认知心理学中有多种使用条件推理的概率方法去解释人类的推理。刘和奥克斯弗德（Liu & Oaksford）把条件推理看成是信念修正，这个方法只用很少的认知假设就给出人类行为的解释。考虑 MP：

> 如果天津没有雾霾，那么赵三多就去打篮球
>
> 天津没有雾霾
> _____
> 赵三多就去打篮球

当我们知道天津没有雾霾，通过条件化，"赵三多就去打篮球"的信念度将等同于"如果天津没有雾霾，赵三多就去打篮球"的先验信念。我们知道 P_0（如果天津没有雾霾，那么赵三多就去打篮球）等于 P_0（赵三多就去打篮球/天津没有雾霾），P_0（x）表示 x 的先验概率，当我们知道天津没有雾霾，即 P_1（天津没有雾霾）=1，P_1（x）表示 x 的后天概率，条件化告诉我们"赵三多去打篮球"的信念度应该等于 P_0（赵三多就去打篮球/天津没有雾霾），也就是说 P_1（q）=P_0（q/p），这里 p 表示天津没有雾霾，q 表示赵三多就去打篮球。所以从概率的角度来看，MP 表示通过知道前提为真就可以去更新结论的信念度。如果你相信 P_0（赵三多就去打篮球/天津没有雾霾）=0.9，然后你发现天津没有雾霾，即 P_1（天津没有雾霾）=1，那么"赵三多去打篮球"的信念度就是 $0.9 \times 1 = 0.9$。

但此方法不能直接扩展到其他条件概率上，比如 AC：

> 如果天津没有雾霾，赵三多就去打篮球
>
> 赵三多打了篮球
> _____
> 天津没有雾霾

知道赵三多打了篮球，所以 P_1（q）=1，为了用贝叶斯条件化去推出天津没有雾霾的信念度，需要知道 P_0（p/q），但是 AC 的条件前提是 P_0

① Dov M. Gabby, John Woods, Stephan Hartman, *Handbook of the History of Logc*, *Inductive Logic*, Volume 10, North Holland, 2011: 578.

（q/p），不是 P_0（p/q），奥克斯弗德提出的解决方法是人们同时知道先验边际概率，也就说在他们知道天津没有雾霾的事实之前，他们已经知道天津没有雾霾的概率 P_0（p），也知道了赵三多打了篮球的概率 P_0（q）。带着这个额外的信息，P_0（p/q）能从 P_0（q/p）运用贝叶斯定理计算出来。对其他两类条件推理，这种方法也是有效的。

现在说明条件推理中被观察到的偏差如何被看成是概率模型的一个结果，第一类偏差叫作推理的不对称性——运用 MP 超过 MT，AC 超过 DA，MT 超过 AC。奥克斯弗德计算了最匹配数据的 P_0（q/p）、P_0（p）、P_0（q）的值，得到 P_0（q/p）$=0.88$、P_0（p）$=0.54$、P_0（q）$=0.70$，也就是说 P_0（q/p）很高，P_0（p）≈ 0.5，P_0（p）$< p_0$（q）[1]。为了预测"赵三多打篮球"，P_0（q/p）应该很高，而且在"天津没有雾霾"的概率小于随机时，一个人不大可能用这个规则做出"赵三多打篮球"的推理，进一步说，只有 P_0（q/p）很高，P_0（p）$< P_0$（q）才可能成立。但是这个概率模型并没有抓住推理不对称性的本质，它低估了 MP 和 MT 的不对称，高估了 DA 和 AC 的不对称。

第二类经验偏差为否定结论偏差（Negative Conclusion Bias）——当条件陈述运用否定时偏差就出现了，例如"如果一只鸟是天鹅，则它不是红色的"。在埃文斯（Evan）的否定图示中用了四个规则：如果 p 则 q；如果 p 则 ¬ q；如果 ¬ p 则 q；如果 ¬ p 则 ¬ q，他发现当结论含有否定时，人们更多地遵守 DA、AC、MT。[2] 为了解释否定结论偏差，奥克斯弗德认为大部分范畴只能用在总体中的部分对象上，所以"一个对象是红的"的概率比"它是非红的"的概率低，即 P_0（红）$< P_0$（非红），因此当 p、q 是否定命题时，边际概率 P_0（p）和 P_0（q）将会取更高的值，这时更大先验概率的结论推出了 DA、AC 和 MT 的更大值的条件概率，即抬高了结论的后验概率的值，例如"如果一只鸟是天鹅，则它是白色的"，DA 的结论是先验概率 p_0（¬ 白）很高，这意味着条件概率 p_0（¬ 白/¬ 天鹅）也很高，因此否定

---

① M. Oaksford and N. Chater, "Conditional Probability and the Cognitivescience of Conditional Reasoning", *Mind and Language*, 18, 359 – 379, 2003.

② Dov M. Gabby, John Woods, Stephan Hartman, *Handbook of the History of Logc*, *Inductive Logic*, Volume 10, North Holland, 2011：582.

结论的偏差能被看成是一个高概率结论的影响。[①]

再来看材料选择，也就是挑选材料去确证或者否证假设，沃森的选择测试考察了材料选择，在这个测试中有四张双面扑克牌，牌的一面带有数字，另一面带有字母，最后询问被试应该打开哪一张牌。为了测试下述假设："如果一张牌的一面上有 A（p），则另一面有 2（q）"，四张牌未翻开牌的另一面带有一个 A（p）、一个 K（¬ p）、一个 2（q）、一个 7（¬ q）。波普尔认为不能依据被观察到的证据来确证科学假设，因为下一个证据可能是反例，相反波普尔认为测试假设的唯一策略是寻找否证的情形，测试一个条件规则如果 p 则 q，就意味着找出 p 且 ¬ q 的例子，那么在上面的例子中，某人应该选择 A（p）和 7（¬ q）的牌，因为这是唯一否证假设的牌。但是与其寻找否证的证据不如寻找证实的例子，即 A（p）和 2（q），这种在数据中表现为证实的现象被叫作证实偏差。[②]

学界已经提出了很多材料选择的概率进路，它们都来源于奥克斯弗德的 ODS 模型。"如果这是天鹅（p）"则"它是白的（q）"，这被解释为给定"这是一只天鹅"，那么"它是白的"的概率 P（q/p）很高，且高于"它是白的"的基础频率 P（q），这个假设被叫作依赖假设（H_D）。在 ODS 中人们把 H_D 同独立假设 H_1 相比较，在 H_1 中给定这是一只天鹅，"它是白的"的概率同"一只鸟是白鸟"的基础概率相同，即 P（q/p）= P（q）。在开始的时候，人们很不确定哪一个假设是真的，而且他们的目标是减少这种不确定性，比如翻开表示天鹅（p）的牌，这张牌在另一面是白色（p、q）或者另一种颜色（p、¬ q），依据这两个假设，每个结果的概率将会很不同。在依赖假设中，给定"这是一只天鹅"，"这只鸟是白的"的概率为 0.9，即 P（q/p，H_D）= 0.9，"这只鸟是天鹅"的边际概率是 0.2，"这只鸟是白的"的边际概率是 0.3。根据依赖假设，在这张牌的另一面发现白色（q）的概率是 0.9，但是依据独立假设它是 0.3；依据依赖假设，在这张牌的另一面发现非白（¬ q）的概率是 0.1，但是依据独立假设它是 0.7。带着这个

① M. Oaksford, N. Chater, and J. Larkin, "Probabilities and Polarity Biasesin Conditional Inference", *Journal of Experimental Psychology*：*Learning*，*Memory andCognition*，26，883 – 889，2000.

② P. C. Wason, "Reasoning about a Rule", *Quarterly Journal of Experimental Psychology*，20，273 – 281，1968.

信息，当翻开天鹅的牌发现另一面是白色时，可以计算依赖假设新的不确定度（P（H_D/p，q））的概率是 0.75，所以在依赖模型中，新的信念度是0.75，而在独立模型中是 0.25，因此假设为真的不确定性减小了。[①] 在沃森的实验中，被试在翻牌之前并不知道将要获得多少信息，那么他们必须基于可能获得的信息来进行决策，所以需要同时考虑（p、q）和（p、¬q）。

　　研究表明行为可能被一种非理性的策略——匹配偏差所控制，它出现在与否定偏差相一致的语境中，如果牌的一面是 A，则另一面不是 2（如果 p则¬q）。2 是一个假后件（FC），7 是真后件（TC），由于否定后件规则，参与者趋向于选择 A（TA）和 2（FC）。否定解释的对比实验表明了这是由于存在稀有假设的缘故，即最重要的策略运用到少数项上，因为否定策略是高概率的策略，所以拥有一个高概率前件或者后件改变了信息的期望获得。如果后件也是高概率，则 ODS 预测人们应该做出否定 TA 和 FC 的回答，因为这是和最高信息获得联系在一起的。在匹配偏差的进一步研究中，雅玛（Yama）设计了一个实验，目的是对比匹配偏差解释和信息获得解释，他运用的规则是：关于 Rh^- 阴性血和 Rh^+ 阳性血引入高概率和低概率的策略。人们被告知其中一个策略，Rh^- 是稀有的，所以根据 ODS，如果 p 则¬ Rh^+，参与者应该选择稀有的 Rh^-，但根据匹配偏差，他们应该选择 Rh^+，雅玛的数据同信息获得的模型相一致，而且通过对这些材料的自然取样证实了这个发现。[②]

　　再来看量化三段论。量化三段论涉及两个量化前提，传统逻辑定义了四种量词：所有、一些、一些…没有、没有。例如：

所有人（P）都是动物（Q）

所有动物（Q）都是要死的（R）

所有人（P）都是要死的（R）

传统逻辑中共有 64 种不同的三段论，但是只有 22 种逻辑有效，所以人

　　① M. Oaksford and N. Chater, "A Rational Analysis of the Selectiontask as Optimal Data Selection", *Psychological Review*, 101, 608–631, 1994.

　　② H. Yama, "Matching Versus Optimal Data Selection in the Wason Selection Task", *Thinking and Reasoning*, 7, 295–311, 2001.

们应该遵守这些有效的三段论而拒绝无效的三段论。但实验发现人们运用64 种三段论的行为数量是递变的，贯穿了有效的和无效的三段论，而且对一些无效三段论的使用次数还超过了一些有效的三段论。[①]

目前只存在一种三段论的概率方法——概率启发模型（PHM）。但是在得到 PHM 前首先需要运用条件概率把概率值赋给推理中的关键项，这一步可以通过条件化来实现。例如"所有人都是动物"用概率术语改变为"当这些个体是人时他们是动物的概率为 1"，量词"所有"的概率解释是直观的，因为它的逻辑形式能被看成是条件概率——$\forall x$（$Px \to Qx$），所以 P（Q/P）=1，也就是给定了主项（P）就确定了谓项（Q）的条件概率。[②]

类似的方法也能运用到其他量词上去。所以"一些 P 是 Q"意味着 P（Q/P）>0，"一些 P 不是 Q"意味着 P（Q/P）<1，"没有 P 是 Q"意味着 P（Q/P）=0，例如一些人是动物可以被解释为：当这些个体是人时，这些个体是动物的概率大于 0。这种解释很自然地能被用于广义的量词如很多、很少等，"很多 P 是 Q"意味着 1－Δ<P（Q/P）<1，"很少 P 是 Q"意味着 0<P（Q/P）<Δ，这里 Δ 非常小，例如很多人是动物能被看成是：给定这些个体是人，则他们是动物的概率大于 0.8，但是小于 1。[③] 可见，用概率的语言改写了量化三段论中的命题，就可以借助于贝叶斯方法来进行推理。

通过以上的叙述可以看出，贝叶斯模型可以解释演绎推理中的几种基本推理形式，也能解释对材料的选择，乃至于解释量化三段论推理，也就是说在某种程度上演绎逻辑能够还原为归纳逻辑，这个方向也可能是未来逻辑的发展之一，演绎逻辑具有确定的保真性，但是我们知道这种保真性被哥德尔不完全性定理限制在一个很小的范围，日常生活对推理的需求远远地超出了这个范围，以至于演绎逻辑不能处理日常运用中的所有问题。现代归纳逻辑

---

① Dov M. Gabby, John Woods, Stephan Hartman, *Handbook of the History of Logc*, *Inductive Logic*, Volume 10, North Holland, 2011：587.

② Dov M. Gabby, John Woods, Stephan Hartman, *Handbook of the History of Logc*, *Inductive Logic*, Volume 10, North Holland, 2011：588.

③ Dov M. Gabby, John Woods, Stephan Hartman, *Handbook of the History of Logc*, *Inductive Logic*, Volume 10, North Holland, 2011：588.

认为超出演绎逻辑的部分属于归纳逻辑，即不具有确定保真性的推理，这个思想可以追溯到穆勒和卡尔纳普，它们都把演绎逻辑当成是归纳逻辑的子部分。

第四节　挑战和机遇

概率方法具有巨大的解释力，但是它也有缺点，而且在概率方法的支持者之间也存在分歧，我们将简要提出几点来反驳概率研究进路。

第一，已经有很多例证表明人类的决策行为偏离了贝叶斯理论，西蒙认为这是由于计算的易处理性。由于有限理性已经变成了经济学中的重点，所以经济学家已经开始质疑强理性假设，从而主体应该被看成是一个非精确概率论者。[①] 吉根热（Gigernzer）已经发展出了一个研究项目，旨在定义生态理性（Ecological Rationality），在生态理性中，好的推理是那些在现实世界中运行高效的推理。[②]

第二，在概率推理中，人们对概率演算的合适表征还有待进一步探讨，因为演算的机制还没有适应进化的历程，但是认知系统正在寻找临时的方法去解决这些新问题，所以带概率的推理是没有用处的，特别是用概率来理解感知的计算过程、运动控制和学习等。[③]

第三，反对概率的另一个原因是它的复杂性，在某种意义上，概率进路很简单，只需要几个先验概率，然后运用概率演算的规律就能得到结果。但是在另一种意义上，它又很复杂，因为把先验概率赋给信念、价值等需要很复杂的模型。[④]

通过以上讨论，可以看出归纳逻辑中的概率思想和方法已经运用到认知心理学的研究中，在归纳推理中，可以用概率解释归纳推理的心理效应；在

---

① H. A. Simon, *Models of Man*, New York, NY: Wiley, 1957.

② G. Gigerenzer, P. Todd, and The ABC Group, eds., *Simple Heuristics that Make Us Smart*, Oxford: Oxford University Press, 1999.

③ Dov M. Gabby, John Woods, Stephan Hartman, *Handbook of the History of Logc*, *Inductive Logic*, Volume 10, North Holland, 2011: 606.

④ Dov M. Gabby, John Woods, Stephan Hartman, *Handbook of the History of Logc*, *Inductive Logic*, Volume 10, North Holland, 2011: 608.

演绎推理中，借助概率可以把演绎推理还原到归纳逻辑中来，我们已经看到，概率在归纳逻辑理论和演绎逻辑理论中的巨大解释力，而且在应用层面上概率也具有巨大的潜力，特别是表现在决策理论中。尽管目前在归纳逻辑和心理学的融合上取得了很多有益的成果，但是仍有很多开放性的问题值得探索。一方面，我们说逻辑刻画了语言，如果把语言看成是心理的表征，那么逻辑刻画的就是心理，所以逻辑的模型对于解释心理现象具有巨大的潜力，在心理学研究中汲取逻辑学的成果对于心理学的发展大有帮助；另一方面，当弗雷格和胡塞尔在逻辑学研究中举起反心理主义的旗帜后，逻辑学只关注对保真性的要求，如果我们把这种保真性运用到实际中去，那么就需要考虑逻辑的心理学因素和认知基础，因为心理学是关于行为的科学，它和方法论具有密切的关系，如果逻辑学只是在理论上寻求保真性，那么逻辑学的研究路径可能会越来越窄。这就是心理学中的推理研究给逻辑发展的机遇和挑战。面对这种挑战，我们的目的并不是挑战或否定一切，包括逻辑理性。我们需要的是以一种批判的眼光来重新看待逻辑。

以上我们从认知的视角考察逻辑，得出了一些有益于逻辑和认知发展的新见，接下来，我们将从思想发展历程的角度探讨支持理论从逻辑到认知的发展，探究二者的联系和区别，希望从中得到一些有益的启示。

第　二　章

支持理论：从逻辑到认知的转变

　　支持理论是逻辑学界和认知科学界共同关心的研究课题。但是由于逻辑学家和认知科学家只关心自己视野内的问题，无暇顾及其他相关学科，使得双方的研究因自身视野的局限而难以深入。为突破这一视域局限，我们探讨支持理论从逻辑到认知的转变，从逻辑和认知的双重视角探讨支持理论，在看似不相关的两种不同视域的支持理论中找到它们的相互联系，着重从历史发展的角度探讨归纳支持理论和主观概率支持理论的继承和发展关系。

第一节　逻辑的视角：非帕斯卡概率逻辑的支持理论

　　归纳支持理论是由英国著名学者 L. J. 科恩（L. J. Cohen）在 20 世纪 70 年代首先提出的，当时引起了国内外不少学者的关注和评论。作为一种非帕斯卡归纳概率逻辑，它在逻辑哲学上的意义是很大的，但是它在逻辑上存在若干缺陷。于是，学界对它的关注日渐减低。近年来，认知科学家提出了一种新的支持理论，即著名认知心理学家特沃斯基（Tversky）等学者提出的概率判断的支持理论。尽管这两种理论出自不同的理论背景，但是它们最显著的共同点是，二者都是对经典概率逻辑理论的"变异"，是非经典的异常概率逻辑。此外，它们都在不同程度上背离或修改了经典概率理论中的可加性原则、合取规则、析取规则，推动了非经典逻辑的发展。本章试图考察支持理论从逻辑到认知的发展历程并就支持理论的困难与出路提出自己的一些看法。

　　按照逻辑学界的通行看法，评价证据支持的那种函项，要么本身必须符合帕斯卡首创的经典概率演算原则，要么可以由符合这些原则的函项构造出来。这种按帕斯卡概率原则建立起来的概率逻辑，就叫作帕斯卡概率逻辑。无论是赖欣巴哈的频率解释、卡尔纳普的逻辑解释，还是萨维奇的私人主义解释，都没有超出帕斯卡概率的范畴。事实证明，这种概率逻辑在科学研究的实际应用中遇到了种种困难，越来越多的现代逻辑学家也认识到了这一点。要解决这些困难，有两种不同的对策。一是保守的策略：让科学实际迁就逻辑句法，至多是调整辅助假设，以维护旧逻辑的核心原理。二是激进的、革新的策略：采用新的逻辑句法以适应科学实际。换句话说，后一种策略认为问题的症结恰恰在于经典概率演算的核心原理需要修改。非帕斯卡概率的推崇者 L. J. 科恩走的就是第二条道路。科恩从客观主义概率理论出发建立了一个非帕斯卡概率系统——新培根主义概率逻辑系统。①

科恩非帕斯卡概率系统的根本特点在于：第一，由于科学理论系统一般不具有完全性，因此，概率的否定原则应是非互补的，排中律在这里不能成立。第二，由于因果效应和证据事例是不可加的，因此归纳逻辑不仅要有定量测度，还需要排序的分级。第三，证据支持不仅有形式的方面，而且有内容的方面（信息量方面），因此，概率应当是类似于凯恩斯证据"权重"（有关信息度）的东西。由此可见，对于任何一个坚持概率演算原则的人来说，科恩的思想触动了他们的根本原则，因而带有强烈的革命性。

实际上，非帕斯卡概率系统的理论基础就是归纳支持理论。其中，"归纳支持"（Inductive Support）是归纳支持理论中最基本的概念。在科恩看来，当我们援引实验报告与假设（hypothesis）的支持关系作为归纳支持的例证时，应该把这种关系理解为两个命题即证据命题 E 与假设命题 H 在逻辑上的关系。这种关系与个人在获得 E 所陈述的事实时所引起的作用无关，也与个人获得对 H 的主观态度无关。归纳支持概念不是纯粹定性的概念，而是可以比较甚至半定量的分级的概念。

科恩认为，要表明非帕斯卡概率有独特的地位和作用，表明它无论如何不是从帕斯卡概率中导出的，那就有必要首先表明非帕斯卡概率所由导出的

---

① L. J. Cohen, *The Probable and The Provable*, Oxford: Clarendon Press, 1977. 也参见任晓明《当代归纳逻辑探赜——论科恩归纳逻辑的恰当性》，成都科技大学出版社 1993 年版。

归纳支持本身并不是帕斯卡的函项。要证明这一点，又需要证明归纳支持分级的一些原理，例如合取原理、否定原理。

首先，归纳支持的合取原理是很有特色的。按照这条原理，在任何特定研究领域中，两个命题之合取，以任何第三命题为证据，同两个合取肢中得到较弱支持的那一个肢的等级相同；如果两个合取肢得到的支持等级相等，则与这种相等的支持等级相同。具体来说，假定 H 和 H′是同一个范畴的一阶全称量化条件句或它的代入例，则有以下原理：

(1) 如果 S〔H′，E〕≥S〔H，E〕

　　则 S〔H & H′，E〕=S〔H，E〕

不难看出，这一原理与帕斯卡概率的合取原理有重大的区别。原因在于，在实验科学实践中，作为合取肢的简单概括的支持程度在组合时不具有乘法性质，因而在归纳支持的合取原理中，乘法定理是不成立的。

其次，在科恩的归纳支持逻辑系统中，另一个原理就是否定原理，即

(2) 对于任何 E 和 H，如果 E 报道物理上可能的一个时间或一些事件或一个合取式，那么，如果 S〔H′，E〕>0，则 S〔非 H，E〕=0

在科恩看来，由于科学原理通常是不完全的，因而归纳支持的否定原理不应当是互补的，而应当是非互补的。[①]

简言之，归纳支持理论包含以下基本假定：（1）归纳支持的合取关系不具有可加性，帕斯卡的乘法原理不成立；（2）归纳支持的否定不是互补的，数学概率的否定原理不成立；（3）归纳支持关系不仅仅是外延关系，它涉及信息量之类的非外延成分。归纳支持理论的这些思想原则为支持理论后来的发展奠定了基础。

第二节　认知的视角：主观概率判断的支持理论

与逻辑学家把支持关系解释为证据命题 E 与假设命题 H 之间的关系不同，认知科学家把支持关系解释为概率判断之间的关系。在认知科学家那

---

① L. J. Cohen, *The Probable and The Provable*, Oxford: Clarendon Press, 1977. 也参见任晓明《当代归纳逻辑探赜——论科恩归纳逻辑的恰当性》，成都科技大学出版社 1993 年版。

里，根据对同一事件的不同描述可以产生不同的判断，研究这些判断之间的支持关系的理论就是支持理论，它是一个关于主观概率判断的非外延性理论。不难看出，前者的出发点是客观主义概率理论，后者是主观主义概率理论。前一理论是从概率逻辑的立场出发的，后一理论则从认知科学的视角看问题。尽管二者出发点和研究视角不同，但是概率判断支持理论是对归纳支持理论的发展。

认知科学家的实验研究探明，在日常推理中，人们通常并不遵循概率理论的外延逻辑原则。具体来说，对于同一事件的两种不同描述，往往会导致两种不同的主观概率判断结果，而且，一个明确的事件（比如有 1000 人将死于地震）比一个笼统的事件（比如有 1000 人将死于自然灾害）往往被认为更有可能发生。为了处理这种情况，特沃斯基（Tversky）和凯勒（Koehler）于 1994 年创立了一种关于信念的非外延性理论——支持理论。在这种理论中，主观概率判断并不依赖于事件本身，而是依赖于对事件的描述，这种描述被称作假设。根据支持理论，每一个假设 A 都有一个支持度 $s(A)$，它的大小与这个假设的证据强度成正比。如果假设 A 和 B 有且仅有一个成立，那么，假设 A 成立而 B 不成立的判断概率 $P(A,B)$ 为：

$$P(A,B) = \frac{s(A)}{s(A) + s(B)}$$

因此，判断概率可通过中心假设 A 与备择假设 B 的相对支持度来解释。支持理论的关键性假设是：把一个事件分解成几个事件（部分）来描述（比如：将"一架飞机失事 C"分解为"由于人为因素或者机械事故而导致的一架飞机意外失事 C_a，或者由于恐怖袭击或者蓄意破坏而导致的一架飞机非意外失事 C_n"）通常可以增加它的支持度。因此，显性选言事件 $C_a \vee C_n$ 的支持度等于或大于隐性选言事件 C 的支持度，即 $s(C) \leq s(C_a \vee C_n)$。这个假定有两层意思。第一，分解隐性选言假设可以提示人们想到那些可能被他们忽视但却可能发生的情况；第二，明确地提出某种情况有助于提高其显著性，从而增加其感知支持度。

在特沃斯基等人看来，支持理论可以为各种不同的事件提供一个统一的分析和解释框架。它假定一个事件的判断概率会随着中心假设的分解而提高，并且会随着备择假设的分解而降低。比如，关于某个人将会自然死亡而不会非自然死亡的判断概率会随着导致自然死亡的各种因素（比如心脏病、中风、癌症等）的罗列而提高，而且会随着导致非自然死亡的各种因素（如车祸、谋杀、火灾等）的罗列而降低。①

实际上，建立在主观概率理论基础上的支持理论主要关心的是如何借助概率方法来表达信念度，然而，借助帕斯卡概率逻辑，能否恰当地表达信念度的问题，一直是激烈争论的焦点。正统观点是贝叶斯主义观点，按照这种概率理论，信念度是可以借助可加概率方法来表达的。另一种观点是对此抱怀疑态度的怀疑论，他们认为，很难用帕斯卡概率的规则来对信念进行分析以表达主观不确定性。第三种观点是关于主观概率的修正主义理论，即信念修正模型理论，包括登普斯特—沙弗（Dempster-Shafer）的信念理论（Dempster，1967；Shafer，1976），扎德（Zadeh）的可能性理论等。与贝叶斯主义观点类似，修正主义者认为，运用直接论证或者运用偏好方法，可以对信念加以量化，但是他们发现概率演算对于实现该目的来说约束性太强了。因此，他们替换了在帕斯卡概率理论中使用的可加方法，而采用非可加的集合函数的方法来满足弱化的需要。

贝叶斯主义理论和信念修正模型的基本假设都是外延性原则：给具有相同外延的事件指派一个相同的概率。然而，很多研究表明，人们的主观概率判断并非遵循外延性原则，因为对相同事件的不同描述经常会产生不同的判断。信念描述理论的发展客观上也促使人们相信，对信念的描述可以摆脱外延性假设。特沃斯基认为，外延性原则不具有普遍有效性是人类判断的基本特征，而不仅仅是一个个孤立的例子。这表明概率判断并不仅仅依赖事件本身而是依赖对事件的描述。

简言之，特沃斯基等人的支持理论的主要观点是：（1）主观概率判断受到描述的影响，具有描述的依赖性；（2）主观概率判断的结果是判断者对中心假设的相对支持的反映；（3）主观概率在二元判断中表现出二元互补性；（4）在多元判断中表现出次可加性；（5）主观概率判断存在分解效

① Tversky A.，Koehler D. J.，"Support Theory: A Nonextensional Representation of Subjective Probability"，*Psychological Review*，1994，101（4）. 也参见向玲、张庆林《主观概率判断的支持理论》，《心理科学进展》2006 年第 5 期。

应；（6）主观概率判断存在促进效应。现依次阐述如下。

1. 描述的依赖性（description-dependence）

标准的概率理论和其他一些主观概率理论认为对同一事件的不同描述概率判断值应该不变，而支持理论认为，人类在不确定条件下的概率判断不符合外延性原则，而是表现出描述的依赖性，即对同一外延事件的不同描述所做出的主观概率判断不同。因此，支持理论区分了事件和对事件的描述，事件的描述也称为假设。他们认为主观概率判断不同于标准概率理论所认为的基于事件 A′ 和 B′ 本身，而是基于对事件的描述 A 和 B。描述依赖性的原则和启发式的传统一致，因为不同启发式是由事件的不同描述引起的。

描述依赖性的一个基本起点是，人们通常接受给予他们的问题而不去自动将它转换成其他的相等形式。当给人们呈现两个具有相同外延的假设并且进行比较时，他们会意识到二者的概率一样，但是只给他们呈现一个假设时，他们很少去产生其他具有相等样本空间的不同假设，也就是说在主观概率判断中，人们通常不是将同一事件的不同描述表征为相等的样本空间。

支持理论认为概率判断中外延性的失败不是一些少数孤立的现象，而是代表了人类主观概率判断中一个本质的特点。

2. 主观概率判断结果是判断者对中心假设的相对支持的反映

支持理论认为，建构对假设的支持是概率判断的中间因素（也就是说，假设→支持→概率）。而对于穷尽且互斥的子假设 A、B，人们都会产生一个非负的支持 $s(A)$、$s(B)$。那么对于中心假设 A 而非备择假设 B 的概率判断用公式表示为：

$$P(A, B) = \frac{s(A)}{s(A) + s(B)} \tag{1}$$

这是支持理论的基本公式，它表明了概率和支持的关系：概率判断的结果反映了相对于备择假设的支持而言判断者对中心假设的相对支持。支持理论认为，支持的获得既可以是基于客观的数据（如频率或概率），也可以是基于判断启发式（如可获得性启发、代表性启发、锚定和调节启发）而得到的主观印象。

　　是否可以用支持度来预测概率呢？很多研究已经探究这种预测的可行性，认为人们是从对支持的直接估计来判断概率的。特沃斯基和凯勒（Koehler）在实验中要求被试首先判断几个篮球队在各比赛中获胜的概率，然后再让他们评估各队的实力（支持度的判断），结果发现，可以用实力评估来预测概率判断。凯勒等人让被试判断嫌疑犯的嫌疑大小或者犯罪可能性的大小，结果发现可以用嫌疑性来准确地预测每个嫌疑犯犯罪的可能性。福克斯（Fox）发现可以用球队实力来准确地预测该球队在未来的比赛中获胜的概率。这几个实验都证明了支持度和概率判断的线性关系，表明可以用支持来预测概率。

3. 主观概率判断的二元互补性（binary complementarity）

　　支持理论认为，当假设只有两个且二者是互补和穷尽时，概率判断表现为二元互补性，即二者的概率判断之和约为1，表现出可加性。

$$P(A, B) + P(B, A) = 1 \tag{2}$$

　　很多研究发现概率判断符合二元互补性，如福克斯和伯克（Birke）的研究表明当律师判断诉讼结果时体现了二元互补性。[1] 但一些研究表明二元判断中出现了超可加性（superadditivity），即二者的概率判断之和小于1。Windschitl 进一步研究表明主观概率判断的可加性并不意味着在感知信念程度上的互补性。

　　爱德森（Idson）和克兰茨（Krantz）针对二元判断的非互补性通过修订支持理论的基本公式提出了扩展的支持理论（Extended Support Theory）。[2] 在这个修正的公式中引入了两个参数：K，备择假设证据支持的缺失值，即在判断中被试用来代替备择假设的支持；λ，在判断 A 的概率时被试注意到的不支持 A 的支持。

$$P(A) = \lambda \times \frac{for(A)}{for(A) + against(A)} + (1 - \lambda) \times \frac{for(A)}{for(A) + K} \tag{3}$$

---

　　[1]　Fox C. R., Birke R., "Forecasting Trial Outcome: Lawyers Assign Higher Probability to Possibility to Possibilities that are Described in Greater Detail", *Law and Human Behavior*, 2002, 26（2）.

　　[2]　Idson L. C., Krancz D. H., "The Relation between Probability and Evidence Judgment: An Extension of Support Theory", *The Journal of Risk and Uncertainty*, 2001, 22（3）. 也参见向玲、张庆林《主观概率判断的支持理论》,《心理科学进展》2006 年第 5 期。

for（A）支持 A 的支持，against（A）不支持 A 的支持

实验表明，该公式能够解释二元判断中的非互补性；修订的公式在预测概率判断上比基本公式更为成功。

4. 主观概率判断满足次可加性规律

支持理论认为，当假设多于 2 个时，概率判断满足次可加性（subaddit-ivity）规律，即几个假设的概率判断之和大于 1。支持理论发现了两种次可加性，用公式表示为：

$$s（A） \leq s（B \lor C） = s（B） + s（C） \tag{4}$$

在上述公式中，A 表示隐选言假设（如病人患呼吸系统疾病），而 B∨C 是和 A 具有相同外延的显选言假设（如 "病人患病毒性或者细菌性的呼吸系统疾病"），即显选言假设列出了事件的各子假设而隐选言假设没有列出。公式左边的不等式表示隐次可加性，即隐选言假设 A 的支持小于或等于显选言假设 B∨C 的支持；公式右边的不等式表示显次可加性，即显选言假设 B∨C 的支持小于或等于各个子假设的支持之和。

概率判断的次可加性偏差表现在各种领域中，如在专业球迷预测比赛结果、律师预测官司的输赢、审计员的审计都表现出次可加性。刘海影和傅小兰的研究表明主观概率判断的次可加性具有跨文化的一致性。

次可加性是人类对不确定事件进行概率判断时的一个基本的反应偏向。值得注意的是次可加性本身并不表示与客观概率值相比高估了显选言假设而低估了隐选言假设，它仅表示判断者认为前者发生的可能性比后者大。

4.1. 次可加性的原因解释及实验证据

支持理论认为隐次可加性有两个原因：第一，显选言假设提取出了可能被忽略的情况，即增加了事例可获得性；第二，外显地提到各子假设可能会提高其重要性从而增加感知的支持度。

特沃斯基和凯勒从性质假设和数量假设的研究中区分出隐次可加性的两个原因。[①] 他们的实验发现，被试判断性质假设 "一个人死于癌症" 的可能

---

① Tversky A., Koehler D. J., "Support Theory: A Nonextensional Representation of Subjective Probabili-ty", *Psychological Review*, 1994, 101（4）.

性显著小于"死于呼吸系统癌症、消化系统癌症、生殖系统癌症、乳癌、泌尿系统癌症、血癌或其他癌症"的可能性之和,因为后者提醒了被试可能忽略的情况。在让被试判断数量假设"有小孩夫妻的比例"时,当把夫妻分为几类(如分为:有 1 个小孩的夫妻、有 2—3 个小孩的夫妻、有 3 个以上小孩的夫妻),被试判断的有小孩夫妻的比例明显增加。研究者认为,被试判断"有小孩的夫妻比例"时,他们并没有忽略上述几类情况,之所以会出现次可加性,是因为分解提高了那些种类的重要性从而增加了判断值。

支持理论认为显次可加性的产生有两个原因:第一,再压缩(repacking);第二,锚定调节启发式的运用。"再压缩"是指显选言假设往往被再次压缩成隐选言假设,再次压缩会降低概率判断值,表现出显次可加性;"锚定调节启发式的运用"是指判断者不是独立地评价显选言假设中每个子假设的支持然后相加,而是评价了其中一个子假设后在参考其他假设的基础上向上做适当地调节。因为这样的调节通常是不充分的,所以其概率判断小于分别判断之和,表现为显次可加性。

罗腾施特莱歇(Rottenstreich)和特沃斯基在研究中把"他杀"按照时间分解:在白天被杀害和在晚上被杀害,实验结果表现出了显次可加性[①]。他们认为,时间式分解使被试采用了再压缩策略,即将显选言假设再压缩成隐选言假设"被他人杀害"判断。在另一个的实验中,把被试分成 3 组评估学生人数:①首先评估人数较多的专业(高条件组),②首先评估人数较少的专业(低条件组),③不做前期评估(无条件组)。然后再让他们评估这两个专业的总人数。研究者认为被试运用了锚定调节启发式:高条件组基于较多人数的调节比低条件组基于较少人数的调节给出更大的人数估计;而无条件组基于较多人数的调节,因此和高估计组应该无差异。

4.2. 备择假设的次可加性

支持理论用整体权重(global weight)和局部权重(local weight)来衡量备择假设的次可加性程度。假设 A 和 Ā1,…,Ān 相互排斥且穷尽,当判断中心假设 A 的概率时,备择假设 Ā1,…,Ān 通常被压缩为整体判断,那

---

①　Rottenstreich Y. , Tversky A. , "Unpacking, Repacking, and Anchoring: Advances in Support Theory", *Psychological Review*, 1997, 104 (2).

么备择假设的次可加性表示为：

$$s\ (\bar{A})\ =\ W\bar{A}\ [s\ (\bar{A}_1)\ +\ s\ (\bar{A}_2)\ +\cdots+\ s\ (\bar{A}_n)] \tag{5}$$

$W\bar{A}$ 被称为整体权重，它反映了把 $\bar{A}_1+\cdots+\bar{A}_n$ 压缩成整体 $\bar{A}$ 时所打折扣的大小，$W\bar{A}$ 值越小代表次可加性的程度就越大，也表示压缩后损失的支持越多。

凯勒等人对于中心假设和备择假设次可加性的关系，提出了一个简单的线性折扣模型来表示：

$$W\bar{A} = 1 - \beta s\ (A) \tag{6}$$

根据该公式，当对中心假设 A 的支持增大时，备择假设的次可加的程度也就越强，表现出备择假设的次可加的权重因子 $W\bar{A}$ 随着中心假设的支持增加而减小。线性折扣模型表明，当支持中心假设证据力量很强时，人们趋向于更小可能将备择假设自发地分解。

布伦纳（Brenner）和凯勒进一步从每个子假设的贡献角度探究了剩余假设的次可加性，[①] 用公式表示为：

$$s\ (\bar{A})\ =\ W_1\bar{A}\ S\ (\bar{A}_1)\ +\ W_2\bar{A}\ S\ (\bar{A}_2)\ +\cdots+W_n\bar{A}\ S\ (\bar{A}_n) \tag{7}$$

$W_i\bar{A}$ 被称为局部权重，它反映了把备择假设当作整体判断时每一个子假设所打折扣的大小。$W\bar{A}$ 和 $Wi\bar{A}$ 值越小，表明压缩后的隐选言所损失的支持越多，对中心假设的主观概率判断值就越大。他们在整体权重和局部权重的基础上进一步发展出了局部权重模型。

4.3. 影响次可加性的两个重要因素

4.3.1. 频率和概率的信息格式与次可加性

吉格伦泽（Gigerenzer）和霍夫拉吉（Hoffrage）认为，人类在长期的进化过程中形成的认知算法，适合处理以频率形式表征的信息，而不适合处理以概率形式表征的信息，因此他们质疑在很多实验研究中出现的认知偏差是因为信息以概率格式呈现，当把概率变为频率时，认知偏差就会消失。

然而主观概率判断的实验表明，频率信息并没有消除次可加性的认知

---

① Brenner L. A., Koehler D. J., "Subjective Probability of Disjunctive Hypotheses：Local-weight Models for Decomposition of Evidential Support", *Cognitive Psychology*, 1999, 38（1）：16 – 47.

偏差，只不过使其程度变小。特沃斯基和凯勒的研究发现，被试判断概率信息比判断频率信息表现出更大的次可加性。罗腾施特莱歇和特沃斯基、凯勒的实验同样证明频率比概率在一定程度上减小了次可加性的程度。

4.3.2. 分解数目与次可加性

许多实验证明次可加性的大小随着假设数目的增加而增大。特沃斯基和凯勒发现：当把死亡原因分解为 7 个种类判断时概率值显著高于把它分解为 3 个种类的判断[①]。刘海影和傅小兰也发现次可加性随分解部分的增加而增强。这种分解数量和次可加性的正相关有一个前提，就是穷尽了事件包含的所有假设。

多尔蒂（Dougherty）和亨特（Hunter）认为，人们不可能对一个事件包含的所有假设穷尽，只有少数几个假设能从长时记忆中提取出来并被保持在工作记忆中参与概率判断。他们的实验结果表明：在有时间限制的情况下人们从长时记忆中提取备择假设的数量减少，次可加性增大；工作记忆容量大的被试比工作记忆容量小的被试考虑到了更多的备择假设，次可加性较小。这表明了分解数目和次可加性的负相关。

5. 主观概率判断的分解效应（unpacking effect）

支持理论把描述上的分解所引起的概率判断值的增加称为分解效应，用公式表示为：

$$P（A，B）\leqslant P（A_1 \vee A_2，B）\leqslant P（A_1，B \vee A_2）+P（A_2，B \vee A_1）$$

（8）

$$P（A，B）\geqslant P（A，B_1 \vee B_2）\geqslant P（A \vee B_2，B_1）+P（A_2 \vee B_1，B_2）$$

（9）

公式 8 表示分解中心假设会提高对中心假设的概率判断；公式 9 表示分解备择假设会降低对中心假设的概率判断；反过来说，压缩中心假设会降低对中心假设的概率判断，而压缩备择假设会提高对中心假设的概率判断。在现实生活中，人们通常把备择假设当作剩余的整体而没有分解，这种压缩就

---

① Tversky A, Koehler D. J., "Support Theory: A Nonextensional Representation of Subjective Probability", *Psychological Review*, 1994, 101 (4).

减小了对备择假设的证据支持的判断，从而增加了对中心假设的概率判断，这是概率判断中经常出现的一个现象。分解效应和格式塔理论的著名观点"整体大于部分之和"恰好相反，支持理论认为分解会增加感知的强度，所以部分之和大于总体。

已有的研究表明，在各种判断领域中都表现出了分解效应。布罗迪（Brody）等人的研究发现，[①]在概率判断和频率判断中分解会增加判断值。博文（Boven）和埃普利（Epley）的实验表明，分解效应还适用于情感判断等其他种类的社会判断，如在团体任务贡献的判断中个体趋向于夸大自己的贡献，而当他们把团体中的合作者们"分解"为"个体"时，这种夸大就会显著削弱。Tversky 和 Fox 的研究发现，在不确定条件下的决策也表现出分解效应，如分解使人们对于未来的随机事件如体育比赛结果、风险投资或者其他事件愿意付出更多的赌注。Fox 和 Clemen 的研究表明，即使是决策领域的专家也会表现出分解效应，但是这种偏向随着领域知识的增加而降低。

克鲁格（Kruger）和埃文斯的研究发现，[②]分解效应能够用于解释计划错觉（plan illusion）：计划错觉的原因在于人们不能自动地将多面任务分解为各个组成部分。在实验中让被试估计完成某项任务需要多长时间，结果表明：当要求分解任务时，被试认为所需时间更长。实验同时发现分解效应受到任务难度的影响，任务越复杂，分解的作用越大。

福克斯和罗腾施特莱歇的研究发现，[③]分解效应还受到样本空间在主观上如何分解的影响，当判断"下一周中星期天比其他任何一天都热的可能性"时，被试做出两维的分解，因此概率是 1/2；判断"下一周当中最热的一天是星期天的可能性"时，被试做出七维的分解，因此概率为 1/7。

6. 主观概率判断中的促进效应（enhancement effect）

促进效应是指当支持假设的证据增加时，判断者对各个假设的概率判断

---

① Brody R. G., Coulter J. M., Daneshfar A., "Auditor Probability Judgments: Discounting Unspecified Possibilities", *Theory and Decision*, 2003, 54 (2): 85 – 104.

② Kruger J, Evans M., "If You Don't Want to Be Late, Enumerate: Unpacking Reduces the Planning Fallacy", *Journal of Experimental Social Psychology*, 2004, 40 (5): 586 – 598.

③ Fox C R., Rottenstreich Y., "Patition Priming in Judgment under Uncertainty", *Psychological Science*, 2003, 14 (3): 195 – 200.

之和也会增加。证据的增加可能是因为证据的分解或者证据的替换。因此，主观概率不仅取决于对中心假设和对备择假设如何描述，而且也取决于对证据如何描述。假如有相互排斥且穷尽的假设 A_1，A_2，…，A_n，$\bar{A_i}$ 指与中心假设 A_i 相对应的所有备择假设压缩成的隐选言假设，如证据 B 比证据 C 对各个假设支持度更大，那么：

$$\sum_{i=1}^{n} P(A_i, \overline{A_i} \mid B) \geqslant \sum_{i=1}^{n} P(A_i, \overline{A_i} \mid C) \tag{10}$$

促进效应表明：证据 B 引发的概率判断之和大于证据 C 引发的概率判断之和，且两者之和都大于或等于 1。促进效应说明，人们的主观概率判断不同于标准概率理论要求的补偿性（compensatory），而表现出非补偿性的特征，即增加一个假设的概率判断并没有降低对其他竞争性假设的概率。实际上，一个新的证据通常会增加对所有假设的概率判断，或者是增加其中一个假设的概率但并没有降低其他假设的概率。值得注意的是，促进效应表明人们夸大了对先验概率的反应，然而过去的研究结论"基础概率忽略"现象则说明人们并没有充分意识到先验概率的影响。

特沃斯基和凯勒在实验中把支持理论的预期和贝叶斯模型理论与谢弗（Shafer）理论的预期相比较，结果证明主观概率判断符合促进效应。实验设置了低信息组（描述了 4 个嫌犯的基本信息）和高信息组（增加了 4 个嫌犯作案的动机和时间），然后让被试判断 4 个嫌犯犯罪的可能性。结果表明：在高信息条件下被试对 4 个嫌犯犯罪可能性的判断比在低信息条件下大，且其和都大于 1。同时他们发现在替换证据的条件下也会出现促进效应。罗腾施特莱歇等人证明，[①] 对证据具体的描述比笼统的描述增加了证据支持的力度。凯勒用模拟的医学诊断任务，让被试根据病人的症状判断病人可能患有的疾病。假设某病人有症状 AbCDe（大写字母表示该病人有某种症状，小写字母表示该病人没有某种症状），通过前期的练习使判断者习得症状 A 的出现表明该病人患有疾病 F1，而症状 C 的出现表明该病人患有疾病 F3。结果发现，症状 C 的出现并不影响对 F1 的支持和概率

---

① Rottenstreich Y., Tversky A., "Unpacking, Repacking, and Anchoring: Advances in Support Theory", *Psychological Review*, 1997, 104（2）.

判断。因此，支持评价的过程是非补偿性的，也就是说支持备择假设的证据不影响对中心假设支持的判断；结果还发现，即使是无诊断作用的证据也能提高对中心假设的概率判断值。上述研究都表现出了证据的促进效应。

第三节　支持理论的形式分析

认知科学家不仅在理论上阐述了主观概率判断的支持理论，而且对支持理论作了进一步的形式分析。令 T 是一个至少包括两个元素的有限集，解释为世界状态。假设只能够获得一个唯一的一般情况下不知其判断的状态。T 的子集称为事件。要区分事件与称之为假设的事件的描述。令 H 是在 T 中描述事件的假设集。假定每一个假设 $A \in H$，对应于唯一的事件 $A' \subset T$。这是一个多对一的映射，因为存在有不同的假说，称为 A 和 B，可能会有不同的外延（也就是说：$A' = B'$）。例如，假定抛掷两个相同的结果。假设"总和是 3"和"乘积是 2"是对同一事件的不同的描述。即一个骰子的点数是 1，另一个骰子的点数是 2。假定 H 是有穷的，并且对每一个事件至少包含了两个不同的描述。下面建立在 H 上的关系可以根据建立在 T 上的关系进行推导。如果 $A' \in T$，那么 A 就是一个基本元。如果 $A' = \varnothing$，那么 A 就是空的。如果 $A' \cap B' = \varnothing$，那么 A 和 B 是不相容的。如果 A 和 B 在 H 中，并且它们是不相容的，那么它们就是显性析取，将其记为 $A \vee B$，也在 H 中。因此，H 在不相容的析取下是封闭的。假定 $\vee$ 满足结合律和可交换律并且（$A \vee B$）$' = A' \cup B'$。

这些表达式的重要特征是对显性的和隐性的析取进行了区分。如果它既不是元素，也不是空的，并且它也不是一个显性的析取（在 H 中不存在非空的 B，C，使得 $A = B \vee C$），那么 A 就是一个隐性的析取，或者简称为隐性假设，例如，假定 A 代表"李琳选修生物学"，C 表示"李琳选修物理学"。显性的析取 $B \vee C$（"李琳或者选修生物学或者选修物理学"）都有一个相同的外延 A [即 $A' = (B \vee C)' = B' \vee C'$]，但是 A 是一个隐性假设，因为它不是一个显性的析取。注意显性的析取 $B \vee C$ 对任意的不相容的 B，$C \in H$ 是被定义的，但是，一个共不相容的隐性析取是不存在的，因为某些事件不可能不说出它们的构成部分而必然地来描述它们。

　　一个赋值框架（A，B）由一对不相容的假设组成：第一个元素 A 是赋值判断的焦点假设（focal hypothesis），第二个元素 B 是备择假设。为了简化问题，我们假设，当 A 和 B 不相容时，法官也同样会认识到它们，但我们不可能假设法官可以列出一个隐性析取的所有构成部分。就上述例子而言，我们假定法官知道，例如，基因是生物科学，天文学是自然科学，以及生物学和物理科学是不相容的。但是，我们不能够假设法官可以列出生物学或物理科学领域的所有构成部分。因此，我们假设可以认识其中的某些构成部分，但却不能够认识所有的构成部分。

　　我们可以把一个人的概率判断解释为从一个赋值框架到一个单位区间的映射。为了简化问题，我们假定 P（A，B）为零当且仅当 A 是空的，它等于 1 当且仅当 B 是空的，我们假设 A 和 B 是不能同时为空。因此，P（A，B）是判断概率，A 优于 B，并且假定其中有一个并且只有一个是有效的。显然，A 和 B 每一个都可以表示显性的或隐性的析取。在标准理论中，P（A，B）的外延对应物是条件概率 P（A′∣A′∨B′）。但特沃斯基等人的处理方法是非外延的，因为它假设的概率判断依赖于对 A 和 B 的描述，而不仅仅依赖于事件 A′和 B′。

　　支持理论假定有一个指派给每一个在 H 上的假设非负实数比例范围 s（解释为支持度），使得对于任何一对不相容的假设 A，B∈ H，

$$P（A，B）= \frac{s(A)}{s(A)+s(B)} \tag{1′}$$

　　如果 B 和 C 是不相容的，A 是隐性，且 A′=（B ∨ C）′，那么

$$s（A）\leqslant s（B ∨ C）= s（B）+ s（C） \tag{2′}$$

　　借助焦点假设和备择假设，支持式（1′）提供了一个主观概率的表征。式（2′）陈述的是隐性析取（implicit disjunction）A 的支持小于等于一个共外延的显性析取 B∨C 并且等于它的构成部分的支持的和。因此，支持对于显性析取和是可加的，对于隐性析取是次可加的。可见，支持理论是一个关于主观概率判断的描述性理论，它通过建构支持将各种影响主观概率判断的启发式机制融入一个统一的框架中。

　　支持理论的直接推论是二元互补性：

$$P（A，B）+P（B，A）=1 \tag{3'}$$

第二个推论是比例性：

$$\frac{P(A,B)}{P(B,A)} = \frac{P(A,B \vee C)}{P(B,A \vee C)} \tag{4'}$$

假若 A，B 和 C 是相互不相容的，并且 B 是非空的。因此，A 和 B 的比率和附加的假设 C 是无关的。

为了使得下面的条件形式化，引入一个概率的比率 R（A，B）=P（A，B）/P（B，A）是有用的，它是 A 和 B 的比值。式（1'）包含下面的乘法规则：

$$R（A，B）R（C，D）=R（A，D）R（C，B） \tag{5'}$$

假若 A，B，C 和 D 是非空的，并且在等式（5'）中的四对假设是两两不相容的。因此，A 和 B 的比值和 C 和 D 的比值的乘积等于 A 和 D 的比值和 C 和 B 的比值的乘积。引入乘法规则是必需的，根据等式（1'），等式（5'）的两边都等于 s（A）s（c）/s（B）s（D）。事实上同样的条件在偏好树理论中也得到了利用（参见 Tversky & Sattath，1979）。

等式（1'）和等式（2'）共同蕴涵着分解原理（unpackingprinciple）。假设 B，C 和 D 是互不相容的，A 是隐性的，并且 A'=（B∨C）'，那么

$$P（A，D）\leqslant P（B \vee C，D）=P（B，C \vee D）+P（C，B \vee D） \tag{6'}$$

s 的性质可以推出对应的 P 的性质：判断概率对于显性析取是可加的，对于隐性析取是次可加的。换言之，分解一个隐性析取可能会增加，但不会减少它的判断概率。不像等式（3'）—（5'）那样，它们在标准的概率理论中是成立的，分解规则等式（6'）是对经典模型的概括。注意该假设下限概率模型的一个变式，它假设了外延性和超可加性，即如果 A'∩B'=∅，P（A'∪B'）≥P（A'）+P（B'）。

第四节　逻辑与认知：从不同的视角看

考察支持理论从逻辑到认知的发展历程，从逻辑和认知的不同视角审视支持理论，我们可以概括其共同点和不同点如下：第一，非外延性。概率判断的支持理论是关于信念的非外延性理论，它是关于主观概率判断的支持理

论；而非帕斯卡概率逻辑的归纳支持理论包含了非外延因素，是一种客观概率的支持理论。第二，次可加性。在主观概率判断支持理论中，判断概率或者通过相关的支持给出，或者根据强的证据分别由中心假设和备择假设提供。在客观概率的支持理论中，命题概率刻画的是证据与假设之间的逻辑关系。在主观概率判断的支持理论中，支持对于隐性析取和显性析取（显性选言）都是次可加的；而在归纳支持理论中，合取关系不具有可加性，帕斯卡概率的乘法原理不成立。可见，次可加性是支持理论的一个非常重要的概念。第三，非互补性。在主观概率支持理论中，概率判断在二元情况下是互补的，在多元情况下是非互补的；而在归纳支持理论中，归纳支持的否定原理也是非互补的，帕斯卡概率的否定原理不成立。这样一来，作为外延逻辑基本原则的二值原理不再有效。概率判断支持理论这一思想是对科恩支持理论的进一步发展。可见，归纳支持理论与主观概率判断支持理论是一脉相承的，后者是对前者的发展。

总之，支持理论得到了大量实验数据的支持并具有广泛的理论及应用价值，但是它也面临一些挑战和疑问，需要进一步发展和完善。

第一，支持理论认为概率判断具有描述的依赖性，而对假设描述上的分解只是描述依赖性的一个因素，那么假设还有哪些描述性特征会影响概率判断，又是怎样影响的？比如对假设正面或者负面的描述是否会系统性地影响概率判断？自我相关的信息较自我不相关的信息能否引发更多的证据从而增加对它的支持？实际上，对假设的描述只是描述依赖性的一个方面，证据的不同描述也会影响概率判断，那么证据的哪些描述性特征会影响概率判断，又是怎样影响的呢？

可见，探索出更多的影响描述依赖性的决定因素和认知机制是未来研究中应该注意的一个重要方面，考察出更多的关于假设和证据的特点能够扩大支持理论的研究视野，使支持理论能够运用到相关的认知和社会心理学领域。另外，探索主观概率判断的逻辑形式和认知机制是未来研究中应该注意的一个重要方面。从逻辑刻画和认知描述分析相结合的角度发展支持理论，有助于拓展支持理论研究者的视野，使支持理论能够广泛运用于自然科学和人文社会科学各个领域。

第二，在对中心假设做出概率判断时，备择假设的支持究竟如何影响中心假设的概率判断呢？

支持理论认为，人们在判断中心假设的概率时，通常将所有备择假设的支持之和作为比较对象来判断中心假设的相对支持，对备择假设支持越小，对中心假设的概率判断越大。

而其他研究对此进行了质疑，如温德希拓（Windschitl）认为被试在概率判断时采用了比较启发式（comparison heuristic），即将中心假设和最强支持力度的备择假设相比较，然后做出判断。[①] 温德希拓和钱伯斯（Chambers）进一步研究发现增加支持度很小的假设不是减小而是增加对中心假设的概率判断，他们提出两种解释：（1）衬比解释（contrast account）。它认为人们在概率判断时是将中心假设和每个备择假设的支持相比较，根据中心假设胜于备择假设的次数进行判断。当出现支持度很小的假设时，中心假设胜于备择假设的次数会明显增加，因而提升概率判断。（2）平均剩余解释（averaged residual account）。它认为判断者将备择假设的支持平均后作为一个整体评价。

可见，关于备择假设如何影响中心假设的概率判断还存在不同的观点。支持理论需要进一步探明备择假设影响主观概率判断的认知机制。

第三，主观概率的多元判断总是满足次可加性规律吗？

对于主观概率判断的次可加性，虽然得到了大量实验证据的支持，但是仍然受到很多质疑。如谢弗理论认为主观概率判断是可加的或超可加的[②]，福克斯等人研究发现隐次可加性的实验证据不一致，斯洛曼（Sloman）等人发现，[③] 把假设分解为典型事例会产生可加性，分解为非典型事例会产生超可加性。可见，主观概率判断次可加性的普遍性还存在争议。对于二元判断中的非互补性，研究者用扩展的支持理论来解释这种现象。因此，支持理论

---

① Windschitl P. D. , "The Binary Additivity of Subjective Probability Does not Indicate the Binary Complementarity of Perceived Certainty", *Organizational Behavior and Human Decision Processes*, 2000, 81 (2)：195 – 225.

② E. Shafir (ed.), *Preference, Belief, and Similarity: Selected Writings by Amos Tversky*, MIT Press, 2004.

③ Sloman S. A. , Rottenstreich Y. , Wisniewski E. , et al. , "Typical Versus Atypical Unpacking and Superadditive Probability Judgment", *Journal of Experimental Psychology: Learning, Memory, and Cognition*, 2004, 30 (3)：573 – 582.

需要研究次可加性的成立条件和进一步的发展来解释多元判断中的超可加性。

我们认为，次可加性规律是否普遍有效，究竟在多大范围内有效，还需要深入研究，现在下结论为时尚早。在我们看来，无论是可加性、次可加性、超可加性，还是不可加性，作为一种规律，它们都各有一定的适用范围，不存在放之四海而皆准的绝对有效规律。

第四，支持理论研究中大多数的实验任务是给被试提供假设，而在现实生活的概率判断中，需要被试从长时记忆中提取假设。假设产生的结果决定了哪些假设参与概率判断，因此假设的产生对于概率判断具有重要的作用。

已有研究表明，被试在概率判断时只能产生一部分的假设，且趋向于产生强度大而忽略强度小的假设。多尔蒂等人就假设产生、主观概率判断和工作记忆、长时记忆的关系进行了有益的探讨，他们的研究表明：概率判断和从长时记忆中提取出的备择假设的数量成负相关；概率判断和工作记忆能力呈负相关。多尔蒂等人基于记忆对概率判断的影响，提出了主观概率判断的MDM 模型，该模型认为概率判断是中心假设的记忆证据支持和外显产生的备择假设的记忆支持之比。

尽管工作记忆和长时记忆对假设产生有重要的作用，但是没有研究者将记忆因素融合到概率判断的支持理论模型中。除记忆因素，还有哪些因素会影响备择假设的生成？假设生成的潜在认知过程是怎样的呢？支持理论需要进一步阐明人们产生和保持备择假设的影响因素和认知机制。

第五，认知研究对于逻辑推理研究的一个启示是：支持理论是一种非外延理论，用经典外延逻辑难以刻画，在这里，非经典逻辑会不会大有用武之地呢？在我们看来，用非经典的内涵逻辑手段来解决支持理论的形式表述问题，也许是一个可行的发展方向。近年来，国内外逻辑学界已经对内涵语境逻辑、超内涵逻辑等作了较为深入的研究。借鉴那些相对成熟的现代逻辑理论，同时吸收认知科学的研究成果，支持理论的研究将会有广阔的前景。

以上探讨了归纳逻辑中的支持理论与认知科学中的支持理论的联系和区别，揭示了支持理论从逻辑向认知发展的历史必然性，这并非是要探讨孰优执劣的问题，而是要通过这样的探讨揭示其动态合理性。接下来，我们将进一步探讨贝叶斯推理的认知基础问题，试图从贝叶斯推理认知研究这一新视角得到一些启示。

第 三 章
贝叶斯推理的认知基础

人们进行判断和决策时，经常会面临不确定性情境。为了减少不确定性的程度，往往通过收集、整理信息来做出判断，即进行贝叶斯推理（Bayesian Inference）。关于贝叶斯推理的定义，主要有以下几种看法：曼克特洛（Manktelow，1999）认为，符合贝叶斯模型的推理就是贝叶斯推理。塞缪尔（Samuel，2000）则认为，贝叶斯推理是将已有经验与数据集的潜在知识相结合，利用先验知识和样本数据来获得对未知样本的估计，从而弥补各自的片面性与缺点，最终得到比较合理的结果。[①] 史滋福等（2009）从心理学的视角出发，采用过程评定取向，将贝叶斯推理定义为：推理者对先验知识和当前证据信息进行锚定、组合、调整，用以对逆条件事件进行主观概率估计的过程。[②] 这显然是不同于逻辑学界的一种新定义。

贝叶斯推理源自人们根据新信息或证据调整自己已有观点的日常生活经历，如医生在看病时首先会对病人做一个病情估计（即对病人患某种疾病的可能性进行估计），然后进行检查、化验，如果新增加的信息使他认为病人患有该病的可能性增大，并且达到他认为确实是患了这种病的可能时，他就会做出最后的诊断。如果错误地估计了这一可能性，则很有可能导致误诊，从而危及生命。但诸多研究表明，人们在贝叶斯推理时会经常犯错误，例如大多数推理者包括那些名牌医学院的学生，在著名的医学疾病诊断问题上表

[①] 董剑：《贝叶斯推理中概率信息作用的认知神经机制》，硕士学位论文，湖南师范大学，2014年。

[②] 史滋福等：《"锚定参照错误"偏向对贝叶斯推理成绩的影响》，《心理科学》2009年第2期，第446—448页。

现得都很差，正确率低于10%。^①因此，从认知的角度考察人们在贝叶斯推理时犯错误的原因是非常必要的。但到目前为止，对人类贝叶斯推理能力的研究存在两种截然相反的观点：一种认为，即使是"保守的"推理也在一定程度上与贝叶斯推理规则计算得出的结论相吻合（Edwards，1968）。史滋福认为（参见史滋福，2007：59—60，也参见 Slovic & Lchtenstein，1971），人们的直觉推理在大方向上（肯定或否定）是与计算结果一致的，只是精度不够；彼得森和比奇（Peterson & Beach，1976）认为，人作为直觉式统计学家，其概率推理方法一般类似于贝叶斯公式的计算。^②另一种认为，人们的直觉推理与贝叶斯定理相距甚远，甚至根本就没有遵循贝叶斯推理规则（Kahnemen & Tversky，1972），古生物学者古尔德（Gould，1992）更极端地认为，人们的大脑生来就不是遵循概率规则的。那么，人们在贝叶斯推理问题的解决过程中到底怎么了？（参见史滋福，2007：59—60）为什么有的研究得出人类的直觉推理与贝叶斯推理规则相去甚远，而有的研究又认为，人是直觉式统计学家呢？是什么因素影响了人们的贝叶斯推理？^③

第一节　贝叶斯推理中的认知偏差

埃迪（Eddy，1982）给出的乳腺癌问题，是贝叶斯推理研究中的一个经典问题。其表述如下：参加常规 X 光透视检查的 40 岁妇女中，患乳腺癌的概率是1%。如果一个妇女患了乳腺癌，她的胸透片呈阳性的概率是80%。如果一个妇女没有患乳腺癌，她的胸透片呈阳性的概率是9.6%。一个该年龄段的妇女，她的胸透片呈阳性，那么她实际患乳腺癌的概率有多少？^④

① Eddy, D. M. , "Probabilistic Reasoning in Clinical Medicine: Problems and Opportunities", In: Kahneman, D. Solovic, P. Tversky, A. *Judgment under Uncertainty: Heuristics and Biases*, Cambridge, England: Cambridge University Press, 1982.

② 史滋福：《贝叶斯推理问题解决中的认知偏向研究》，博士学位论文，西南大学，2007 年。

③ 史滋福：《贝叶斯推理问题解决中的认知偏向研究》，博士学位论文，西南大学，2007 年。

④ Eddy, D. M. *Probabilistic Reasoning in Clinical Medicine: Problems and Opportunities*, Kahneman, D. Solovic, P. Tversky, A. *Judgment under Uncertainty: Heuristics and Biases*, Cambridge, England: Cambridge University Press, 1982.

以该问题为例，我们来考察贝叶斯算法过程所包含的策略思想。[①]

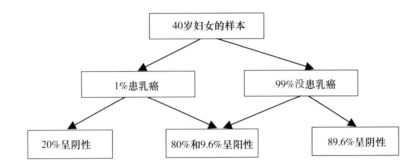

第一，弄清楚是什么样的结果？如一个普通人检测呈阳性。

第二，这个取样来源于什么？如可能是患者，也可能不是患者。

第三，哪些原因导致这一结果？如可能这个人是患者而且检测呈阳性，也可能这个人不是患者而且检测也呈阳性。

第四，每个原因的权重是怎样的？如前者的可能性是 $1\% \times 80\%$，后者是 $99\% \times 9.6\%$。

第五，在先知道结果的前提下，各原因的"作用"所占比例有多大？如一个取样检测呈阳性的前提下，他是患者的可能性是多大？

从上述贝叶斯推理问题的基本分析可以看出，贝叶斯推理的认知操作相当复杂，涉及概率的多种规则的运用，而且要经历至少四步以上的推理过程，因此，单纯依靠正确率或和标准值之间的差值来评价人们的贝叶斯推理显得过于笼统和偏颇，无法深刻揭示贝叶斯推理过程中的认知加工机制和困难（错误）原因，也无法采取有针对性的措施来提高推理成绩。

有的研究者从信息表征的角度探讨过这些问题，如吉格伦泽和霍夫拉吉（Gigerenzer & Hoffrage，1995）认为，信息的概率形式不适合人类大脑的加工方式，导致人在贝叶斯推理中常常出错，如果采用自然频数的形式表示概率信息，则可以提高贝叶斯推理成绩。但也有研究者提出异议，认为他们在改变信息形式的同时也改变了其他变量（Lewis，Keren，1999），其后也有研

① 史滋福：《贝叶斯推理问题解决中的认知偏向研究》，博士学位论文，西南大学，2007 年。

究者采用添加图形来改变任务的信息表征以达到改善被试推理成绩的目的（Yamagishi，2003；傅小兰，赵晓东，2005；李晓明，傅小兰等，2004）。然而，这些研究得出的结论是，"这些表征的改变虽然在一定程度上提高了贝叶斯推理成绩，但仍有相当多的被试表现出显著的高估或低估。显然，改变表征方式并未从根本上探知以往研究的差异以及贝叶斯推理困难的原因"①。

有的研究者从实验材料的角度探讨了贝叶斯推理的认知加工机制，如张向阳等（2006）认为，贝叶斯推理过程中主体关联性对贝叶斯推理概率估计存在影响；② 而徐媛（2003）也提出，材料的选取对后验概率的估计可能有影响。③ 但为什么研究材料的差异会导致研究结果的不一致呢？这表明人类的概率推理都存在什么样的特点或偏差呢？

根据塞缪尔（Samuel，2000）关于贝叶斯推理的定义可知，贝叶斯推理的算法实际上是一个获取条件概率的过程。对不懂贝叶斯原理的人来说，要进行正确的后验概率估计可能需要经过复杂的认知加工过程，因此，个体在认知加工过程中表现出的差异可能导致了估计结果的不同。有研究指出，人们进行贝叶斯推理时，主要的认知策略是"假设一个概率值—寻找证据—修改这个概率值"。这种策略也被称为"锚定—调整"策略，即先依据题目中的某一个比例信息来假设一个概率值（锚定），然后依据一定的证据来修改这个概率值（调整）。④

贝叶斯推理过程涉及概率理论中的许多重要法则，而认知研究者关心的是，一个不懂贝叶斯推理规则的人对贝叶斯推理问题进行直观概率判断时，是否遵循贝叶斯推理规则。因此，关心贝叶斯推理认知基础的学者认为，贝叶斯推理的研究要走过程和结果联合评价的道路，"透过过程看本质"。如果仅仅将人们的估计值和贝叶斯公式计算的结果作比较来进行研究，可能会在一定程度上屏蔽人们解决贝叶斯推理问题的过程。⑤ 在这种研究范式下，

---

① 史滋福：《贝叶斯推理问题解决中的认知偏向研究》，博士学位论文，西南大学，2007年。
② 张向阳、刘鸣、张积家：《主体关联性对贝叶斯推理概率估计的影响》，《心理科学》2006年第29（4）期，第795—797页。
③ 徐媛：《贝叶斯推理完成特点及影响因素》，硕士学位论文，华东师范大学，2003年。
④ 史滋福：《贝叶斯推理问题解决中的认知偏向研究》，博士学位论文，西南大学，2007年。
⑤ 史滋福：《贝叶斯推理问题解决中的认知偏向研究》，博士学位论文，西南大学，2007年。

通过对证据的认定和验证性分析，可以发现，贝叶斯推理中主要的认知偏差有"锚定参照错误"、"直觉调整差误"和"基础概率忽略"等。

一　贝叶斯推理中的锚定参照错误

下面给出一组实验，共 2 个案例（统称为实验 1）。

实验 1.1：乳腺癌问题

测试 1："如果患乳腺癌的妇女在仪器检测中有 80% 呈阳性。"那么，能否根据这句话来估计："一个检测呈阳性的妇女，她患癌的可能性有多大？"请选择：

A. 估计是 80% 左右；

B. 可以估计，但不是 80% 左右；

C. 很难估计。

测试 2：某地区参加普查的妇女患乳腺癌比率为 1%。这些患乳腺癌的妇女在仪器检测中有 80% 呈阳性；没有患乳腺癌的妇女在仪器检测中有 9.6% 呈阳性。现在该地区普查时发现一位妇女检测呈阳性，请你估计一下她患有乳腺癌的可能性有多大？请用百分数表示。

测试 3：请叙述你给出这个估计的理由或者你是根据哪些信息得到这个估计的。（史滋福，2007：75）

实验 1.2：中彩问题

测试 1："如果中奖的彩票有 80% 是从某销售网点卖出去的。"那么，能否根据这句话来估计："一张从这个销售网店卖出去的彩票，其中奖的可能性有多大？"请选择：

A. 估计是 80% 左右；

B. 可以估计，但不是 80% 左右；

C. 很难估计。

测试 2：某次彩票开奖的中奖率为 1%。这些中奖的彩票有 80% 是从某彩票销售网点卖出去的；那些没有中奖的彩票有 9.6% 是从这个彩票销售网点卖出去的。现在有一张参与本次开奖的彩票是从这个销售网点卖出去的。请你估计一下，这张彩票中奖的可能性有多大？请用百分数表示。

测试 3：请叙述你给出这个估计的理由或你是根据哪些信息得到这个估

计的。[1]

在"乳腺癌问题"中，比较多的被试（60%）错误地将"击中率"命题（患乳腺癌的妇女有80%检测呈阳性）"换位表征"（即迷迷糊糊地认为，可以反过来说"检测呈阳性的妇女有80%左右患乳腺癌"），从而在推理过程中表现出"锚定参照错误"（即锚定于80%，将其作为进一步调整的"参照"）；在运用"虚报率"（没有患乳腺癌的妇女有9.6%检测呈阳性）信息对所锚定的"参照"进行调整的时候，被试并不依据"虚报率"信息（9.6%）和"虚报率"的"基础概率"信息（99%），而是依据"虚报率"信息的"可得性启发"（即心目中"没有患癌而检测呈阳性"的事例的多少）来处理，结果出现"直觉调整差误"，只在80%的基础上下降一点点（因为心目中"没有患癌而检测呈阳性的事例"是不多的），调整不到位。总之，多数被试采用了"锚定—调整"启发式策略，并且由于"换位表征"导致"锚定参照错误"、由于"可得性启发"导致"直觉调整差误"，致使被试有偏差地整合任务中的概率信息，表现出普遍的高估（平均估计值77%），同时表现出了明显的"基础概率忽略"偏差。[2]

在"中彩问题"中，被试也采用"锚定—调整"启发式策略，也同样有上述两个方面的偏向。但是，由于情境的差别，在该测试中，较少的被试（1%）对"击中率"命题"换位表征"（将"中奖的彩票有80%是从某彩票销售点卖出去的"换位表征"从某彩票销售点卖出去的彩票有80%是中奖的"），而是锚定了"基础概率"信息（彩票的中奖率为1%），同时依据"虚报率"信息的"可得性启发"（即心目中"没有中奖的彩票但是从这个销售网店卖出去的事例"多少）来处理，结果也出现了"直觉调整差误"，只在1%的基础上上调了一点（因为心目中"没有中奖的彩票但是从这个销售点卖出去的事例"很多），调整不到位。因此，其后验概率估计表现出了显著低估，而不像"乳腺癌问题"中那样表现出普遍高估（平均估计值为3.7%），同时"基础概率忽略"偏差表现得没有像"乳腺癌问题"中表现得那么明显。[3]

---

① 史滋福：《贝叶斯推理问题解决中的认知偏向研究》，博士学位论文，西南大学，2007年。

② 史滋福：《贝叶斯推理问题解决中的认知偏向研究》，博士学位论文，西南大学，2007年。

③ 史滋福：《贝叶斯推理问题解决中的认知偏向研究》，博士学位论文，西南大学，2007年。

乳腺癌问题和中彩问题，二者虽然在数学意义上讲是完全同构的，但是人们对问题的解决却表现出了显著的差异。乳腺癌问题中更多的被试锚定击中率信息，将"击中率"命题"换位表征"，而中彩问题中更多的被试锚定"基础概率"，依据"基础概率"信息进行概率估计。这似乎说明，贝叶斯推理问题情境下存在"锚定参照错误"偏差，且不同任务情境下锚定的对象不同。就贝叶斯推理的准确性而言，无论哪种任务情境，将"击中率"命题错误地"换位表征"的被试都普遍比其他被试高估（p < 0.001），表现为"换位表征"被试的准确性最差。此外，从实验结果来看，虽然"换位表征"被试的后验概率估计值偏高，依据"基础概率"信息的被试后验概率估计值偏低，但和任务中提供的"击中率"以及"基础概率"信息相比，大部分被试的估计值都在"击中率（80%）"和"基础概率（1%）"的基础上做了不同程度的调整（乳腺癌问题：M = 76.80，M = 3.21；中彩问题：M = 76.16，M = 1.68）。这似乎说明，贝叶斯任务推理过程中的错误，并非全部可以用"锚定参照错误"来解释。绝大多数被试并没有完全采用"击中率"和"基础比率"信息来代替后验概率估计值，而是依据任务中的其他信息进行了调整，而且这种调整因任务情境而异。[1]

由此可知，人们在进行贝叶斯推理的时候，多数并不按照贝叶斯公式进行估算，而是采用启发式（锚定—调整启发策略）进行思考，其特点是简便、快速但容易产生偏差。这种偏差叫作"锚定参照错误"，其产生的主要原因是"击中率"命题的"换位表征"或过分关注"基础概率"信息。"锚定参照错误"偏差对贝叶斯推理中后验概率的估计存在影响。[2]

二　贝叶斯推理中的直觉调整差误

实验1的结果表明，不同推理任务中被试表现出的"锚定参照错误"偏差程度不同，对后验概率估计准确性的影响也有差异。奥克福德（Oaksford，2000，2003）认为，日常生活经验会影响人们对条件规则中前件、后件信息的

---

① 史滋福：《贝叶斯推理问题解决中的认知偏向研究》，博士学位论文，西南大学，2007 年。
② 史滋福：《贝叶斯推理问题解决中的认知偏向研究》，博士学位论文，西南大学，2007 年。

概率估计，从而影响个体的推理行为。[①] 那么，是否由于日常生活经验影响了人们对贝叶斯推理问题解决中后验概率的估计，从而表现出对任务情境的依赖性呢？贝叶斯推理问题解决过程中，日常生活经验是如何影响后验概率的估计的？（史滋福，2007：28—29）下面以 3 个测试问题为例（统称为实验 2）。

实验 2.1：研发部问题

某工厂有 1% 的高学历员工（大学毕业以上）。据统计，该厂高学历员工有 80% 的在研发部工作，低学历员工有 9.6% 在研发部工作。

测试问题 1：李明是研发部的员工，他是高学历的可能性多大？请用百分数表述。

测试问题 2：请说明你给出这个估计的理由或根据哪些信息得到这个估计的。

测试问题 3：根据你的日常生活经验，你认为研发部里低学历员工的比率有多大？请用百分数表示。[②]

实验 2.2. 机关办公室问题

某工厂有 1% 的高学历员工（大学毕业以上）。据统计，该厂高学历员工有 80% 的在机关办公室工作，低学历员工有 9.6% 在机关办公室工作。

测试问题 1：李明是机关办公室的员工，他是高学历的可能性多大？请用百分数表示。

测试问题 2：请说明你给出这个估计的理由或根据哪些信息得到这个估计的。

测试问题 3：根据你的日常生活经验，你认为机关办公室里低学历员工的比率有多大？请用百分数表示。[③]

实验 2.3：模具车间问题

某工厂有 1% 的高学历员工（大学毕业以上）。据统计，该厂高学历员工有 80% 的在模具车间工作，低学历员工有 9.6% 在模具车间工作。

---

①　Oaksford M.，Chater N.，Larkin J.，"Probabilities and Polarity Biases in Conditional Inference"，*Journal of Experimental Psychology Learning Memory & Cognition*，2000，26（4）：883 – 899；Oaksford M.，Wakefield M.，"Data Selection and Natural Sampling: Probabilities Do Matter"，*Memory & Cognition*，2003，31（1）：143 – 154.

②　史滋福：《贝叶斯推理问题解决中的认知偏向研究》，博士学位论文，西南大学，2007 年。

③　史滋福：《贝叶斯推理问题解决中的认知偏向研究》，博士学位论文，西南大学，2007 年。

测试问题 1：李明是模具车间的员工，他是高学历的可能性有多大？请用百分数表示。

测试问题 2：请说明你给出这个估计的理由或根据哪些信息得到这个估计的。

测试问题 3：根据你的日常生活经验，你认为模具车间里低学历员工的比率有多大？请用百分数表示。（史滋福，2007：76）

实验 2 的三个实验考察了日常生活经验对贝叶斯推理的影响。从数学结构（数量关系）来看，这三种贝叶斯推理问题解决的任务完全同型，因此，问题情境的变换并不会影响其答案的唯一性。但实验结果却表明，任务情境主效应显著（p < 0.05），这似乎说明，人们面对贝叶斯推理问题时，并不是严格按照贝叶斯推理规则进行推理的，而是采取一些启发法，如"可得性启发策略"来做出直观判断，从而导致"直觉调整差误"，得到一些有偏差的概率估计。[1]

从实验 2 的结果发现，人们对贝叶斯推理问题解决的后验概率估计值和对任务情境中"虚报率"信息"可得性"测量中的主观概率之间，存在显著的负相关（r = -0.467，p < 0.01）。这似乎说明，日常生活经验会影响人们对贝叶斯推理问题解决中的概率判断，同时也在一定程度上佐证了奥克福德等人把概率理论应用于推理研究中的意义和价值。在人类推理过程中，日常生活中体验到的事件发生的概率，可以比形式逻辑更有效地解释人类推理的内部心理机制。[2]

这也可以在一定程度上解释"内容效应"。比如，对于"疾病问题"，根据日常生活经验，人们认为 X 光透视结果为阳性的人没有患癌症的可能性不大（可得性程度低），因此，对"如果一个人检测呈阳性，则他患癌症的可能性"的估计值就会很高。（史滋福，2007：31）

通过上述三个与"乳腺癌问题"同型的"研发部问题""机关办公室问题"和"模具车间问题"的研究，可以发现，（1）"可得性"启发与后验概率估计计算过程中表现出的"直觉调整差误"偏向密切相关；（2）学科

---

[1]　史滋福：《贝叶斯推理问题解决中的认知偏向研究》，博士学位论文，西南大学，2007 年。

[2]　史滋福：《贝叶斯推理问题解决中的认知偏向研究》，博士学位论文，西南大学，2007 年。

性质在后验概率估计中没有差异。[①]

三　贝叶斯推理中的基础概率忽略问题

特沃斯基和凯勒（Tversky & Kahneman，1971）曾用"启发式理论"来解释不确定情况下人类思维不符合逻辑规则的原因。这些原因包括仅适用较少的几个启发式策略发现有价值的信息、进行相对简单的判断和估计。例如，他们用代表性启发式策略来解释贝叶斯推理问题中的估计偏差，认为乳腺癌问题中"击中率"传达了仪器检查呈阳性的妇女患乳腺癌的概率估计值接近"击中率"的信息，因此，在推理过程中忽视"基础概率"信息，得到高估的概率值（Kahneman，1972，1982）。但大量研究表明，人们还是关注了任务中的各个信息（如"基础概率"），只是没有足够重视（Koehler，1996；Evans，2002；张向阳，2003）。实验1的结果表明，在某些任务情境中，如"中彩问题"中，更多的被试会过分关注"基础概率"信息，而不是忽视。从实验2来看，三种问题情境的数学结构相同，但贝叶斯推理问题解决的结果却存在显著差异，除了表现出日常生活经验对推理的影响之外，是否也存在任务情境的不同，基础概率重视程度存在差异的情况呢？[②]

由于贝叶斯推理问题解决涉及多种复杂的算法，为进一步了解偏差产生的原因，在考察贝叶斯推理问题解决的推理过程中是否存在"基础概率忽略"偏差以及这一偏差是否表现出一定的内容效应时，史滋福（2007）设置了实验3，使用两种贝叶斯推理任务（乳腺癌问题和中彩问题的变体），并采用过程与结果双重评价方式：在线推理过程记录（理由叙述）与推理分解、后验概率估计值，并对记录和推理分解结果、估计值分别进行分析。此外，为考察"基础概率忽略"在解决简单的日常生活问题时是否也普遍存在，以及解决日常生活问题与贝叶斯推理问题解决时表现出的"基础概率忽略"是否有一定的联系，该实验材料中还设置了两道日常生活问题（小学生题和卫校学生题）。[③]

---

①　史滋福：《贝叶斯推理问题解决中的认知偏向研究》，博士学位论文，西南大学，2007年。

②　史滋福：《贝叶斯推理问题解决中的认知偏向研究》，博士学位论文，西南大学，2007年。

③　史滋福：《贝叶斯推理问题解决中的认知偏向研究》，博士学位论文，西南大学，2007年。

实验 3.1：乳腺癌问题变体

1. 题干：某小学五年级学生进行体能测试，结果：男生达标率90%，女士达标率60%。

测试问题1：请估计这个年级体能达标率，选择

A. 80%—90%　　　　B. 70%—80%

C. 60%—70%　　　　D. 无法估计

2. 题干：某卫生学校护士班进行体能测试，结果：男生达标率90%，女生达标率60%。

测试问题2：请估计这个班体能达标率，选择：

A. 80%—90%　　　　B. 70%—80%

C. 60%—70%　　　　D. 无法估计

3. 题干：某地区参加普查的妇女患乳腺癌比例为1%。这些患乳腺癌的妇女在仪器检测中有80%呈阳性；没有患乳腺癌的妇女在仪器检测中有9.6%呈阳性。

测试问题3：现在该地区普查时发现一位妇女检测呈阳性，请你估计一下她确实患乳腺癌的可能性有多大？请用百分数表示。

测试问题4：请叙述你给出这个估计的理由或根据哪些信息得到这个估计的。

测试问题5：请估计该地区妇女"患乳腺癌且检测呈阳性"与"没有患乳腺癌但检测呈阳性"两种可能性的比例是多大？请用比例形式给出数字估计。

测试问题6：请估计该地区"患乳腺癌且检测呈阳性"的妇女在该地区妇女中所占的比例有多大？请用百分数表示。

测试问题7：请估计该地区"没有患乳腺癌但检测呈阳性"的妇女在该地区妇女中所占的比例有多大？请用百分数表示。①

实验 3.2：中彩问题变体

1. 题干：某小学五年级学生进行体能测试，结果：男生达标率90%，女生达标率60%。

---

① 史滋福：《贝叶斯推理问题解决中的认知偏向研究》，博士学位论文，西南大学，2007 年。

测试问题 1：请估计这个年级体能达标率。选择：

A. 80%—90%　　　　　B. 70%—80%

C. 60%—70%　　　　　D. 无法估计

2. 题干：某卫生学校护士班进行体能测试，结果：男生达标率90%，女生达标率60%。

测试问题 2：请估计这个班体能达标率，选择：

A. 80%—90%　　　　　B. 70%—80%

C. 60%—70%　　　　　D. 无法估计

3. 题干：某次彩票开奖的命中率是1%。这些中奖的彩票有80%是从某彩票销售网点卖出去的；那些没有中奖的彩票有 9.6% 是从这个彩票销售网点卖出去的。

测试问题 3：现在有一张参与本次开奖的彩票是从这个销售网点卖出去的，请你估计一下，这张彩票中奖的可能性有多大？请用百分数表示。

测试问题 4：请叙述你给出这个估计的理由或你是根据哪些信息得到这个估计的。

测试问题 5：请估计这张开奖的彩票"中奖且是从这个销售网点买的彩票"与"没有中奖但也是从这个销售网点买的"两种可能性的比例是多大？请用比例形式给出数字估计。

测试问题 6：请估计这张开奖"中奖且是从这个销售网点买的彩票"占这个销售网点卖出彩票的比例有多大？请用百分数表示。

测试问题 7：请估计这张开奖"没有中奖但也是从这个销售网点买的彩票"占这个销售网点卖出彩票的比例有多大？请用百分数表示。[1]

在上述两个问题的测试中，被试分为了"基础概率忽略组"和"基础概率考虑组"。实验结果表明，两组被试在两种任务情境下，任务情境主效应在统计上不显著（$F_{(1, 112)} = 0.354$，$P > 0.05$），而被试类型主效应在统计上极其显著（$F_{(1, 112)} = 131.725$，$P < 0.001$），任务情境和被试类型的交互作用也不显著（$F_{(1, 112)} = 0.004$，$P > 0.05$）。[2]

---

[1] 史滋福：《贝叶斯推理问题解决中的认知偏向研究》，博士学位论文，西南大学，2007 年。

[2] 史滋福：《贝叶斯推理问题解决中的认知偏向研究》，博士学位论文，西南大学，2007 年。

对"基础概率忽略组"和"基础概率考虑组"的被试人次进行卡方检验，结果表明，二者差异不显著（$x2 = 0.862$，$P > 0.05$）。这似乎说明，解决日常问题的过程中，许多被试都表现出了基础概率忽略，并且和考虑基础概率的被试人数相当。进一步考虑两组被试文理科的人数分布，发现"基础概率考虑组"中文科学生 21 人，理科学生 32 人，"基础概率忽略组"中文科学生 35 人，理科学生 28 人。卡方检验的结果也表明，它们的差异不显著（$p > 0.05$），说明解决日常问题的过程中，文理科学生在基础概率忽略现象上没有表现出差别。但有趣的是，两题选择 B、C 的被试人数（47）远远多于选择 A 和 D 的人数（17），所以，人们在思考问题时，并不严格按照数学思维，而是不自觉地使用了日常生活经验。这与实验 2 的结果是一致的。[①]

实验结果也表明，在乳腺癌问题变体中，"基础概率忽略组"和"基础概率考虑组"的人次没有差异（$x2 = 0.158$，$p > 0.05$），而中彩问题变体中"基础概率忽略组"与"基础概率考虑组"的人次差异达到了显著的水平（$x2 = 16.288$，$p < 0.001$），这似乎表明，问题情境不同表现出的偏差程度也不一样（史滋福，2007：35）。一个有趣的现象是，在乳腺癌问题中，被试倾向于计算，而在中彩问题中则倾向于直觉判断。这似乎说明，人们对抽象的不熟悉的问题习惯于套用数学逻辑，表现得要理性一些，而对生活情境化的问题，可能更多地依靠直觉，习惯于使用生活逻辑进行判断。而所表现出的中彩问题推理准确度高于乳腺癌问题中的推理准确性，可能是因为在中彩问题中人们根据直觉得出的结论更接近于标准值（史滋福，2007：36）。

实验 3 还表明，在面对简单的日常生活问题情境和复杂的贝叶斯推理任务时，同样的被试也可能会表现出对基础概率不同程度的关注（史滋福，2007：35）。但无论是在日常生活情境中，还是在贝叶斯推理情境中，都存在"基础概率忽略"现象，只是二者在统计上没有关系（史滋福，2007：60—61）。

通过乳腺癌问题变体以及与之同型的中彩问题变体两个案例，使用过程与结果双重评价方式，对在线推理过程记录（理由叙述）与推理分解、后验概率估计值分别进行分析的结果表明：（1）解决日常生活问题与贝叶斯推理问题解决中均存在"基础概率忽略"偏差，但二者没有关系。（2）贝

---

① 史滋福：《贝叶斯推理问题解决中的认知偏向研究》，博士学位论文，西南大学，2007 年。

叶斯推理问题解决中存在的"基础概率忽略"偏差程度与推理任务有关，对推理成绩有影响。[1]

四　贝叶斯推理中的认知偏差及其启示

人们在贝叶斯推理过程中并不是单纯依赖经验的判断或猜测，而是在经验的基础上采用"锚定—调整"启发式对任务中各种信息进行了整合。由于贝叶斯推理任务相当复杂，其任务难度超过了人们信息加工的认知负荷，使其不能清晰表征复杂的概率问题，从而外显为随任务情境而变的一些认知偏差，如"锚定参照错误"、"直觉调整差误"和"基础概率忽略"等，致使被试有偏差地整合任务中的概率信息，表现出后验概率估计显著高估或低估。王甦等（1992）也认为，在概率数值上表现出来的保守或错误，可能是对概率的判断或诸概率的组合不够精确之故。有关认知负荷和注意的研究也早已发现，人们在解决复杂问题的时候，由于同时要进行多种心理活动，所以会出现认知资源严重不足，导致一些偏差的产生（Sweller，1988；张清芳等，2000），这似乎也支持本研究的假设，即贝叶斯推理问题解决过程中所出现的各种认知偏差导致了推理困难。[2]

研究结果还表明，不同的贝叶斯推理任务中所表现出的偏差的性质和程度不同，对后验概率估计准确性的影响也有明显差异。这似乎可以解释，不同研究者之所以得到截然相反的结论，可能是因为他们使用的推理任务不同导致了不同的偏差程度，从而对推理过程产生了不同程度的影响。如凯尼曼（Kahneman）等使用的"出租车问题"和爱德华兹（Edwards）使用的"乳腺癌问题"容易导致高程度的"锚定参照错误"和"直觉调整差误"偏差，而彼得森（Peterson 等，1967）使用的"摸球问题"则不然。另外，在"乳腺癌问题"中容易将"击中率"命题（患乳腺癌的妇女有 80% 检测呈阳性）"换位表征"（检测呈阳性的妇女有 80% 左右患乳腺癌），而在"中彩问题"中"锚定基础概率"信息，从而在推理过程中表现出"锚定参照错误"（锚定于 1%），并将其作为进一步调整的"参照"；在运用"虚报率"

---

① 史滋福：《贝叶斯推理问题解决中的认知偏向研究》，博士学位论文，西南大学，2007 年。
② 史滋福：《贝叶斯推理问题解决中的认知偏向研究》，博士学位论文，西南大学，2007 年。

信息（如"没有患乳腺癌的妇女有9.6%检测呈阳性"或"没有中奖的彩票有9.6%是从这个销售网点卖出去的"）对所锚定的"参照"进行调整时，被试并不依据"虚报率"信息（9.6%）和"虚报率"的"基础概率"信息（99%），而是依据"可得性启发"（"没有患癌而检测呈阳性的事例的多少"或"没有中奖但从这个销售网点卖出去的事例的多少"）来处理，结果出现"直觉调整差误"，只在80%（或1%）的基础上下调整一点点（因为心目中"没有患癌而检测呈阳性的事例"不多或"没有中奖但是从这个销售网点卖出去的事例"很多），调整不到位。总之，在上述实验条件下，被试采用"锚定—调整"启发式策略，并且"换位表征"和"锚定基础概率"导致"锚定参照错误"、"可得性启发"与"直觉调整差误"密切相关（史滋福，2007：37—38）。

综上所述，人们在贝叶斯推理的过程中并不单纯依赖经验的判断或猜测，而是在经验的基础上采用"锚定—调整"启发式对任务中各信息进行了整合。具体地，被试采用"锚定—调整"启发式策略，并且"换位表征"和"锚定基础概率"导致"锚定参照错误"偏差，"可得性启发"与"直觉调整差误"偏差密切相关，同时在整合的过程中存在"基础概率忽略"的偏差，这三种偏差致使被试有偏差地整合任务中的概率信息，表现出对后验概率估计显著地高估或低估，因而对贝叶斯任务的推理成绩都有影响。①

上述研究结果表明，导致贝叶斯推理困难的原因是多方面的，它并不单纯反映了人们推理形式方面的缺陷，而且还揭示了人们日常生活经验以及任务情境对概率判断的影响。这也似乎提醒我们，推理者进行推理加工时所依赖的知识结构可以分为推理形式知识和推理内容知识两个方面，推理者既可以按形式标准来判断推理结果，也可以按内容标准来判定推理结果。② 对贝叶斯推理问题的深入讨论，对于认识人们在贝叶斯推理中的常犯错误，从而达到学习概率思维技巧和提高贝叶斯推理问题解决能力的目的提供了认知依

①　史滋福：《贝叶斯推理问题解决中的认知偏向研究》，博士学位论文，西南大学，2007年。
②　胡竹菁：《推理心理研究中的逻辑加工与非逻辑加工评析》，《心理科学》2002年第25（3）期，第318—321页。

据，同时也对考察人类能否正确进行贝叶斯推理，以及了解贝叶斯推理中人类的心理机制具有重要意义。

第二节　贝叶斯推理中的概率信息

人们在现实生活中面临的绝大多数决策情境都存在或多或少的不确定性因素，贝叶斯推理就是人们处理这种不确定情境的一个重要方式。概率，特别是主观概率在贝叶斯推理中扮演着重要角色，因为现实世界中存在的这些不确定性因素或随机事件通常都不能重复发生，也就不满足随机试验的条件，因而无法用经典概率理论来刻画，其发生概率只能由个体的主观判断来确定。在这种决策情境下，人们通常会根据问题情境和相应策略给出主观概率，并据此进行推理判断。艾森克（Eysenck）等在《认知心理学》（第四版）中写道："由于我们的很多判断都是以不确定性或者模糊信息为基础的，所以我们处理的必然是概率而不是确定性。……正是因为这些不确定性，对决策不管是否涉及最佳选择的解释常常强调主观概率的重要性。"[1]"主观概率判断指的是人们根据已有的知识和可获得的证据对事件发生概率进行主观估计的过程，它是人们对事物做出最终判断和决策的依据之一。"[2]主观概率判断是众多判断现象里的一种，它是贝叶斯推理中的一个重要环节，或者说它就是一种贝叶斯推理。

一　贝叶斯推理中的三种概率

贝叶斯推理涉及三个概率信息的加工：基础概率、击中率和误报率（也有文献称之为虚报率）。关于概率信息在贝叶斯推理中的作用，主要存在以下几种不同看法。

爱德华兹等人（Edwards, etc, 1968）认为，在面对贝叶斯推理问题时，人们的推理过程基本上遵循贝叶斯规则，只是其推理结果更偏向于保

　①　[英] M. W. 艾森克、M. T. 基恩：《认知心理学》（第四版），高定国等译，华东师范大学出版社 2004 年版，第 727 页。

　②　邱晓雯：《情绪因素对主观概率判断的影响》，硕士学位论文，首都师范大学，2008 年。

守，所以，人是保守的贝叶斯主义者。斯洛维克等人（Slovic, Fischoff & Lichtenstein，1977）的研究结果进一步支持了这一观点，他们的研究发现，人们的推理结果和按贝叶斯规则计算的结果在肯定和否定的方向上是一致的，只是人们的推理结果更为保守。因此，他们认为，在贝叶斯推理过程中，人们可以综合考虑各个概率信息，然后按照贝叶斯规则进行精确的计算，最终得出准确的估计值。[1]

凯尼曼和特沃斯基（Kahneman & Tversky，1972）率先发现了"基础概率忽略"（base-rate neglect）现象。之后，关于基础概率作用机制的争论就一直没有停止过。大致可分为以下三种观点：（1）过分重视基础概率。爱德华兹等人（Edwards etc，1968）发现，人们对基础概率并非熟视无睹，反而格外重视。因为实验结果显示，当"基础概率"很低而"击中率"较高时，被试给出的估计值甚至比根据贝叶斯公式计算的标准值更低，由此，他们认为，人们其实是"保守的贝叶斯"。（2）完全忽视基础概率。凯尼曼和特沃斯基（Kahneman & Tversky，1972）在"出租车问题"和"律师—工程师"问题的研究中发现，人们进行直观推理的结果与贝叶斯法则有很大的差距，人们完全忽视基础概率，主要根据击中率来判断。近年来，有学者从双加工的角度对此做了更为细致的研究，结果表明，基础概率总是被忽略或不受重视的原因在于人们在推理过程中仅仅运用了直觉系统，并没有动用分析系统的缘故（Pennycook, Trippas, Handley & Thompson，2014）。（3）考虑了基础概率，但低估了其作用。许多研究表明，人们在后验概率的估计中，确实没有足够重视基础概率，只是低估了其作用（Koehler，1996；Evans，2002；杨莉，2007）。麦克纳和菲尼（McNair & Feeney，2015）进一步指出，人们在进行概率推理的时候，确实低估了基础概率的作用，但这取决于被试的知识构成，对于熟练掌握概率和统计基本概念的个体而言，澄清各个外显信息的因果关系便能大大改善人们的贝叶斯推理成绩。[2]张向阳（2003）做了进一步的研究，通过控制题干中基础概率的高低水平和不同位置发现，基础概率的高低（有无）对被试的后验概率估

---

① 董剑：《贝叶斯推理中概率信息作用的认知神经机制》，硕士学位论文，湖南师范大学，2014 年。

② 廖紫祥：《工作记忆对贝叶斯推理的影响》，硕士学位论文，湖南师范大学，2015 年。

计存在影响，在推理过程中，被试并没有完全忽视基础概率，但明显低估了其作用。此外，他还发现了有趣的"跷跷板"效应，即当基础概率较低时，被试倾向于对后验概率值进行高估，而基础概率较高时，被试则倾向于对后验概率值进行低估。通过对后验概率估计值和反应时间等指标进一步分析发现，被试在进行概率估计时，首先考虑的是击中率信息，其次是基础概率，最后是误报率。基于此，张向阳对贝叶斯推理问题中的三个外显信息在后验概率估计中的重要程度做了如下排序：击中率 > 基础概率 > 虚报率。[①] 唐源鸿和史滋福（2011）同时操纵基础概率和击中率的水平，通过对后验概率估计值进行分析发现，对于基础概率和击中率，任何一者的值一旦发生变化都会起作用。进一步分析表明，在不同的推理情境中，击中率所起的作用体现出明显的差异性：在低基础概率的中彩情境中，开始阶段，被试的后验概率估计值呈现出与击中率变化相一致的趋势，集中率增高，被试的后验概率值也不断增高；但之后却发生反转，当击中率的值上升到一个高度后，被试的后验概率估计值却急转直下，这种发展的趋势和走向就好像一个倒立的英文字母"V"，研究者把之称为"自击中率参照抑制"现象。之所以出现这种现象，是由于在该情境中，过高的集中率与我们的日常生活经验相违背，而且随着击中率的增加，这种背离的程度也越大，因此影响了推理者对集中率一直以来的依赖感和认同感。而在高基础概率肝炎情境下却完全不同，由于在人们的习惯性思维中，很多时候都将"阳性"等同于"有病"，因此高击中率水平与我们的日常生活经验是相吻合的，而且击中率水平越高，这种契合的程度就越大，所以，被试的后验概率估计值体现出与击中率完全相一致的变化趋势。[②]

研究表明，在贝叶斯推理的三种概率信息中，基础概率和击中率是两种起主要作用的概率信息（Evans, Handley, Over & Perham, 2002），误报率信息对贝叶斯推理的影响不显著（张向阳，2003）。目前，关于基础比率和击中率信息在贝叶斯推理中的作用仍存在争议，但研究表明，不管被试的推理结果正确与否，基础概率和击中率都会对被试的推理过程都会产生不同的影

---

① 廖紫祥：《工作记忆对贝叶斯推理的影响》，硕士学位论文，湖南师范大学，2015 年。
② 廖紫祥：《工作记忆对贝叶斯推理的影响》，硕士学位论文，湖南师范大学，2015 年。

响，而且，基础概率和击中率信息共同起作用。[①]

二　贝叶斯推理中的概率格式

20 世纪 70 年代初，贝叶斯推理中的"基础概率忽略"现象被广泛研究和描述。凯尼曼和特沃斯基（Kahneman & Tversky，1972，1973，1982）的研究结果一致认为，人们不能加工包括贝叶斯推理在内的所有概率问题。而吉格伦泽和霍夫拉吉（Gigerenzer & Hoffrage，1995）关于变换概率信息数据格式的研究结果却有力地驳斥了这一观点。他们指出，个体并不是不能加工概率信息，仅仅是由于通常情况下概率信息呈现的形式（百分比）不适合人们加工而已。因为在人类历史长河发展的初期便是用自然频数进行计数和计算的，自然频数更适合人类的思维。因此，他们预测，只要把以标准概率呈现的概率信息变换成自然频数，那么，个体的贝叶斯表现便可以大大地改善和提升。这从他们的实验结果中也得到了验证。他们采用文本格式，使用 15 个与乳腺癌问题相类似的问题（以标准概率和自然频数两种格式呈现）作为实验材料，以回答的正确率为因变量统计指标，结果显示，被试在自然频数格式下的推理成绩（46%）显著好于在标准概率格式下的推理成绩（16%）（Gigerenzer & Hoffrage，1995）。斯洛曼和奥弗（Sloman & Over etc，2003）把这种在自然频数条件下贝叶斯推理成绩得到改善的现象称为贝叶斯促进效应（Bayesian Facilitation）。科思迈德和图柏（Cosmides & Tooby etc，1996，1998）的研究也获得了与之相一致的结果。到目前为止，变换概率表征确实可以大大地促进被试的贝叶斯表现，在这一观点上已毋庸置疑（廖紫祥，2015：6—7）。对于这种促进效应的解释，学者们基于各自的实验结果，从不同的方面提出了不同的解释，其中影响最大的当属生态理性框架（Ecological Rationality Framework，ERF）和嵌套集合假设（Nested Sets Theory，NST）两种观点。[②]

吉格伦泽和霍夫拉吉（Gigerenzer & Hoffrage，1995）率先从人类进化的角度对此进行了阐述。他们认为，人类的思维还没有进化到可以对单个事件

[①] 董剑：《贝叶斯推理中概率信息作用的认知神经机制》，硕士学位论文，湖南师范大学，2014 年。

[②] 廖紫祥：《工作记忆对贝叶斯推理的影响》，硕士学位论文，湖南师范大学，2015 年。

的概率（以百分数的形式呈现）进行加工的地步，因为概率不是自然环境的组成部分。相反，自然频数却能与自然环境很好地匹配。科思迈德和图柏（Cosmides & Tooby et al.，1996）在这一观点上走得更远，由于深受马尔（Marr，1982）和福多（Fodor，1983）"模块论"观点（人类的思维由执行不同功能的不同模块组成，而且这些模块已高度进化，能独立执行任务）的影响，他们认为，人类的推理任务是由一个高度分化的模块来完成的，该模块能够自动编码自然频数，却不能加工以百分数表示的标准概率信息。后人把以上观点加以总结概括，统一称之为生态理性框架。尽管该理论的支持者在某些观点上的认同程度上不一，但一个核心观点是：人类的推理由一个天生的、高度分化的模块所组织，该模块能够加工以自然频数表示的概率信息但不能加工以百分数表示的标准概率信息，且加工是自动的，不需要认知资源的参与。[①]

　　另一颇具影响的理论是由凯尼曼和特沃斯基（Kahneman & Tversky，1982）提出的嵌套集合理论，并获得众多学者的有力支持（Sloman, Over, Slovak & Stibel，2003；Barbey & Sloman，2007；史滋福，邱江，张庆林，2006）。他们认为，造成标准概率格式比自然数格式更困难的原因不是由于标准概率和自然频数之间的差别，真正对推理改善有效的是集合嵌套关系的形象化，因为个体在自然频数的条件下更容易形成清晰的子集心理模型。例如，在经典乳癌问题中，击中的数目嵌套在患有癌症的数目当中，而误报数嵌套在健康妇女的数目之中。当集合之间关系非常清晰的时候，正确的答案便相对容易计算出来（击中数除以击中数和误报数之和）。在此基础上，巴比和斯洛曼（Barbey & Sloman，2007）把嵌套集合假设放在双加工的框架下来解释贝叶斯促进。双加工理论认为，人类推理由两个不同的系统协调来解决，一个是启发系统，另一个是分析系统。启发系统的加工过程是自动的，不需要意识的参与，也不需要付出任何努力。而分析系统的加工需要意识的参与，与个体的认知资源如流体智力和工作记忆密切相关。在贝叶斯推理过程中，启发系统先产生一个未完成的答案，然后，该答案进入意识层面，交由分析系统来执行。之所以自然频数条件下

---

① 廖紫祥：《工作记忆对贝叶斯推理的影响》，硕士学位论文，湖南师范大学，2015年。

的推理成绩更好，是因为自然频数能够激发嵌套集合表征，进而触发分析系统动用执行资源来计算正确答案；而在标准概率条件下的集合表征却很模糊，没能触发分析系统。①

上述两种理论假设的最大区别在于：可获得的执行认知资源的作用。生态理性框架认为：人们在自然频数条件下表现更好是因为一个高度分化的模块自动加工自然频数。由于这个模块的功能与认知资源无关，因此认知能力和贝叶斯推理成绩两者之间没有任何关联，即使是低认知能力的个体在自然频数的条件下也能够获得正确的答案。嵌套集合理论在双重加工模型的基础上提出，使得问题集合结构清晰的格式将会触发分析系统。该系统将使用执行认知资源来计算正确的答案。因此，人们在自然频数条件下表现更好的原因是他们能够动用自己的分析能力。这也就是说，在激起清晰嵌套集合表征的条件下，被试的推理成绩应该与个体的一般认知能力有关联：认知资源越多，越有可能获得正确答案。相反，在嵌套集合表征比较模糊的条件下，问题格式就不能激发被试的分析系统。②

三　贝叶斯推理中的概率呈现方式

在实验室环境下，被试所接收到的绝大部分概率信息都是以整理收集或记录好了的文本数据来呈现的。但在日常生活中，我们有时也可以从自己经历过的事件中来主动获取这类概率信息。基于此，有的学者认为，概率信息的呈现方式也许可以解释其中的某些现象。比如洛维特和舒恩（Lovett & Schunn，1999）借鉴"建筑棒任务"的方法令被试在实验中主动获取贝叶斯问题中的各类概率信息，然后再来估计题目的后验概率值。虽然结果不尽相同，但大部分的研究结果均一致表明，被试是没有忽视基础概率的。这也说明，概率信息的呈现方式对被试做出后验概率估计是存在影响的，具体而言，与被动地从事先提供的文本材料中获得的基础概率信息相比，个体对通过自身的实践经验获得的基础概率信息更为敏感，进而使得基础概率在推理

①　廖紫祥：《工作记忆对贝叶斯推理的影响》，硕士学位论文，湖南师范大学，2015 年。
②　廖紫祥：《工作记忆对贝叶斯推理的影响》，硕士学位论文，湖南师范大学，2015 年。

的过程中起到更显著的作用和效果。[①]

特沃斯基和凯勒（Tversky & Koehler，1994）等提出的支持理论（support theory）是关于主观概率理论的一个新理论。该理论认为，任何既定事件发生的概率或多或少取决于事件的描述方式。他们认为，"判断事件发生的概率与事件本身无关，而与事件的表述方式有关……事件发生的概率取决于它表述的明确程度。"（Tversky & Koehler，1994：548）也就是说，人们对于同一事件的不同描述能够产生不同的判断。[②]

艾森克和基恩（Eysenck & Keane）的《认知心理学》（第四版）指出："支持理论最引人瞩目的预测是：表述明确的事件比表述不明确的事件在主观上有更高的发生频率。这一预测的主要依据有以下两个方面原因：（1）事件表述明确可以使人们注意事件原来表述不明确的方面。（2）记忆的局限性意味着，如果没有提供信息，人们是记不住所有相关信息的。"[③]

在约翰逊等人（Johnson、Hershey、Meszaros & Kunreuther，1993）的研究里，同样证明了不同描述方式对主观概率判断的影响。该研究给被试提供两份虚拟的健康保险由其选择，一份的内容是负责赔偿任何原因导致的住院治疗费用，另一份的内容是赔偿因任何疾病和事故导致的住院治疗费用。结果发现，被试都愿意为第二份保险付更多的保金。研究者们认为这可能是因为第二份保险明确提到了疾病和事故，因而凸显住院治疗的必要性，从而提高了自身被保险的价值。[④]

研究发现，这种因为更明确的描述方式导致主观概率判断被高估的现象不但发生在普通人身上，也同样发生在一些专家身上。雷德尔迈尔等（Redelmeier，Koehler，Liberman & Tversky，1995）向斯坦福大学的医生们描述了一位妇女的腹痛症状，要求一半医生判断，该妇女得胃肠炎和宫外孕的概率分别为多少，得其他病的可能性为多少。要求另一半医生分别判断包括胃肠炎和宫外孕在内的5种疾病的概率以及其他病的可能性。结果发现，前一半的医生判断该妇女得其他病的概率（除肠胃炎和宫外孕之外）为0.50，

---

① 廖紫祥：《工作记忆对贝叶斯推理的影响》，硕士学位论文，湖南师范大学，2015年。
② 邱晓雯：《情绪因素对主观概率判断的影响》，硕士学位论文，首都师范大学，2008年。
③ 邱晓雯：《情绪因素对主观概率判断的影响》，硕士学位论文，首都师范大学，2008年。
④ 邱晓雯：《情绪因素对主观概率判断的影响》，硕士学位论文，首都师范大学，2008年。

后一半的医生判断该妇女得其他病的概率（不包括胃肠炎和宫外孕，但包括另三种要求分别诊断的疾病）为 0.69。这表明，即使对专家来说，明确表述的事件的主观概率也比较高。[①]

第三节　贝叶斯推理中的主体因素

一　贝叶斯推理中的知识背景

人们的问题解决总是受到自己已有的知识经验的影响。很多研究都探讨了个体知识背景在贝叶斯推理中的作用。例如，张向阳（2006）探讨了知识图式（概率知识背景）与贝叶斯推理的关系。实验采用单因素被试间设计，以知识背景（有概率知识背景即专家组/无概率知识背景即新手组 2 个水平）为自变量，记录被试后验概率估计的准确性（后验概率估计值与标准值的差值）和反应时。统计结果发现，专家组的准确性显著高于新手，但所花费的时间更长。张向阳进一步分析指出，造成这种结果出现的原因极有可能是由于专家与新手的加工水平不同所导致的。由于贝叶斯推理是比较困难的推理，即使是专家，他们也需要动用庞大的概率知识体系，通过较长时间、深层次精细加工题干中的概率信息才能得出正确答案。而对于新手而言，由于他们没有掌握相关的概率规则和知识体系，对推理题目无从下手，只是根据自己的直觉快速地给出一个答案，因此耗时少，准确性较低。[②]

史滋福（2006）考查了大一新生贝叶斯问题的解决情况，实验依据文理分科情况将被试分为两组，结果发现文科和理科学生在后验概率估计值这一指标上差异不显著。杨莉（2007）为此做了更为细致的研究，她根据学科背景以及对贝叶斯推理的了解程度选取了 3 个不同专业的学生作为被试并分为 3 组：专家组（了解贝叶斯推理的数学系学生）、文科组（不了解贝叶斯推理的中文系学生）以及理科组（不了解贝叶斯推理的物理系学生），结果显示，不同学科背景组别之间存在显著的差异性。[③]

---

① 转引自邱晓雯《情绪因素对主观概率判断的影响》，硕士学位论文，首都师范大学，2008 年。
② 廖紫祥：《工作记忆对贝叶斯推理的影响》，硕士学位论文，湖南师范大学，2015 年。
③ 廖紫祥：《工作记忆对贝叶斯推理的影响》，硕士学位论文，湖南师范大学，2015 年。

纵观以上研究，学者们在知识背景是否对贝叶斯推理有影响这一问题上并没能得出一致的结论。这给我们一点启示：或许知识背景的影响并不仅仅通过后验概率估计值和反应时等指标所体现出来，这还有待进一步的探究和考证。①

二　贝叶斯推理中的认知风格

认知风格（也称认知方式），是个体在认知过程中或加工信息时所表现出来的具有跨时间稳定性和空间一致性的一种习惯性行为模式。有研究者（Witkin，1977）认为，在信息加工过程中，不同认知风格的人对外部信息的利用、解释和关系重构存在差异，相对而言，场依存者较多地依赖外部环境线索的指导作用，而场独立者则更多的是凭借内部感知线索。王香香（2011）探讨了认知风格对贝叶斯推理的影响，实验采用镶嵌图形测试（EFT）把被试分为场依存型和场独立性两类，结果发现，与场依存者相比，场独立者的推理成绩更好，且体现出更佳的加工方式：面对复杂的贝叶斯推理问题情境，场独立型被试不仅能充分利用所提供的外显信息，还能较大程度地跳出题干所限定的范围和情境，结合自身已有的生活经验或知识体系重新构建利于解决推理任务的新图式，直至问题的最终解决。而场依存型被试则倾向于依赖事先给定的问题情境，分析问题的背景也只局限于已有的表面信息，不能充分发挥自身主观能动性对各信息进行全盘分析和整合。刘姝（2012）为此提供了即时数据的支持。她通过操纵基础概率研究了不同认知风格者在贝叶斯推理过程中的眼动模式，结果发现变换基础概率信息导致了推理者对其关注程度的变化，并伴随推理者认知加工方式的不同体现出作用的不一致性。②

三　贝叶斯推理中的学习风格

学习风格是指个体在长年累月的学习过程中，形成的相对比较稳定的、持续的认知思维方式和学习倾向。史滋福、刘姝等（2012）探讨了该因素

---

① 廖紫祥：《工作记忆对贝叶斯推理的影响》，硕士学位论文，湖南师范大学，2015年。
② 廖紫祥：《工作记忆对贝叶斯推理的影响》，硕士学位论文，湖南师范大学，2015年。

对贝叶斯推理的影响。实验研究者随机抽取 125 名大学生为被试，以 Kolb 学习风格量表为工具，将被试分为发散者、同化者、聚合者和顺应者四种类型。按照随机分配的原则让被试解决疾病情境的贝叶斯推理问题或中彩情境的贝叶斯推理问题。结果表明，不同学习风格者在贝叶斯任务上的表现存在统计学上的差异性，具体而言，与其他三种学习风格者相比，顺应者更能够做出准确的估计。[①]

四　贝叶斯推理中的情绪状态

人类的认知活动与情绪状态之间有必然的联系，大量研究已经证明情绪会影响人类的认知加工过程。菲钮肯（Finucane, etc, 2000）提出决策过程中存在情感启发式，Butler & Mathews（1983, 1987）、Dalgleish（1997）等表明，带有焦虑特质的个体对事件进行主观概率判断时，当所需判断的事件指向不同主体时，即存在不同的主体参照对象时，会给出不同的概率判断值。（邱晓雯，2008：22）关于情绪状态对决策和推理的影响，主要有两种看法：一种认为情绪对判断决策有干扰作用，一种认为情绪对判断决策有促进作用。

20 世纪 80 年代以前，研究决策的心理学家们一直把理性分析作为研究的重点，认为在决策过程中，情绪与理性是相对立的。在这种观点的指导下，心理学家们认为情绪对人们做出理性的判断决策有破坏作用，把情绪看成一种干扰因素，提倡在判断和决策期间，尽量避免情绪的产生以保证判断与决策的理性。[②]

20 世纪 80 年代以后，研究者们开始探索情绪状态对事件知觉、概率判断、问题解决、风险寻求等认知判断和决策行为的影响，认为情绪对判断决策具有促进作用，主要表现在通过一定的认知媒介形成合理判断，激发决策行为。躯体标识理论（somatic marker hypothesis）是描述情绪在判断决策中的作用最全面、最生动的理论之一。研究者们在这个理论的基础上，结合前人的研究提出了情感启发式的概念。情感可以被看成为人们进行判断和决策时所采用的一种心理捷径，正性和负性情感与表象相联系，指导或直接导致

---

① 廖紫祥：《工作记忆对贝叶斯推理的影响》，硕士学位论文，湖南师范大学，2015 年。
② 邱晓雯：《情绪因素对主观概率判断的影响》，硕士学位论文，首都师范大学，2008 年。

判断和决策，这个过程就是所谓的情感启发式。情感启发式能解释可获得性启发式所解释的问题中的一部分。由此可知，情绪对判断决策有直接引导作用。①

关于情绪对贝叶斯推理的影响，许多学者还做了很多实验来验证。史滋福、周禹希（2012）探讨了个体情绪状态对贝叶斯推理的影响。实验选取240名大学生为被试，将情绪状态粗略地分为积极和消极两个维度，剪辑电影《憨豆先生坐飞机》和《母亲的勇气》当中的部分片段分别作为积极情绪和消极情绪的诱发材料。最终的研究结果显示，被试在情绪的启动上是有效的。在此基础上通过进一步分析后验概率估计值发现，个体的情绪状态对贝叶斯推理的成绩是存在影响的，被试在不同情绪状态下对不同情绪效价事件的概率估计值存在差异，具体表现为：面对如乳腺癌等一类消极问题的时候，被试在消极情绪状态下给出的后验概率估计值比在积极情绪状态下给出的后验概率估计值要高；相反，当面对像中彩等一类积极问题的时候，被试在积极情绪状态下给出的后验概率估计值又高于在消极状态下给出的后验概率估计值。②

史滋福等人（2008）还提出了数学焦虑和无助情绪影响贝叶斯表现的观点。他们在实验中发现，被试在面对乳腺癌问题等贝叶斯问题和面对一些生活情境的推理题时的状态是截然相反的。面对前者表现出更多的数学焦虑与无助，大多都是靠胡乱的猜测得出最终结果；面对后者却感到比较轻松和充满兴趣。进一步分析表明，在经典贝叶斯问题水平上，年级的增加并没有导致推理成绩的改善；而在另一个任务中却表现出了年级的主效应。因此，他们认为这种差异可能是由于数学焦虑所导致的：与生活情境贝叶斯问题相比，经典贝叶斯问题使被试产生了更为严重的数学焦虑情绪，进而影响了他们思维的正常发挥和本身真实推理能力的表现，当被试面对生活情境一类的推理题时，数学焦虑没那么严重或甚至基本上没有，使得推理成绩随年级的增加而显著提高。③

---

① 邱晓雯：《情绪因素对主观概率判断的影响》，硕士学位论文，首都师范大学，2008年。
② 廖紫祥：《工作记忆对贝叶斯推理的影响》，硕士学位论文，湖南师范大学，2015年。
③ 廖紫祥：《工作记忆对贝叶斯推理的影响》，硕士学位论文，湖南师范大学，2015年。

五　贝叶斯推理中的数字运算能力

王香香等（2010）探讨了个体数字运算能力对贝叶斯推理成绩的影响。研究随机抽取 102 名大学生为被试，运用一个数字运算能力量表将其区分为高、低两组。实验采用 2（数字运算能力：高、低）×2（数据格式：标准概率、自然频数）双因素被试间设计，因变量为被试的后验概率估计值。实验的结果显示，与低数字运算能力的被试相比，高数字运算能力被试的推理成绩显著要好，而且并非任何情况下都会体现贝叶斯促进效应，具体而言，只有高数字运算能力的个体才体现出自然频数表征的促进效应。[①]

六　贝叶斯推理中的认知反应能力

勒萨热等（Lesage，Navarrete & De Neys，2012）研究了认知反应能力（cognitive reflection ability）与贝叶斯推理的关系。实验当中，被试的认知反应能力通过完成 CRT 测验获得，每人完成两个试次的贝叶斯推理任务，以回答的正确率为统计指标。相关分析显示，被试 CRT 测验的得分与贝叶斯推理成绩呈显著的正相关。而且这种相关在不同条件下体现出不同趋势：在自然频数条件下最强，在标准概率条件下最弱。西里塔等人（Sirota，Juanchich & Hagmayer，2014）的研究得出了与之一致的实验结果。由此可见，认知反应能力亦为贝叶斯推理的重要影响因素。[②]

第四节　认知视野中的贝叶斯推理评述

研究结果表明，贝叶斯推理过程可以分为以下三个阶段：第一阶段是对贝叶斯推理的早期加工；第二阶段是使用"锚定—调整"启发式解决贝叶斯推理问题；第三阶段是做出决策并给出后验概率估计值（董剑，2014：33）。由此可知，人们在贝叶斯推理过程中并未遵循贝叶斯规则，而是采用了"锚定—调整"启发式策略，即首先锚定击中率信息，然后根据基础概

---

① 廖紫祥：《工作记忆对贝叶斯推理的影响》，硕士学位论文，湖南师范大学，2015 年。
② 廖紫祥：《工作记忆对贝叶斯推理的影响》，硕士学位论文，湖南师范大学，2015 年。

率信息进行调整，进而得出估计值。击中率起锚定参照作用，即作为人们估计的锚值，基础概率起调整作用。这也表明，人们在贝叶斯推理过程中并没有忽略基础概率信息，只是对其重视程度不够。

此外，人们在贝叶斯推理中的表现与任务情境有很大的关系，同时人们在整合信息时由于问题结构的复杂性以及日常生活经验的影响，表现出某些认知偏向。概率信息的格式、呈现方式等都会影响人类的贝叶斯推理，而且主体因素，如知识背景、认知风格、情绪状态等也会影响贝叶斯推理。因而，贝叶斯推理是由众多因素共同影响和推动的一个主观概率估计过程。通过考察贝叶斯推理的认知基础，可以揭示贝叶斯推理的认知机制，从而达到改善和促进人们贝叶斯推理成绩的目的。

我们认为，以上从认知视角考察贝叶斯推理的探索呈现以下特点：第一，过程与结果是统一的。既考虑推理的逻辑结果，又考虑推理的心理过程，但着重考虑心理过程。第二，主观和客观是统一的。主观和客观的因素都要考虑，但更看重主观因素。第三，分析（先验）与综合（经验）是统一的，但更注重综合或经验因素。显然，贝叶斯推理的认知研究给我们的逻辑研究提供了重要启示。

一方面，贝叶斯推理的认知研究揭示了这种推理在应用中会出现许多偏差。贝叶斯推理是对经验中日常推理的理性抽象，当它应用于日常推理时出现的这些问题并不能证明逻辑真理本身有错，而是表明逻辑理论必须经受一切可能证伪的考验，"真金不怕火来炼"，在这个意义上，逻辑理论是可以修正的，应该是容错的。套用波普尔科学真理必须能经受正反两反面检验的思想，我们可以说，如果逻辑学是科学，那它就是可证伪的。按照人工智能界的说法，逻辑应该是容许差错的。这就是贝叶斯推理的认知研究给我们的一点重要启示。

另一方面，贝叶斯推理的认知研究考虑了主体因素对推理的影响，这与经典逻辑中对推理的研究不考虑主体因素恰成对照。然而，以上心理学实验和探讨一再表明，贝叶斯推理理论一旦应用到实际的推理中，就会出现这样那样的偏差。因此，归纳逻辑研究不考虑主体因素是不行的。这也是贝叶斯推理认知研究给我们的另一重要启示。

第 四 章

哲学与认知：类比推理的哲学考察

类比推理是逻辑学和哲学上最有争议的一种推理，长期以来，类比推理的研究既没有得到逻辑学界的重视，也没有得到多数科学哲学家的青睐。然而近年来，随着认知科学及其哲学的发展，类比推理研究又成为科学哲学家和认知科学研究者研究的热门话题。本章讨论类比理论的科学哲学和认知问题。它包括类比推理的历史渊源、定义和性质，常识中的类比、类比推理在认知科学中的作用以及它在整个逻辑推理体系中的作用和地位，等等。

第一节　类比推理的理论渊源

类比推理是应用非常普遍的一种推理方式。在哲学史中类比推理有着比较悠远的历史传统，只是到了当代哲学和认知科学中才受到广泛关注。在古希腊，从亚里士多德开始对类比推理已有论述。他的探讨对于促成关于类比的常识模型研究有影响。据巴萨介绍，亚里士多德虽然使用"类比"这一词，但并未在我们今天使用的类比推理的意义上使用。相比较而言，亚里士多德探讨了两种论证：实例论证（argument from examples）和相似性论证（argument from likeness）。亚里士多德区分归纳与上述两种论证：一，这两种论证不是"完全"归纳；二，这两种论证在最后一步需要一个演绎有效的三段论。关于这些讨论见于《气象学》《修辞学》等文献中。

在近代，休谟是较早关注推理当中相似性的哲学家之一。他将关于实际事情的推理归之于先前的经验和未来的经验之间的联系。在这种联系中，我们是用先前的经验推出未来的经验，所依据的是过去的经验与未来的经验之间的相似性。它是基于恒常性假设或者齐一性假设之上的。休谟也主张过，"关于实际事情的推理，一切都是类推"这种观点。实际上，从上面简短描述中可以看到，关于类推的哲学探究从亚里士多德就已经开始。然而在西方哲学历史中关于类推的探讨并未处于重要的地位。只是到了 20 世纪下半叶，由于科学发现中常使用类推的事实，科学哲学才开始重视起来，并且出现一些经典的论述。例如 W. I. B. 贝弗里奇的《科学研究的艺术》（陈捷译，科学出版社 1979 年版）从科学研究活动当中对于推理（包括类比推理）以及直觉和想象等因素的作用详尽地分析和探讨。

类比作为归纳逻辑的一种，在逻辑方面也曾有过诸多讨论。古典归纳逻辑时期，讨论类比的当属密尔。密尔在《逻辑体系》中讨论类比法，认为类比法是归纳方法的一种，但比实验四法（契合法、差异法、共变法、剩余法）较为原初。在密尔看来，因为类比的结论相比实验四法更具有概然性，结论的有效性更差，因此不太注重类比。

到了现代归纳逻辑时期，类比推理在归纳逻辑中也并没有特殊重要地位。但对它的讨论并未中断过。现代归纳逻辑的创始人凯恩斯，在其著名的《论概率》一书中提出了他的类比理论。凯恩斯类比理论的独创性在于突破了关于类比法的传统逻辑理论，也重新刻画了类比和简单枚举。他使类比和简单枚举之间的界限打破，使其模糊化。他认为类比是事例之间的共有性质和差异性质之间的推理，共有性质之间的类比是正类比（positive analogy），差异性质之间的类比是负类比（negative analogy）。而简单枚举客观地增加负类比，这是此两者唯一区别。凯恩斯还指出他的类比理论研究对象是全称类比法。这也是与传统类比法不同的一点。

此外，凯恩斯给出了划分类比的标准：

1. 我们对已有事例具有完备的知识；

2. 所有已满足（性质）的事例都已知满足（性质）；

3. 是已有事例的全部正类似。

按照此三个条件，具有四种类比：完善类比法；满足 1、2，但不满足 3 的类比法；满足 2 年，但不满足 1 和 3 的类比法；三个条件都不满足的类比法。实际上，凯因斯的类比理论虽然新颖，但是违反直觉，而且显然不符合人们类比推理情况。因此模糊化简单枚举和类比推理之间的界限是否合理，值得商榷。继凯恩斯之后，现代归纳逻辑最典型、最精致系统是由著名逻辑学家卡尔纳普给出的。与先前的逻辑学家不同的是，在类比方面，卡尔纳普采取传统的观点：根据个体已知的相似由一个推到另一个的推理。他用谓词的"宽"概念将传统的观点技术化处理，而且从技术层面说明传统关于类比推理的观点是合理的。那种观点认为两个对象之间共同性质越多，结论的概率越高，而且共同性质不应仅从数量上考虑，而且还考虑其他因素。如此看来，卡尔纳普关于类比推理相比于凯恩斯的类比推理更直观，但是并没有实质性进展，也并没有很好地刻画类比推理。20 世纪下半期的关于类比推理研究的发展来自两个方面。一方面是新兴的认知科学将类比推理作为推理中非常重要的一种现象，从认知心理学、人类学、计算机科学、语言学乃至神经科学角度进行研究，其主要工作集中在认知心理学之中。另一方面是基于科学和生活实践中非常普遍的应用类比推理的现象，科学哲学一反西方哲学历史上注重演绎传统，开始关注类比。这其中最重要的工作来自玛丽·赫西。赫西将类比看作从源域到目标域的推理，并沿袭凯恩斯，为类比推理制定了些许术语，例如凯恩斯所用的正类比、负类比、中立类比以及水平关系和纵向关系、形式类比和实质类比等。自从赫西的经典论述之后，现代类比理论普遍采取了两个论域即源域和目标域的分析方式，将类比看作类比对象的源域到目标域的推理。

就科学哲学而言，类比推理最重要的工作来自英国著名科学哲学家玛丽·赫西（Mary Hesse，1924—）于 1966 年发表的"模型和科学中的类比"五篇论文。在这一部论文集中她主要处理五个问题：

1. 类比对于理论化的概念理解是必需的，而且对于科学的发展而言是不可或缺的吗？

2. 区别好类比与坏类比之间的标准是什么？

3. 如何从哲学上对于类比推理辩护？

4. 谓述（predication）中类比的作用，亚里士多德教给我们什么？

5. 在科学探究和隐喻之间有关联吗？

这五篇论文分别回答了这五个问题。玛丽·赫西的这五篇论文无疑推进了我们关于类比推理的认识。其中第二个问题相对应的文章和第三个问题相对应的文章是想从哲学上给出一种好的类比标准和辩护。关于类比，她从两方面研究：一个是推论方面，另一个是语义方面。赫西的关于类比推理标准和类比论证辩护的研究在科学哲学上具有开创性的地位，而且促成了类比推理的常识模型。常识模型非常直观，从逻辑的视角对于类比推理做了看起来成功的刻画。然而，实际上这模型遇到了很多问题。其中最大的问题是如当代类比推理研究专家、哲学家巴萨（Paul F. A. Bartha，不列颠哥伦比亚大学哲学系教授，主要研究逻辑、决策论、科学哲学）所提出的那样，无法对原则相左的模型或理论提供一种较为公允的裁断。也就是说，当一个类比推理同时从相反的方向（支持或者反对）加以论述时候，常识模型无法识别哪一方更为合理。而常识模型的形成最直接的推动来自赫西的关于类比推理的实质类比模型（material analogue model）。哲学家巴萨在同一专著中也逐一指出赫西类比推理各种条件所存在的问题，以及类比推理辩护方案的问题。近三十年关于类比的研究主要集中在人工智能、心理学以及愈来愈成熟的认知科学。它们对于类比推理的结构几乎一致地分解，而且其分解方式也是一致的。按照巴萨的分析，这些学科中，类比推理具有如下四个步骤：

1. 检索或搜寻相关源域的类比项；
2. 在源域的类比项和目标类比项（target analog）的元素之间建立能够进行系统性对应的映射；
3. 从源域到目标域之间信息传递或者类推；
4. 新范畴的学习或者类比推理后果的图式。

认知科学家和人工智能研究者追求这样一个大目标：理解或刻画人们在进行类比推理时在每一步中做些什么，以及如何进行。而他们稍小的目标是解决计算机现实中遇到的技术困难以及如何将类比整合到更大的认知过程中，等等。

也就是说，认知科学家们将类比推理看作认知过程（cognitive process），为了刻画这些过程形成了大量的计算理论和模型。实际上，新近的认知科学成果将类比推理与知觉等过程相等同。因此认知科学家们也研究小孩和非人类灵长类的类比推理等现象。这一点从 2001 年由 Gentner, Holyoak 和 Kokinov 等人编辑的《类比之心》（The Analogical Mind）这部论文集中可以看出。

然而，正如巴萨所指出那样，即使认知科学家们成功地刻画人们在进行类比推理时候的认知过程，这里并未回答好的类比标准和哲学上辩护的问题——如上提到的五个问题中的第二个问题和第三个问题——评估类比推理的问题。

值得一提的是，认知科学家们关注类比迁移（analogical transfer）阶段的评估，他们强调合理性。但这种合理性只是关于是否符合心理现实的合理性，而对于类比推理的合法性未曾讨论过。因此关于类比推理的辩护问题在认知科学的语境中并未得到解答，我们需要考虑当前认知科学的研究成果，反思这种进路，对类比推理的辩护问题需要重新解答，为类比推理这一日常和科学活动中重要的一种推理做出合理辩护。

在我们看来，类比推理在逻辑与心理的模糊地带，似乎并不怎么受逻辑学家的关注。但其作为人类推理中重要推理的一种，而且作为计算机科学中重要探讨和应用的一种推理，我们对其进行系统的研究是非常具有学术价值和意义的。

第二节　类比推理的划分和性质

什么是类比推理？不同学科领域的学者都从不同角度提出了不同的定义，但目前尚未在定义上取得共识。[①] 粗略地说，类比通常是指对两类对象在性质和关系方面的类似性做出研究，并在此基础上做出推断。即根据这种类似性，从一类对象的一些已知性质和关系，推出另一类对象可能有的性质和关系。

类比推理的性质与划分推理的方式分不开。我们首先考察推理的划分。我们知道，传统上对于推理划分为演绎推理和归纳推理。演绎推理是在逻辑上定义为前提真保证结论为真的推理。归纳推理是前提真不能保证结论为真的推理。从范围上看，演绎推理的范围很小，归纳推理则是除了演绎推理之外的所有推理，因此范围很大。类比推理作为前提真不能保证结论为真的一

---

① ［墨西哥］阿托查·阿利塞达、［英］唐纳德·吉利斯：《逻辑的、历史的和计算的方法》，［荷］西奥 A. F. 库珀斯主编《爱思唯尔科学哲学手册：一般科学哲学焦点主题》，郭贵春等译，北京师范大学出版社 2015 年版，第 564 页。

种推理，应该归属于归纳推理。演绎推理和归纳推理彼此不能相互辩护，各自也不能辩护自己。

　　而较近的研究显示，演绎进路辩护类比推理和归纳进路辩护类比推理都出现过。[①] 因此，有学者认为类比推理是除演绎推理和归纳推理之外的第三种推理。这种划分看似很新颖，其实是没有多少意义的。从认知上看，这种划分并不会增进人们对于推理以及类比推理的认识。相反，认知科学中推理的划分对于类比推理的认识倒是有益的。此外，这种三分法的推理划分很容易遭到反驳。若将类比推理作为单独的一种推理方式从归纳推理抽取出来，那么我们同时有足够的理由将溯因推理、启发式推理都从归纳推理抽取出来当作单独的推理，这样我们就会四五种推理方式或者更多。这样一来划分也就失去意义了。因此，我们采取传统的二分法，即演绎推理和归纳推理，而类比推理是归纳推理的一种。

　　这种逻辑上的划分与下文的认知上的划分并不冲突。相比于逻辑上的划分，我们更倾向于认知上的划分，因为认知上的划分（得益于认知科学的研究）突破了传统的截然相反的二分方式，有一种分类学上的优势。而且认知上的划分也对于类比推理在认知和推理中的角色地位的识别更有优势。

第三节　常识中的类比

　　20 世纪 60 年代，哲学家玛丽·赫西对类比推理及其辩护问题进行探讨，逐渐形成常识模型。后来发现，这一模型存在难以解决的困境。为解决困难，哲学家巴萨批评赫西的常识模型，提出了自己的模型，为类比进行辩护。

一　常识模型：从赫西到巴萨的发展

　　赫西在《模型与科学中的类比》中分析了类比推理的结构。在他看来，类比推理中存在两种关系：单一论域的元素之间存在一种关系称之为竖排关

---

　　① 这方面的讨论将在下文展开。

系（vertical relation）；两个论域之间相对应的元素存在一种关系称之为水平关系（horizontal relation）。① 用科学史上著名的例子来说明如下：

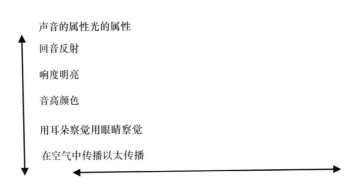

声音的属性光的属性
回音反射
响度明亮
音高颜色
用耳朵察觉用眼睛察觉
在空气中传播以太传播

而对于类比的性质方面也存在正类比（positive analogy）、负类比（negative analogy）和中立类比（neutral analogy）。这一区分方式是由凯恩斯在《概率论》中提出来的，赫西沿用这种区分方式。顾名思义，正类比就是两个类比对象中同时存在的属性或者相似属性的那些类比；负类比就是那些满足一个对象却不能满足另一对象的属性的那些类比；中立类比是从源域的类比项中发现，但不确定目标域的类比项中有无相对应的元素的那种类比。② 一个有效类比推理必然是正类比相比负类比多的类比推理。

分析了类比推理结构之后，赫西给出了好的类比推理的标准：首先应当是实质类比（material analogy）。与此相对应的有形式类比（formal analogy）。"若两个论域都是相同的形式理论的解释"③，这种类比称之为形式类比。直观地讲形式类比是两个论域之间抽象地相似，例如热力学和流体力学的物理定律分享相同的数学形式。而实质类比具有可观察的（observable）或者前理论的（pre-theoretic）相似性。

那么实质类比也应当满足以下要求才可能保证其为好的类比：1. 水平关系至少能够在可分析的意义上，归结于同一性和不同性关系上的相似性；

---

① Mary Hesse, *Models and Analogies in Science*, University of Notre Dame Press, 1966, p. 59.

② Keynes, J. M., *A Treatise on Probability*, London: Macmillan, pp. 257 – 268.

③ Mary Hesse, *Models and Analogies in Science*, University of Notre Dame Press, 1966, p. 68.

2. 竖排关系在某种可接受的科学意义上是一种因果关系，其中并不存在一种强有力的先天理由可以否认它们是同一类。①

　　而对于类比推理的哲学辩护，赫西认为，一些科学确证理论提供了一种辩护，例如亨普尔的确证理论的公式：（x）（P（x）—Q（x））其中 P 和 Q 是属性，因此如果变量 x 是目标域的话，就能从属性 P 推出属性 Q。② 这种确证理论将类比看作单一例子的归纳。

　　赫西的关于类比推理标准和类比论证辩护的研究在科学哲学上具有开创性的地位，而且促成了类比推理的常识模型。但这理论遇到了很多问题，当代类比推理研究专家、哲学家巴萨（Paul F. A. Bartha）在 2010 年类比推理的专著《平行推理——类比论证的建构和评估》中逐一指出赫西类比推理各种条件所存在的问题，以及类比推理辩护方案的问题。

　　在他看来，一般而言，常识中的类比推理具有如下逻辑形式：

A（类）对象具有属性 a，b，c，d
B（类）对象具有属性 a，b，c

B（类）对象也具有属性 d③

　　这是逻辑学家和科学哲学家所编的教材中常见的常识模型。哲学家巴萨对于常识中的类比论证的规定做了较为准确的总结：

（CS1）两个论域中相似性越多，类比越强。

（CS2）不同点越多，类比越弱。

（CS3）我们对两个论域范围的无知越大，类比越弱。

（CS4）结论越弱，类比越合理。

（CS5）比不涉及因果关系的类比，涉及因果关系的类比更合理。

（CS6）比表面相似性而言，结构类比更强。

（CS7）相似性和不同点对于结论（假设的类比）的相关性必须受到关注。

------

① Mary Hesse, *Models and Analogies in Science*, University of Notre Dame Press, 1966, p. 87.

② Paul F. A. Bartha, *By Parrallel Reasoning—The Construction and Evaluation of Analogical Arguments*, Oxford University Press, 2010, p. 45.

③ 陈波：《逻辑学十五讲》，北京大学出版社 2008 年版，第 203 页。

（CS8）多个类比支持相同结论使得论证变得更强。[①]

巴萨接着指出了这种常识给出的规定中存在的问题。他认为这些标准过于模糊，其中很多条件表述并不清楚。例如我们可以对这些标准提出困惑或质疑。首先，就规定 1 和规定 2 来讲，我们如何计量相似性和不同点？在类比论证中哪一种相似性与结论相关？为什么结构类比和因果类比特别重要。[②]

他还指出，上面给出的常识规定只是刻画了合情度（the degree of plausibility）。而似然度有时是概率性的概念，因此上面的规定只回应类比的概率视角，而这一点与他寻求的问题不符合。因为他想要回答："有没有一种模态合情性的类比论证？"

此外，巴萨以历史上著名的托马斯·里德（Thomas Reid）关于火星上有无生命的类比论证的例子来举例说明，一种比较完备的类比论证理论至少应该能够应对和化解争执各方之间的矛盾，尤其是当争执各方原则相左的时候。而上面给出的常识规定显然是无法满足这一条件的。

二　常识的类比推理规则

对于常识的推理规则方面，巴萨（Paul F. A. Bartha）指出，类比并不像演绎那样有很强的推理规则，也不像枚举归纳那样具有可选的直接规则。面对这一情况，哲学家给出了两种评估类比推理的进路。第一种进路是归纳进路。它是由密尔给出，但实质上源于亚里士多德。主要观点是：类比是两个论域之间可观察的实质类似（material resemblance）。密尔认为类比论证是已知的一致方面和已知的不同方面之间的竞争。判断类比论证的基本原则是比较实质相似性和不同点。巴萨将这种进路归结为样本进路或归纳概念进路。他解释道："从 A 的一小部分中找出与 B 共有的属性的比率，我们从源域的

---

①　Paul F. A. Bartha, *By Parrallel Reasoning—The Construnction and Evaluation of Analogical Arguments*, Oxford University Press, 2010, p. 21.

②　Paul F. A. Bartha, *By Parrallel Reasoning—The Construnction and Evaluation of Analogical Arguments*, Oxford University Press, 2010, p. 22.

一小部分中抽象，找出属于目标域的对应部分的比率。"①

归纳进路具有两种处理方式：单一例子（single case）的一般化处理方式和样本论证（sample argument）处理方式。那么从单一例子进行概括的类比论证能够获得辩护吗？Cartwright 论证说，有时候我们可以从单一受控实验进行概括。在最好的实验中，无论是物理的还是化学的实验中，单一的实例足以概括到一般的状态。1. 充分掌握实例材料；2. 我们关于"所需背景知识"（requisite background knowledge）是安全的。基于上述两个条件，我们就能够获得那种单一实例的概括化。这里关键是所需背景知识。依据卡特赖特（Cartwright）的观点，我们必须预设不变的亚里士多德主义的本质。蒯因曾经向我们教导，只有自然种类词才能够以单一实例得到确认。凯伯格（Keyburg）试图一般地刻画单一实例一般化：简单地说，一个种类 S 属于 G 这一大类，其属性 P 属于属性 Q，如果某个成员的某个属性属于 K，我们就可以推断 G 的其他所有成员都具有属性 K。

巴萨认为反驳关于类比论证的单一实例归纳是很容易的，单一实例的归纳进路过于受限。一些类比论证符合这一点，另一些不符合。一种一般的类比论证辩护理论应当能够包含自然种类，但是不仅仅是这些。而且这种进路也达不到我们的预期目的：找出能够识别相关和不相关的相似性的标准。

接下来，考察归纳进路的第二种处理方式：样本论证。样本论证主要思想是承认两个论域的相似性是进一步相似的相关统计证据。样本论证的核心思想可以追溯到密尔：类比论证是"已知的相似点和已知的不同点之间的竞争"②。例如，A 和 B 之间十分中有七分相似，那么 B 的属性是 A 的任意属性的 0.7。密尔对两个比较的对象作了限定。他认为两个对象对我们而言必须是相对可知的。也就是说如果两个对象的不确定属性范围很大，那么小样本就是不可靠的。密尔由此反对里德的火星存在生命的论证：如果里德的论证有效，那么通过很少的相似性，说月亮上也存在生命是可接受的。

样本论证的更加精细的形式是由哈罗德（Harrod）提供的。他的主要观

① Paul F. A. Bartha, *By Parrallel Reasoning—The Construnction and Evaluation of Analogical Arguments*, Oxford University Press, 2010, p. 21.

② Mill, *A System of Logic*, New York: Harper & Brothers Publishers, 1882, pp. 682 – 691.

点是"S 的某些随机样本属性中，大部分属性如果属于 S，那么也属于 T，那么我们应当期望大部分其他 S 的属性也属于 T"。哈罗德将他的这种观点称为"公平抽样假设"（fair sampling postulate）。运用形式化的方法描述如下：如果在一个数量很大的 A 中 B 的概率是 p，那么 n 中恰好包含 B 的 r 随机样本的几率是下面二项分布：

$$\binom{n}{r} p^r (1 - p)n - r$$

这是一种从装有 n 个白色的球中取出 r 个白色球的概率游戏。哈罗德把总体（population）定义为两个论域中可观察的属性或特征；把样本定义为在源域中实际上观察到的特征。根据公平样本假设，可以允许我们推出两个论域存在进一步可观察的相似性。

介绍从密尔到哈罗德关于样本论证的思想脉络后，巴萨指出这一分析存在的问题。他认为这里存在一个明显问题是"数量"概念的定义过于粗略。我们如何确定相似性和不同点的数？实际观察的属性之于已知属性总量的比率很大程度上受我们确定总量方式的影响。历史上最坚定的样本主义者皮尔士认为归纳和类比本质上是样本推理，即使是这样，他也强调我们确定总量的方式。这一理论的第二个困难来自如何辩护样本是随机的这一假设。一种随机的取样活动是未受主体的意图或意志影响的活动，然而类比论证中的相似性判定和不同点的确认却伴随一种主体的影响。巴萨由此指出，我们有很好的理由去反驳随机样本论证。

针对这种困难，斯塔特·罗素（Stuart Russell）提出了一种更有竞争力的样本论证。罗素所做的创新是将"确定规则"整合到样本论证中。这一创新的缘由在于，他认识到类比论证中的偏见表征。其核心思想如下：先假设我们存在一个包含"确定要素"的固定表单（fixed list）；大多相似的源域是通过在固定表单中已知匹配数而被测量的，它们与目标域中所寻求的相关属性最有可能匹配，即使这种属性的同一性是未知的；越大的相似性会增加相关确定要素包含在共享特征集之中的可能性。[1] 按更严格的形式，不同

---

① Paul F. A. Bartha, *By Parrallel Reasoning—The Construction and Evaluation of Analogical Arguments*, Oxford University Press, 2010, p. 52.

源域和目标域是由 m 属性变量 p_1，…，p_m 所赋的值描述的，而且我们知道源域属性 Q 的值，但是不知道目标域相对应的属性。

两个关键的假设：1. Q 值的所有相关特征都在 p_1，…，p_m 之中，这些特征决定 Q 的值，这里的 p_1，…，p_m 就是固定表单；2. 并未给定更多的信息，我们或许会假设每个变量 P_i 的可能相关度是相等的（成为 Q 的某个要素）。

罗素的论证显然解决了随机样本中偏见缺失的问题，因为我们无须再考虑随机样本的属性。但是数量的确定问题并未得到处理。固定表单既包含相关要素又包含非相关要素。此外，罗素的论证依赖于我们关于属性表单的知识是完备的，但是类比论证中我们往往没有这种完备知识。

巴萨先考虑了归纳进路，并按照归纳的直接规则，提出了类比论证的归纳规则：

（R）假设 S 和 T 是源域和目标域，令假定 p_1，…，p_n 代表正类比，A_1，…，A_r 和 $\sim B_1$，…， $\sim B_s$ 代表负类比，Q 代表假说类比。忽略其他影响因素不计，推出 Q_* 在目标域中成立的概率 $p \geq 0$，其中 p 是 n 的增函数而且 p 是 r 和 s 的减函数。[①]

他通过例子来说明规则 R 中的概率 p 并不总是正的。这里有两个例子值得一提。第一个例子是阿钦斯坦（Achinstein）1964 年观察了天鹅和线段之间存在形式类比：如果只是考虑其颜色一致。这种关系是自反的、对称的、传递的。

第二个是来自科学史上的著名例子。1611 年天文学家弗兰西斯·希捷（Francesco Sizzi）反驳伽利略关于木星存在卫星的论断：

> 头上有七个窗口，两个鼻子，两只耳朵，两只眼，一个嘴；因此天空上有两个可爱的星星，两个凶兆星，两个明亮的星以及单个的水星。自然中有很多类似现象例如还有七种金属，不用再举例……从瑶台人到现代的欧洲人，把一周分为七天，每一日对应天上的七个行星。如果我们增加行星的数量，那么整个系统会倒塌。

[①]　Paul F. A. Bartha, *By Parrallel Reasoning—The Construnction and Evaluation of Analogical Arguments*, Oxford University Press, 2010, p. 22.

　　在今天看来，这两个类比论证的例子都是荒诞不经的。两个例子虽然很符合上文的图式，但是两个例子中的源域与目标域中元素之间并无相关性。这两个例子也非常符合规则 R，但它们并不合理，也就是并不恰当。这也就说明，规则 R 不能够保证类比论证的合理性，实际上说明归纳进路的评估并不恰当。

　　下面我们再讨论第二种进路，巴萨称之为结构主义或者演绎概念进路，也就是将类比与演绎论证相等同。此前亨普尔提供了一个演绎概念进路。他认为，若一个类比的两个论域形式上通过相同的数学规律来表达，那么这一类比是理想的。在这种意义上，类比论证实际上是近似同构的，也就是说，类比论证评估的基本标准意味着类比论证与同构如何近似的考察标准。巴萨还给出了另一个演绎进路的版本。韦覃菲尔德（Weitzenfeld）和达维斯（Davis）20 世纪 80 年代的工作表明，类比论证依赖于额外假设的（有时候是默会的）前提。

　　罗素和达维斯提出了一种演绎模型。这个模型引进"确定规则"（determination rule）。令 Q 和 P_1，…，P_m 是变量，并且存在关于 Q 的值的背景知识，其中 Q 的值是由 P_1，…，P_m 的值所决定的。M 在最简单情况时等于 1，此时会得出如下公式：

$$(x)\ (P\ (x)\ \rightarrow Q\ (x))\ \vee\ (x)\ (P\ (x)\ \rightarrow \sim Q\ (x))$$

　　这个公式的直观的意义就是 P 决定 Q 或者 ~Q。更一般地，根据确定规则，我们会得到如下公式：

$(x)\ (y)\ [P_1\ (x)\ =\ (P_1\ (y))\ \wedge \cdots \wedge\ (P_m\ (x)\ = P_m\ (y))\ \rightarrow\ (Q\ (x)\ = Q\ (y))]$，其中 x 和 y 是对论域中的对象的量化。如果运用函数概念来表达，$Q = F\ (P_1,\ \cdots,\ P_m)$，这种函数关系是"确定规则"。如果这一规则适用于我们的背景知识，相应的类比论证就是演绎有效的。如果源域 S 与Q 完全搭配，那么 Q（T）= Q（S）。[①]

　　罗素和达维斯认为，他们的模型有三个特征。第一，这模型使得背景知识变得清晰。第二，它给类比论证提供了清晰而简单的辩护。第三，"确定规则"不会使得类比的角色变得那么不足道：仅当规则与源域的信息结合在

　　① Paul F. A. Bartha, *By Parrallel Reasoning—The Construnction and Evaluation of Analogical Arguments*, Oxford University Press, 2010, p. 47.

一起时候，我们才能得到 Q（T）的值。

巴萨评论道，"确定规则"非常独到，它可以澄清一些类比论证。罗素和达维斯认为他们的这一规则能够解释许多类比论证。与此相反，巴萨批评道，即使这种规则很清晰，但不能像他们所标榜的那样成功解释那么多，也会有寻找一般的辩护的问题。在科学活动中有很多类比推理是在我们不清楚"确定规则"之下进行的。最典型的例子就是很多药物先试用在实验鼠身上，然后依据人与实验鼠的类比推理，在不清楚药物对于人而言所有相关作用的情况之下就用在人身上。这种类比推理中我们不是很清楚其"确定规则"。

面对这种困境，韦覃福尔德（Weitzenfeld）提出一种更一般的理论。他认为类比论证作为演绎论证，是以"遗失前提"（missing premise）作为"确定规则"（determination rule）的前提的。这种"遗失的前提"不是背景知识。但或许是由枚举（enumeration）、监视（surveillance）、推断（inference）这三种方式得到或发现的。

枚举是系统地检查源域和目标域的过程。巴萨指出，实际上这种过程是没有保证的，因为我们在枚举的过程中可能会发现有些比较对于类比论证的结论而言是多余的。此外，笔者还发现在枚举过程中我们无法弄清楚哪一步算是充分的，而且枚举受我们当下认知的限制。

监视是为了能够感知到两个论域中具有相同确定性的结构。这也就要求我们对于两个论域的相似性有一个整体的把握。但韦覃福尔德承认，没有一个人清楚这一点是如何做到的。

推断在韦覃费尔德的模型中具有背景理论的作用。这里的背景理论是我们的背景知识，例如在火星上有生命的类比论证的依据是进化论历史以及生物化学知识。

对这三种构成"遗失的前提"的方式依赖于合理的论证。这是一个循环论证：当我们通过演绎论证来为类比论证进行辩护为类比论证寻找合理性时，经过分析后发现，演绎进路的前提都依赖于合理的论证。

另外，巴萨指出，类比论证的演绎进路仅仅关注对称性，也就是说两个例子必须在所有属性中完美相似，这才使其成为类比论证。这无疑会过滤掉许多有效的类比论证。因此需要建立一种更一般的标准，寻找更一般的类比论证辩护。

第四节　类比：从认知科学推理的视角看

认知科学中关于类比推理的研究虽然看起来是单独的一个研究领域，但就它在认知方面的角色而言，与一般的推理研究是分不开的。认知科学中研究推理最早是从沃森选择任务开始的。这个心理实验是众所周知的。从沃森选择任务的心理实验开始，人们受这种研究方法的启发，继而继续展开类似的心理实验，观察人们的推理表现，从而研究人们的推理实践。

认知科学中推理研究主要表现为两种：一种是关于推理的理论架构；另一种是从认知层面对推理进行分类。对于推理进行分类和研究也贯穿于哲学史和逻辑史始终。比较公认的传统的分类方法是演绎推理和归纳推理二分。对于这两种推理的研究也有悠久的历史，传统逻辑对于演绎推理做了系统研究，历史上已经较为成功地对这类推理加以形式化，然而只是到了20世纪30年代才开始用形式刻画归纳推理，从而使归纳逻辑得到了长足的发展。

对于推理的分类，认知科学家有新的分类方式。一种分类方式是将人类推理分为推理的严格观点（strict view）和宽松观点（loose view）。严格观点是通过抽象步骤能够产生确定结论的算法程序。宽松观点是体现联想、统计概括、启发式等推理。这种推理一般会产生预测或者最佳猜想。

从更加精准的分类角度看，认知科学家将推理分为弱方法的推理和强方法的推理[①]，依据的是推理当中所运用的论域知识、存储知识特定成分的强度。因此，将计算步骤应用于可用信息的方法称为弱方法，将超出可用信息的存储的知识和经验运用到推理过程中的方法是强方法。按此标准，传统分类法中的演绎推理便是弱方法的推理，除此之外是强方法的推理。

按照一些认知科学家的观点，如果具有恰当的知识，强方法比弱方法更优。这一点符合人们的推理实践。此外，另一个强弱方法区分的问题是推理如何与其他高阶认知（higher-order cognition）相连接。传统上，演绎推理并不依赖认知过程，而且一般将推理现象用限制的方式（通过三段论）来加

[①]　Kenneth J. Kurtz, Dedre Gentner, and Virginia Gunn, *Reasoning*, *Cognitive Science*, Benjamin Martin Bly & David E. Rumelharted, San Diego: Academic Press, p. 147.

以表述，并且推理一般按照认知作用的独特方面加以模式化处理。这种处理方式将基于规则的推理放置在认知的核心地位。而强方法强调其他的认知语境，它关注学习、记忆和知识组织在推理的作用。尤其是，与弱方法的推理不同的一点是，它将观念变化和改变引入到可用信息中，因此模糊了推理、知觉与记忆的过程。强方法推理与弱方法推理的分法和宽松观点与严格观点的分法是吻合的。

关于如何将这些不同的推理组合在一起的问题，有三种不同的可能：1. 只有弱方法的一种或者只有强方法的一种；2. 有两个不同的分离的系统；3. 强方法和弱方法可以被组合到一种系统中。这里第一种可能的进路是最困难的。

第二种进路有两种主流的观点：一种是二元论，认为存在两种分离的推理，其中宽松推理基于相似性而严格推理基于规则，并且这两种系统有时可以对相同的问题持有不同甚至矛盾的看法；另一种观点认为，这两个系统是互补的，也就是说先前系统发生错误时第二种系统可以做出回馈。持第二种观点的学者甚至考虑了统一两种推理的可能性：从感觉运动与外在表征的互动的内在化获得形式推理（演绎逻辑或演绎推理）。

第三种进路是"宏大蓝图"。因为它试图将强方法和弱方法统一到同一个框架中。在这样的框架中，推理以其特定结构为中心。例如，演绎推理是一些连接词的推理结构（蕴含、或者）；类比过程以类比作为推理结构。因为它在高阶结构（例如因果性）中具有核心地位。在这样的框架中，类比过程也显得很重要。类比过程是高度特征化的强方法推理形式。强方法推理中类比推理显得最为原初。认知科学的研究表明人们在做出推理和决策时并不倾向于用形式推理或者概率演算进行推理，而是倾向于具有实际内容的类推。类比推理中关键的结构是这样的：它将要比较的对象的论域作为基础域（源域），被比较的对象作为目标域。例如老虎与猫，这里老虎的论域就是基础域，猫的论域就是目标域。显然基础域与目标域的选定在于推理主体的推理实践情况。

此外，认知科学中类比推理的结构给逻辑推理和强方法的各种推理提供了一种可能。因此也形成了主张将各种推理作为人的从类比推理最终到达基于规则的抽象推理的渐进式过程的理论。

总的来说，这三种进路中，第一种进路显然是最不符合推理现象的。第二种进路采取分离式的观点，但它的一种版本具有统一各种推理的可能性。这种进路值得认真对待。第三种进路更具有统一各种推理的趋向，而且指出了类比推理的性质和关键地位。这表明，按照认知科学的研究，类比推理对于认知而言发挥着基础性作用和关键性作用。

第五节　类比：从心理模型的视角看

推理是关于主体的极重要却常见的现象，主体通过推理而认知也是非常普遍的现象。人类的推理活动可以被视为从一系列信息开始，产生推论从而扩大原初数据的认知过程。在这种意义上，我们可以将它看作解释事件和情景预期以及推断的一种过程。人们在实践当中所做的推理包括从形式步骤到多种证据辩护的概括等广泛的范围。这样看，推理对于认知而言是多面的、普遍的、基础的。

认知科学家指出，在认知科学研究中，推理一般可以分为三个基本成分：可用的信息、参与的认知过程和产生的推论。如果运用抽象的符号表达就是如下函数：

$$Y = F\ (x)$$

其中 x 是初始可用信息；F 可以看成一系列操作、组合或者转换输入的信息的计算工具；y 是推论结果，包含判断、结论和预言。

然而推理不仅可以在当下信息之上进行，还可以在已经拥有或者表征的信息之上进行。在实践中，经常遇到记忆跟随推理的情况。为了能够表示这方面的信息，需要引进一个额外的变元 k。这样上面函数变为：

$$Y = F\ (x,\ k)$$

函数中的 k 表示增加了推理信息的丰富性和弹性。因为 K 的参数考虑了推理中的论域和个别例子。依据推理中 K 的这种性质，有学者区分了知识与经验。知识是包含世界理解的抽象原则、约束和组织的综合。而经验是经验观察或者体验的存储信息，仅仅是以例子或者案例形式所追踪的记忆。

基于上述两个公式，解释推理必须详细说明如下三个问题：

1. 可用信息 x 如何表征；

2. 如何与计算工具（还有与存储的知识 k）F 相联系；

3. 超出可用信息的推论 y 如何产生。[①]

在对推理的心理解释方面，心理学家做了很多关于推理的心理实验。心理实验激发了推理的认知研究。从认知角度对推理的研究，最早由著名的沃森（1966）选择任务实验开启。沃森选择任务为了记录人们在三段论推理中四种推理形式（肯定前件式、否定前件式、肯定后件式、否定后件式）通常采用心理实验的形式，探究人们关于推理的认知情况。在沃森选择任务中，参与者选择分别写有字母 A 和 D 以及数字 3 和 7 的牌。它们分别代表P，~P，Q，~Q。选择任务的结果令人惊讶。参与者虽然对于肯定前件式大部分都表现很好，但是对于否定后件式表现不是很好。令人惊奇的是大部分人也选择肯定后件式。而沃森选择任务通过实验表明，这种推理在认知中具有重要的地位。受沃森实验激发，很多推理实验也相继出现，其中重要的是 Evans 等人（1993）的关于条件规则的演绎推理实验。其结果是几乎所有人都能正确推出肯定前件式的推理，但对否定后件式，表现出从 41% 到81% 的幅度变化，而对于肯定后件式的具体表现具有很大幅度的变化：从25% 到 75%。

沃森选择实验以及其后的心理实验中令人惊讶的结果是，人们在推理实验中倾向于使用肯定后件式。在逻辑史上，皮尔士系统地研究了这种推理形式，并将其视为科学的逻辑，称为最佳说明的推理。而演绎逻辑只是告诉我们肯定前件式和否定后件式为逻辑有效，肯定后件式和否定前件式非逻辑有效。因此，演绎逻辑不可能解释推理实验所展示的这种肯定后件式的倾向性。这就需要认知科学从认知上考虑人们的推理实践并给予解释。

认知科学家们指出，从认知科学视角对这一现象的解释形成不同推理理论，主要包括基于规则的理论、心理模型理论、语用推理架构、社会契约论。[②]

基于规则的理论是为了解释人的推理。这一派别的代表人物有 Rips。基本一致的观点是：人们拥有清晰的心理推论规则，这些规则是记忆中关于命

① Kenneth J. Kurtz, Dedre Gentner, Virginia Gunn, *Reasoning*, *Cognitive Science*, Benjamin Martin Bly & David E. Rumelhart ed. Academic Press, 1999, p. 146.

② Kenneth J. Kurtz, Dedre Gentner, Virginia Gunn, *Reasoning*, *Cognitive Science*, Benjamin Martin Bly & David E. Rumelhart ed. Academic Press, 1999, pp. 151 – 166.

题的运算和转换。这些心理规则是相似的，但不是相同的。这种理论的目的是给传统逻辑提供一种心理的版本，要求它能够解释成功和不成功推论的模式。

基于规则的理论是离散的，而且是句法的。基于规则的理论大部分情况下应用于命题逻辑。但是若逻辑过程无法直接得出结论，该理论可允许非逻辑过程起一定作用（例如启发式或者强方法推理）。

史密斯等（E. E. Smith，Langston & Nisbett）提出了评价和说明基于规则理论的标准：应当区分规则主导（rule-governed）推理和规则刻画（rule-described）推理。史密斯等人认为，规则驱动（rule-driven）的推理应当显示，表征不会随着抽象化程度或者熟练程度而变化。此外，表征的质量和简易性随着规则驱动推理过程的刻画。支持规则理论的一些实验结果如下：大部分参与者有效应用 MP，但是这个结果无法扩充到超出 MP 的范围。规则越多反应时间越长。当使用不存在的规则或规则被错误应用或任务的复杂性超出能力范围时，错误就会出现。一些研究者认为，"实际的推理"（actual reasoning）是逻辑的，但错误可能出现在刚开始理解规则或者最后翻译阶段。

对于这种自然逻辑来自哪里的问题，有学者认为，这些规则来自人们基本逻辑能力的天赋，但并不排除学习和改善的可能。通过实验，他们有如下发现：

1. 跟随一个容许规则（permission rule）的另一个容许规则比起义务规则（obligation rule）推论更容易做出正确推论。

2. 有声思考记录下的转换研究发现 24 个参与者中只有 2 个人认识到具体和抽象问题之下的相似性。这个发现与问题内容抽象程度应当不影响表现的观点相冲突。

3. 命题逻辑的扩展训练对于提高沃森选择任务的表现没有任何影响，上了一学期逻辑课也没有效果。但是对统计学课程包括大数定律的学习改进了推理能力。

4. 研究生比本科生表现好。

对此有以下质疑和批评：人们所做的无效推理和错误并不像逻辑句法所说的那样是不足道的、不相关的或者无用的。约翰 - 拉德（Johnson-Laird）

批评这一理论并提出心理模型理论。其质疑的证据是：更多数量的规则并不总是导致更大困难。句法的、无视内容的逻辑规则也会受到挑战。一系列内容效应的发现就是挑战的事实基础。此外，对于错误出现的"有缺陷的理解阶段"解释也受到挑战：其一，这些理解的部分没有得到具体说明。其二，如果通过抽象化正确编写先前知识，人们对抽象任务的表现相比于具体任务的表现应该更好，但结果却没有。其三，指出错误的理解阶段并没有减少证明人们是按照自然逻辑推理这种观点的需要。这些质疑只是对这一推理实验而言的，但更大的质疑应当是这种理论所解释的推理种类的范围。很显然，我们可以看出，在上文的第一个公式中，推理并不涉及存储的知识，这样的推理形式具有普遍性。但是从认知的角度看，这种推理显然很狭窄，远不能涵盖推理的所有种类，因此在认知科学中这样的推理被称为弱方法推理。与它对应的基于规则的推理也远不能解释人的推理实践。

通过质疑基于规则的理论，心理模型理论应运而生。这一理论是由约翰－拉德提出的。他们主张，人们的推理实践中重要的不是规则，而是世界中的真值条件。人们并不会使用抽象的句法规则来推理，而是通过构建模型和模型组合来推理，在人类的推理实践中模型结构更具有重要地位，也更具有解释力度。心理模型理论最早是为了说明三段论推理而提出的，后来将其扩充到其他推理形式上。这种推理过程是从前提中所表征的模型构成开始的。

在更复杂的情况中，可能的模型将作为"心理注脚"的隐模型而出现。当它包含备选模型时就必须成为显模型。当形成显模型时，它们就成了可能情景的最为简约的描述。减少冗余性和消除不一致的修正过程是根据过程规则给出的，这些模型与抽象的演绎规则不同。相反，这些规则将言辞命题翻译成空间的表征或符号系列表征。这些显模型形成后，我们就可以从这些模型的正确前提得出正确的结论。但是只有搜索了备选模型之后，这种结论才是可接受的，如果没有发现备选模型，那么这种结论是有效的。

即使很难区分心理模型理论和基于规则理论之间的区别，心理模型理论也比基于规则理论能够解释更多现象。比如，在双条件句而不是条件句中，人们更容易处理否定后件式；互斥析取推论比相容析取推论对于人们的推理实践而言更简单。

　　尽管如此，心理模型理论还是受到了两种致命的批评：其一是缺乏明确性。利普斯和波尔克（Polk）认为，操作模型的程序本质上是基于规则的和句法的，如何进行模型的比较和修改因而是很不明确的。他们还指出，怎样检索反例和在什么意义上勾勒出模型也是不清楚的。另一个批评涉及所使用表征概念本质的困难，在这一点上因果模型理论很明确。因果模型理论的表征约定明显来自谓词演算或者表征信念的量词推理。而心理模型更多依赖于空间约定的直觉集合，表征上会有困难。对此，约翰－拉德做出了回应：对于第一个批评，他们回应称，只对当下（on-line）推理过程感兴趣，对长期储存不感兴趣。对于第二个批评的回应是，他们承认操作模型的路径（routine）是抽象的推论规则，但是规则不是抽象的。

　　我们看到，这两种回应显然不是很成功。此外，我们认为，心理模型理论对于推理的研究范围显然过于狭窄，因此也不能够有效说明人类推理现象。

　　这两种推理理论的局限性促使认知科学家提出另一种推理理论：语用推理模式 PRS（pragmatic reasoning schema）。提出这一理论的认知科学家是陈和霍尔雅克（Patricia W. Cheng & Keith James Holyoak）。这一理论源自沃森选择任务中内容效应的强烈兴趣。根据这一理论，演绎推理中的内容效应反映了目标和知识结构的中心地位。当遇到现实情景时，人们并不用内容上独立的句法规则来推理，也不用模拟心理模型来推理；相反，他们应用一系列目标所组织的概括程序来推理。PRS 是通过先前经验引入的抽象规则，与纯句法规则不同，PRS 是语境敏感的，而且试图对（如果……那么）的逻辑推理和非逻辑项加以解释。

　　PRS 理论包含很多图式，例如"义务""小心""提防"以及其他图式。但其中的原型和研究最频繁的是"允许"。允许图式有四个核心的基础规则。

　　规则1：如果采取一个行为，那么前提条件肯定得到满足。

　　规则2：如果没有采取一个行为，那么前提条件不需要得到满足。

　　规则3：如果前提条件得到满足，那么或许采取某个行动。

　　规则4：如果没有满足一个前提条件，那么一定不采取行动。

　　当允许图式由问题的语境或情景所激发这些规则变成可使用的规则时。

一旦受到激发，这些规则将有助于产生与沃森任务相关形式的图式。规则2和规则3是要防止抽象和任意版本的沃森任务中常常出现的错误，这可能促进图式的产生。逻辑上正确的表现依赖于什么图式被激发。若识别了规则陈述的目的，就暗示了一个图式。

PRS宣称能够解释内容效应的模式。其中，熟悉的语境是最具有促进作用的，因为这种规则以往的具体经验可作为促进作用的基础。只要能识别为一般类型的恰当图式，非熟悉但现实的规则仍然可能会有促进作用。

语用推理图式提出者尽管通过实验得到了很多支持性的结构（包括学习和转换方面），但还是受到了很多批评。如上文指出，PRS不能解释抽象任务上的超几率表现。此外，允许规则可以归结于逻辑规则。PRS的批评者（Oakstord & Chater1993）还指出，PRS解释不够详细，而且PRS不是知识被组织和应用的唯一方式。另外一个批判围绕陈和霍尔雅克设计中可能混淆的地方展开。他们指出，最原初的沃森任务只包含隐否定，但是PRS规则包含显否定。

总的说来，语用推理图式理论比起前面的两种理论，即基于规则的理论和心理模型理论，其涵盖推理种类范围更广。我们清楚地知道这种推理理论是为了说明人类推理的认知。尽管PRS试图通过语用推理图式寻找一系列具有具体内容的推理规则，但是从其说明的例子来讲道义模态词居多，这种推理显然一方面是语境依赖性的，另一方面其规则形式也与基于规则理论所解释的演绎规则相同。

但即便是这样，语用推理理论的说明仍然不够详细，其包含推理种类也不够宽，以至于无法统一说明人类推理现象中很多其他推理种类。最重要的是，这种推理图式不会形成一般的理论，而只是具体情景图式的枚举。

由于对以上理论不满，科斯迈德（Cosmides）提出社会契约理论（social contract theory，简称SCT）。但它是作为直接回应语用推理图式的内容效应问题的处理而出现的。科斯迈德认为，其他理论失败是因为他们想以内容独立性过程（content-independent process）来解释内容依赖性（content-dependent）行为。

相反，SCT提出的具体内容（content-specific）模块是非常符合社会契约问题的推理。社会契约架构的观念从社会群体中生活的适应压力进化而来。人类先天地拥有关于社会契约和检测作弊者的机制和程序——以确保没有恰当的成本就没有收益。因为社会契约推理是模块的且先天的，通过学习和发展而达到的改进是难于协调的。这些特殊的机制通过程序知识唤起其作用，当它们一旦由恰当内容所激发，会导致内容恰当性（content- appropriate）推论。社会契约架构可能与逻辑一致，也可能不一致。科斯迈德（Cosmides）设计了符合 SCT 而反对基于规则和其他记忆检索的四个实验。这些实验中给定了 SC（社会契约）规则和逆 SC 规则：如果你获取收益（p），那么你支付成本（q）；如果你支付成本 p，那么你获取收益 q。SC 规则中 p 和 ~q 与检查作弊者和逻辑正确性相关，而逆 SC 规则中 ~p 和 q 与检查作弊者相关，但不是逻辑上正确的。科斯迈德发现不熟悉的 SC 问题具有高度促进作用，但不熟悉的非 SC 问题很少具有促进作用。另一组实验符合 SCT 但反对 PRS 理论。在选择任务中参与者对于寻找"违反者"的任务表现非常好。

与其他理论一样，SC 理论也受到了批评。即使非 SC 允许规则比 SC 规则的促进度低，非 SC 比标准的抽象沃森任务表现更好，对此 SC 理论并没有提供解释。此外，SC 理论家徘徊于定义交易情景的社会契约与交易情景中必定会遇到的要求之间。PRS 理论家们指出，许多 PRS 图式实例并不能归结为成本—效益的交易或者搜查作弊者的机会。对此回应是，"效益"和"成本"这两个术语并不能预设党派在交易中赋予该词项的意义。

此外，我们认为社会契约理论将推理的现象归结于一种成本—收益结构的分析是一种弄巧成拙的解释方式。首先，我们不论这种解释是否对于某些推理而言符合实际情况，就其能否将所有推理转化成为成本—收益结构就是值得怀疑的。这种经济学的视角对于人类推理实践而言显然仅仅是一种视角而已。它本身并不能更合理地从认知上解释人类推理实践。其次，这种理论并没有从推理本身的角度对推理进行分析，而是借助于一种对推理而言完全外在或者极其外在的结构去分析和解释推理。因此其解释根本无法解释人类广泛的推理实践。最重要的是社会契约论无视推理的一端——逻辑上形式推理的客观性。

以上是认知科学中对推理的认知方面进行的不同维度的探讨。在这些维度中有两个关键点。其一，如上文所述，认知科学通过种种心理实验揭示人们推理实践的一种倾向：人们除了做肯定前件式推理，也倾向于做肯定后件式的推理。然而演绎推理并不会对此关注。因此演绎推理对于有效推理的探究远不能刻画人们的推理实践。其二，类比推理在统一解释人类推理现象上有一种理论优势：在金德乐和米迪娜（Gentner & Medina）看来，结构比对（structural alignment）可以作为演绎推理和非演绎推理的桥梁或中间地带。这是在将相似性作为结构而考虑后的结果。按照这种思路，基于相似性过程的结构比较，人类的推理现象会形成一种从推理联系弱到联系强的一种连续统。

如果说认知科学通过揭示人们高概率使用肯定后件式的倾向，从而批判演绎逻辑，那么丹尼尔·卡尼曼和特沃斯基对不确定性条件下的判断，尤其对启发式推理的研究揭示了作为现代归纳逻辑基础的标准概率的困境。

主观贝叶斯主义自兴起之后迅速在科学哲学、决策与博弈、心理学等领域得到发展和应用，从而形成非常强大的一股潮流。但是主观贝叶斯主义也受到了一些批评，其中比较典型的批评来自研究不确定推理（尤其是启发式推理）的丹尼尔·卡尼曼和特沃斯基（又译图文斯基）。

丹尼尔·卡尼曼和特沃斯基对于主观概率的批判基于不确定状况下的推理和判断的研究基础之上，他们的论题主要集中在启发式推理和偏差的心理机制。卡尼曼和特沃斯基注意到，人们通常并非将主观概率按照贝叶斯主义的方式去推理，而且贝叶斯主义并不能刻画人们推理的事件。"而是依赖于有限的启发式原则，以便把概率估计和数值预测的复杂任务降低为较简单的判断操作，通常，这些启发式原则很有用，但有时，它们会导致严重的和系统的错误。"[①] 特沃斯基和卡尼曼讨论了三种启发式方法：代表性、例证或场景的便利性、从出发点开始的调适。其中代表性和例证或场景的便利性明显是依据类似或者相似性来进行推理的。前者考虑推理所处理的对象 A 和 B 之间代表程度的联系。例如 A 和 B 相似度高，此时 A 代表 B 的概率就高，A 源于 B 的概率也高，否则低。如此看来，这种方法显然是类比方法的一种。而后者即例证或场景的便利性显然是运用类比方法。实际上，从归纳逻辑的

---

① ［美］丹尼尔·卡尼曼、［美］保罗·斯洛维奇、［美］阿莫斯·特沃斯基编：《不确定状况下的判断：启发式和偏差》，中国人民大学出版社 2013 年版，第 3 页。

发展史来看，后来的发展越来越倾向于不确定性条件下的判断。而这种判断大部分依赖于类比方法。

以上我们通过梳理这一学科脉络，探讨了类比推理的逻辑哲学和认知科学哲学问题。不仅从认知科学推理的视角，而且从认知心理实验的视角对类比推理的哲学思想进行反思和批判，尝试为合理的类比推理做出辩护，希望从哲学上为类比推理的发展提供启示。

我们认为，类比推理形式化遇到的种种困难表明，我们不能仅限于逻辑的研究，而应该研究认知科学中的类比计算模型和认知机制，这可能是类比推理未来发展的方向。

接下来，我们将在归纳逻辑视域中依次探讨类比推理的形式化、类比推理的计算和认知研究、类比推理的计算模型等。

第　五　章

逻辑与认知：类比推理
形式化的两种尝试

在逻辑学领域，类比推理由于其或然性特性，其形式化相比于演绎推理的形式化难度大得多。尽管逻辑学界并不忽视对类比推理理论和应用的探讨，但是对类比推理形式化的探讨却始终没有给予充分的重视。与逻辑学中的情况不同，认知科学领域对类比推理形式化的探讨却是重要的主题之一。实际上，对于类比推理的关注，到了认知与计算研究蓬勃发展的当下，以类比推理形式化的方式表现出来。当然，这种情况的出现也受到了现代逻辑通过数理技术广泛开拓自己领地的影响。

正如阿托查·阿利西达（Atocha Aliseda）和唐纳德·吉利斯（Donald Gillies）所言："类比推理的形式化仍是正在成长的研究领域，关于一个类比究竟意味着什么还没有一个明确的概念。"① 换言之，对于类比推理形式化而言，目前尚未形成一种明确的概念，这就使对类比的形式化研究呈现出多样性。具体体现在不仅有斯坦哈特的隐喻逻辑中的类比形式化，而且有数学类比的形式化、认知科学类比的形式化、溯因推理类比的形式化等非隐喻形式化进路。不仅有进路的多样性，而且有视角的多样性，也就是从不同领域、不同视角对类比推理进行形式化研究。

实际上，这里所说的形式化是广义的形式化，它比经典逻辑系统的形式

---

① ［墨］阿托查·阿利塞达、［英］唐纳德·吉利斯：《逻辑的、历史的和计算的方法》，［荷］西奥·A. F. 库珀斯主编《爱思唯尔科学哲学手册：一般科学哲学焦点主题》，郭贵春等译，北京师范大学出版社2015年版，第564页。

化宽泛，不仅包括句法（语形）的形式化，而且包括语义视角的形式化，语用视角的形式化。如果按照经典逻辑建构形式系统的严格要求，那么类比推理形式化的道路将步履维艰，面临挑战。

因此，本章要探讨的问题是：什么是类比推理的形式化？为什么类比推理的形式化呈现出这样一种形态？类比推理的形式化面临怎样的机遇和挑战？如何应对这些挑战？

第一节　隐喻进路：斯坦哈特的类比形式化思想萌芽

E. C. 斯坦哈特（E. C. Sterinhart）是威廉帕森特大学哲学教授。在 20 世纪和 21 世纪之交出版了一部非常重要的著作。该书试图用可能世界语义学对隐喻进行形式化，然而作者不仅建立了隐喻的形式化理论，而且涉及非形式理论。在作者看来，隐喻语句具有多种意义。例如"朱丽叶是太阳"这一语句中，一种意义是字面含义，另一种是隐喻含义。而每一种不同的含义是一种世界（可能世界）到真值的函项。这就使可能世界语义学用来分析隐喻成为一种可能。

关于类比，斯坦哈特认为，隐喻大多数是类比；而类比在这种分析方式中所起的作用就是使得世界的部分结构成为相对不可辨别性。"因此，一个隐喻在某个可能世界上真，当且仅当那个世界的某些部分在结构上相对不可辨别（它们是可类比的）。"[①] 关于隐喻，使用可能世界语义学来处理的这一方法并非斯坦哈特独创，早在 1994 年辛迪卡和桑杜就在一篇文章《隐喻及其他非字面含义》中讨论过这方面的问题。

正是因为斯坦哈特非常强调结构这一概念，所以将他的理论命名为隐喻结构理论（STM）。他还说明，他的这一理论本质上是一种隐喻的语义理论。如上文所述，斯坦哈特的理论包含形式的和非形式的两部分。形式的部分是发展谓词演算的一种内涵版本，也就是扩展了先前的谓词演算。这种扩展的演算提供了一种"通过题元和事件性实体（事项）来解释英语句子的机制，

[①] ［美］E. C. 斯坦哈特：《隐喻的逻辑——可能世界中的类比》，黄华新、徐慈华等译，浙江大学出版社 2009 年版，第 1 页。

并在扩展谓词演算及其模型的基础上，建立类比和隐喻的形式真值条件。"①
此外，斯坦哈特也给出了隐喻的证实条件。更重要的是，他的理论所处理的
隐喻比名词对等（"朱丽叶是太阳"）和名词谓述（"苏格拉底是助产士"）
之类的隐喻更加普遍，他的理论还处理了形容词（如"敏捷的思维是锋利
的"）、动词（"泰安泰德生育了一个思想"②）等隐喻。

　　在隐喻研究中，斯坦哈特探讨了类比形式化思想。接下来，我们讨论斯
坦哈特如何在隐喻研究中探讨类比形式化的问题。斯坦哈特通过"是"的
分析引出自己的隐喻逻辑。传统分析哲学中，关于"是"表示五种含义：
数量—等同（numerical-identity）、类型—述谓（sortal-predication）、属性—
述谓（property-predication）跨理论—还原（intertheoretic-reduction）、角色—
占据（role-occupancy），在此基础上，斯坦哈特增加了第六种逻辑意义：配
对物对应（counterpart correspondence）。其逻辑意义，斯坦哈特解释说："x
是 y 当且仅当情景 T 中的 x 是情景 S 中 y 的配对物。"③ 若将"x 是 y"这一
语句扩展到可能世界，那么其真值条件是："x 是 y"为真，当且仅当在世界
W 中，存在情景 S 和 T，并且情景 T 中的 x 是情景 S 中的 y 的配对物。世界
与世界之间的类比不可辨别性可通过类比可达性（analogical accessibility）
来表达。

　　斯坦哈特的隐喻逻辑无疑是一个重要的开创性的工作。对于他的工作，
国内学者已有很多研究，在此不再详细展开细节。隐喻进路的类比形式化只
是众多类比形式化中的一种；而其他多种类比形式化提供了这样的可能性：
完全可以在不依赖隐喻的情况下进行类比形式化。

　　在我们看来，类比推理是一个从发生到验证的整体。那么与类比推理有
着千丝万缕联系的隐喻在这种整体中有什么地位？隐喻是不是类比呢？以下
将简要讨论对隐喻的一些看法，着重讨论隐喻与类比的关系。

　　"隐喻是诗学或修辞上大量使用的一个修饰性用法而非字面意义用法的

---

　　① ［美］E. C. 斯坦哈特：《隐喻的逻辑——可能世界中的类比》，黄华新、徐慈华等译，浙江大学
出版社 2009 年版，第 2 页。

　　② 这里所用的隐喻例子都是斯坦哈特所使用的隐喻例子。

　　③ ［美］E. C. 斯坦哈特：《隐喻的逻辑——可能世界中的类比》，黄华新、徐慈华等译，浙江大学
出版社 2009 年版，第 3 页。

词语。"① 它是修辞学上和语用学上主要应用的方法。据韦伯斯特词典上的定义："隐喻是使用一个字面上指称其他对象或观念的词或词组来替换另一个，只是它们之间的相似性或类比。"② 不仅如此，隐喻是我们日常生活中常见的语言实践，对于我们的认识活动具有相当重要作用。关于隐喻，历史上的讨论从古希腊开始延续了两千多年，材料丰富，研究成果也显著。到了 20 世纪下半叶，尤其是 70 年代更是出现了"隐喻狂热"③。从哲学、语言学、认知心理学、认知科学、语用学、翻译、符号学等多学科多视角所做的研究和探讨有力地推进了人们对隐喻的理解和认识。关于隐喻，在现代有四种研究传统：语义转折解释（Semantic Twist Account）、语用转折解释（Pragmatic Twist Account）、比较转折解释（Comparative Twist Account）和强力转折解释（Brute Force Account）。④ 语义转折解释传统的创始人和代表人物是英国教育家理查德（I. A. Richard，1893—1979）和美国哲学家马克斯·布莱克（Max Black，1909—1988），唐纳德·戴维森（Donald Davidson）也属于这一传统。⑤ 语用传统的代表人物是格赖斯（Grice）和塞尔（Searle）。比较传统的代表人物是特沃斯基；强力转折解释传统并非像前三者那样派系明晰，实际上与前三者混杂。例如戴维森也为强力转折解释传统做了许多工作。而关于隐喻研究的最新进展中最为显著的是莱考芙（George Lakoff）的认知语言学进路，将隐喻的含义扩充到生活和科学活动的方方面面，揭示了人类认知的涉身隐喻特征。

　　详细论述关于隐喻理论的细节不是本书的任务，我们将通过比较而阐明类比与隐喻之间的关系。众所周知，隐喻与类比有千丝万缕的联系，这也是许多隐喻理论家不太注重区分这二者的原因之一，但我们认为，区分隐喻与类比推理是一种明智的策略。因为隐喻与类比推理有重要区别。

　　首先，从性质上看，隐喻不是一种推理过程，而是一种静态的描画。

---

① David Hills, *Metaphor*, https：//plato. stanford. edu/entries/metaphor/，2016.

② https：//www. merriam-webster. com/dictionary/metaphor.

③ 这是澳大利亚语言学家、认知语言学代表人物马克·约翰逊（Mark Johnson）的戏称，转引自束定芳主编《隐喻与转喻研究》，上海外语教育出版社 2011 年版，第 5 页。

④ David Hills, *Metaphor*, https：//plato. stanford. edu/entries/metaphor/，2016.

⑤ 参见［美］戴维森《隐喻的含义》，［美］A. P. 马蒂尼奇编《语言哲学》，牟博、杨音莱、韩林合等译，商务印书馆 1998 年版，第 842 页。

其次，从作用上看，相对于类比推理，隐喻对日常实践随意性与科学活动严谨性之间的区别更为模糊。

此外，隐喻与类比最重要的区别在于，隐喻不会单独成为有效论证的方式，例如"朱丽叶是太阳"这种隐喻中除了本体与喻体之间通过诗意关联，看不到任何形式的推理现象。这也不否认一些隐喻中存在推理或者一些隐喻是通过推理而得到的。但凡通过推理而得到的隐喻或者包含推理的隐喻必有类比推理的参与，而不是仅凭隐喻本身。隐喻在理论中更多起的是辅助性作用。

不过 CJV 模型容纳类比推理极其之广，它必将全部或者部分容纳隐喻。但是被容纳的隐喻只在类比推理发生的部分留存，隐喻往往不会通过过滤器，更极少可能留存到类比推理其他部分中。正是因为类比在逻辑与心理关系中的模糊地带，使得它与语用学或修辞学上的隐喻密切相关。因为隐喻实际上大部分是主体关于某个对象的心理现实的描画。这样的描画往往在对象还未成为认识对象时就发挥较大的作用。

下面讨论非隐喻进路的类比推理形式化。

第二节 非隐喻进路：数学类比的形式化

数学中的类比形式化是非隐喻的形式化进路。数学中的类比探讨，开始于波利亚（Polya）20 世纪 50 年代的工作，他在其著名的《数学与猜想：数学中的归纳和类比》中探讨了数学中的类比。他的探讨始于辨析类比这一概念的含义。他说，类比一词的希腊语词源 analogia 原意是比例。例如 6：9 = 10：15。但通过图形的比较，例如三角形与棱锥相似（取一条线和一个多边形，过线所有点与线外一个点连接得到三角形，过多边形所有的点与多边形外连接得到棱锥），四边形与棱柱相似，他发现，这种平面图形与空间图形就无法进行比例对应，所以应将比例变成类比。波利亚也强调类比有含糊的地方，对这种含糊我们不应当忽视，想要让这些类比受重视，就应该尽量把它们讲清楚。

波利亚通过著名的毕达哥拉斯定理说明在数学中一般化、特殊化和类比之间的关系。

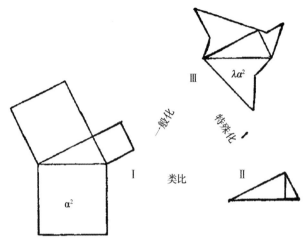

图 5.1

如图 5.1。在图中从 Ⅰ 到 Ⅲ 是一般化的过程：就是将 $a^2 = b^2 + c^2$ 的证明拓展到一般的多边形。这样直角三角形斜边的多边形面积就等于 λa^2，那么 $\lambda a^2 = \lambda b^2 + \lambda c^2$ 我们就能得到。从 Ⅰ 到 Ⅱ 是从特殊到特殊，也就是一种类比。

波利亚深入探讨了数学中的类比形式化问题。他发现不仅在数学演证中，类比也在许多数学发现中发挥至关重要的作用。他举了数学史上最著名的例子之一，即欧拉（Leonhard Euler 1707—1783）发现无穷级数的精确值的例子。在这一例子中，欧拉用类比作了一个非常大胆的猜想。这一猜想使得他发现了雅克·伯努利（1655—1705）[①] 试图解决却未曾解决的所有自然数平方倒数之和的问题。

$$1 + \frac{1}{4} + \frac{1}{9} + \frac{1}{16} + \frac{1}{25} + \frac{1}{36} + \frac{1}{49} + \cdots$$

为此他曾写道："假如有人能够求出这个我们直到现在还未求出的和并能通知我们，我们将会很感谢他。"[②]

欧拉的这一工作有如下步骤。第一，他首先研究了 $\sin x = 0$，也研究了

①　［美］莫里斯·克莱因：《古今数学思想》第二册，朱学贤、申由掌、叶其孝等译，上海科技出版社 2002 年版，第 95 页。

②　转引自 ［美］G. 波利亚《数学与猜想：数学中的归纳与类比》，李心灿、王日爽、李志尧译，科学出版社 2001 年版，第 17 页。

多项式方程

$$\frac{x}{1} + \frac{x^3}{1 \cdot 2 \cdot 3} + \frac{x^5}{1 \cdot 2 \cdot 3 \cdot 4 \cdot 5} + \frac{x^7}{1 \cdot 2 \cdot 3 \cdot 4 \cdot 5 \cdot 6 \cdot 7} + \cdots = 0$$

欧拉认为这两个方程有无穷多个根。它的根是 0，π，$-\pi$，2π，-2π，3π，-3π……等等。去掉 0 的根，然后欧拉用·除左边，就会得到 $1 - \frac{x^2}{2 \cdot 3} + \frac{x^4}{2 \cdot 3 \cdot 4 \cdot 5} + \frac{x^6}{2 \cdot 3 \cdot 4 \cdot 5 \cdot 6 \cdot 7} + \cdots = 0$，它的根是 π，$-\pi$，2π，-2π，3π，-3π，$\cdots$。

第二，欧拉将这一多项式方程与下面 2n 次多项式方程进行类比：

$$b_0 - b_1 x^2 + b_2 x^4 - b_3 x^6 + \cdots + \cdots \quad (-1)^n b^n x^{2n}$$

它的根是 $ß_1$，$-ß_1$，$ß_2$，$-ß_2$，$\cdots$，$ß_n$，$-ß_n$，则

$$b_0 - b_1 x^2 + b_2 x^4 - b_3 x^6 + \cdots + (-1)^n b^n x^{2n} = b_0 \left(1 - \frac{x^2}{ß_1^2}\right)\left(1 - \frac{x^2}{ß_2^2}\right) \Big/ \left(1 - \frac{x^2}{ß_n^2}\right)$$

且 $b_1 = b_0 \left(\frac{1}{ß_2^1} + \frac{1}{ß_2^2} + / + \frac{1}{ß_2^n}\right)$。

欧拉由类比得出

$$\frac{\sin x}{x} = 1 - \frac{x^2}{2 \cdot 3} + \frac{x^4}{2 \cdot 3 \cdot 4 \cdot 5} - \frac{x^6}{2 \cdot 3 \cdot 4 \cdot 5 \cdot 6 \cdot 7} + \cdots$$

$$= \left(1 - \frac{x^2}{\pi^2}\right)\left(1 - \frac{x^2}{4\pi^2}\right)\left(1 - \frac{x^2}{9\pi^2}\right)\cdots$$

这样就推断

$$1 + \frac{1}{4} + \frac{1}{9} + \cdots = \frac{\pi^2}{6}$$

这是极其大胆的一种推断。他的这一工作是雅克·伯努利逝世后的事情。假如他在世第一次看到欧拉的这一工作不知对欧拉表示感谢还是给予批评。但无论如何，欧拉的这一结论发表后饱受争议，甚至欧拉自己也承认这一推断是非常大胆的。因此他后来给出了另一种推导①，并给出了证明。对此波利亚准确地指出"欧拉成功的决定性因素是大胆，从严格逻辑角度来回

---

① ［美］莫里斯·克莱因：《古今数学思想》第二册，朱学贤、申由掌、叶其孝等译，上海科技出版社 2002 年版，第 176 页。

顾，他的做法是荒谬的。他把对某种情况来说尚未发明的法则应用到一个非代数方程的情况中去。在严格的逻辑意义下欧拉的步骤是不允许采用的，但是他用了一门新兴科学中最好的成就来作类比，而类比告诉他可以这样做。"① 欧拉通过这一方法不仅发现了这一级数之和，而且也重新发现了莱布尼茨级数之和：

$$\frac{\pi}{4} = 1 - \frac{1}{3} + \frac{1}{5} - \frac{1}{7} + \cdots$$

欧拉的这一大胆猜想并非只是体现了类比的特征，实际上，他探讨了发现逻辑的普遍特征，这一特征应当归因于非演绎的推理特征。正是这一点使得科学哲学家和逻辑学家在研究发现的逻辑中最具有代表性的溯因推理时，考虑把"溯因胆量"（abductive boldness）程度作为推理强度的范围。② 我们由此可以推断，这也为类比推理形式化以溯因视角进入提供了可能性。我们知道，这样一种特征恰恰是归纳性的，实际上欧拉的那种做法的理由也是归纳性的。

欧拉后来将他那个时代刚刚兴起的学科称之为无穷分析。我们现在看到无穷分析实质上至少是类比的一种最严格形式。这一最严格形式的出现在当代形式化语境提供了一种契机。下文将指出这一种严格形式的出现为何成了一种契机。

现在我们再考察波利亚讨论的数学中另一个重要领域的类比。

拉普拉斯曾说过："甚至在数学里发现的主要工具也是归纳和类比。"③ 波利亚想要显示的数学中的类比是多面的，丰富的。如上文所述，他不仅指出平面几何和无穷级数的一些重要发现中类比发挥着重要作用，而且也指出，立体几何中也存在类比的这种作用。在立体几何中面 F、棱 E、顶点 V 之间的数目关系就是通过类比研究发现的。

---

① ［美］G. 波利亚：《数学与猜想：数学中的归纳与类比》，李心灿、王日爽、李志尧译，科学出版社 2001 年版，第 22 页。

② ［墨］阿托查·阿利塞达、［英］唐纳德·吉利斯：《逻辑的、历史的和计算的方法》，［荷］西奥·A. F. 库珀斯主编《爱思唯尔科学哲学手册：一般科学哲学焦点主题》，郭贵春等译，北京师范大学出版社 2015 年版，第 564 页。

③ 转引自［美］G. 波利亚《数学与猜想：数学中的归纳与类比》，李心灿、王日爽、李志尧译，科学出版社 2001 年版，第 36 页。

在波利亚看来，多面体中 F、E、V 之间的关系可通过归纳进行猜想。如图 5.2 和图 5.3 以及由此生成的表 5.1。[①]

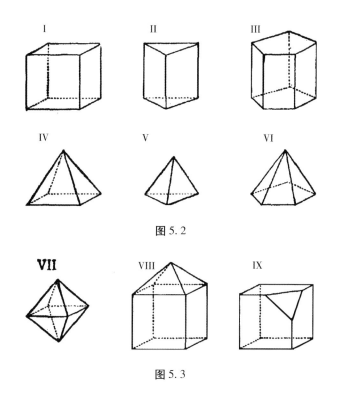

图 5.2

图 5.3

按照图 5.2 和图 5.3 中的多面体，进行列表，以便更直观地猜想，如下：

表 5.1

	多面体	面（F）	顶点（V）	棱（E）
I	立方体	6	8	12
II	三棱柱	5	6	9
III	五棱柱	7	10	15
IV	方锥	5	5	8

---

① 这些图和表均转引自［美］波利亚《数学与猜想：数学中的归纳与类比》，李心灿、王日爽、李志尧译，科学出版社 2001 年版。

	多面体	面（F）	顶点（V）	棱（E）
V	三棱锥	4	4	6
VI	五棱锥	6	6	10
VII	八面体	8	6	12
VIII	"塔顶"体	9	9	16
IX	截角立方体	7	10	15

通过不断考察，我们很容易猜想这其中是否存在如下规律：$F + V = E + 2$。从上表我们看到这九种立体无一不满足这一猜想。由此，我们对这一猜想的信念得以增强，但还未得到充分证明，因此我们进行验证。下一步，我们对不在表中的立体进行验证，例如十二面体和二十面体。十二面体的面是12，顶点是20，棱是30，这一公式满足十二面体的情况。二十面体的面是20，顶点是12，棱是30，这一公式也满足二十面体的情况。这一验证又增强了信念，但一个严肃的科学家或科学工作者不能止于寻找证明的例子来验证，还需要尽力寻求反例或者追问有无反例的存在。对于这一公式，确实存在反例，如图5.4所示。

在图5.4中，面 $F = 12$，$V = 12$，$E = 24$，$F + V = 24$，$E + 2 = 26$。这一例子就是上述公式普遍化的一个反例。因此，我们可以确定上述公式不是普遍有效的。但需要注意的是，图5.2、图5.3与图5.4之间的区别在于图5.2和图5.3的立体是凸形的，图5.4的立体是凹形的。其几何学上的名称是轮胎状的多面体。因此严肃的数学家将上述公式限定在凸形多面体上。面对这种反例的情况，我们求助于类比，希望对上述公式做出辩护，希望类比能够对上述公式的有效性提供一种证据或者增加证据可信度，或者至少增进我们对于多面体的面、棱、顶点之间的关系的认识。这里能够类比的就是多面体与多边形。但多面体是三维的，多边形是二维的。分析后发现，多边形的顶点和棱之间的关系是：$V = E$，而上面的猜想中多面体的顶点V、棱E、面F之间的关系是：$F + V = E + 2$。如果稍微改变一下这两个公式的形式，会得出如下两个公式：$V - E + 1 = 1$（多边形）；$V - E + F - 1 = 1$（多面体）。

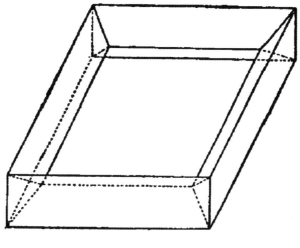

图 5.4

波利亚指出，这两个公式中，左边的 1 分别代表二维多边形的内部和三维多面体的内部。在两个公式中各项的维度依次（自然顺序）是 0、1、2 和 0、1、2、3，而且各项前面的符号是交错的。在两个公式中等式的右边情况相同。波利亚由此指出，这两个类比似乎是完全类比，由于多边形的公式显然是正确的，因此这一类比增加了我们关于多面体的那一公式的信心。

这是波利亚所显示的数学中的类比。尽管关于数学中的类比早在欧拉时期就有所论述，拉普拉斯也有些论断，但波利亚是最早较为系统地显示类比在数学中的角色和作用的。显然，我们不能说这就是最早的类比形式化尝试。实际上，这样的尝试与真正的形式化还离得很远。但我们可以肯定地说，这是类比形式化的第一步，也就是说，波利亚的这一步已经宣示了类比能够通过严格的方式表达的可能性。这一严格表达的可能性在形式化的语境中恰恰为形式化道路开辟了一条可能的道路。这种可能的道路允许人们的类比可以在非隐喻的视角之下进行形式化。这一重要的进步，使得类比形式化可以出现多种多样的进路。下面的几节我们将看到，类比形式化的几种不同进路，从而显示类比形式化的多样性。这一多样性一方面显示了这一主题的丰富性和蓬勃发展的趋势，另一方面也暴露了类比形式化的种种困难以及人们对已有类比形式化的不能满意之处。

第三节　认知科学视野中的类比形式化

谈到认知科学视野中的类比形式化，必将涉及人工智能中的类比推理。众所周知，虽然人工智能在严格意义上算不上是认知科学六大学科之一，但认知科学的产生和发展，很大程度上与人工智能的产生与发展有着息息相关的联系。实质上，认知科学的很多成果是在计算的科学哲学语境中，从人工智能的工作中受启发而展开的。在类比形式化方面，也是如此。以下简要考察人工智能中的类比计算及其形式化。

在人工智能中的类比推理统一建模方面，司马答可达－卡贝立（SmadarKedar-Cabl1e）做了有益的推进。他探析了类比推理在人工智能中有三重重要性。第一，类比推理从人工智能诞生之初就被认为是一种很好的问题求解方法。第二，对于 AI 系统而言，必须通过类比推理来理解自然语言中的隐喻。第三，AI 试图创造出理解常识推理的计算机，从而检验非演绎的逻辑，如非单调逻辑、贝叶斯概率、归纳推论以及类比推理。[①]

司马答可达－卡贝立通过考察简单类比推理问题中的三要素，即推理（inference）、映射（Mapping）、应用（Application），给出了类比推理模型所需的五要素：检索（Retrieval）、详述（Elaboration）、映射（Mapping）、辩护（Justification）和学习（Learning）。他还给出合情理的类比推理的 17 个规定：（1）类比推理（Analogical Reasoning，简称 AR）是多步骤的过程；（2）AR 可加速其他任务；（3）AR 需要有回忆先前经验的能力；（4）AR 是知识密集型推理；（5）在类比问题求解（Analogical Problem-Solving，简称 APS）中，相似问题并不必然有相似的解决方法，而不同问题可能存在相似解决方法；（6）AR 要求主体要有从一大堆情景中选择潜在的类比情景的能力；（7）在 AR 中，检索应当建基于数据库[②]和目标之间共享的抽象化上；（8）在 AR 中，检索情景的能力应随着情景的增加而提高；（9）在 AR 中，

---

① SmadarKedar-Cablle, "Analogy—From A Unified Perspective", *Analogical Reasoning*: *Perspectives of Artificial Intelligence*, *Cognitive Science*, *and Philosophy*, David H. Helman ed., Kluwer Academic Publishers, 1988, p. 67.

② 此处的基础（base）与全文中其他地方所用的类比源域（source）指谓相同。

一个类比的解释很少与其他所有可能的解释相比较；（10）在 AR 中，对已知目标不矛盾的映射，每个主体是存在偏好的；（11）AR 推理相比无关联的事实，更偏好有关联的知识之间的映射；（12）在 AR 中，类比的解释依赖于所描述类比的目的；（13）AR 通常在抽象的层面上而非字面上解释类比；（14）AR 通常会扩展目标中已知的知识；（15）AR 是启发式的，并非完全精确；（16）AR 通常导致学习；（17）AR 在有限时间和资源的情况下进行推理，因此 AR 的模型必须是计算性的。[①] 在给出这些标准的情况下，司马答可达－卡贝立讨论了人工智能中类比推理程序的几种形式，包括早期的易万思 ANALOGY 程序、克林（Kling）的 ZORBA（后者为类比的定理—证明）程序，也包括中期和近期[②]的类比推理程序。司马答可达－卡贝立还考察了简特纳的结构主义理论以及基于案例的推理，最后总结了种种不同理论，认为类比推理的模型是那种限定从基础域到目标域的映射。一般说来，这种映射是保持系统性原则（简特纳的结构主义理论）或者基础域和目标域共享特征的抽象化（易万思的类比程序）。[③]

我们看到，人工智能的类比推理模型与认知科学中类比推理的计算主义研究思路接近，具体做法有差异但却殊途同归。如前文所述，很多时候它们之间的研究成果和进路是重合的。因此可以说，人工智能的类比推理模型的具体实现就是认知科学中的类比推理形式化的具体实例。正是因为这样，类比推理的形式化在认知科学中的表现形式或者实现方式呈现出多样性和丰富性特征。这也增加了在类比推理形式化中形成一种特定标准的困难。在这一节中只是展开其中一些形式化部分，例如易万思类比程序的形式化和结构主义形式化，以及需要新增的关于形式化方面。然后我们将对其进行评述和反思。

在认知科学中，类比形式化的最显著的工作来自加拿大人工智能专家罗素·格雷纳（Russell Greiner）。20 世纪 80 年代他在类比形式化方面做了一

---

① SmadarKedar-Cablle, "Analogy—From A Unified Perspective", *Analogical Reasoning：Perspectives of Artificial Intelligence*, *Cognitive Science*, *and Philosophy*, David H. Helman ed. , Kluwer Academic Publishers, 1988, p. 72.

② 截至 20 世纪 80 年代中期。

③ SmadarKedar-Cablle, "Analogy—From A Unified Perspective", *Analogical Reasoning：Perspectives of Artificial Intelligence*, *Cognitive Science*, *and Philosophy*, David H. Helman ed. , Kluwer Academic Publishers, 1988, p. 97.

些工作，这些工作，参见他的博士论文，也散见于他的一些专著和论文中，例如，《通过理解类比而学习》（Learning by Understanding Analogies）（这是他的博士论文，参见 Stanford University，Technical Report ST AN – CS – 1071）和他对此的扩充专著。他的类比形式化是一种称之为基于抽象化的类比推理（Abstraction-Based Analogical Inference）。他的基于抽象化的类比推理是为讨论由理解类比来学习的任务而展开的。他阐述了如何使用已理解的源域中的信息对目标域提出新假设的过程。[①]

罗素·格雷纳指出，日常交流经常使用类比，说话者不会按照理想的方式清楚地说出自己的话，常常使用大量的类比来表达，此时听者就进入一个解码过程（decoding process），这一解码过程，称之为类比推理（analogical inference）。在此过程中使用类比线索（analogical hint）：A 像 B，若断定 B 存在的事实，A 也存在。

罗素·格雷纳探讨了"有用的类比推理"（useful analogical inference），这种类比形式化目标是通过寻找 A 的假设的类比推理形式而实现的。然而他指出，这里很少涉及相关性的问题。按照他所给出的顺序，首先来考虑如下的例子：求 $C36 = (C3 ⊛ x) ⊛ C4$ 的解。然而我们不知道 ∗ 算子的具体含义或演算规则。只知道常项 C^i 是封闭空间，而且常项 C^i 存在左逆（left invese）

$$R_{LI}: \text{IF} \quad [\text{AND } \$y = \$Ci ⊛ \$Z - (\$Ci) = \$Cj]$$
$$\text{THEN } \$Z = \$CJ ⊛ \$y$$

当你被告知 ⊛ 与 + 相似，类比推理学习过程就开始了。[②] 因此，我们可以根据 + 遵守交换律的事实推测 ⊛ 也遵守交换律。那么新的理论 Th + ⊛ 将会是如图 5.5 所示。

罗素·格雷纳提出了类比推理学习问题的系统 NLAG。这种系统是通过类比线索提出新的猜想的一种程序。上文的例子就是用这个程序来解的。罗

①　Russell Greiner，"Abstraction—Based Analogical Inference"，*Analogical Reasoning：Perspectives of Artificial Intelligence，Cognitive Science，and Philosophy*，David H. Helman ed.，Kluwer Academic Publishers，1988，p. 147.

②　Russell Greiner，"Abstraction—Based Analogical Inference"，*Analogical Reasoning：Perspectives of Artificial Intelligence，Cognitive Science，and Philosophy*，David H. Helman ed.，Kluwer Academic Publishers，1988，p. 148.

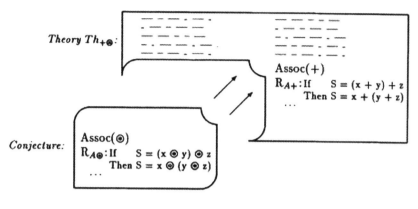

图 5.5

素·格雷纳指出，该程序有两个特征：第一，该程序采取基于模型的方法来完成任务，也是概括（generalisation）方法，在波利亚的文献中称作抽象化（abstraction）；第二，NLAG 并不寻找两个类比项，而是通过类比线索"A 像 B"进行类比推理的。罗素·格雷纳认为，NLAG 实际上是在做隐喻推理，而不是类比推理。[①]

给出这种规定后，罗素·格雷纳给出了有用的类比推理的形式定义。该形式定义通过三个步骤来完成：首先一般地定义学习；其次将这一学习过程限定在类比中；最后聚焦有用的类比。也就是能够解决给定问题的类比。或者说是合乎情理的类比。罗素·格雷纳用"$|\sim$"表示有用的类比推理过程。这一算子在有用类比推理过程中牵涉三个输入：理论 Th、类比线索"A $\sim$ B"（读作"A 像 B"）和欲求解目标问题 PT。输出的是一个新的命题，其形式是 φ（A）。

罗素·格雷纳将有用类比推理定义如下：

Th，A $\sim$ B $|\sim$ PT（A）

其中

未知：Th $\nvDash \varphi$（A）

① Russell Greiner, "Abstraction—Based Analogical Inference", *Analogical Reasoning*：*Perspectives of Artificial Intelligence*，*Cognitive Science*，*and Philosophy*，David H. Helman ed. , Kluwer Academic Publishers, 1988，p. 151.

一致：Th $\models \neg\, \varphi$（A）

共同：Th $\models \neg$（B）

有用：ThU $\{\varphi$（A）$\}$ $\models$ PT①

为理解这个定义，先讨论几个概念：

1. 学习。我们认定，知识具有有穷的、一致的命题集合的形式，包括事实、规则和限定，称之为理论 Th.。注意：理论包含类比信息，也包含其他信息。给定这个命题集合，就有一个通过可靠演绎推理过程可以解答的确定问题集合。换言之，一个理论只能解决落在理论的演绎闭包之内的那些谜题，也就是说任何演绎系统都不能解答演绎闭包之外的问题。

现在我们可以把学习定义为扩张理论演绎闭包的学习步骤。这个学习过程增加了一个新的命题到理论 Th 中。为了确保理论的演绎闭包大于理论本身，我们必须确定，新命题并不已经是可演绎的。为保持理论的一致性，我们必须确定新命题就是假的大家也不知道。

这两个限定条件是未知和一致条件。参见以上定义。

2. 类比学习（类比推理）。现在我们限定学习过程为类比学习。这就要用第二个输入，形如"A 像 B"的类比提示。如果新命题是关于目标类比项的，那么这个学习过程就是类比学习。通过确定源类比项满足同样的（联想的）类比公式 φ，类比推理用源类比项 B（例如 +）为类比学习提供一些基础。这就定义了上文的共同条件，从而进一步刻画了一个可能的类比公式集合。

一般的类比推理都包含以上三个条件：未知、一致、共同。

3. 有用类比（学习或推理）。在这里，比起一般的类比推理，我们的目标更特殊。我们只是寻求那些有助于解决目标问题的类比。这就是关于有用类比推理过程的第三个输入：有用。如果命题连同理论可以恰当解决问题，我们就说命题 9 对解决问题 PT 是有用的。这就构成了上文的有用条件。

格雷纳指出，"有用的"这一条件是后验条件。格雷纳还指出，上述有

---

① Russell Greiner, "Abstraction—Based Analogical Inference", *Analogical Reasoning: Perspectives of Artificial Intelligence, Cognitive Science, and Philosophy*, David H. Helman ed., Kluwer Academic Publishers, 1988, p. 151.

用类比推理的定义只是近似正确的，因为它只容许一元公式，只能是从单个源域类比项映射到单个目标域类比项。考虑到类比推理中有大量非一元类比推理的事实，格雷纳将上述公式从一元扩展到多元的集合。

格雷纳自己也意识到，这一形式化处理遇到一种困难，那就是如何确定一个类比是最好的，最合理的。对于这一点上述定义不能提供任何线索，因此格雷纳就诉诸直觉（Intuition）。此外他将直觉区分为最好的直觉 I_{most}、最差的直觉 I_{least} 以及融贯的直觉 $I_{coherent}$。格雷纳对两个极端的情况并不理会，认为合理的有用的类比推理应当是 $I_{coherent}$。但他承认从后验角度对其进行判定是较为容易的，而从先验的角度判定是一个很大的难题，因为对于 n 个命题存在 2^n 个子集的可能性。

罗素·格雷纳给出了这一类比形式化方案之后，介绍了这一类比形式化的实验验证程度，这与很多从逻辑角度所做的类比形式化不同，这也是认知科学对类比推理进行形式化的一个重要特征。

第四节 基于溯因推理的类比形式化

我们知道，对溯因推理进行系统的研究第一人是皮尔士。当代哲学家多夫·加比（DovM. Gabbay）和约翰·伍兹（John Woods）指出："根据皮尔士的说明，溯因推理是基于一组数据的说明，是接受说明这些数据或者产生其他数据的一个新假说的推理过程。更一般而言，溯因推理就是一种发现新假说的过程。"[1] 同时，他们也指出，溯因推理作为一种发现的逻辑，与相干逻辑、类比推理等有密切联系。下面先考察加比和伍兹的溯因推理架构和过滤结构，在此基础上考察加比和伍兹的类比推理形式化进路：一元进路。

一 溯因推理架构

溯因推理与类比推理的联系启发人们从溯因推理视角对于类比进行形式化研究。加比和伍兹的类比形式化正是基于溯因推理的概念架构（schema）

---

① Dov M. Gabbay, John Woods, *A Practical Logic of Cognitive System—A Reach of Abduction*：*Insight and Trial*, *Intermediate draft*, 2001, p. 22.

而实现的。

因此我们要考察这种类比形式化，首先需要讨论溯因推理的概念架构。上面所使用的溯因一般意义上是包含三个认知过程的种类：假说产生的过程、从众多竞争假说中选择某个假说的过程、锁定假说的过程。这三个过程的逻辑分别是：假说产生（hypothesis-generation）的逻辑、假说约定（hypothesis-engagement）的逻辑、假说流出（hypothesis-discharge）的逻辑。从第一阶段经过第二阶段到第三阶段，假说已经从产生，经过被选择，最后达到断定。加比和约翰·伍兹的溯因推理形式结构仅仅是对第一个阶段的过程即发现的逻辑进行的形式结构研究。因此也是狭义的溯因推理。下面论述溯因推理的形式结构。

一个已解溯因推理的结构如下：令 $\Delta = (A_1, A_2, \cdots, A_n)$ 是一种数据库，这种数据库可以是一个理论或者一组信念的清单。令 $\vdash$ 为一个生成关系（yielding relation），从广义上可以理解为后承关系，令 T 为已给定的合式公式，例如，一个事实、一个真命题或一个已知事态，也令 A_{n+j}，j = 1，$\cdots$，k 为合式公式。那么仅当下述条件满足，四元组 $\langle \Delta, \vdash, T, A_{n+j} \rangle$ 是一个溯因解答：

1. $\Delta \cup \{A_{n+j}\} \vdash T$
2. $\Delta \cup \{A_{n+j}\}$ 是一个一致的集合
3. $\Delta \nvdash T$
4. $\{A_{n+j}\} \nvdash T$

加比和伍兹指出，这种允许多种视角解释：在标准的 AI 中往往将解释为经典的演绎后承，但这种解释是一种不现实的限制，实际上，这种后承关系还可以解释为非经典含义的后承，如统计后承、因果后承等。在这种意义上，溯因架构既可以看作亨普尔说明的演绎法则，也可以看作亨普尔说明的归纳统计模型。但按照皮尔士将 $\{A_{n+j}\}$ 限定为猜想的条件，溯因不属于亨普尔模型。这里，可以看作观察者（或溯因推理者）感兴趣的 T 的获得性属性 Δ 与 $\{A_{n+j}\}$（这二者不能单独进行推论）之间的关系。

对某个 Δ 和 T，存在一个主体（agent）期望 T 的某些属性能够从 Δ 的调整得到，得到与 T 相关的句子，该句子表达 T 的东西。此时，溯因问题就出现了。在操作上，这一问题通过对 Δ 的一致扩展得到，而其架构并不一般性地充分。①

溯因推理的扩充架构如下：

令 α = 一个主体

Δ = 主体 α 的数据库，合式公式（需要说明的是"理论"和"规则"在此都被读作合式公式）的一个集合。

↬ = 一般的公式间二元运算符，读作生成（yields）或者证明（proves）

σ = ｛↬，Δ｝一组事态

i = α 的兴趣是一个变项，因为它生成一般关系。对某个 Δ 和↬的反域（counter-domain）T 之间有如下几种关系：

1. Δ 不能说明 T（Δ（↬的否定）r）；

2. Δ 不能预测 T（Δ⇏T）；

3. Δ 不能激发 T（Δ⇏T）；

4. Δ 不是 T 的证据（Δ⇏T）；

5. Δ 不是 T 的强证据（Δ⇏T）；

6. Δ 证明 T（Δ↬T）；

7. Δ 是 T 的证据（Δ↬T）。

（1）α 的兴趣 i 是一个主体 α，就 σ 而言，通过其逆命题代替其↬关系，从而寻求逆换（reverse）σ 的方式，举例而言，用 Δ 中能说明 T 的部分代替 Δ 中不能代替的部分；或者用 Δ 中证明 T 的部分代替 Δ 中阻碍证明 T 的部分，当这一条件满足，称 σ 是 α 的一个激发器（trigger）。

（2）一个主体通过改变 Δ* 达到这种转换，共有三种方式。扩展：通过寻找 ΔU｛H｝↬T 或 ΔU｛H｝⇏T 的 H∈Δ，这一 H 依赖于主体的激发器 σ。当找到这种 H，与 Δ 一同称之为"所求的生成发生"。缩减：通过寻找 Δ－｛H'｝的 H∈Δ，给出所求的生成。缩减和扩展：通过寻找 ｛Δ－｛H｝｝U｛H'｝的 H∈Δ 和 H'∈Δ，给出所求的生成。所求的生成是主体 α 的目标 T。这 T 是 Δ＊↬T 所传送的产品或修正激发器情景 σ 的合式公式，这 σ 是或者通过 Δ↬T 的 T 或者通过 Δ⇏T 的 T 这种事态得到表征。因此一

---

① Dov M. Gabbay，John Woods，*A Practical Logic of Cognitive System—A Reach of Abduction：Insight and Trial*，*Intermediate Draft*，2001，p. 25.

个主体 α 已获解决的溯因问题总包含四元组 < α，i，σ，T >。当这两个条件满足时，一个主体 α 就 σ 而言存在一个溯因问题。

仅当 < α，i，σ，T > 满足更多的条件时才能够解决溯因问题：1. 对于 H，H'或｛H，H'｝没有一个 H，H'传达所求的生成。2. 一个主体 α 本质上没有先前的知识或先前的证据 H，H'足以辩护它们的判断。相反 H，H'必须被引入，也就是必须是假说。

在此依据加比和伍兹所给出的例子来进行具体说明。令 Δ 作为警察手中的证据，而这些数据对于某个主体 α 犯罪的这一命题只能构成很弱的证据。此时警察通过继续进行调查从而寻找新的证据。假设这些新的证据与原先的数据 Δ 一起加强 A 的可诉性。这就构成了警察解决这一溯因问题的部分，而这两个部分任何一个（原先的证据和新增加的证据）不够指控 A 犯罪。[①]

推测一个主体在生成子逻辑（generation sublogic）中的目标是空间 □ 的假说是可能的。令 Φ 是 S 的一个公式，那么 Φ 在一个 Gen（生成逻辑的缩写）中的一个 H 发挥作用。$\mathbb{R}$ 是空间 S 的一个真子集，那么 $\mathbb{R}$ 对 S 的一个切割这样产生：在生成子逻辑中 S 有种种可能性，激活某种可能性发生在约定阶段，相应地这里存在约定子逻辑（engagement-sublogic），在这一阶段，激活通过相关性（relevance）发生，相关性在这里产生一个过滤的作用，因此相关性可被看作一个过滤器（filter），Gens 可被看作是一个结构，约定中嵌在 Gens 的 H 的某个 H'满足相关性条件，切割就这样发生了。此外还有一次切割，这一次切割是将 $\mathbb{R}$ 切割到子集 $\mathbb{P}$ 上，此次一个过滤将可能的假说放置在合情理（plausibilities）这一标准上考虑而发生切割。合情理性之幕（plausibility screen）根据规则将 $\mathbb{R}$ 收缩为 $\mathbb{P}$，$\mathbb{P}$ 是一个非空集合，它在主体面前以三个选择出现：

1. 如果 $\mathbb{P}$ 是 $\mathbb{R}$ 的一个单元集，那么在 $\mathbb{P}$ 中约定该假说。

2. 如果 $\mathbb{P}$ 是 $\mathbb{R}$ 或更大集合的对偶集，那么在 $\mathbb{P}$ 中约定所有假说。

3. 如果 $\mathbb{P}$ 是 $\mathbb{R}$ 或更大集合的对偶集，那么在 $\mathbb{P}$ 中约定大部分合理的假说。

最后一个阶段是假说流出，相应的逻辑是流出逻辑（discharge-logic），

---

① Dov M. Gabbay, John Woods, *A Practical Logic of Cognitive System—A Reach of Abduction*：*Insight and Trial*, Intermediate Draft, 2001, p. 29.

范畴化（categoricalization）或去假说化（de-hypothesization）。当合理性空间
$\mathbb{P}$ 中的项通过进一步的过滤时，假说流出就出现了。更准确地说，那些项通
过下面一个或者两个过滤器的：

1. 独立确证的过滤器；
2. 理论的成果丰富性过滤器。

换句话说，流出是通过一个成功通过的测试而引发的。流出步骤的这种
模型，加比和伍兹称之为测试过滤器（test filter）。对一个溯因问题的全部
解答是∩｛Gens，Engages，Dis｝=｛Dia｝（Dis 是流出逻辑的缩写）。[1] 加
比和伍兹指出，假说流出是溯因中关键的部分。假说 H 的范畴化是双重过
程：寻找使 H 靠码头（docked）的方式和对某些寻求的结果也采取这种做
法。当与其他数据共同获得目标 T，以及所寻求的结果一同实行，H 就靠码
头了。如果某个主体的目标是一个合式公式 Q，而且它不能从 Δ 获得，那么
就将 Q 作为一个增加部分加到 Δ，Δ∪｛Q｝。

二　形式化尝试

在给出溯因推理架构和过滤结构后，类比推理形式化还需要两部分内
容：其一显然是类比形式化本身，加比和伍兹主张通过元研究法（Meta ap-
proach）来实现形式化；在探讨另一部分时先做两点说明。

1. 两点说明

前文指出 $\mathbb{P}$ 和 $\mathbb{R}$ 是预设的过滤器，加比和伍兹指出，$\mathbb{N}$ 也是这种过滤
器。$\mathbb{M}$ 或者是 $\mathbb{P}$ 的有序集或者是结果集。三元组〈S，R，P〉表示过滤过
程，其中每一个后继者都是对先前空间进行过滤的结构。此外，还存在把合
理性空间过滤到一个单元集合的过滤器←。←所过滤后得到的应该是约定空
间最合理的候选者。这样便出现一个完整的过滤过程〈S，R，P｛M｝〉。[2]

加比和伍兹所给出的溯因推理架构如上所述。这种架构是下面讨论类比
形式化的基础。需要指出的是，这一形式化正如上文所指出的那样，有一种

　　[1]　Dov M. Gabbay, John Woods, *A Practical Logic of Cognitive System—A Reach of Abduction: Insight and Trial*, *Intermediate Draft*, 2001, pp. 27 – 32.

　　[2]　Dov M. Gabbay, John Woods, *A Practical Logic of Cognitive System—A Reach of Abduction: Insight and Trial*, *Intermediate Draft*, 2001, p. 32.

显示胆量的性质。这一性质在溯因方面就是"溯因胆量"。而就类比形式化而言，这一胆量就是从溯因转向类比。下面我们对溯因架构下的类比形式化进行考察。

前文指出了过滤器及其完整的溯因推理架构。我们对此架构的认识应当是，类比推理的形式化也在这种架构下进行。加比和伍兹给出所要进行类比形式化的架构："令F = ⟨S，R，P，M⟩为一个溯因目标 T 的过滤结构。如果F 是一个完全的过滤结构，那么M 就是一个单元集 {H}。只要存在一个过滤结构，就存在假说的精确位置。"[1] 这是类比推理形式化需要说明的一点。另外还需要说明的一点是溯因推理与类比推理之间通过相关性这一概念相联系的。而加比和伍兹也是通过从这一概念入手从类比推理的角度探讨溯因推理的。从主要考虑类比推理这一视角而言，是从溯因推理的形式化通过相关性这一概念与类比推理相连，并讨论类比推理形式化的。起到关键作用的相关性概念叫"信息体相关"（agenda relevance）。信息体相关这一概念的详细讨论见加比和伍兹的另一部专著《议程相关：形式语用学研究》（*Agenda Relevance：A Study in Formal Pragmatics*）。在此不详细展开，我们依据加比和伍兹给出的说明，只讨论信息体相关这一概念的定义、内涵及其精确条件。

信息体相关这一概念的关键在于信息体的理解。加比和伍兹指出："信息体在这儿被理解为可以完成的信息的那一类东西，因此我们将信息体看作认知任务。信息在此被理解为卡尔纳普和席乐尔（Bar Hiller）传统中的语义信息（semantic information），在这一理解中信念的变化通过主观概率得到展示。"[2] 而信息体通过信息来加以定义。详细的定义在此不赘述，下面先介绍信息体相关的精确条件，然后过渡到相关性与类比推理，从而考察加比和伍兹的类比推理形式化的元研究法。

精确条件（AR）：

AC1. 信息体相关理论不应当对相关性进行过多的规定，它应该避免"没有什么东西与任何东西相关"和"任何东西与任何东西相关"这两种极

---

① Dov M. Gabbay, John Woods, *A Practical Logic of Cognitive system—A Reach of Abduction：Insight and Trial*, Intermediate Draft, 2001, p. 157.

② Dov M. Gabbay, John Woods, *A Practical Logic of Cognitive System—A Reach of Abduction：Insight and Trial*, Intermediate Draft, 2001, p. 159.

端论述的错误。

AC2. 信息体相关理论应当承认相关性是语境敏感的，有些东西在这种情景下是相关的，在另一些情景中不相关。

AC3. 该理论应当尊重相关性的比较本性（comparative nature），也就是说该理论承认有些东西比起其他东西而言，彼此之间有更多（或者更少）的相关性。

AC4. 该理论应当提供区别于简单不相关（mere irrelevance）的那种负相关的关系。

AC5. 如果相关性与真之间存在关联，该理论应当对这种关系给予描述。

AC6. 该理论应当帮助我们澄清关于相关性方面的谬误。

AC7. 该理论应当对经典逻辑和相干逻辑之间的领域争端作出贡献。

AC8. 该理论应当对信念修正方面令人满意的说明作出贡献。

AC9. 该理论应当探究那种认为"相关性本质上是对话性概念这一论断"。

AC10. 该理论应当提供相关性这一概念的常规分析，也就是说，该理论的分析应当尽可能地与相关性这一概念的常识接近。[1]

加比和伍兹说明这些条件是一种松散的条件，而且其中每一项的轻重有所不同。比如第一项的条件就比第六项的条件更具有必要性。总的来说前六条比起后四条更具有重要的地位。AR 的基本思想是，某种程度上，当信息对主体以某种方式施加作用，它使主体的一个或多个信息体促进或接近，此时我们称信息对于认知主体是相关的。[2] 在加比和伍兹那里，这种精确条件的规定对于相关性这一概念的理解较为明确。这对于下面进行的类比推理形式化非常关键。因为正如上文所述，从溯因推理的形式化到类比推理的形式化过程中，对相关性的这种理解成了连接两者的纽带。

2. 类比推理形式化：元研究法

早在 20 世纪 70 年代，琳达理·达登（Lindly Darden）在一篇论文中所

---

① Dov M. Gabbay, John Woods, *A Practical Logic of Cognitive System—A Reach of Abduction：Insight and Trial*, *Intermediate Draft*, 2001, p. 158.

② Dov M. Gabbay, John Woods, *A Practical Logic of Cognitive System—A Reach of Abduction：Insight and Trial*, *Intermediate Draft*, 2001, p. 159.

提出的架构中就将溯因推理者标注为类比推理者。这里关键的是达登所提出的假说产生和约定问题的架构。我们依据加比和伍兹所给出的达登架构梗概来考察他的架构。达登的架构深受汉森（Hansen）的架构影响。我们按照时间顺序，先后考察这两个架构的梗概。

汉森的架构中并没有明确地谈到类比，也没有将溯因推理者标记成类比推理者，而是标记成类型（types）推理者。加比和伍兹的元研究法与这两种架构都密切相关。因此我们也需要介绍汉森架构的梗概。

汉森的架构

1. 观察到或遇到一些令人惊奇的现象 P_1，P_2，P_3，…

2. 但找到假说 H 类型后，这些现象 P_1，P_2，P_3，…将不再是令人惊奇的。这些现象是与假说 H 类似的假说所能推出的现象，并且从这些类型得到解释。

3. 因此我们就有足够的理由将对假说 H 的类型进行详细说明，这种假说类型的假说可解释现象 P_1，P_2，P_3，…

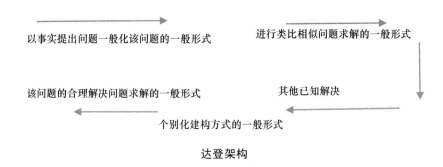

达登架构

加比和伍兹的元研究法是将这两个架构综合，在此基础上提出一种称之为类比论证的元论证理论（Mata Argument Theory of Analogical Argument：MATAA）。在这一理论中，对汤姆森[①]（Thomson）所提出的道德判断例子

---

① Judith Jarvis Thomson，1971 年在《哲学与公共事务》（*Philsophy and Public Affairs*）这一杂志上发表了一篇名为《为堕胎辩护》（*A Defence of Abortion*）的论文。在这一论文中汤姆森提出了著名的类比论证。该论证案例转引自 Dov M. Gabbay，John Woods，*A Practical Logic of Cognitive System—A Reach of Abduction：Insight and Trial*，*Intermediate Draft*，2001，p. 165.

做简要分析，其中涉及以下类比论证：她设想这样一个场景："假定一个人醒来后发现躺在一个没有意识的小提琴手床边。这位小提琴手的肾脏得了严重威胁生命的病。音乐爱好者社团通过调查发现那个人是唯一一个血型完全与小提琴手血型吻合的人，因此将他绑架，并将小提琴手的循环系统插入到那个人身上，让那个人的肾脏作为同时抽小提琴手和自己的毒的工具。他会怎样进行道德判断？"汤姆森用这样一个案例的论证（将其称为小提琴手论证）与一个女人被强奸后怀孕（怀孕论证）的案例进行类比，得出结论，如果前一个案例中那个人有权阻止那一被强迫救小提琴手的事情，那么在后一案例中那个女人就有权进行堕胎。

对这个案例，加比和伍兹做出了如下的概括（*The Generalization*）：

人类的两个成员 H_1 和 H_2 之间具有如此相关性：

1. 未经 H_2 的同意，H_1 代替 H_2 做出至关重要的决定；

2. 此决定所需的时间是不定的（也许九个月，也许九年，甚至有可能永远）；

3. 此决定严重地阻碍运动以及行动（包括坐立等）；

4. 该决定严重地侵害了个人的权利或隐私；

5. 那个决定是一个社会灾难的诱导，对 H_2 而言是一个笑柄；

6. 它对 H_2 的经济自足性构成了威胁；

7. 因此对 H_2 而言，终止这一至关重要的决定在道德上是允许的。[①]

相比而言，汤姆森将那两件案例进行类比推理的基础归于未命名的"类比基本法则"：

推理价值平等（parity of reasoning）：相似的事件得到相似的处理。这一法则如同休谟的那个著名论断，这在当代计算的科学哲学语境中是相当模糊的。我们看出加比和伍兹的这个概括比较精确。此外，他们指出这一"概括"是汤姆森给出的两个案例更深一层的共性，由此他们认为类比论证实质上是元论证。

加比和伍兹通过这一例子给出了他们的元论证（Meta Argument）：

---

①　Dov M. Gabbay, John Woods, *A Practical Logic of Cognitive System—A Reach of Abduction：Insight and Trial*, *Intermediate Draft*, 2001, p. 166.

1. 论证 A 具有深层结构,这结构中前提 A 支撑关系 R 投射到论证结论中;

2. 论证 B 与论证 A 共享相同的深层结构;

3. 因此,B 也具有那种深层结构:论证 B 的前提也相似地将关系 R 投射到论证结论中;

4. 因此 B 是 A 的类比,A 和 B 在好论证或坏论证方面是推理价值平等的。

按照元论证中的这些规定,就上面给出的例子而言,就会有如下的对应:加比和伍兹指出,上面例子中论证 A 是小提琴手论证,论证 B 是怀孕论证,而深层结构是上述概括关系是强后承关系。有几个值得提出的关键点是类比中有两个关键步骤:第一,概括已经得到评估的论证;第二,将概括的论证例示到不同的论证上。更为关键的是例示过程中,例示的属性在概括过程中也保存。加比和伍兹指出,后一步骤在达登架构中是个别化。

加比和伍兹通过引入溯因架构,从而将类比推理形式化。按照溯因架构,推理者对于目标 T 和信念集 Δ,寻找 H′,使得 $\Delta \cup \{H'\} \leftrightarrow T$。他在这种架构中所要寻找的是 H,该 H 是 H′ 的类比。在元论证进路中,溯因推理者寻找如下不同的后承结构:$\Delta^* \cup \{H^*\} \leftrightarrow T^*$,也就是概括为 $\Delta^* \cup \{H^*\} \leftrightarrow T^*$。概括的条件是溯因推理者当前进行的溯因问题的目标 T 在例示原后承结构概括中例示 T^{+-} 然后它从 T^+ 和 Δ^{+-} 例示到 $\leftrightarrow$ 和 H。

加比和伍兹这样给出了类比推理的形式化之后,为这一模型,也就是 MATAA 进行了辩护。他们认为 MATAA 有两个优点:其一,MATAA 将类比推理还原为任务—属性的概括和深层结构中有共性的例示,使得类比推理过程变得简单,清晰;其二,它使得达登和汉森的架构在直觉上更加清晰,而且可以通过内容来充实这两个架构。

第五节　基于图式推理的类比形式化

图式推理(Diagrammatic reasoning)研究是一个独树一帜的研究领域。正如阿托查·阿利西达和唐纳德·吉利斯所说:"'图式推理'的研究是一个自主的研究领域,它表明逻辑语言并不局限于从左到右的二维句法表征,而其关于非演绎逻辑的研究计划仍然需要拓展。"① 下面我们考察图式推理的研究起源及其逻辑机制，评述这一推理模式在类比形式化道路中的启示作用。

图式推理的产生可追溯到乔恩·巴威斯（John Barwise）和约翰·艾彻门德（John Etchemendy）的工作，他们为帮助学生学逻辑学参与开发了软件和配套的逻辑学教程，如《一阶逻辑的语言》（*The Language of First-Order Logic*）和《语言、证明和逻辑》（*Language Proof and Logic*）。其中后一著作与所开发的学习软件直接配套，那些软件直接命名为 LPL 软件。该学习软件包含四个子程序，分别是 Boole、Fitch、Tarski's World 和 Submit。"Boole 用于构建真值表，Fitch 用于构建一阶逻辑的形式证明，Tarski's World 用于构造世界（仅就逻辑学中意义而言）编写语句检验语句真值，Submit 用于学生在网上提交作业和检查作业。"② 该软件在不断更新中。

经过实际教学和研究后发现，学生在执行任务时，在一定程度上受信息所给予的方式影响，尤其是在 Tarski's World 上实施任务时，对于同等难度的图形任务比起单纯的命题任务更能够轻松胜任。巴威斯和艾彻门德由此结合日常推理实践指出，学生在完成推理任务时，通常是先整合命题信息和图形信息，再进行推理。"日常生活中，我们以多种方式从多种资源获得信息。推理中一种主要的成分是整合这些多种多样的信息，对于整合的过程，需要我们所要教的逻辑。"③ 在这一思想指导下，巴威斯和艾彻门德等编写并开发了另一个学习软件 Hyperproof（巴威斯和艾彻门德又写了与此软件配套的教材，名为 *Hyperproof*）。据巴威斯和艾彻门德介绍，Hyperproof 是一个演绎系统，但该软件所处理的逻辑问题超出了一阶逻辑的命题演算和谓词演算范围，涉及许多非演绎的逻辑以及日常的推理实践。Hyperproof 所处理的推理问题与 Tarski's World 的积木世界（blocks World）相似。④ 但巴威斯和艾彻门德提醒大家，这种相似性只是表面的，通过深入学习或实践发现彼此之间

①　[墨] 阿托查·阿利塞达、[英] 唐纳德·吉利斯：《逻辑的、历史的和计算的方法》，[荷] 西奥. A. F. 库珀斯主编《爱思唯尔科学哲学手册：一般科学哲学焦点问题》，郭贵春等译，北京出版社 2015 年版，第 564 页。

②　李娜：《数理逻辑实验教程》，武汉大学出版社 2010 年版，第 43 页。

③　Jon Barwise & John Etchemendy, *Hyperproof*, CSLI Publications, 1994, p. xiii.

④　它是人工智能中非常著名的规划领域——解释来自维基百科：https：//en. wikipedia. org/wiki/Blocks_ world。

有很大不同，Hyperproof 比 Tarski's World 使用起来更加复杂。[①] Hyperproof 最显著的不同点是所处理的任务的信息从两方面获得：图形的和命题的。图形的部分将世界中的关于图形或者图像信息给出，它们与额外的命题所给予的信息结合构成所要完成任务的条件。[②] 此外经过比较，可看出 Tarski's World 和 Hyperproof 还有以下几点差别。

第一，Tarski's World 的世界都是完全的或者完整的，但在 Hyperproof 上给予的世界或情景的图像信息只能是部分的，尽管可以想象一个完全的世界。我们看到 Hyperproof 的世界比 Tarski 的世界更丰富。（见图 5.6）

第二，Hyperproof 除了有 Tarski 的世界的那些属性，还增加了新的属性：开心和喜欢。（见图 5.7）

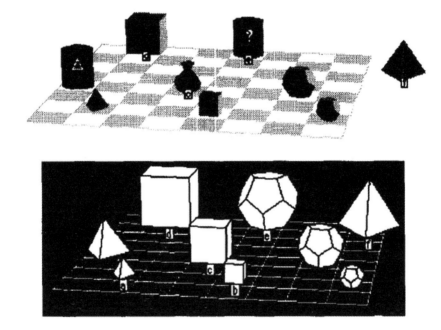

图 5.6　Hyperproof 情景和 Tarski 世界

① Jon Barwise & John Etchemendy，*Hyperproof*，CSLI Publications，1994，p. 4.
② Jon Barwise & John Etchemendy，*Hyperproof*，CSLI Publications，1994，p. 3.

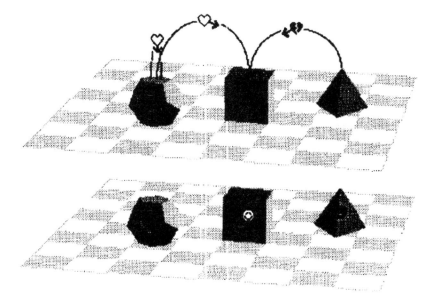

图 5.7 喜欢和开心

第三，两个系统中所使用的语言大体上相似，但在某些地方 Hyperproof 系统中所使用的一些谓词是新加上的，还有一个谓词是改变了原来意义的。新加上的谓词包括：Happy、Like、SameSize、SameShape、SameCol、Same Row 和 Adjoins。改变词义的谓词是 Between。在 Hyperproof 中 Between（a，b，c）当且仅当 a，b，c 在一行、一列或一个对角线上，并且 a 在三者中间。

对于这本书的使用，他们建议使用两种方法：第一种是与他们先前的一本《一阶逻辑的语言》（*The Language of First Order Logic*）结合使用；第二是作为小开本《塔斯基的世界》（*Tarski's World*）的补充来阅读。我们在此不讨论阅读方式，只对于其图式推理进行考察。图式推理就是在这样的背景中考虑并得以研究的。

图式推理是 Hyperproof 软件中所处理的推理种类的一种。"我们每天接受的信息中大多数是来自非语言因素的……其他信息来自照片、地图、表、图形、蓝图和图表。"[1] "当我们观察日常生活中的推理实践和问题的解决，

---

[1] Jon Barwise & John Etchemendy, *Hyperproof*, CSLI Publications，1994，p. 75.

图形表征的广泛应用如此惊人。"① 巴威斯和艾彻门德说，Hyperproof 中的图式推理的目的就是为这种推理实践提供可靠的逻辑基础。与纯形式或者纯逻辑的规则不同，Hyperproof 建构了很多经验规则如观察和应用等。观察规则是从情景中通过图形获得信息的重要规则，这种规则具有多种应用方式，其中最显著的应用方式是用已给定的信息推出所要证明的个别例子。② "例如，给定句子 Text（d）→Small（d）且情景描述了 d 作为未知大小的四面体，我们能够通过观察句子 Tet（d）后得出 Small（d）的结论。"③ 在观察规则中，我们通过句子和情景推出新的句子，但并未推出新的情景。我们在推出新的情景方面时还不能提供合法性保证。应用规则就是允许人们从已经给定的句子和情景推出新的情景的规则。巴威斯和艾彻门德解释说，如果说观察规则让你从情景抽出信息并表达，那么应用规则是相反方向的。如下页图5.8，假定你要确定哪一个是 b，你的推理可能需要按照如下两个步骤：第一，你先从给定句子"a 是一个十二面体"和"大纸箱代表 a"，你就能够确定那一个大纸箱的十二面体就是 a；第二，当你知道了唯一一个大四面体，也就是右角后的那一个，你就通过第二个句子得出结论确定了 b。巴威斯和艾彻门德说，应用规则在此推理中实现了两次应用。第一次是通过将一个大纸箱划归为十二面体，引用第一个句子作为支持并扩展情景。第二次是通过命名大四面体为 b，引用第二个句子作为支持来扩展情景④。这些规则可用于情景修正和情景改变等。属于前者的是观察规则、CTA（Check Truth of Assumption）和语义版本的封闭（Semantic version of Close）；属于后者的是应用规则。

此外 Hyperproof 还有一些规则依然是图式推理中所使用的规则，例如穷尽案例（Case-Exhautive）。这种技术的推理被称作案例推理（reasoning by case）。这种推理在 Hyperproof 系统中依然属于图式推理的范畴。案例推理使用的几种规则通过考虑案例变化范围来进行推理。⑤

---

① Jon Barwise & John Etchemendy, *Hyperproof*, CSLI Publications, 1994, p. 75.
② Jon Barwise & John Etchemendy, *Hyperproof*, CSLI Publications, 1994, p. 75.
③ Jon Barwise & John Etchemendy, *Hyperproof*, CSLI Publications, 1994, p. 75.
④ Jon Barwise & John Etchemendy, *Hyperproof*, CSLI Publications, 1994, p. 76.
⑤ Jon Barwise & John Etchemendy, *Hyperproof*, CSLI Publications, 1994, p. 87.

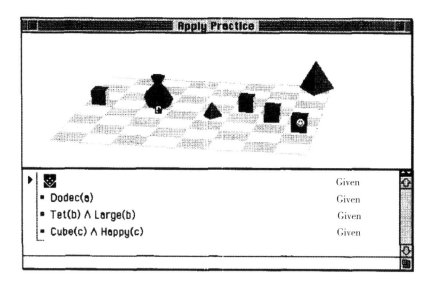

图 5.8

　　案例推理包含几种规则：穷尽案例规则、合并（Merge）、检验（Inspect）。下面我们分别考察这三个关于案例推理技术的规则。穷尽案例规则，顾名思义，直观的含义就是将所有可能的案例穷尽的规则。例如假定你要在已经确定十二面体 b 的情况下确定 a 作为 b 右边的未知积木，那么存在两种可能的案例：第一种可能案例是 b 在 a 的左后方；第二种可能的案例是 b 在 a 的左前方。在 Hyperproof 中将这一推理过程分为两个子证明（Subproof）来完成。两个步骤完成后穷尽规则断言案例已穷尽。需要注意的是，两个子证明各自需要不同的假设，这种假设也就是不同案例的假设，因为它们是在子证明中的假设，因此在情景扩展中属于额外的假设。

　　如何从已经给定的条件不加额外假设就能进行推理并得出结论？在 Hyperproof 系统中，这意味着将证明从子证明移到主证明上。实际上，Hyperproof 中，这可通过确定穷尽的案例范围内案例间的共有信息得到保证。执行这一方法的规则是合并和检验这两个规则。混合规则使用在情景部分信息抽取中；检验规则使用在语句信息抽取中。具体使用方法如下：当穷尽案例规则声明已经穷尽了案例之后，我们再加一步，在这一步中通过合并规则修改情景为包含所穷尽案例的任何共有信息的情景。混合规则的使用中，我们不需要详细阐述开放案例的共有信息，而只需将规则转换到合并并引用穷尽步骤即可。在我们检查步骤（Check the step）时，Hyperproof 系统自动帮我们确定共有信息，并将其安置在情景中。① 这种过程巴威斯和艾彻门德称之为合并规则的"缺省"应用。② 检验的运行方式与合并的运行方式基本相似。上文提到检验规则是语句信息中所用的，这一点是检验规则与合并规则唯一区别的地方。"在使用检验规则时，对所有开放案例保持的性质输入到任意句子中，并将引用穷尽案例的步骤作为支持。"③ Hyperproof 系统将检查每一个案例，以便检查所输入的句子是否在子证明的线索当中。系统还会评估该句子是否在最后的情景中的案例中确定为真。正是由于这两点，检验规则才被命名为这一名称。"换句话说，在那些案例中我们可以使用观察直接获得句子。"④ 此外，在案例推理中还存在递归封闭（Recursive Close）规则的新版本以及命名（Name）规则。对这些规则的介绍与本书的内容不大相关，因此不再展开。在此需要对图式推理中独立证明的一些特征进行简要论述。为了简明扼要，我们不妨直接考虑巴威斯和艾彻门德所引的例子。他们给出夏洛克·福尔摩斯（Sherlock Holmes）在侦查时所采用的例子。对于一起凶杀案，他先不从受害者的嫌疑人司膳管、管家或岳母等人开始查，而是依据现存证据设定司膳管、管家或岳母行凶杀害的可能场景，这样犯罪者就不能由单独地从可获得的证据来确定。在 Hyperproof 中，对这种推理进行刻画就构成了独立证明内容。⑤ 下面对这种系统中所展现的图式推理及其对类比推理形式化的启示进行简短评价。

　　如上文所述，Hyperproof 图式推理有两个重要特点。首先，图式推理不仅依赖于语句（也就是命题）所提供的信息，也依赖于情景，而且这种情景往往是部分情景，通过扩展或缩减加以修正的。其次，图式推理所使用的规则都是一些经验规则，而不是像纯演绎逻辑那样的纯形式规则（例如分离

---

① Jon Barwise & John Etchemendy, *Hyperproof*, CSLI Publications, 1994, pp. 97 – 98.

② 关于缺省，在巴威斯和艾彻门德的书（Jon Barwise & John Etchemendy, 1994）第 230 页有所讨论，有兴趣的读者可参阅该书。

③ Jon Barwise & John Etchemendy, *Hyperproof*, CSLI Publications, 1994, p. 99.

④ Jon Barwise & John Etchemendy, *Hyperproof*, CSLI Publications, 1994, p. 100.

⑤ 具体操作方式略。

规则）。对这些经验规则进行逻辑处理，为其制定逻辑推理，使其按照逻辑推理操作，Hyperproof 系统正是给出了这些经验规则的逻辑推理操作。实际上，这种处理也是对我们的日常的经验推理中的逻辑进行刻画，这一刻画与经典逻辑或传统的演绎逻辑不同。我们知道经典逻辑只关注形式，主题中立性是它的一个要求与性质。[①] 而当前的 Hyperproof 所处理的恰恰是主题非中立的，是与内容相关的推理当中的具体逻辑规则。这一点使得它超出了演绎的范围。如果将 Hyperproof 中的图式推理与类比推理进行比较，从而得出图式推理很好地刻画了一种可能的类比推理形式化，那显然是不符合事实的。即使是这样，对于类比推理形式化来说，我们从 Hyperproof 中的图式推理得到了特别的启发意义。

　　上文指出，类比推理是从源域到目标域之间进行映射的推理，这是一种结构主义的观点，也是从玛丽·赫西以来的常识观点。这种观点有其理论上的优势，但是容易忽略类比推理是依赖新情景的推理这一事实。因为类比推理形式化推出新的情景可增进人们的认识，图式推理中增加新情景的步骤对类比推理形式化很有启发。另外，类比推理的两个论域即使彼此那么相似，也大都是两个彼此独立的论域，因此可以算作是独立论域间的猜想或证明。Hyperproof 中案例推理的独立证明对类比推理这一特征的刻画给我们提供了处理方式的参照。此外 Hyperproof 为图式推理规定了许多经验规则，但正如上文指出，Hyperproof 为这些经验规则进行了逻辑上的刻画。这使我们提出如下疑问：是否能够为类比推理进行规则上的规定或确立。我们在常识模型的论述中实际上看到了这些规则，但遗憾的是这些规则的规定只为类比推理辩护问题服务，而不为类比推理形式化问题服务。如我们看到的那样，这一观点遇到了不少理论困难。我们看到 Hyperproof 的这一特点给了我们很大的启示，使得我们致力于在类比推理形式化中做规则的规定。我们如果能够建立类比推理形式化中的类比推理规则，那么对类比推理辩护也将是有益的。最后，还有一个启发就是情景修正和情景改变也是类比推理形式化值得关注的一点。

　　综上，从亚里士多德以来的经典演绎逻辑有一个突出的特征，那就是形

式化。与经典演绎逻辑形式化相比，类比形式化涉及的范围更广，它不仅包括语形的形式化，而且包括语义甚至语用的形式化。比如，对经验规则的逻辑刻画，对情景修正和情景改变的探讨，可以为类比推理等非演绎推理借鉴认知科学研究成果，为逻辑视域中的认知研究奠定了规范性基础。

我们认为，尽管类比推理的形式化尝试还不能说是成功的，它面临许多困难，也面临着挑战，但是它的一些尝试富有启迪性，客观上为类比推理的逻辑和认知研究提供了进一步发展的机遇。

实际上，在下一章我们将会看到，为克服类比推理形式化的上述困难，我们尝试从广义形式化即计算和认知的角度探讨类比推理的形式化问题。计算与认知研究为类比形式化开拓了发展思路；而类比形式化尝试为类比的计算和认知研究提供了有益的启迪。

第　六　章

认知与计算：类比的计算理论

　　类比的形式化进程所面临的机遇和挑战，为类比的认知科学研究留下了发展空间。实际上，类比的认知科学研究进路是一种目前盛行的研究进路。认知科学对类比的研究突破了纯逻辑的研究范围，在更为宽广的领域展开。这意味着，类比的计算理论可以进一步得到深化，类比的合理性问题将在认知科学和哲学大背景下展开和论证。

第一节　类比与计算

　　类比的认知科学进路主要涉及类比的计算理论。计算理论主要得益于这样一个人工智能程序的理想："类比推理如何产生这一问题能够足够恰当地实现在计算机程序中。"[①] 巴萨指出，类比的计算主义理论主要关注两个具体领域：结构主义和基于案例的推理。结构主义认为，类比是基于关于两个论域中知识的平行表征的认知过程，在理想层面上，这种表征是同构的，一个类比的价值就是通过对于同构的近似程度测得的。[②] 基于案例的推理认为，类比的两个论域分享了一簇相关性的维度，这些相关性的维度是与过去实例中的结果相连的。一个类比的强度依赖于源域与目标域之间相关覆盖的程度。[③]

---

　　① Paul F. A. Bartha, *By Parrallel Reasoning—The Construction and Evaluation of Analogical Arguments*, New York：Oxford University Press, 2010, viii.

　　② Paul F. A. Bartha, *By Parrallel Reasoning—The Construction and Evaluation of Analogical Arguments*, New York：Oxford University Press, 2010, p. 59.

　　③ Paul F. A. Bartha, *By Parrallel Reasoning—The Construction and Evaluation of Analogical Arguments*, New York：Oxford University Press, 2010, p. 60.

巴萨认为，这两种计算主义理论通过范围（scope）、知识表征的可塑性（flexibility）、相关性处理（treatment of relevance）三个方面区别开来。在范围上，结构主义程序寻求一种一般的类比推理者，相反，基于案例的推理的程序范围上寻求典型的狭窄的类比推理者，因为其基础是相似实例的受限区域。在知识表征的可塑性上，结构主义程序采用源域数据与目标域数据的一般表征。而基于案例的推理程序采用一种存储信息的统一方式的原型（stereotype）。在相关性处理方式上，结构主义程序的相关性谓词或函数通过系统性决定，而基于案例的推理程序通过一系列包含任何具有相关性的索引词来定位。

下面我们从计算主义理论的最早雏形开始论述。类比的计算主义最早受到易万思的类比程序的启发。

第二节　易万思的类比程序

易万思（Evans）20 世纪 60 年代设计了一种程序，希望能够解决几何类比智力测试的那种工程问题。这一程序因其简单而出名。其任务如下：从下面几何图形中找出"A 图之于 B 图正如 C 图之于哪一图？"

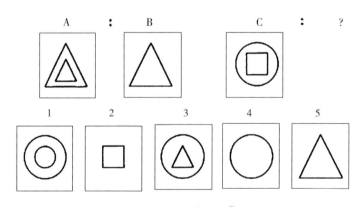

图 6.1　几何类比图①

------

① 巴萨给出的原图与该图不同，可能系复制时出错。该图转引自 SmadarKedar-Cablle，"Analogy—From a Unified Perspective"，*Analogical Reasoning：Perspectives of Artificial Intelligence，Cognitive Science，and Philosophy*，David H. Helman ed.，Dordrecht：Kluwer Academic Publishers，1988，p. 73。

最好的答案是 4 图，这一答案是根据如下相同的规则获得的：从大对象中移动小对象。[①] 类比程序寻找最好的变换规则。此处，最好的意为最简单的。易万思先考察了两个重要的问题：怎样表征图中的线？怎样定义变换规则？易万思意识到，如果程序能成功运行，那么对于任意选项不会留下空间。出于这一理由，易万思用受限的低阶词汇来描述由点构成的线、直线段和圆弧。对于变换规则，易万思也类似地以有限的基础数学迁移的方式定义了变换规则，它包含以下少数几个关键点：欧几里得运动：旋转与反射（rotation and reflection），标度变化（scale change），增加对象与移动对象。例如上图中的规则：从 A 到的 B 的变换规则可以简化为移动对象 O_1 放到另一个对象 O_2 里面。易万思将这些结构性的东西称为"描述性的框架"。

在易万思的类比程序中，类比是由两个部分构成的。第一部分是选取要使用的描述，通过计算每个图形来具体刻画新描述。具体而言，它们是一些相关拓扑关系如里面、左面和上面的有限集合，然后考虑使用哪一个算子。很明显，第一部分决定了一图能否迁移到另一图。

第二部分包含三个步骤。

1. 计算从图 A 到图 B 的迁移中所容许的规则。例如，"从大的三角形移动小的三角形"。

2. 对每一个这类规则和五个可能的答案中的某个 X，试图概括从 C 到 X 的规则。

3. 选择"最好的"规则。类比程序定义了最好的规则的具体内容。这一最好的规则至少从 A→B 转变过来。

然后程序算出最好的结果，这结果是唯一的。易万思将这一程序扩充到更加复杂的图形中。[②]

但是易万思并没有发展一种类比理论，他的这一思想在许多方面超越了

---

① 这一类比程序转引自巴萨的《平行推理——类比论证的评估和建构》（Paul F. A. Bartha，2010）第 63 页。另外需要指出的是，原图中 B 图中最外面是封闭的方形框，而不是左边漏的，C 图也是方形框。2 图里面是小正方形。巴萨指出，如果是下面这样复杂规则：移除大对象，并增大小对象，那么答案是 2 图。

② Paul F. A. Bartha, *By Parrallel Reasoning—The Construction and Evaluation of Analogical Arguments*, New York: Oxford University Press, 2010, p. 64.

几何类比,成果丰硕。据巴萨说,易万思最出名并最具代表性的思想表现在三方面。第一,对相似性提供一种句法式的分析。这一点成为关于相似性的结构主义计算理论的来源。第二,他的方法提示了在结论 X 的候选项之间竞争需要由 A 和 B 之间联系来概括。这一点是基于案例的推理的假设。巴萨同时指出,这一思想也与他模型中的"在先联系"相关。第三,易万思的选择标准为那种要求 A 和 B 之间联系至少能一般化的答案提供了一种判定相互竞争的类比推理精巧方式。

尽管这种思想有重要意义,但也有不足。巴萨指出两点:其一,我们即使像易万思一样严格设定条件,易万思的程序对于科学活动的大部分类比而言也是失败的。其二,易万思的类比程序并没有分出哪些是给定的信息,哪些是语境背景的信息。

第三节　结构主义计算理论

结构主义从简特纳创始以来,根据对于语境和内容所采取的态度明显地划分成两种不同进路。简特纳及其同事所坚持的进路是符号主义进路。符号主义进路的研究重点主要集中在命题的处理上。它的特征在于对于类比坚持纯句法的(或结构的)立场。而结构主义其后的发展为了避免进而解决早期结构主义所遇到的问题,则放弃了早期的符号主义进路,采取了联结主义进路。

一　结构映射理论

在巴萨看来,易万思的类比程序引发了认知科学家对类比推理句法式处理的热情。其中影响最大的当属简特纳的结构映射理论。结构主义映射理论包含计算系统 SEM(映射)和 MAC/FAC(检索)两部分。这一理论是由简特纳与法肯海涅尔(Falkenhainer)和福布斯(Forbus)、劳沃(Law)等人在合著的一系列论文中发展起来的。

结构映射理论的总体思路是:好的类比是通过系统的关系对应来加以刻画,而不是由简单的属性来加以刻画的。无论何种知识的类比推理都由结构属性来决定类比的内容。

简特纳区分了属性（一元谓词）与关系（或函数），也区分了关系的阶。例如，当简特纳考虑太阳和行星之间的引力吸引时，写出了它们的形式如下：

CAUSE（AND［ATTRACT（sun，planet），GREATER（MASS（sun），MASS（planet）］，REVOLVE-AROUND（planet，sun））．[1]

在上面关系中 ATTRACT，MASS，REVOLVE-AROUND 是一阶关系（或函数），GREATER 是二阶关系，AND 是三阶关系，CAUSE 是四阶关系。按照结构映射理论总体思想，由于内容（也就是类比对象和属性）并没有作用和地位，所以对象 SUN 和 PLANET 的阶是 0。这样，如果将上面的形式按阶的次序更清晰地改写，将是：

CAUSE（AND［GREATER（MASS（sun），MASS（planet），ATTRACT（sun, planet），REVOLVE-AROUND（planet, sun）)]），其中 MASS 是一阶函数。

结构映射理论假设了源域和目标域的命题表征。这一假设对于结构映射理论来说是关键的。国内学者王亚同指出："关于类比范围的知识在人们头脑中进行表征的方式，简特纳采用了命题网络的概念，她将范围和情景作为系统，其中包括物体、物体属性和关系。"[2] 实际上，源域中的元素和目标域中的元素存在映射的函数关系。这映射可以是部分的，也就是并不要求每一个源域中的因素在目标域中都有个相对应的元素。简特纳给提供了三个限制：同一性、n–元限制、一致性。

> 同一性：只有同一的关系谓词才能匹配，尽管或许有非同一对象、函数、一元谓词匹配；n–元限制：M 必须是从对象到对象、n 元函数到 n 元函数、n 元谓词到 n 元谓词；一致性：无论何时 M 映射 P 到 P^*，必须映射 P 的论证到相应的 P^*。[3]

根据结构映射理论，最好的映射由系统性决定。那么什么是系统性？按

---

[1] 转引自 Paul F. A. Bartha, *By Parrallel Reasoning—The Construnction and Evaluation of Analogical Arguments*, New York: Oxford University Press, 2010, p. 66。

[2] 王亚同：《类比推理》，河北大学出版社 1999 年版，第 9 页。

[3] 这是巴萨总结的 M 函数的限制，他指出同一性限制在后期的工作中放宽了，他还指出，一些结构主义模型研究也放宽了 n 元限制。

照该理论，系统性由两个元素组成：映射所在的高阶关系的范围、在高阶关系中嵌套的项。另外，属性与属性函数不重要，如果它们重要也是因为它们构成了关系网中的一员。

简特纳确定了系统性的决定性作用之后，提出了系统性原理（systematicity principle，简称 SP）："属于可映射系统中相互内在关联的关系的一个谓词比起一个孤立的谓词更可能嵌入到目标域。"[1] 根据系统性原理，会推断出更高阶的关系比低阶关系更具有决定性作用，相应地，在高阶关系中出现的谓词也比低阶关系中出现的谓词更有可能嵌入到目标域。

简特纳和她的合作者将他们的结构映射理论应用到许多类比推理的例子中。其中较为著名的例子是物理学家卢瑟福关于太阳系与原子之间的类比。这些例子是展现他们所称的结构映射引擎（structure mapping engine，简称 SME）工程效果的例子。下面引出其中两个例子来说明这一工程。

B.1. 简单的水流/热流

B.1.1. 水流

（定义实体 水：类型　无生命）

（定义实体 高脚杯：类型　无生命）

（定义实体　小瓶：类型　无生命）

（定义实体　管子：类型　无生命）

（定义描述　简单——水——流）

实体（水高脚杯　小瓶　管子）

表达

（（流 高脚杯 小瓶 水 管子）：称为 w—流）

（（压 高脚杯）：称为 压—高脚杯）

（（压 小瓶）：称为 压—小瓶）

（（更大 压—高脚杯 压—小瓶）：称为 F 压）

（（更大 直径 高脚杯 直径小瓶）：称为 F 直径）

（（引起 H 压 w—流）：称为 引起—流）

---

① Derdre Gentner, "Structure Mapping—A Theoretical Framework for Analogy", *Cognitive Science*, 1983, 7, 155–170.

（顶上的水）

（液体水）

B. 1. 2. 热流

（定义实体 咖啡：类型 无生命）

（定义实体 冰块儿：类型 无生命）

（定义 棒：类型 无生命）

（定义 描述 简单—热—流

实体（咖啡 冰块儿 棒 热）

表达

（（（流 咖啡 热 棒）：称为 h—流）

（（温度 咖啡）：称为temp—咖啡）

（（温度 冰块儿）：称为 temp—冰块儿）

（（更大 temp—咖啡 temp—冰块儿）：称为 F 温度）

（顶上的咖啡）

（液体咖啡）①

B. 2. 太阳系/卢瑟福的原子

B. 2. 1. 太阳系

（定义 实体 太阳：类型 无生命）

（定义 实体 行星：类型 无生命）

（定义 描述 太阳系

实体（太阳 行星）

表达

（（（质量 太阳）：称为 mass-太阳）

（（质量 行星）：称为 mass-行星）

（（更重 mass-太阳 mass-行星）：称为 F 质量）

（（吸引 太阳 行星）：称为 吸引）

（（旋转 行星 太阳）：称为 环绕）

---

① Falkenhainer, B. , K. Forburs, and D. Gentner, "The Structure-Mapping Engine: Algorithm and Examples", *Artificial Intelligence*, 1989/1990 41: 2 – 63, p. 56.

（（并且 F 重量 吸引）：称为并且1）

（（引起 并且1 环绕）：称为 引起环绕）

　　　　　　（（温度 太阳）：称为 temp-太阳）

　　　　　　（（温度 行星）：称为 temp-行星）

　　　　　　（（更大 temp-太阳 temp-行星）：称为 F 温度）

　　　　　　（（引力 mass-太阳 mass-地球）：称为 引力的力）

（（引起 引力的力 吸引）：称为 为什么吸引）））

B.2.2. 卢瑟福的原子

　　　　（定义 实体 原子核：类型 无生命）

（定义 实体 电子：类型 无生命）

（定义 描述 卢瑟福 原子

　　　　实体（原子核 电子）

　　　　表达

（　（（质量 原子核：称为 i - 质量）

　　　　　　　（（质量 电子）：称为 A - 质量）

　　　　　　　（（更大 i - 质量 A - 质量）：称为 F 质量）

　　　　　　　（（吸引 原子核 电子）：称为 吸引）

（（旋转 电子 原子核）：称为 环绕）

　　　　　　（（电荷 电子）：称为 q - 电子）

　　　　　　（（电荷 原子核）：称为 q - 原子核）

（（异号 q - 原子核 q - 电子）：称为 F 电荷）

（（引起 F 电荷 吸引）：称为 为什么吸引）[1]

　　在这两个例子中，类比推理非常精巧地得到显示。巴萨也为这种类比推理表征道出赞美之词。他说，这表征并没有任何问题。[2] 在这里高阶关系决定类比推理的结论和类比推理的方向。在以上两个类比中虽然出现了少许的

---

① Falkenhainer, B. , K. Forburs, and D. Gentner, "The Structure-Mapping Engine: Algorithm and Examples", *Artificial Intelligence* 1989/1990 41：2 - 63, p. 57.

② Paul F. A. Bartha, *By Parrallel Reasoning—The Construnction and Evaluation of Analogical Arguments*, New York, Oxford University Press, 2010, p. 67.

非相关项，但因为那些非相关项处于低阶关系中，所以并没有产生作用。也就是说系统性引导着这两个类比推理，使其成为正确的类比。

正如巴萨指出，结构映射理论最为吸引人的地方在于它的简单性。尽管这样，这种理论也遇到了一些困难。一种较为明显的困难是可预测性。巴萨指出，关于类比的纯结构理论对于表征的细节高度敏感。这种理论依赖于如下假设：构成论域的表征与寻找最好类比的映射相比是小事情。巴萨指出，实际上，将一个一致的、足道的类比中所显示的信息进行较好的表征是最难的事情。

巴萨还指出该理论的第二个问题。它涉及该理论的范围。结构映射理论寻求的是普遍的东西，并已应用到许多例子中。但因为系统性原理，往往不能很好地给予高阶关系一种恰当的优先性。实际上，"表面特征的匹配"（superfacial feature match）对于科学活动中一些特定的类比非常重要。人类学家鉴定古代文物所使用的工具和手工艺品就是采用具有"表面特征的匹配"的类比。

此外，巴萨还考察了结构映射理论在应用性方面的困难。该理论最核心的论点是类比整体上就是关于结构方面的对应。这种论点始终贯穿于整个结构主义阵营中。那么就必须在搞清楚这一点基础上，考察这一理论的一些整体属性。我们能够肯定的是，这一理论诉求的是描述性的理论，这一点也是该理论创始人及其追随者始终强调的。他们认为"系统性原理"是符合人们自然地解释类比和隐喻时所采取的信念关联系统的映射，并不考虑独立的表层特征。后来的心理实验揭示了与此相反的事实："除非主体受过训练，否则他们在进行类比的时候很少有可能采取深层次结构特征，而是采取表面特征。"[①]

与这个理论诉求不同，一些学者主张系统性原理是规范性，而非描述性的。这是目前认知科学研究类比推理的最重要的规范性原则。它所涉及的问题是，什么样的类比推理在认知上是一种好的或者合理的。这一点是结构映射理论遇到困难的最根本原因。

---

①　这段话转引自巴萨（Bartha，2010）。他指出，Dunbar 2001，Forbus，Gentner 和 Law 1995，Gick 和 Holyoak 1983 年的工作都揭示了这一点。

二　联结主义进路

结构主义进路因为其简单性和对结构和系统的强调吸引了人们的目光，但面对出现的问题，一些结构主义者不得不修改早期的进路。这样就在结构主义的内部诞生了联结主义的进路。

联结主义的主要理论是多重限制理论。主要代表人物是霍叶科和撒加德（Thagard）。他们提出了类比的"限制满足模型"（constraint-satisfaction model），该模型与简特纳等人的主张在目的上和强调的标准方面一致。首先霍叶科和撒加德像简特纳一样，专注于建立类比的映射理论。此外，他们也强调模型中一致性和系统性的标准。然而与简特纳等人不同的是，这两人承认语用因素的重要性。这一点，从巴萨所说的一段话中就能看出：

"类比和类比论证必须被理解为，考虑到认知系统的目标和目的……类比实际上，通常服务于某种目的，而且那种目的将引导类比相关的源域的选择。"[①]

霍叶科和撒加德对于简特纳的理论进行了改造。他们代替了类比映射中简特纳所提出的同一关系限制，将它替换为语义相似性。语义相似性是推理主体对于两个属性或者关系的相似度所进行的一种数值估计。他们通过结构、语义（相似性）和语用（目标）限制来弱化成对对应，但就类比整体来讲，类比映射来自两个论域的成对对应。

与这种限制相应，他们还提出了类比限制映射引擎（Analogical Constraint Mapping Engine），简称 ACME。据巴萨介绍其输入包含三个成分：

5. 结构描述：相比简特纳所用的那种高阶抽象的表征，采用源域到目标域之间的谓词演算；

6. 语义信息：可选择的前赋值相似性数值对源域和目标域之间潜在的对应成对加权；

7. 语用信息：可选择的陈述句识别谓词的重要性或者指出某个对

① Paul F. A. Bartha, *By Parallel Reasoning—The Construnction and Evaluation of Analogical Arguments*, New York. Oxford University Press, 2010, p. 72. 巴萨引自霍叶科和撒加德1989年在《认知科学》杂志发表的 *Analogical Mapping by Constraint Satisfaction* 13：295–355。

应具有很强的支持度。①

　　从上述三个成分中我们看到，ACME 在进行这样的工作：首先建构各种可能的源域到目标域之间的关系网的联系，其次对其赋予一种"激活值"（activation value）。最后，通过识别谓词的重要性再重新回到第一个步骤。这样，ACME 通过实施一种循环的步骤来完成类比推理的程序。这一程序中高阶的一致对应将增强关联的激活值，而不一致的对应会减低激活值。最终，激活值稳定，类比映射作为最好的对应出现。

　　这里我们将引用简特纳和斯贝尔（Spell）1992 年对加利福尼亚大学学生所做调查问卷的例子来做出进一步说明。他们通过向学生提问的方式，引导和考查学生在海湾战争与第二次世界大战之间做类比。尽管海湾战争和第二次世界大战的情形并不能完全匹配，根据一些设定的问题，提问的问题很自然地引出了以下几种类比：

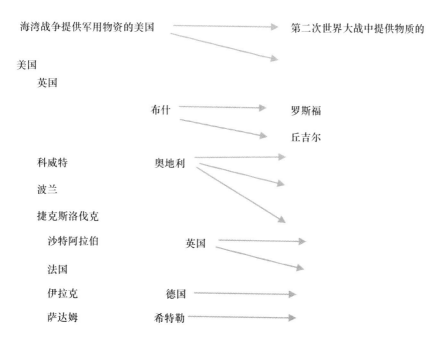

　　① Paul F. A. Bartha, *By Parrallel Reasoning—The Construnction and Evaluation of Analogical Arguments*, New York, Oxford University Press, 2010, p. 72.

这一类比是模糊的，其中大部分源域的类比项与目标域中多于一个对象相互对应。① 在这个类比中，源域的对象与目标域的对象之间的映射不是一种一致的映射，因此，那些对应减低了激活值。

经过对学生进行第二次世界大战知识的不同视角（例如有时丘吉尔或罗斯福）和不同层次的讲解，发现学生们对于类比映射中某一个对应特别强调，从而产生一种双稳态映射。② 对此王亚同认为，即使类比本身是模糊的，"类比的连贯限制条件对源域和目标域联系起来的方式也产生预测性的解释"③。

第四节　基于案例推理的计算理论

如前文所述，在认知科学上，除了结构主义计算理论，关于类比还有另一种计算理论：基于案例推理的计算理论。这种理论依据如下假设：将类比看作当下问题与过去相似问题的解答方法来解答的认知过程。在哲学史上最早明确提出这一假设的应是休谟。休谟理论体系中最为著名的一点就是对因果关系的怀疑。他在研究人的认知特征时，发现因果关系并不像人们赖以确信的那样具有非常确定的确实性，而是"我们回忆起那些对象在过去一切例子中的恒常结合。没有经过任何进一步的程序，我们就把一个称为原因，把另一个称为结果，并由一个的存在推断另一个的存在。在我们所亲见的特定原因和结果结合在一起的所有那些例子中，原因和结果都曾被感官所知觉，并被记忆下来。但是在我们对它们进行推理的一切情形下，只有一项被知觉或被记忆，而另外一项却是依照我们过去的经验加以补足的"④。

休谟发现了这一点后将因果关系归之于一个对象和另一个对象恒常结合的信念。这一信念从过去的这两个对象恒常结合通过想象作用的激活而形

① 转引自王亚同《类比推理》，河北大学出版社 1999 年版，第 141 页。
② 王亚同用语，指源域的对象在目标域中产生两个对应。王亚同认为学生们在阅读或被讲解第二次世界大战的故事之前所形成的类比映射也是双稳态映射。但我们从对应中看出并非这样，因为也有三个对应项。
③ 王亚同：《类比推理》，河北大学出版社 1999 年版，第 142 页。
④ ［英］休谟：《人性论》，关文运译，商务印书馆 2008 年版，第 104 页。

成。找出这种心理认知机制之后，休谟将因果关系看作一种概然推断，认为它"是建立于我们所经验过的那些对象与我们没有经验过的那些对象互相类似的那样一个假设之上。"①

我们看到，休谟思想中有两个富有启发性的方向。其一是把因果关系看作概然判断；在休谟之后，人们聚焦于归纳逻辑，引入概率论，使概率逻辑发展成归纳逻辑的主流。其二是基于案例的推理。这一推理着眼于计算机科学和人工智能，20 世纪 70—80 年代开始出现。刚开始仅仅是以进行问题求解或刻画类比推理而出现，尔后出现了基于案例的决策论。最近的发展是试图将零散的研究整合成统一的理论，为基于案例的推理提供一种理论基础。下面探讨基于案例推理的基本思想、基于案例推理的决策和基于案例推理理论。

一　基于案例推理的基本思想

基于案例的推理自从诞生之初就受到广泛关注，其中不乏哲学家，但因为早期的推理案例非常零散，成系统的文献极少，因此整理起来难度非常大。下面论述的基本思想是巴萨总结的，笔者按他所总结的方式加以概括和评估。

巴萨较准确地指出，基于案例的推理具有两个核心假设。这两个核心假设是从上文所述的那一基本假设引申出来的：1. 过去的例子或者经验能够被表征为一种固定框架或脚本；2. 我们的经验相当可观地积累了许多过去例子，这些过去例子的数目足够多，从而能够将新出现的例子与相关领域的旧例子相比较。② 跟随这一脉络，我们通过修改 X 类型的脚本，处理 X 类型的新问题。

基于案例的推理包含四个步骤：

1. 一个过去实例的储存库；

2. 一个索引图式；

① ［英］休谟：《人性论》，关文运译，商务印书馆 2008 年版，第 108 页。

② Paul F. A. Bartha，*By Parrallel Reasoning—The Construnction and Evaluation of Analogical Arguments*，New York，Oxford University Press，2010，p. 76.

3. 将新的实例与过去实例匹配的方法；

4. 一种适合过去解决方案的方法。

在程序方面或者计算机实现方面，这四个步骤中每个步骤的计算看起来都会消耗巨大的劳力，其成本也是非常巨大的。其中最难的两个步骤是选取恰当的索引图式和适合过去解决方案的方法的确立。第一个难点是索引。索引是关于过去实例的重要特征的概述。索引用来检索过去实例和评估过去实例与当前实例之间的相关相似性。索引在检索过去实例和评估相似性中的表现是对各种索引的应用。索引的应用是基于案例的推理与结构主义相区别的特征之一。结构主义建立程序时，在程序过程中决定哪些要素是动态相关的，那些动态相关的要素是由结构系统所决定的；而基于案例的推理程序，依赖于先前建立的相关特征的严格表单。

基于案例的推理专家阿什利（Ashley）划分了应用于基于案例推理的四种类型的索引：相关要素或维度（correlated factors or dimensions）、因果要素或关系（causal factors or relationships）、目的论或者目标相关的概念（teleo-logical or goal-related concepts）、导出的索引（derivational indices）。相关要素或维度是与过去的某个结果正相关或负相关的。阿什利从原告与被告人之间的官司诉讼中找了许多这一类型的例子来说明。因果要素或关系与相关要素或维度相似，但增加了论域的因果模型。例如诊断心脏病时，血压和体重是其因果要素。目的论或目标相关的概念是指这样一种因素：在解决问题时，检索的那些最重要的实例应当是当前问题的目标或者子目标。导出的索引是对过去的实例所尝试解答的特征，如规划或者规则。选择一个索引的集合意味着定义一个实例集合的相关特征。许多基于案例的推理程序在某个专门问题上表现特别好在于它的索引图式设计得好。

第二个难点，即发展一种调整过去实例以解决当前问题的方法，它在技术方面更不易处理。调整过去的实例的问题涉及一种达到概括适当层次的调整规则。研究者对此所采取的最简单技术是直接替换（straight substitution）：寻找一种新旧实例共有的框架，将旧项直接用相应的新项替换掉。在 CBR 程序中，许多实例是不同层次概括的不同框架的实例。例如，CHEF 程序当中，在"牛肉盘"和"肉盘"底下存储炒牛肉西兰花的食谱。如果要制作一个炒猪肉的食谱，将它归于"肉盘"这一层次下，然后仅仅将牛肉换成猪肉即可。

直接替换方案受到了一些批评。巴萨指出，一般的框架不应当设计成解决特殊问题的。他说明，这种困难来自辛普森 1985 年的"中调者"（Mediator）程序。该程序是为了协调两派之间的冲突。其实例库中的实例是关于两个孩子争一个橘子的实例。如果分成两半，并不能解决纷争，因为一个孩子想要果皮，另一个孩子想要果实。鉴于这种情景，所采取的策略是"殊途同归"（divide into different，but compatible goals）中调者程序可用来解决以色列与埃及关于西奈半岛的争端。解决方式是给以色列军事控制权，给埃及政治和经济控制权。这一解决方式参照了中调者关于两个孩子分橘的旧实例所做的类比。这两个实例共享的框架是两个争论中争论者有不同的分离式可满足目标。这种框架对于这个例子而言似乎是专门定制的。如索引一样，一般框架需要有一个中间层次的概括以增加说服力。这说明，一个实例库（a case base）需要如下假设：实例库足够大，这样，对新的实例才会存在旧的相似的实例。这种假设在"直接替换"技术中是不可或缺的。

关于第二个难点，还有一种方法是"再例示"（reinstantiation），顾名思义就是再一次使用旧的解决方式中所采取的策略。这种方法仅仅对"导出的索引"才可试用。我们依据巴萨所引的两个程序 HYPO 和 PRODIGY，考察索引和调节如何在技术上操作。

阿什利的 HYPO 软件是按照美国商业机密法来实施基于案例的法律推理。在这种例子中，原告控告被告侵犯了商业机密。过去实例库中有 13 个维度的索引：它们的特征是加强或者削弱法律陈述。每一个维度都通过一系列先决条件得到定义，并由低层次描述获得陈述。原告和被告之间"保密协议"（non-disclosure agreement）的存在与否是决定这一案件是否误判的关键。第二个关键点是考虑"自愿往外披露"（voluntary outside disclosure）的范围。原告将产品的信息免费提供给公司以外的人这一事实削弱了商业机密权受到伤害的陈述。十三个维度由决定过去实例与新实例之间的相似性与不同点的相关性特征的元素构成。每一个过去的先例都会还原成它的最简单的形式：相关特征的集合、过去实例的结果。律师或者法官提供案件的结构和低层次论述。HYPO 程序的输出是多层次的论证，这些论证中双方的利益都得到伸张。

第一步是决定哪一个维度应得到应用。第二步是从所有实例中检索与当前实例共享的维度，至少一个维度，然后按照实例清单维度和新实例维度之间的覆盖程度进行排列。HYPO 从各方选择最好和"最击中要害"（most on-point）的实例。就某一方而言，最好的实例是偏序最大的先例，其中一方选择自己最支持的一个实例。我们通过巴萨所采用的例子来阐释上面的说明，以便于直观把握。假设是如下情景，其中 d1，d2，…，d8 是不同维度，Def 代表被告者支持的实例，Pla 代表原告所支持的：

新实例	实例 A	实例 B	实例 C	实例 D
d1，d4，d5	d3，d4	d1，d4，d8	d1，d5，d6	d5
	Pla	Def	Pla	Pla

巴萨认为，实例 A 和实例 C 对于原告都是最击中要害的（maximally on-point）[1]，D 不是，因为 D 与新实例只共享一个 d5。而 C 共享了两个（d5 和 d1）。接下来，该程序构建对方将会选择最强力实例的相反论证（counterar-gument）。这些相反论证是为了取消先例的资格或者为了降低作为依据的力度，放大某些维度，例如增加"往外披露的数量"或者完胜实例。某实例 a 胜过实例 b 当且仅当（1）a 与新实例共享的维度集合包含 b 与新实例共享的维度集合；（2）a 与 b 是作为相反方向，也就是为相反目的论证服务的。如上，实例 B 胜过实例 A。面对这种相反论证，该程序中还输入了第三种论证方式——反驳相反论证。例如，HYPO 建议，原告指出，实例 B 中，实质上被告的论证支持 d8，但是这一案件中并没有 d8。最后，该程序正如其名能够处理"如果"开始的条件情景，它通过增加或减少维度来对应反事实条件，更新实例。众所周知，提出假设的反问是法律方面关键的技巧之一。

以上就是 HYPO 程序的大致内容。我们现在考察 HYPO 都具有哪些重要特征。我们先引出巴萨所总结的特征，然后我们对此反思。巴萨指出，该程序具有一些显著的特征：1. 关于相关性的清晰定义（维度）；2. 关于维度相似性的直截了当的处理方式；3. 对立的基于案例的推理。HYPO 程

---

① Paul F. A. Bartha, *By Parallel Reasoning—The Construnction and Evaluation of Analogical Arguments*, New York, Oxford University Press, 2010, p. 79.

序中的"调节"并没有存在的空间。HYPO 通过结合所有可能的先例中的信息达到论证的产生，从而巧妙地绕开了基于案例推理程序设计中最困难的问题。巴萨也对阿什利的进路给予了很高的评价。阿什利的多种源域的推理是非常创新的，阿什利从确定唯一的最优类比，转到寻找最优论证也是有意思的。

不过，巴萨指出了 HYPO 程序的不足：不能够对于不同语境中的维度给出不同的权重，对维度决定性的加权对于科学研究是不适当的。此外巴萨还指出，HYPO 不能够刻画科学类比。理由有三：1. 科学类比一般是单个源域与单个目标域的，而不是以多个相关的实例作为源域；2. HYPO 的所有维度似乎包含了所有可能的情况，但没有一个是符合科学类比中的特征；3. 绝大多数的科学类比是以明确的因果或者逻辑关系作为基础，而不仅仅是特有特征和结果之间的联系。

另一个基于案例的推理程序是 PRODIGY 程序。该程序是导出类比。其主要思想是产生过去解答方式的推理过程，而非仅仅是问题求解的结果，对于解决新问题会提供有价值的信息。这一思想主要来源于卡波涅尔（Carbonell）的工作。据巴萨介绍，卡波涅尔设计了转换类比（transformational analogy），这一程序通过一系列从源域问题解决出发的转换运算来解决目标问题。这一程序的困难就是相似问题的求解可能会有所变化。为了解决这一困难，他设计了导出类比。这一类比的主要设计涉及"辩护的解决路径"（justified solution path）和推理的所有终结点及其步骤最终达到成功的解决。导出类比与其他问题求解方法例如启发式探索和规划例示等有关。该程序从这些方法开始，然后检索所有那些与新问题平行的旧实例的解决。PRODIGY 程序试图将那些过去问题的序列推理步骤对新问题重演一遍。为了这一目的，过去导出的每一步骤必须在以下几种索引下分类和保存：

（1）步骤中所用的规则或者算子；

（2）这些规则/算子所需的新的先决条件；

（3）该步骤试图满足的子目标；

（4）使用那一步骤而不是另一个的理由；

（5）我们抛弃一系列思想的理由。

这是通过形成一个固定的有穷规则的集合达到解决的方式。这是导出类比的一般特征。导出类比对于那些通过有穷规则和算子得到解答方式的问题非常适用，我们在使用导出类比时必须对相关的获得物的所有特征有一个完全的理解，以便产生一个综合的导出索引。巴萨认为这无疑限制了人工任务和数学问题的范围。即使中等复杂性的数学类比也超出了它的界限。

以上两个程序将基于案例推理的特征已经整体上显示出来了。基于案例的推理需要识别与过去实例相关的新实例之间的相似性。这种推理的类比理论是一种非常好的专门问题求解领域。基于案例推理通过具体化来达到类比推理的要求。通过对于源域的限定，我们能够识别成为索引的固定的决定要素。巴萨认为这一点实际是类比推理辩护之中演绎进路的确定性规则的复制。他还指出了基于案例推理对类比推理加以刻画的不足之处。主要有以下三种：1. 决定要素的完备集；2. 压缩实例库；3. 不存在合理性标准。就决定要素的完备集来说，基于案例的推理无法刻画科学中的推理。因为许多科学推理并不确定源域中的详细信息；研究问题的范围或许比一个有穷完备集大得多；另外在科学活动中我们对于目标域所知甚少。压缩实例库限定了基于案例的推理只能够在多数源域的类比推理中应用。然而如上文所述，在科学推理中单一源域到单一目标域的类比推理非常普遍。第三个不足点使基于案例的推理饱受批评。基于案例的推理将评估和辩护类比推理问题很自然地暗含在实例库中，实例库足够压缩，使得最接近的类比推理自然地成为合法的推理。但在科学的类比推理辩护和评估中，我们不能将这一点看成理所当然，顺理成章的。

二　伊扎克·吉布阿的基于案例的决策

基于案例的推理出现后，引起了很多学者的关注和讨论。其中许多学者是从心理学角度，想通过实验来加以验证和考察。但有学者却将基于案例的推理应用到经济学领域之中，建立了基于案例的决策理论。国际知名决策论专家伊扎克·吉布阿（Itzhak Gilboa）和大卫·施麦德勒（David Schmeidler）继期望效用理论和贝叶斯决策理论之后，提出第三种决策理论：基于案例的决策理论。

决策理论是多学科的，而据马丁·彼得森（Martin Peterson）介绍，决策理论并没有形成交叉学科，因此世界上很少有独立的系或者学院叫作决策

（系或学院）。然而值得一提的是世界著名经济学家伊扎克·吉布阿就是在世界上少数几个决策（系）里工作的学者。[①] 正如这个独立的系的名字一样，它的任务已经显而易见。伊扎克·吉布阿也为使决策论成为交叉学科而努力工作。为此他写了一系列讨论决策论的书。伊扎克·吉布阿一直致力于定义概率和理性概念。他和他的老师关注非贝叶斯的决策论，创立了基于案例的决策论。这种理论是在不确定条件下做决策的一种理论。下面讨论他的这一工作。

伊扎克·吉布阿和大卫·施麦德勒 1994 年发表了一篇题为《在基于案例决策论中的行动相似性》（Act Similarity in Case-based Decision Theory）的文章。在这篇文章中提出 CBDT，给出制定决策的效用公式。每一个决策的案例是一个有序三元组（去 q，a，r），其中 q 是决策问题，a 是行动，r 是结果。效用公式如下：

U（a）＝Up，m（a）＝Σ（q，a，r）∈ms（p，q）u（r）

其中 p 也是决策问题，s 代表相似函数。这样，该公式的解释是一个行为 a 在决策问题 p 的条件下其效用函数等于在记忆 M 中与 p 相似的 q 条件下结果 r 的效用的求和。

伊扎克·吉布阿和施麦德勒此后相关主题的专著基本是在这一篇论文的工作上扩充的。2001 年出版了《基于案例的决策论》（*A Case-based Theory of Decision*）。在该书中他指出，人类基本上具有三种推理：基于规则的演绎推理、统计的和概率的推理和基于案例的类比推理。因此他从基于案例的类比推理的视角对决策进行研究，对基于案例的类比推理加以形式化处理。他们关注人类（虽然其系统有时候也适合于其他情景中的主体如计算机等）在不确定条件下做出的决策。在这种决策中基于案例的推理具有优先地位，也就是说基于案例的推理更具有普遍的应用基础。上文指出，基于案例的推理最早可以追溯到休谟，然而这种推理并没有人系统地加以研究，直到伊扎克·吉布阿等人发表论文为止，也没有形成通用的理论。因此伊扎克·吉布阿等人想弥补这一缺憾。由此他们限定了自己研究的目标

---

① Martin Peterson, "Review of Theory of Decision under Uncertainty", *Economics and Philosophy*, Volume 26, Issue 2, July 2010, pp. 254 – 258.

和标准：那就是寻求可与期望效用最大化理论比肩的通用形式模型，它将（1）提供模型，处理刻画一大类具体的问题；（2）其所基于的数据，至少原则上是可观察的；（3）容许数量问题的数学分析，例如渐进的行为（asymptotic behavior）；（4）基于类比推理。伊扎克·吉布阿等人声称，并不是说他们的这一进路对于人类的决策行为比起其他的两种（演绎和概率推理）更加现实，毋宁说，人类推理中这三者都包含，或许比这些还多。但目前知道的就这些。伊扎克·吉布阿等人认为，在他们刻画的模型中或许能够部分刻画前两者，但是在他们的书中不会刻意去刻画，而只是刻画基于案例的推理。

实际上，他们的目的"不是对作为描述理论的期望效用理论通过概率状态描述或者世界的状态的调整。毋宁说，他们期望建议一种框架，其中人们能够对不太自然符合形式模型的情景进行分析。他们的理论仅仅理想化为存在的理论（existing theory）。他们仅仅声称，在许多场景中它比其他的这些理论可以对现实更自然地概念化。"① 在此基础之上，伊扎克·吉布阿等刻画了学习理论，并与基于规则的演绎和概率推论进行比较，从而确定了基于案例的推理模型的性质等。同行评议认为伊扎克·吉布阿和施麦德勒的书为分析不确定性条件下的决策提供一个令人愉悦的、清晰的和友好使用的新范式的介绍。基于案例的决策理论（因此简称CBDT）主张，人们通过对过去的案例做决策，选择在过去相似的情景下实施效果好的行为，并且避免实施效果差的行为。该书用有趣的例子来阐释，以便为读者不用仔细考察数学建构就理解每一节的概念要点。不过，该书仍然包含形式内容足以作为研究生理论课程的补充教材，并且为未来的开放问题和研究给出暗示和方向。该书由三个部分组成：（1）一般模型（静态的）及其公理基础的描述；（2）考虑CBDT理论概念基础的讨论；（3）CBDT在动态框架中的分析，包括规划、重复抉择和学习的问题。

此后伊扎克·吉布阿和施麦德勒继续构建自己的理论体系，使其完善，例如在2012年出版的《基于案例的预测》（*Case-based Predictions*）中，他们

---

① Itzhak Gilboa, David Schmeidler, *A Theory of Case-Based Decisions*, Cambridge：Cambridge University Press, 2001, p. 10.

对基于案例的预测进行了公理化。这些工作对于他们构建的基于案例的推理构成了进一步完善的部分。下面考察他们基于案例的决策的总体概貌，并加以评析。

伊扎克·吉布阿和施麦德勒的基于案例的推理，除了上述关于休谟指出的过去与未来相似的假设，还有如下关于推理的认知假设：我们人类的推理形式无非三大类：基于规则的演绎推理、统计概率推理和使用最为频繁的基于案例的推理。后者属于类比的范畴，在日常生活使用最为频繁，科学研究中也不乏应用。然而他们建立新决策论的出发点是对于期望效用理论和贝叶斯决策论的不满，尤其是看到了贝叶斯决策论的一些困难之后，采取了一种另辟蹊径的进路，但他们并没有声称基于案例的决策理论是替代贝叶斯决策和期望效用理论的一种理论。

正如特沃斯基和卡尼曼等心理学家曾经批评标准概率理论一样，伊扎克·吉布阿和施麦德勒从人类对不确定性的实际制定决策和采取行动的角度来批评贝叶斯主义，认为贝叶斯主义有三点不足：第一，很长时间以来，人们就认识到，存在着一些不确定性是贝叶斯主义不能刻画的。比如，奈特（Knight）区分了"危机"（risk）之下已知的概率和"不确定性"（uncertainty）下的未知概率。而贝叶斯主义者没有做这一区分，以至于将不确定性下的未知概率归结为"危机"，从而采用主观概率。伊扎克·吉布阿和施麦德勒指出，有大量的证据和资料显示，人们不在"危机"而在"不确定性"之下行动，而很多这种行动都是理性的。第二，贝叶斯主义虽然将主观概率非常令人信服地公理化，但是贝叶斯主义对于它的起源却相当缄默。事实上当某人对于信念的概率发生给予一种理由，这些信念往往会转化为客观的，因为行为主体有很好的理由采取那种行动而非其他。第三，在贝叶斯主义的理论中，信念是通过状态或者事件来加以定义的。相反，经济学中通常以观察或者实例的表单来搜集数据。①

基于这种考虑，伊扎克·吉布阿和施麦德勒试图建构一种在"不确定性"条件之下的决策论体系，作为贝叶斯决策论的补充。如上所述，伊扎克·吉布阿和施麦德勒的理论是基于案例的决策论，简称 CBDT。他们一

---

① Itzhak Gilboa, David Schmeidler, *Case-Based Predictions*, World Scientific Publishing, 2012, p. xiii.

开始采取的是一种极端立场：抽离任何信念的概念。这样，主体不会明显依据关于未来路径的信念采取行动，而是被假设为仅仅根据过去表现好的相似实例而选择行动。他们说，CBDT有几个版本。就个别到个别的推理而言，这些版本以相似性的不同定义而相互区别，例如仅仅定义在问题（决策是对出现的问题做出的一种回应）层次上；定义在问题—行为层次上；定义在整个实例的层次上，等等。其中，在整个实例的层次上也有两种版本：一种是使用实例的总和，另一种使用平均值。更先进一点的CB-DT足够一般，从而可以嵌入到贝叶斯期望效用理论中。这种理论将个别的行为模式与贝叶斯主义的基于概率的决策、类比的基于案例的决策相结合。

伊扎克·吉布阿和施麦德勒先给出了概念说明和概念框架，然后在此基础上给出CBDT。他们试图厘清描述性的理论与规范性的理论，认为描述性的理论就是试图说明、解释或预测观察；而规范性的理论是关于提供做什么的建议的理论，但是他们将它们区别于道德、宗教和政治宣传。他们还特意提出建议，将规范性理论区别于社会规划和工程等，例如服从帕累托最优效益的分配机制、采取帕累托最优化来解那种社会工程。伊扎克·吉布阿和施麦德勒将规范性理论限定在制定决策者偏好的隐含性描述。这样限定后他们所用的描述性理论就是偏好的偏好。在此区分了一阶偏好和二阶偏好。一阶偏好就是实际上所采取的决策的偏好，二阶偏好就是制定决策想要采取的偏好。

按此标准，他们确定自己所创立的理论既是描述性的，又是规范性的。这一点通过给出的概念框架得以体现。他们引入了两个集合来论述这一理论的框架。他们说："这一理论的可能形式表征由两个部分组成，描述两个集合C和p。第一个集合C由所有能够想象的需求函数构成。一个需求函数是从一个正向价格的矢量$p \in R^n_{++}$和一个收入水平$I \in R_+$映射到一个量的矢量$d(p, i) \in R_+$的函数，被解释为在预算约束之下顾客渴望的消费量总量$d(p, i) \cdot p$不能超过收入I。第二个集合，p是C的子集，它与理论是一致的集合。特别是p由描述效益最大化的需求函数构成。当理论是描述性的，p被解释为（C中的）所有可能实际观察到的现象。当理论是规范性的，p解释为理论建议的所有（C中的）现象。这样，理论是描述性的还是规范性的，是非形式解释的一部分。"[①]

伊扎克·吉布阿和施麦德勒给出了一个不能由期望效用理论（EUT）来加以刻画的例子。一对夫妇为孩子选择保姆。他们并不清楚应聘者能否很好地完成任务，处于不确定性条件之下。一些保姆很会照顾孩子，但是把家里搞得一团糟；另一些保姆虽然很好地完成任务，但不诚实或者忽然辞掉工作。在这一例子中，期望效用理论会遇到一些困难。第一，想象所有可能的结果并不是不足道的任务。第二，"世界的事态"不会非常自然地给他们提供建议。另外，如果主体理性地构建期望效用，他们的数字和复杂性令人望而生畏，世界的每一个事态应当穷尽每一个候选者在每一次检验中的精确表现等。

为了刻画这类例子，伊扎克·吉布阿和施麦德勒提出了自己的模型。令 P 和 A 分别是问题和行为的有穷非空集合。伊扎克·吉布阿和施麦德勒指出，为了简化记号，假定对所有问题 $p \in P$ 都可找到行为 A。为使得每一个 $p \in P$ 中更一般的例子可以直接扩充模型，在这种模型中存在着可找到的行为 A 的子集 A_p。令 R 是一个结果的集合。为简便起见，将用 R 中的 r_0 作为未选的行动结果。那么实例的集合就是 $C = P \times A \times R$。给定一个 $MC = C$，指称通过 H 在 P 上的映射。也就是 $H = H$（$M =$ ｛$q \in P$ ｜ $Ea \in A$, $r \in R$, (q, a, r) $\in M$｝）。H 代表历史，M 代表记忆。一个记忆是 C 的子集，是（ⅰ）对每一个 $q \in H$（M）和 $a \in A$，存在一个 $q \in H$（M）和 $a \in A$，存在唯一的 $r = r_m$（q, a），这样（q, a, r）$\in M$；（ⅱ）对每一个 $q \in H$（M）存在唯一的 $a \in A$，其中 r_m（q, a）$= r_0$。一个记忆可以被视为一个函数，这一函数对行为和问题的有序对指派一个结果：每一个记忆和每一个 $q \in H = H$（M），对于 q 恰好存在一个行为——作为一个由过去定义的结果 $r \neq r_0$——给其他行为指派 r_0。伊扎克·吉布阿和施麦德勒强调，为了简便，还采用了如下假定 $R = R$，这是清晰的意义上说的，其中也暗含它的效用已经测到。然后他们还假定 $r_0 = 0$，没有区分实际结果 0 和 r_0。特别是，对某些 $q \in H$（M）和对所有 $a \in A$，r_m（q, a）$= 0 = r_0$。现在，不难看到 M 实际上是从 $A \times H$ 到 R 的一个函数和矩阵。M 是从 A

①　Itzhak Gilboa, David Schmeidler, *A Theory of Case-Based Decisions*, Cambridge：Cambridge University Press, 2001, p. 13.

中和 H（M）中选择一对数的有序对，因此一个 M 可以被看作 k×n 的矩阵，k≡│A│行对应行为，n≡│H│列对应问题。在这种矩阵的纵列中，至多有一个非零的记录，相反，每一个满足这种条件的 k×n 矩阵对应一些记忆 M'，H（M'）=H。这样，每一个这样的矩阵被视为可想象的记忆。伊扎克·吉布阿和施麦德勒还指出，当主体遇到问题 p，她从记忆 M 选择一个与偏好关系 $\geq_{p,M} \subseteq A \times A$ 相一致的行动。此外，伊扎克·吉布阿和施麦德勒假定，行为的评估仅仅基于行为导致的结果。这会有如下两个意义：第一，通过一个矢量 R^H 将解决过去问题的结果具体化。第二，我们要求两个实数值矢量之间的偏好不依赖于所属的记忆。形式上，对每一个 x，$y \in R^H$ 假定 M 和 M'，H（M）=H（M'）=H，而且每一个 x 和 y 在 M 矩阵中对应一个行，在 M' 中对应一个行。那么我们要求 $x \geq_{p,M} y$ 当且仅当 $x \geq_{p,M'} y$。但他们并没有假定 $\geq_{p,M}$ 并不是 R^H 上的全序。一般而言，没有一个记忆矩阵中 x 和 y 在相同的行中出现。因此，为了比可相容（compatible）行为概况（act profile）也需要限制偏序 $\geq_{p,H}$。形式上，给定 x，$y \in X$，令 $x * y \in R^H$ 定义为坐标乘积，亦即对 $q \in H$，（x*y）（q）=x（q）y（q）。如果 x*y=0 或者 x=y，两个行为概况就是可相容的。

这些冗长的符号假定之后，伊扎克·吉布阿和施麦德勒给出了公理。原初给出的公理有四个，分别是公理 1 是关于相容概况的可比较性；公理 2 是关于单调性；公理 3 是关于连续性；公理 4 是关于分离性的。下面逐一给出。

A1. 相容概况的可比较性。对于任一 $p \in P$ 和任一历史 H = H（m），任一 x，$y \in R^H$，x 和 y 是可相容的当且仅当 $x \geq_{p,H} y$ 或者 $y \geq_{p,H} x$。

A2. 单调性。对任一 p，H，$x \geq y$ 和 x*y=0 蕴含 $x \geq_{p,H} y$。

A3. 连续性。对任一 p，H，和 $x \in R^H$，集合 $\{y \in R^H \mid y \geq_{p,H} x\}$ 和 $\{y \in R^H \mid x \geq_{p,H} y\}$ 是封闭的（在 R^H 上的标准拓扑意义上）。

A4. 分离性。对任一 p，H 和 x，y，z，$w \in R^H$，如果（x+z）*（y+z）=0，$x \geq_{P,H} y$ 和 $z \geq_{p,H} w$，那么（x+z）$\geq_{p,H}$（y+w）。[1] 从这些公理推出

---

① Itzhak Gilboa, David Schmeidler, *Case-Based Predictions*, World Scientific Publishing, 2012, pp. 9 – 12.

了一些定理，伊扎克·吉布阿和施麦德勒证明了那些定理，也推出了一些引理。此外他们还提出了其他备选的模型。

以上就是伊扎克·吉布阿和施麦德勒所提出的 CBDT 系统。该系统是一种刻画人们通过类比进行决策的系统。我们已经看到，这一系统非常好地从技术层面上对人们的类比行为的决策加以刻画，尽管人们的行为和决策并非全部依赖于类比推理，然而类比推理在人类行为和决策中占很大的比重。CBDT 通过公理化显示了这一点。这一理论在类比推理和决策方面给研究者带来了很多具有启发性的观点。首先，它开启了类比推理公理化的先驱，这一点对于类比形式化无疑是一种很大激励和启发。其次，它强调类比推理的经验性，因此也在启发人们，类比推理形式化的标准可能是经验性标准。

但这一理论对类比推理刻画也出现了几个问题。第一，这一理论给出的假设过多。一种好的理论应尽量使假设少，从已知的前提出发，如果一种理论所用假设过多，那么其结论的或然性就增加，从而使得理论本身受的质疑就越大。第二，这一理论仅仅从行为角度进行刻画，并未能够体现认知过程。更为重要的是并未为类比推理进行辩护，因此作为一种类比推理的认知理论和类比推理辩护理论还有待进一步改进。

三　艾克·赫勒梅尔基于案例推理的模型

如前所述，艾克·赫勒梅尔（EykeHullermeier）对基于案例的推理研究进行总结概括，针对以往研究缺乏一种理论建构的情形，他通过系统研究基于案例的推理，将基于案例的推理归结为约束推理、统计概率理论和模糊逻辑，并从这三个方面建立模型。这是艾克·赫勒梅尔 2007 那本《基于案例的近似推理》的总体思路。严格说来，这不是一本关于类比推理的认知科学著作，如果说这本书所处理的主题与哲学相关，也没有什么说服力。但是作为关于类比的认知科学研究——计算主义的重要进路之一的基于案例推理的系统性理论，我们在这里应当对其理论整体加以论述和考察，从而增加对于类比推理的认知科学认识，从而更加深刻地反思关于类比推理的认知研究。

艾克·赫勒梅尔理论工作特点之一是区分基于案例的推理（case-based reasoning，简称 CBR）和基于案例的推论（case-based inference，简称 CBI）。艾克·赫勒梅尔说，基于案例的推理是人工智能中较近兴起的一种解决问题的技术，也是学习理论采用的一种技术。对这种技术，艾克·赫勒梅尔转述为四种步骤的循环：检索（retrieve）、再使用（reuse）、修正（revise）、保持（retain）。它们分别是检索先前与当前案例相似的先前案例，使用先前相似案例，修正先前相似案例以便更加适应新案例，将新案例保存，以便未来使用。不难看出，这种转述基本符合我们一开始介绍的基于案例的推理的基本思想。但艾克·赫勒梅尔指出，基于案例的推理技术很零散，艾克·赫勒梅尔的策略是将基于案例的推理归结到基于案例的推论，通过刻画基于案例的推论假设（CBI hypotheses），建构基于案例的推论形式框架，在此基础上刻画基于相似性的几种（主要是三种）推理，从而建立基于案例的推理理论。我们下面先考察总框架，然后阐述三种模型，最后对这一理论进行反思。

CBI 并不是完整的问题求解的过程，实际上，它在上述四个步骤中（艾克·赫勒梅尔用 R^4 来表示）只涉及检索和再使用两个步骤。艾克·赫勒梅尔指出，CBI 实际上并没达到找出最终解答那一步骤，而是试图找出一个有希望达到的问题求解集并加以关注。与其他问题求解的方式相比（例如，基于模型的方式），CBI 具有以下特征：第一，CBI 将训练实例的过程延迟到接收新案例 x_0 为止，从而被认为是一种慵懒的解决方案；第二，CBI 对整个实例空间也像其他方法（基于模型的方式）一样，并没有形成清晰的目标函数的假设；第三，CBI 通常与复杂结果一起考虑。[1] 如果将一个信息处理过程用 P 来表示，输入 x 后产出 y，那么这一过程 P 就用（x，y）二元组来表示。在这种过程中，基于模型的解决问题的方式如果依赖于实例空间，那么基于案例的推论依赖于相似空间。相应地，如果说基于模型的解决问题的方式面对一种信息处理过程时，直接从系统或者实例层次提出结构假设，那么 CBI 则将结构假设从相似性层次提出，而不是从系统或实例层次提出。为了能够说明这两者的区别，我们按照艾克·赫勒梅尔的介绍，尝试通过例子来说明。令 f：$[0，1]$ → $[0，1]$ 为一个未知的函数，令两个数 $0 \leq x$，$y \leq 1$ 的相似度被定义成 $1 - |x - y|$。从实例层次的假设像线性关系一样直接指向未知函数 $f(\cdot)$，而从相似性层次的假设则关注 $f(\cdot)$ 的变化。例如，$f(x)$ 和 $f(x')$ 两个函数值的相似性总是大于或等于 x 和 x' 的相似性。

---

① Eyke Hullermeier, *Case-Based Approximate Reasoning*, Dordrecht: Springer, 2007, p. 42.

相似性假设的表达性完全以相似方式的定义为基础。令一个 f 为从 X→Y 的未知函数，亦即 f：X→Y，其中 x 和 y 由度量 Δ 赋予一个量，且令 σ 为与 Δ 相关的相似性函数。如果 Δ 是离散的度量，那么对于两个输入量 x 和 x′ 而言：

$$\sigma\,(x,\ x')\begin{cases}1,\ 如果，\ x = x'\\0,\ 如果，\ x \neq x'\end{cases}$$

在这里很难表达有意义的相似性。相似性方法比这些极端例子更容易识别。当然基于相似性的推论和基于模型的推论彼此之间不是相斥的。探索相似性层次的方法并不能阻碍我们也使用实例层次的方法。艾克·赫勒梅尔介绍说，实际上两者的结合是这本书一些工作的特点。

按照该书在外延方面规定，案例包含观察、样本或者实例。其定义为"一个案例一般被认为是一个输入和输出或者结果的二元组"[1]。而具有这种定义的案例在上述框架中分析时需要区分两种情况：决定性的（deterministic）基于案例的推理和非决定性的基于案例的推理。艾克·赫勒梅尔所给出的定义如下。

"定义 2.3 一个决定性的 CBI 架构定义为以下六元组：$\Sigma = <\ <S\mu s>$，R，φ，σs，σR，$M>$，其中，S 是一个通过一个概率方式 μs（在 2^s 上获得定义）赋予的关于输入的有限集，R 是结果或者输出集，φ，是从 S 到 R 的一个映射，函数 σs：$S \times S \to [0,\ 1]$ 和函数 σR：$R \times R \to [0,\ 1]$ 在输入集和输出集上定义相似性，M 是案例 $c = (s,\ \varphi\,(s)) \in S \times R$ 的有限记忆（$(s_1,\ r_1)$，$(s_2,\ r_2)$，…，$(s_n,\ r_n)$）的集合。我们通过 Mi 表示从 M 到 S 的映射，亦即 $Mi = (s_1,\ s_2,\ …,\ s_n)$。

$$D_S \overset{df}{=} \{\sigma_S\,(s,\ s')\ |\ s,\ s' \in S\}$$

进一步 $$D_R \overset{df}{=} \{\sigma_R\,(\varphi\,(s),\ \varphi\,(s'))\ |\ s,\ s' \in S\}$$ 各自定义能够实际得出的输入和输出相似度。"[2]

"定义 2.4（CBI 问题）一个 CBI 问题是一个二元组由 CBI 架构 Σ 和新

---

① Eyke Hullermeier，*Case-Based Approximate Reasoning*，Dordrecht：Springer，2007，p. 45.

② Eyke Hullermeier，*Case-Based Approximate Reasoning*，Dordrecht：Springer，2007，p. 45.

输入 $s_{0 \in s}$ 构成的 $<\Sigma, s_0>$。其任务是预测与 s_0 相应的结果 $r_0 \in \varphi < s_0$。为这一目的，Σ 提供的信息的利用与 CBI 假设背景相悖。"[1]

艾克·赫勒梅尔指出，一个非决定性的基于案例的推论架构与决定性基于案例推论架构除了输出或结果并非由输入单独决定之外其余的一致。相反 φ（s）是一个随机的变量。探究非决定性基于案例推论的动机有几种，分别是：与输入相连的决定结果的过程实际上是受随机影响的；关于输入的刻画方面的不完全性、非精确性、模糊性；观察可能存在不精确的假设，等等。非决定性不应当总是缺陷，有时候在非决定性的情形它可减弱复杂性时，可能显示出优势。

"定义 2.6（非决定性 CBI 架构）一个非决定性的架构被定义为 6 元组 $\Sigma = <<S\mu s>, R, \varphi, \sigma s, \sigma R, M>$，其中输入集合 S 和输出集合 R 是可数的。映射 φ（s）$\to P$（R）指派一个概率方式 $\varphi \in P$（R）到每一个是 $s \in S$。这种方式对给定的结果 s 定义（条件）概率。进一步，$\sigma p: P$（R）$\times P$（R）$\to [0, 1]$ 对 | P（R）定义一个相似方式。"[2]

"定义 2.7（一般的非决定性 CBI 架构）令 $\mathcal{F}$（X）指示一个在 X 上标准化的非决定性方式的类，即测度 $\eta: 2^x \to [0, 1]$ 对所有 $A \subseteq B \subseteq X$，$\eta$（$\Phi$）$=0$，$\eta$（X）$=1$ 和 η（A）$< \eta$（B）。一个一般的非决定性架构被定义为六元组 $\Sigma = <<S\mu s>, R, \varphi, \sigma s, \sigma R, M>$，其中输入集合 S 和输出集合 $\mathcal{F}$ 是可数集合。输入的信息（出现、存在、合理性）通过测度 $\mu s \in \mathcal{F}$（X）来加以刻画。进一步，对每一个输入 $s \in S$，$\varphi: S \to \mathcal{F}$（R）指派一个标准化的非决定性测度 $\eta \in \mathcal{F}$（R）。函数 $\sigma_F: \mathcal{F}$（R）$\times \mathcal{F}$（R）$\to (0, 1)$ 在 $\mathcal{F}$（R）上定义一个相似度。"[3]

在这种形式框架之下，艾克·赫勒梅尔试图通过三种不同模型刻画 CBI 推论，并刻画出基于案例推理的预测。而这种通过三种不同模型加以刻画的预测，艾克·赫勒梅尔称之为"集合—赋值的预测"。因为它刻画的方式是通过对集合赋值而实现的。

① EykeHullermeier, *Case-Based Approximate Reasoning*, Dordrecht：Springer, 2007, p. 47.

② Eyke Hullermeier, *Case-Based Approximate Reasoning*, Dordrecht：Springer, 2007, p. 50.

③ Eyke Hullermeier, *Case-Based Approximate Reasoning*, Dordrecht：Springer, 2007, p. 51.

（一）约束推理模型

从约束的观点看，基于案例的推理假设是在下界（lower bound）的形式中从相似的输入对相似的结果加以约束的推理过程。因此可以将基于案例的推理看作约束的传输。这一观点使得从约束推理模型来看，基于案例的推理包含两个基本概念：相似性梗概（similarity profile）和相似性假设（similarity hypothesis）。一个相似性梗概是三元组（$h\Sigma$，σs，σ_R）。$h\Sigma$ 的相似性下界允许得到能够涵盖未知结果的预测。依据上述架构，艾克·赫勒梅尔将上述六元组还原成一个三元组（S，R，φ），其中 S 是输入的集合，R 是结果的集合，φ 是从 S 到 R 的映射，亦即 φ：S→R。在这种基于案例的推理中，（未知的）函数关系 φ 在实例的层次上完全决定这个系统，已观察的实例的记忆只能部分地决定该系统。然而如果与 CBI 联系起来，就需要从相似性层次上将其他信息加以刻画，本质上基于案例推理的模型中相似性层次发挥至关重要的作用，而约束推理模型作为一种形式的 CBI 也是如此。[①]

相似性梗概是联结系统层次和相似性层次的一个纽带，而且它是基于案例推论架构的相似结构的表征。对于这一概念的几种概括使得 CBI 从推理的强度上获得加强。相似性假设是相似性梗概的近似。通过这两个概念，通过约束推理的系统中对 CBI 形式模型加以定义。经过约束推理模型处理之后，CBI 是允许预测一个未知的结果 $r \in R$ 的约束传输过程的。CBI 通过可能结果的一个集合 φ_h，M（s_0）$\subseteq R$ 预测一个未知的结果。它是由案例中作为基础的假设 H 和记忆 M 通过函数导出的，这一过程保证涵盖新的未知结果 r_0。通过平行计算技术可以使这一种推论在计算机上实现。

约束推理模型也可以将这种处理方式扩展到基于案例的学习。据艾克·赫勒梅尔介绍说，基于案例的学习在约束推理模型系统中有几种不同方式的

[①]　文中略掉的那些技术细节包括定义、证明、引理，等等。这些细节与文章所探讨的主题无关。文中评论艾克·赫勒梅尔的工作，主要集中于他的总体思路。这里需要说明一个定义。因为这个定义是约束推理模型乃至后面将要提到的概率模型中重要的部分。定义 3.13：（相似性结构）考虑 CBI 架构 Σ 与相连的记忆 M，且令 s_0 作为新输入。CBI 问题 <Σ，s_0> 的相似性结构通过 Σ 的相似性梗概（$h\Sigma$，σs，σ_R）、相应的假设（h，σs，σ_R）与扩展记忆（M，s_0）的相似性结构为 SST（M，S_0）$\overset{df}{=}$ $\{z_{ij} = (x_{ij}$，$y_{ij})$ | $1 \leqslant i < j \leqslant n\}$ ∪ $\{x_{0j}$ | $1 \leqslant j \leqslant n\}$。这里 x_{ij} 和 y_{ij} 被定义为 $x_{ij} \overset{df}{=} \sigma_S$（$s_i$，$s_j$）和 $y_{ij} \overset{df}{=} \sigma_R$（$r_i$，$r_j$）。参见 Eyke Hullermeier, *Case-Based Approximate Reasoning*, Dordrecht: Springer, 2007, p. 66。

处理。但他本人在这一著作中只是采取了从一系列观察的相似假设的学习这一种方式。此外艾克·赫勒梅尔还探讨了 CBI 的适用范围以及与其他不确定性理论的相似假设的学习这一种方式。此外艾克·赫勒梅尔还探讨了 CBI 的适用范围以及与其他不确定性理论的相容性。他认为 CBI 对经典统计推论保持了持久的关注。他大致给出了基于案例参数估值思路的梗概，也略带论述了在贝叶斯分析中的基于案例的验前启发（prior elicitation）。

通过总体介绍，我们已经看到，基于案例推理与约束推理模型结合后宽广的技术前景。这里的关键是，就如艾克·赫勒梅尔本人所评论的那样，相似性概念产生了一个关键而辅助的作用。[①] 通过一些技术处理，他赋予相似性这一概念一个数学的函数表达，使之形成函数的演算。在这里关键是他构想了输入与输入之间，输出与输出之间的相似性结构，较为巧妙地处理了基于案例的推论。此外，艾克·赫勒梅尔的约束推理模型的基于案例推理方式虽然偏重相似性层次，但同时也与基于模型和基于实例的系统层次处理方式相结合。因此这两种层次在约束推理模型中相辅相成。而对这一点，艾克·赫勒梅尔本人评论说，这一种结合并不是很令人信服的，而且基于模型和基于实例的系统层次使得这种结合与标准的高阶（higher level）贝叶斯分析并无二致。

（二）统计概率模型

约束推理模型通过相似性梗概来刻画 CBI。而相似性梗概的 $h\Sigma$ 只粗略地给出了架构 Σ 的大致构造。因此不能保证预测的精确度，这是问题之一。另外，"相似性梗概在相似性下界的形式中只能提供最差的案例估值，这使得这一估值趋向于离群值的相似对。实际上，$h\Sigma$ 是一个属于它的输入的相似性输出的下界，即使对于一个单一的相似输入对，也存在不相似的输出，这蕴含 $h\Sigma$ 是小的下界。小下界对于预测的精确性有负作用"[②]。因此，实际上，一个可信的基于案例的推理或预测是非精确的。艾克·赫勒梅尔认为局部的相似性梗概能够减轻这种非精确性。此外，另一个备选的又是补充性的方案是削弱相似性梗概的作用，通过寻找几乎有效的相似性界，来削弱相似性梗概的某个概率。

---

① Eyke Hullermeier, *Case-Based Approximate Reasoning*, Dordrecht: Springer, 2007, p. 100.
② Eyke Hullermeier, *Case-Based Approximate Reasoning*, Dordrecht: Springer, 2007, p. 103.

为此，艾克·赫勒梅尔试图通过概率模型增加预测的精确性，也就是通过概率的方法提供更好的预测模型。很明显，对于艾克·赫勒梅尔而言，最简便的方式将概率方法作为更新"集合赋值的预测"（set-valued prediction）的方法。与约束推理模型相对应，基于案例的概率应当是 P（$R_0 = r$ ｜ OST（Ms_0））。其中 OST（Ms_0）是新问题（Ms_0）的结果结构。而上述概率是结果 φ（s_0）的概率。这一点是通过将结果 φ（s_0）随机化为随机变量 R_0 而实现的。这意味着 CBI 的非直接（indirect）特征，也是从 <Σ，s_0> 的相似性结构出发的。这样，我们会推出与相似度 y 对应的相似性结构的概率 P（$Y = y$｜ SST（M，s_0）。"然后涉及结果 r_0 的证据就从这一公式获得。"[1]

上述思想的实质是，约束推理的概括体现在随机变量的引入。此外，对于约束推理，另一个一般化的思想涉及似然原则（likelihood principle）。这一概念来自统计推论的概念。而这里引用如下的似然函数 λ：r→P（OST（M，s_0）｜ $R_0 = r$。在这一似然概念之下，考察约束推理模型，那么约束推理模型本质上是似然性为 0 和 1 的极端情况。"结果的似然性为 0 的情况是与结构性框架 < M，s_0 >不相容的。"[2] 另外，艾克·赫勒梅尔指出，这种似然性进路与关于结果 r_0 的贝叶斯推理信念更新的似然性相结合是可能的。

在概率的进路中，记忆 M 和相似性结构 SST（M，s_0）和结果的结构 OST（M，s_0）都是随机变量，随机变量的分布通过测度来给定。将包含相似性结构的随机变量组合到矢量 Zs 中去，这样就会得到在概率空间（S^{n+1}，$(\mu s)^{n+1}$）上定义的随机变量。艾克·赫勒梅尔采用 Zs—A 的符号表示还原到集合 A 的 Zs。在此举艾克·赫勒梅尔的例子加以说明，Z—｛X_{0n}，X_{0n+1}｝表示还原到 ｛X_{0n}，X_{0n+1}｝的矢量 Z。特别是，Zo 表达基于案例的结果结构的矢量。从思想上看，统计概率模型与基于案例的推理结合的契合点在于，"将基于案例的推理过程中的信息作为一种可以良好定义的随机过程的数据允许 CBI 概率推论的过程"[3]。这就保证了在基于案例的推理中使用统计推理方法的可能性。

---

[1]　EykeHullermeier，*Case-Based Approximate Reasoning*，Dordrecht：Springer，2007，p. 105.

[2]　EykeHullermeier，*Case-Based Approximate Reasoning*，Dordrecht：Springer，2007，p. 106.

[3]　EykeHullermeier，*Case-Based Approximate Reasoning*，Dordrecht：Springer，2007，p. 112.

举例来说，对于 $n=2$ 相似性结构相对应的矢量 Zs = （X01，X02，X01，X02），结果结构相对应的矢量 Zo ∪ {R1，R2} 而言，假定 M = （< （3，14），1/2 >，< （4，17）1/2 >）和 s_0 = （5，17）与 CBI 架构 Σ_3 相关。这样，矢量 Zs = （4/7，6/7，4/7，1）和 Zo ∪ （1/2，1/2）。因此，就某一个结果 $r \in R$ 而言，得到了 $\mathbb{P}（R_0 = r | OST（M，s_0）） = \dfrac{（\mu s \otimes \mu s \otimes \mu s）（S_2）}{（\mu s \otimes \mu s \otimes \mu s）（S_1）}$

这里的 S_1 和 $S_2 \subset S \times S \times S$ 是三元实例的集合。它们与图 5.1 的第一个和第二个结构相容。这样，就可以得到下面的概率。

r	0	1/2	1
$\mathbb{P}（R_0 = r | Z_0 = z_0）$	0.319	0.566	0.115

艾克·赫勒梅尔指出，通过观察之后，发现这样的结果是通过枚举 S_1 和 S_2 而获得的。这一点与基于案例的推理不一致。另外，精确概率相似性梗概所提供的信息对于概率条件的完全也不能够保证。实际上，基于案例的推论的概率进路通常得出的是概率的近似结果。[①]

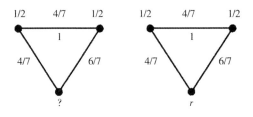

图 2.1

概率化处理之后，艾克·赫勒梅尔给出了统计模型，并给出了与贝叶斯主义相结合的那些要点，从而将基于案例的推理与贝叶斯主义相结合。但因

---

① 这一例子摘自 Eyke Hullermeier, *Case-Based Approximate Reasoning*, Dordrecht: Springer, 2007, p. 112。

为技术细节与文章并无实质相关，在此不再赘述。下面考察艾克·赫勒梅尔对于基于案例的推理的第三个还原：模糊集。

（三）模糊集

艾克·赫勒梅尔指出，模糊集理论和基于案例的推理的结合先前已有人提出过，其中也包含用模糊集的方法去计算相似性，从而对类比推理进行研究。也出现了基于案例的推理进行模糊集理论探索的情况，如基于案例的学习，等等。这一进路中当然也包含用模糊集之间的相似性对类比推理进行形式化，等等。而艾克·赫勒梅尔在这里的工作是继这一进路，从模糊集的视角提供更加简便模型来支撑基于案例的推论假设，以及基于案例推理的任务。

模糊集理论是以可能性理论（possibility theory）为基础的。与概率论不同，可能性这一概念并不必然表达数量概念，但是在日常的语境中它是一种轻松的度（degree of ease）。例如早餐中吃两个鸡蛋比吃七个鸡蛋更可能，这是一种语义性质。此外，还有一种语义性质是作为表征非决定性的一种方法，这是可能性理论。艾克·赫勒梅尔在他的这一著作中强调可能性这一概念的意义。例如某人吃了好多苹果，在自然语言语境中，这里的"好多"，所指的比起两个、三个以上的可能程度更高。可能性理论中量化的变化范围可以从"一点不"（not at all）和"几乎不"（hardly）变化到"相当地"（fairly）和"完全地"（completely），等等。因此我们能够确定的是，可能性理论所处理的是模糊性量词和模糊性语境。从这种层面上讲，可能性理论也可以采取一种基数域 [0，1]，其中 0 是完全不可能，完全不清晰的极限，则 1 是完全可能，完全清晰的极限。在这种意义上，可能性理论也可以与概率论相联系。

模糊集理论是一种局部的基于规则的理论，而模糊规则将变量 X 和 Y 之间的关系以局部的、粗略的和温和的方式具体化，其中 X 和 Y 是在论域 Dx 和 Dy 之中变化的。它可以表达为如下的推理形式：如果 X 是 A，那么 Y 是 B。其中，A 和 B 是通过符号标记与在 Dxresp. Dy 上的成员函数相关联的模糊集合。①

---

① Eyke Hullermeier, *Case-Based Approximate Reasoning*, Dordrecht: Springer, 2007, p. 170.

　　艾克·赫勒梅尔认为，基于案例的推理与模糊集合结合来自以下几个动机。首先作为基于案例推理核心的推论即 CBI 本身可以转化为"如果，那么"的形式。比如："如果两个输入是相似的，那么相连的结果是相似的"[①]。其次，相似性这一概念与模糊集理论具有非常强的联系。相似性是一个模糊集成员函数的主要解释之一，模糊性隶属度可以看成相似度。此外，模糊集是处理非确定性的一种强有力的工具，而对于作为启发式的基于案例的推理而言，这一点极其相关，也非常重要。在这一点上艾克·赫勒梅尔尤其强调，由于 CBI 原则本身不应当是决定性的，能够使用模糊规则的语境来表达。因此上述"如果，那么"句型就会变成如下标准形式："如果两个输入是相似的，与其相连的结果也可能相似。"形式层面上，模糊规则作为由成员函数的结合约束的可能性分布（possibility distribution）刻画，成员函数定义规则的前后部分，在规则前后部分的具体约束形式是依赖于规则的解释的。艾克·赫勒梅尔指出，在形式层面上，模糊集是与相似性和非确定性相关的路径。这种路径就是基于相似的非确定性推理方法的基础。而基于相似的非确定性推理是模糊集作为基于案例的推论假设的理由。

　　特殊形式的合取即模糊规则，也称之为可能性规则 δ（y | x）。其具体形式是：对于两个模糊集 A 和 B，A¬ B 表示，更多 X 是 A，B 就更加可能是 Y 的域。若用更加精确的话说，如果 X = x，那么至少在 A（x）度上 B 是 Y 的域。这种可能性限定是如下约束所获得的：这种约束保证了（x，y）有资格成为变量 X 和 Y 的实例的那种可能性 δ（x，y）的某个下界：δ（x，y）$\geq$ min ｛A（x），B（y）｝。令 δ（y | x）$\overset{dt}{=}\delta$（x，y），那么上述约束可以被认为是条件可能性分配（conditional possibility distribution）。也就是说，给定 X = x，Y = y 的可能性由 δ（x，y）下界化（lower-bounded）。比如，若 Y 对 A（x）=0 的情况什么也没说，那么下界就是不足道的约束。艾克·赫勒梅尔强调，我们应当注意，对于 $\sup_y\delta$（y | x）的约束，下界解释与非标准的条件分布 δ（· | x）也一致。

　　艾克·赫勒梅尔指出，他们需要开始的框架是一种特殊的非决定性的

---

①　Eyke Hullermeier, *Case-Based Approximate Reasoning*, Dordrecht: Springer, 2007, p. 170.

CBI 架构。与先前的约束推理模型所设定的符号一样，一个案例 c 是一个有序对 $<s, r> \in C = S \times R$，其中 s 是输入，r 是输出，但在此处不再假定一个输入唯一地决定一个输出。例如，一个实例 c: $<s, r>$ 和 c': $<s', r'>$，$s = s'$，$r \neq r'$ 是有可能的。此外，与先前的约束推理不同，还原为模糊集规则的基于案例的推理具有如下几个假设：1. φ 不再是 S→R 的输入与唯一的一个输出对应的映射，而是 $\varphi \in S \times R$ 的关系，而且对应一系列潜在的观察。2. 记忆 M 不必然是先前两种还原中那样的序列。3. S 和 R 也不再是一个可数集合。4. 结果不是确定的，那么显然是 $r_0 = r$，即对每一个结果 $r \in R$，$(s_0, r) \in \varphi$ 是可能的，尤其是当 s_0 并非完全具体化之时。

具体的还原过程有以下三个步骤：第一，解释 CBI 假设。将变量 X，Y 作为两个输入和两个输出的相似度，按此思路，CBI 假设就是：两个输入越相似，与它们相对应的结果相似的可能性越大。第二，形式刻画。$<s_1, r_1> \in$ M 是观察到的实例，这案例使相似的案例 $<s, r>$ 够资格，从而成为可能的证据。依据 δ (x, y) ≥min {A (x, B (y)) 对 $<s, r> \in \varphi$ 我们会得到 σ (s, r) ≥min {σs $(s, s_1), _R (r, r_1)$}。我们可以将获得后一公式的过程当作 CBI 的推断。$<s, r>$ 和 $<s_1, r_1>$ 在相似测度 σc: ($<s, r>$, $<s', r'>$) →min {σ_s (s, s'), σr (r, r')} 中越相似，那么案例 $<s, r>$ 越合理。第三，将这种推断过程应用在记忆 M 的全部案例中，于是对全部的 c = $<s, r> \in S \times R$，我们获得由 δc_φ 定义的概率分配 δc (s, r) = $\max_{1 \leq i \leq n} <s, r>$ minn {σ_s (s, s_1), σ_R (r, r_1)}。艾克·赫勒梅尔认为，这种分布可以看作关系 φ 的可能性近似。以上就是还原到模糊集的基于案例推理的思想概貌。

从上述三种还原，我们看到了基于案例推理作为一种松散的技术，可以从多种视角展开解释。这一点在艾克·赫勒梅尔的论述中不难看出。他在进行多种还原时体现了从精确到非精确的一种渐进过程，实际上，基于案例的推理是非确定性条件下的推理，这种推理具有启发式等特征。显然，这种从精确到非精确的渐进过程也非常符合这类不确定推理的实际。

以上我们考察了作为类比推理计算主义的一个进路——基于案例的推理的新近发展：基于案例的决策和基于案例的推理理论。通过考察发现，基于案例的推理相比于结构主义理论而言，如今非常强势。另外，相对于结构主义理论而言，基于案例的理论有如下几个特点：第一，更加符合主体决策、非确定性条件下判断等实践，从而在刻画认知层面上有一种优势。第二，相对于结构主义而言，更多应用了数理技术。第三，与结构主义不同，基于案例的推理对于类比推理的进入是一种间接的进入方式。它首先刻画基于案例的推理，然后将它与类比推理联系起来，或者将基于案例的推理归于类比推理。可见，类比推理所体现的不确定性、模糊性和主体依赖性在基于案例推理的研究中体现得淋漓尽致。

我们认为，结构主义和基于案例的推理进路都是从认知和计算视角研究类比推理形式化的重要成果。这些成果是类比推理在人工智能领域和认知科学领域的开拓和发展，这些研究扩宽了逻辑学者的研究视野，为类比推理的研究奠定了科学基础和认知基础。接下来，我们从心理与逻辑之间关系的角度论证类比推理的合理性。

第五节　心理与逻辑：从不同视角看类比推理

关于类比推理辩护问题的必要条件应是如下命题：只有将合理的类比理论中类比形式化与类比推理辩护问题延伸到逻辑与心理之争，对逻辑与心理关系这一哲学问题进行辩护，才能有效建立合理的类比理论。下面先给出类比推理辩护问题这一部分，下文再为类比推理的形式化辩护。我们把这种类比推理辩护称为关系论证，因为它是从类比推理辩护问题和逻辑与心理关系这一视角展开的。

所谓关系论证就是，想要证明那一命题，只需证明类比推理辩护问题与逻辑与心理关系问题有错综复杂的关系。这样就能得知，类比推理辩护问题必然牵涉逻辑与心理关系问题。同时又能得知，只有对于逻辑与心理关系问题做出较为清晰的说明，才能够对类比推理进行有效的辩护，才能够真正解决类比推理辩护问题。

那么我们下面开始探讨类比推理辩护问题和逻辑与心理关系问题之间的关系。类比推理形式化虽然很多种，但类比推理辩护只有两种可能：认知科学进路和哲学进路。认知科学进路中主要是认知心理学从心理学的角度对于类比推理进行研究，试图找出能够如实地刻画人如何进行类比推理的认知过程。在我们看来，这不是一种合理的辩护。那么只剩下哲学了，但这种哲学上的辩护工作想要合理地进行必须关注认知科学关于类比推理所做的研究，从认知科学所取得的结果中获得启示。哲学在进行类比推理辩护时首先对于类比推理做多种形式的形式化，考察那些形式化基本属于哪几种，哪些归于逻辑进路，哪些归于心理学进路。其次从这多种进路，我们可以确定类比推理既可以按照逻辑的进路进行形式化，也从心理学的视角进行形式化。这样我们确定了类比推理辩护与逻辑和心理关系有联系。于是就用集合的方式确定它们之间的真正关系。倘若我们将类比推理的辩护问题作为一个集合；逻辑作为一个集合；心理也作为一个集合，那么它们三个之间是什么关系呢？集合的关系无非有 3 种情况：不交；包含；相交关系。而类比推理辩护与逻辑和心理关系具有 8 种可能的关系。不交的情况下有 2 种可能：类比推理辩护与完全不交的逻辑和心理不交、类比推理辩护与相交的逻辑和心理不交；包含的情况下有 3 种可能：类比推理辩护问题包含于逻辑、类比推理辩护包含于心理、类比推理辩护包含于逻辑和心理之交；相交的情况下也有 3 种可能：类比推理辩护与逻辑相交、类比推理辩护与心理相交、类比推理辩护与逻辑和心理都相交。第一种情况显然与我们的直观完全不符合。实质上也与实际情况不符合。因为实际上类比推理与辩护问题与逻辑和心理都有关系，这种关系至少是集合上的交集关系。因此就得出类比推理辩护问题只有包含于逻辑和心理关系问题或者类比推理辩护问题与逻辑和心理关系问题相交的情况。而这种考虑又必然牵涉逻辑和心理的关系可能性。

逻辑和心理的可能性又有 3 种：不交、包含、相交。不交的可能性显然与逻辑，尤其是逻辑学的发展事实例如认知逻辑的出现和发展、信念修正与逻辑和博弈的交叉等事实不符合。但在这里需要注意的是，逻辑一词实际上是一种多义词，因此受语义的因素和语境的因素影响。就逻辑与心理不交的观点或立场来说，历史上不仅出现过，还盛行一时，影响非常大。剩下的 2 种情况与上述 6 种情况相结合，总共有 12 种可能的情况。在此我们先不论这 12 种可能的情况，放在下一章探讨。因为我们至少在此证明了类比推理辩护问题与逻辑和心理的关系问题有交，况且这一点还不是不足道的。这样我们就证明了想要清楚地对类比推理进行辩护，必然会涉及逻辑与心理关系问题。这样我们就证明了那个命题：只有将类比推理辩护问题延伸到逻辑与心理之争，在逻辑与心理关系这一哲学高度进行辩护，才能有效解决类比推理辩护问题。

以上探讨了类比推理的计算主义进路，从巴萨所讨论的数学中的类比受到启发，讨论了关于类比的计算主义哲学思想。在此基础上，我们可以将类比推理辩护问题引申为逻辑与心理之争相关联的问题。对于类比推理辩护问题为何必须引申为逻辑与心理之争相关联的问题，我们做了充分的论证。我们把该论证命名为关系论证。通过关系论证的探讨，我们提出了一个重要的意见：只有将类比推理辩护问题延伸到逻辑与心理之争，从逻辑与心理关系这一哲学高度做出辩护，才能有效解决类比推理辩护问题。

我们认为，类比推理的逻辑和认知研究给我们的重要启示是：第一，类比推理的形式化不仅是狭义逻辑学意义上的形式化，而且应该包括认知和计算模型方法的形式化。这种广义的形式化对类比推理的研究无疑是优异的。第二，对类比推理的辩护不仅要考虑其必要性，而且要探究其充分性，亦即研究它在自然科学、社会科学和人类思维中的可应用性以及创新功能。第三，类比推理是一种主体依赖性和知识依赖性推理，要考虑其客观因素，更要探究其主观因素，既要研究其外延，又要考虑其内涵。随着认知科学对人类认知奥秘越来越多的揭示，类比推理研究的意义和作用将越来越显著。

第　七　章
从逻辑和认知的视野看溯因推理

溯因推理是当代逻辑和认知科学哲学研究的一个研究热点。从历史上看，对溯因推理的系统探讨是从逻辑领域开始的，因此，我们首先要阐述有关溯因推理的一些逻辑问题，这包括：溯因推理的概况、溯因推理的形式结构和它与三段论的关系以及溯因推理的分类，溯因推理从逻辑向认知的转变，等等。本章主要探讨溯因推理的逻辑和哲学理论。溯因推理的认知研究将留待后续章节探讨。

第一节　溯因推理概述

总体上看，溯因推理的研究主要涉及三个问题，一是溯因推理的历史渊源，二是溯因的译名问题，三是溯因推理的定义和形式结构问题。以下将分别讨论这些问题。

一　溯因推理的历史源流

溯因推理的最早思想可追溯到古希腊亚里士多德。在《前分析篇》中，亚里士多德介绍了一种推理模式，把它命名为 apagōgē，翻译成英文是指一种"化简"式的推理结构，是不完全三段论的一种表现形式。19 世纪中后期，美国哲学家、逻辑学家、实用主义的创始人查尔斯·桑德斯·皮尔士（Charles Sanders Peirce）根据亚里士多德化简推理的有关思想，首次提出了"溯因"（abduction）的概念，把溯因作为一种科学研究的方法并将其引入逻辑理论，用来指包含说明性假说产生和评价的推理。

　　皮尔士关于溯因推理的论证最先出现在他 1867 年向美国人文与科学院
（美国艺术与科学院、美国文理科学院，American Academy of Arts and Sci-
ences）提交的论文中。一个更全面的论述发表在 1868 年《思辨哲学杂志》
上。他论文的研究成果表明，在 1860 年以后的 50 多年时间里，皮尔士一直
没有间断地研究推理的分类问题，特别是对溯因推理的研究，直到他 1913
年去世。

　　皮尔士最有创意的思想，是把溯因推理看作与演绎推理、归纳推理并行
的第三种推理类型，并且认为溯因推理是唯一能够产生科学发现的逻辑方
法。20 世纪 50 年代末，美国科学哲学家汉森（N. R. Hanson）在《发现的
模式》一书中，以开普勒发现行星椭圆形运动轨道的推理过程为案例，全面
展示了皮尔士所说的溯因推理过程，溯因推理在新观念的产生和科学发现中
的价值才开始被越来越多的学者所认识，并引起广泛热烈的讨论。

　　在传统的逻辑观念中，只有演绎和归纳为人们所接受，皮尔士勇于探索
溯因推理这个未知的全新领域，尽管他表示希望写一本关于解释性推理的
"本质特征"的薄薄的书，但他只留下了论文、注释和未完成的手稿。皮尔
士去世几年后，在一篇发表的论文中，约西亚·罗伊斯（Josiah Royce）教
授把皮尔士的手稿赠给哈佛哲学系和哈佛图书馆，并开始把注意力投向皮尔
士实用主义的讲座以及皮尔士 1903—1904 年的洛厄尔逻辑讲座。到 20 世纪
30 年代，哲学家和逻辑学家们才开始理解皮尔士提出溯因问题的重要性，
以及他思想的深度、丰富性和复杂性。1931—1932 年他的头两卷论文集得
以出版，哲学家们开始更系统地关注皮尔士的哲学，特别是他关于溯因方面
的著作。①

　　皮尔士在 1867 年编写的《逻辑词典》文稿中，明确把 abduction 这一词
中所包含的思想归功于亚里士多德。在"abduction"词条中，皮尔士指出：
这是 abductio 的英语形式，帕休斯（Julius Pacius）翻译的《前分析篇》第
二卷第 25 章中，采用了 απαγωγη 这个词，伯伊修斯（Boethius）把它译为
deductio，后来经院学者把它译为 reductio 甚至 inductio。虽然后人对于这个

---

　　① Dov M. Gabbay, Stephan Hartmann, John Woods, *Handbook of the History of Logic*, *Inductive Logic*, Volume 10, Elsevier, 2011.

希腊词有着不同的翻译，但它最初只是亚里士多德所刻画的一种论证形式。①

自从 1662 年《波尔·罗亚尔逻辑》的出版将近代方法引入逻辑学以来，大多数逻辑读物都承认假说在逻辑学中的地位，并予以专门讨论。但发人深省的是，在公认为关于推理方法理论的逻辑学中，却不承认假说是一种独立的推理类型。这种尴尬甚至矛盾的局面长期存在，直至皮尔士借用亚里士多德的"abduction"一词专门表示有关假说的推理理论，并认为演绎和归纳都不是新知识所赖以形成的推理形式时，这种情况才有所改变。在皮尔士看来，新知识产生的任务只能通过溯因推理来完成。这就是说，早在一个多世纪前，皮尔士就指出，溯因推理是唯一一种能够引入新观念的逻辑操作。

皮尔士的这种新型推理理论在当代逻辑研究及方法论学说中产生了深远影响，但也引来了各式各样的质疑。因此，他的有关思想在很长一段时间内没有引起足够的重视。直到 20 世纪 50 年代末，美国科学哲学家汉森（N. R. Hanson）在《发现的模式》一书中，以开普勒发现行星椭圆形运动轨道的推理过程为案例，全面展示了皮尔士所说的溯因推理过程，溯因推理在新观念的产生和科学发现中的价值才开始被越来越多的学者所认识。② 皮尔士提出溯因推理是与演绎推理、归纳推理并行的第三种推理类型，并且认为溯因推理是唯一能够产生科学发现的逻辑方法。这一思想之所以长时间不被认可，它和科学发现的逻辑问题的争论密切相关。自皮尔士（1965）探讨了科学探究中使用的溯因推理后，不仅非形式逻辑将其作为坚持论证多元论的一个根据，而且它也成为人工智能研究的一部分；不仅深入研究它在科学探究中的使用，也探讨它在日常辩论中的运用。③

国际逻辑学、方法论和科学哲学大会（International Congress of Logic, Methodology and Philosophy of Science）每四年召开一次，是逻辑学和科学哲学的"奥林匹克大会"。1987 年在莫斯科召开的国际逻辑学、方法论和科学

---

① 张留华：《皮尔士哲学的逻辑面向》，上海人民出版社 2012 年版，第 287—288 页。
② 徐慈华、李恒威：《溯因推理与科学隐喻》，《哲学研究》2009 年第 7 期，第 94 页。
③ 武宏志、周建武、唐坚：《非形式逻辑导论》（下），人民出版社 2009 年版，第 344 页。

哲学大会上，溯因推理被列为世界性的攻关课题。此后，溯因推理的研究受到世界范围内的广泛关注，许多哲学界、逻辑学界、认知心理学界和科学界的著名学者都投身于这个领域的研究，有关溯因推理的原理和方法的研究著作与论文不断出现，对溯因推理在科学发现、人工智能、故障查寻、医疗诊断、刑事侦查、认知学习和创新思维心理训练等方面的应用性研究也得以广泛展开。可以说，溯因推理是当代科学哲学与逻辑学领域中最重要的前沿研究课题之一。

二　溯因推理的译名

1970 年，范（Fann, K. T. ）在他的书《皮尔士溯因理论》（*Peirce's Theory of Abduction*）中提到，针对逻辑推理，皮尔士先后使用了假说或假设（hypothesis），假说推理（hypothetic inference），回溯（retroduction），假定（presumption），溯因（abduction）等术语。在皮尔士看来，假说也是一种推理，就是我们今天所说的"假说演绎法"。

在美国学者阿瑟·S. 雷伯编写的《心理学词典》的第 1 页，abduction 外展（作用）；发散（作用）：（1）肢体远离身体正中平面的横向运动。与 adduction 内敛（作用）相对照。（2）C. S. 皮尔斯的用语，指在一些已知事实基础上使假说得以产生的认知过程。在皮尔斯的术语中，发散（作用）是创造性思维的一个基本组成部分。① 江天骥先生在他的《归纳逻辑导论》中用了"逆推理"这个术语。对于溯因推理的译名，在已有的文献中出现很多不同的版本，如外展推理、逆推、溯因推理、溯原、回溯、假说推理、逆证、引理等。在《逻辑学大辞典》的词条中，关于溯因推理的词条有：reductive inference，译为回溯推理；还有 progressive retrospective reasoning，译为前进回溯推理；retrogressive reductive inference，译为后退回溯推理；inductive retrospective reasoning，归纳回溯推理；non-inductive retrospective reasoning，非归纳回溯推理。在皮尔士的后期著作中都使用了"溯因推理"（abduction），这也是被学界普遍使用并认可的。

曾凡桂在 2003 年曾写过《皮尔士"Abduction"译名探讨》一文，他认

---

① ［美］阿瑟·S. 雷伯：《心理学词典》，李伯黎等译，上海译文出版社 1996 年版，第 1 页。

为："在皮尔士科学发现逻辑中，abduction 可以认为是猜测事实的原因，提出假说，因而'溯因（推理）'译名也符合科学发现逻辑的第一步。从翻译标准来看，'溯因（推理）'也是最佳译名，符合信达雅的翻译标准：它最能表达概念意义，且明白顺畅，又构词高雅。"① 笔者很赞同曾教授的观点，认为在术语的翻译过程中，既要注意概念的确切含义，也要注意其翻译标准，"溯因推理"可以说是 abduction 的最好的译名翻译。

外展推理不仅一直以来都被人类所有效使用，而且就其术语"abduction"来说，也并非只是在皮尔士那里才出现。如上所述，皮尔士的贡献在于历史上第一次把 abduction 与 induction、deduction 并列一起，从而形成基本的论证三分法；但皮尔士从不避讳自己在外展逻辑上对于前人思想的继承。② 如今，"溯因推理"被广泛应用于多个领域，如逻辑学、哲学、心理学、认知科学、科学哲学、人工智能等。

三 溯因推理的定义和形式结构

从字面上讲，溯因推理（reductive inference）是根据已知事实或结果，回溯其原因的推理过程。作为一种可刻画的逻辑结构，它是人类逻辑思维通过外展性（abduction）思考推断，发现事物因果联系或揭示事物规律的一种重要推理形式，也是科学假说推论证明的主要方法。

一般认为，溯因推理在推理结构上，是由关于某个已知事实或结果的命题，结合公认的科学知识或科学原理，推导出可致该命题成立或导致该结果发生的理由、原因的推理。在假说证明的过程中，假说"q"是关于已知事实或结果的命题，它可以作为溯因推理中的一个前提；再根据相关的科学原理或普遍规律性的知识的命题"P"，构成与已知事实或结果的蕴涵关系命题"如果 p，那么 q"，作为溯因推理的另一个前提；若设"p"为所要推出或证明的命题（即"q"存在的逻辑理由或真实原因），作为溯因推理中的结论，则溯因推理的一般形式可表示为：

---

① 曾凡桂：《皮尔士"Abduction"译名探讨》，《外语教学与研究》2003 年第 6 期。
② 张留华：《皮尔士哲学的逻辑面向》，上海人民出版社 2012 年版，第 287—288 页。

$$q;$$
$$\text{如果 p,那么 q;}$$
$$\text{所以:p。}$$

或写作:

$$(q \wedge (p{\to}q)) {\to}p$$

按照形式逻辑假言推理的规则,上述推理形式为充分条件假言推理的肯定后件式,可行的证明它并不是一个有效推理式或永真式,或者说它不是从前提真推出结论必然为真的推理。因为根据充分条件假言推理或蕴含式推理的规则,不能从肯定后件推出肯定前件的结论。即当"q"和"如果 p,那么 q"均取值为真时,结论"p"并不必然为真,而只是可能真。因此,从逻辑属性上说,溯因推理是一种或然性推理,它不具有经典逻辑所要求的保真性。但是,这并不表明在科学发现和科学证明过程中溯因推理没有意义和作用,作为与传统的演绎推理和归纳推理不同的一种推理形式,溯因推理在人们由结果追溯原因,或由已知事实探求未知条件理由的过程中,可以揭示事物或现象间真实的因果联系,或者发现未知的科学原理,在人类创新思维和科学发现的证明中有特殊的重要作用。

溯因推理不同于传统的演绎推理,演绎推理是从"p 并且如果 p 那么 q"推出"q",即由充分条件的理由(前提)推出结果(结论);而溯因推理则是由结果(结论)推出理由(前提),它的推理方向和蕴涵式的方向正相反。演绎推理是前提和结论间有必然性联系的推理,而溯因推理则是前提和结论间仅有或然性联系的推理。然而,溯因推理包含一个普遍规律性的命题,即是以一般性知识为根据的,这一点和演绎推理是共同的。因此,如果我们的前提能够穷尽引起某种现象的一切原因,那么,溯因推理就可转化为一种演绎推理。例如,如果我们能够穷尽引起某事件的一切可能原因,把这些原因表述为命题 p_1、p_2、p_3,也就是说如果 $p_1 \vee p_2 \vee p_3$ 穷尽了产生 q 的原因,因而是 q 的充分而且必要的条件,那么,就可以得到下列正确的演绎推理的形式:

$$q$$
$$(p_1 \vee \quad p_2 \vee p_3) {\to}q$$
$$\text{所以,} p_1 \vee p_2 \vee p_3$$

再对选言命题作进一步的推理，就可以找出真正的原因，这样由回溯推理就可以转化为一个获得必然结论的演绎推理。溯因推理也不同于传统的归纳推理（枚举归纳法），传统归纳推理列举个别的或特殊的事实命题作为前提，推出一类事物都具有（或不具有）某种属性的命题做结论，而溯因推理则通过发现事物的因果联系来揭示某种科学原理，或者给科学假说以可靠的证明，它必须借助理性的科学研究和思考。

第二节　从逻辑到认知：皮尔士理论的转变

皮尔士关于溯因的理论和观点经历了一个不断转变的过程。或者说，经历了从逻辑到认知的转变过程。这里讨论三个问题，一是溯因与三段论的关系问题，二是溯因相对于归纳的独特性，三是溯因推理相对于演绎推理的独特性。

一　三段论推理框架中的溯因推理

在皮尔士看来，根据有关三段论"化简"推理的思想，亚里士多德也研究过溯因推理，因此，溯因推理可以纳入三段论的推理形式框架。亚里士多德在《工具论》中指出："我们在下面情况下化简，在第一项显然属于中项，而中项属于最后一项不明显，但尽管如此，却比结论更为可能或者可能性不少于结论时，或者在最后项与中词之间只有很少的间接词项时，因为在所有这些情况中，结论都使我们接近知识"。例如，亚里士多德对于这个三段论举了一个例子，即假设 A 为"可教的"，B 为"可理解的东西"，F 是"正义"，可以得到 BA 是"可理解的东西是可教的"，FB 为"正义是可理解的东西"，而 FA 则是"正义是可教的"。将这个例子应用于一般的三段论得到的形式为：BA，FB；∴FA。但是皮尔士在研究中发现，当时的逻辑学是为实际生活服务的，而"正义是可教的"这一事实在当时是毋庸置疑的，因此是不需要通过三段论的推理来证明的，而"正义是可理解的东西"作为下前提却存在疑问，因为没有办法证明"正义是可理解的东西"。所以，皮尔士认为亚里士多德真正想要证明的并不是结论 FA，他只是借助第一格三段论中的术语表示一种新的论证方式，即当我们看到一种陌生的现象时，如果已经明显知道某一命题，我们可以考虑提出另一个命题，它虽然不能确定为真但完全比陌生的现象更加可信，因此可以用它来解释陌生现象。于是，皮尔士将亚里士多德的这一三段论转变成"BA，FA；所以 FB"。

由于皮尔士认为，逻辑学上三段论的其他格式都是可以通过转化还原为第一格的。例如，通过把小前提与结论互换同时让原来的肯定变否定、原来的否定变肯定，就可以由第一格转变为第二格三段论。这是因为，所有命题都可以转变为全称命题，如所有特称命题在换上另一个主词之后可以转变为全称命题，所有否定命题在把谓词变成否定的情况下也可以变成肯定命题。因此，对亚里士多德的这一特殊三段论格式，皮尔士将它看作前三格三段论的混合形式。不过，他指出这是不同于其他论证形式的一种独特的推理基本法则。

为了表明从三段论格的形式划分所得到的结论代表着论证类型上"一种更为实质上的区分"，皮尔士在对三段论加以解释时引入了传统上不受重视但在现代科学中经常处理的或然性命题。拿三段论的第一格为例，皮尔士将其解释为"所有 M 拥有偶然特征 π 的比例是 r，这些 S 都是从 M 中随意取出的，所以，有可能所有 S 拥有 π 的比例是 r"。虽然这是一种或然性推理，但它是一种概率为 1 的或然性推理，实际上它也是一种演绎推理。皮尔士根据三段论格式的变形得出了第三格的一种论证形式："这些 S 是从 M 中随意得出的，而在这些 S 中，有比例为 ζ 的具有偶然特征的 π；有可能，比例为 ζ 的 M 具有特征 π"①。皮尔士认为他所说的这一形式是科学研究和日常生活中经常使用的归纳推理。接着，皮尔士通过变形得到第二格的如下或然性推理："本性为 M 的任何东西都具有偶尔被我们看到的特征 π，S 具有特征 π；临时来看，我们可以假定 S 在本性上属于 M。"对于这一格的解释，皮尔士指出，这种论证形式在我们实际推理中经常把第一个表示习惯法则的前提变成条件句，也就是说第二格的形式等同于另一形式即"如果 μ 为真，π、π₁、π₂ 将成为它各式各样的后果，而现在 π、π₁、π₂ 事实上为真；姑且，我们可以假定 μ 为真"。后者表现出来的正是亚里士多德所发现的特殊形式，也是我们在日常生活中经常使用的推理，即用以解释已知事实现象而提出假

---

① 张留华：《皮尔士哲学的逻辑面向》，上海人民出版社 2012 年版，第 284 页。

说的一种推理，皮尔士将它称之为"溯因推理"。

可是，在将溯因提升到与演绎、归纳一样的高度，把三者变为并列水平上的推理形式后，皮尔士发现相较后两者而言，溯因推理的强度较弱，是一种弱的推理形式。尽管如此，皮尔士仍然指出，溯因推理因其与别的推理类型不同的原理而有其存在的正当性。在他的著作《溯因、归纳和假说》（*Deduction，Induction，and Hypothesis*）[①] 中，皮尔士认为，所有形式的三段论都可以归结为 Barbara，但是这并不意味着第一格的 Barbara 就是各种推理的最恰当的表现形式，各种不同的推理都是以各自独特的形式表现出来的。接着，皮尔士指出，在 Barbara 中，大前提定下规则，小前提指出规则所涉及的一种具体情形，而结论则是将规则适用于具体情形时产生的结果，因此，Barbara 只不过表现了一般规则向特殊情形的适用，也就是由规则和实例向结果的推断。

而归纳推理是从特殊情况下的一种结果出发推导出一种一般性的规则，也就是说是从特定的实例和结果进行规则的推断。"溯因推理既不是由规则推向结果，也不是由结果推向规则，而是由规则和结果推向实例。"[②] 因此，如果演绎推理的形式表示为"M 是 P，S 是 M，所以 S 是 P"的话，那么其他两种三段论的格式"M 是 P，S 是 P；所以 S 是 M"和"S 是 M，S 是 P；所以 M 是 P"可以分别看作溯因推理和归纳推理的形式结构。

一般说来，考虑到演绎推理的必然性，可以把其看作三段论中的第一格，也就是 Barbara。按照必然推出的演绎推理，如果从特定的前提出发就可以必然地推出一特定的结论为真，那么从结论为假出发，就可以推出在前提中必然存在一假。在这种情况下，如果承认规则就必然否定实例，换言之，如果承认实例，就必然否定规则。前者是第二格的典型式，后者则是第三格的典型式。如果将必然的演绎式更改为或然性的，我们就可以得出第二格是溯因推理，第三格是归纳推理的结果。它们的形式和具体解释如下：

演绎推理形式：

---

① C. S. Peirce，*Collected Papers of Charls Sanders Peirce*，Cambridge：Harvard 1931 –58，Vol. 2，619 –644.

② C. S. Peirce，*The Essential Peirce*，*Selected Philosophical Writings*，Nathan Houser and Christian J. W. Kloesel eds. ，1867 –1893，Vol. 1，188.

规则——M 是 P

实例——S 是 M

结论——S 是 P

演绎推理解释：

规则——来自这个袋子的所有豆子是白色的，

情形——这些豆子来自这个袋子，

结果——这些豆子是白色的。

归纳推理形式：

实例——S 是 M

结论——S 是 P

规则—— M 是 P

归纳推理解释：

情形——这些豆子来自这个袋子，

结果——这些豆子是白色，

规则——来自这个袋子的所有豆子是白色的。

溯因推理形式：

规则——M 是 P

结果——S 是 P

实例——S 是 M

溯因推理解释：

规则——来自这个袋子的所有豆子是白色的，

结果——这些豆子是白色的，

情形——这些豆子来自这个袋子。

由此可见，皮尔士通过对三段论的分析，明确指出通过三段论格式的转化不仅可以产生出传统的演绎推理和归纳推理这两种推理规则，还可以产生出一种特殊的论证形式，那就是溯因推理。

二　溯因推理相对于归纳推理的独特性

皮尔士早期的思想主要局限于逻辑，而他后来逐渐认识到，三段论形式作为工具，束缚了溯因推理的探究。在坎布里奇讲演第二讲"推理的类型"

的末尾，皮尔士抛开三段论格式，对于自己关于论证分类的基本观点进行了总结："现在我们把用以支撑此种理论建构的三段论形式这个脚手架拆除，看看没有脚手架的建筑物什么样。我们看到有三种推理类型。第一格包含了所有必然或或然的演绎。借此我们预言事物一般过程的特殊结果并估计它们最终会在多大可能性上发生。演绎的结论中总是带有特定的概率，因为该推理模式是必然的。第三格的是归纳，借此我们可以获知在日常经验过程中一个现象在多大可能性上伴随另一现象。归纳的结论并不带有演绎结论所带有的特定概率，但是我们可以估计出具有特定结构的归纳能在多大可能性上达到某种精确程度。第二格推理是溯因。这里，不仅结论不带有特定的概率，而且甚至该推理模式就没有特定的概率。……它不过是我们试探着加以采用的一种建议。"①

但是皮尔士也指出，不能区分这三种推理方式中各个要素之间的本质差别，是导致逻辑中出现了混乱或者错误的最根本的原因。这种错误最经常的表现是把溯因推理和归纳推理或者演绎推理等同起来，当作单个的论证过程。基于此，就必须对三者之间的关系做一个分析。

在我们看来，皮尔士的溯因推理源于逻辑，但是他在后期却试图超越逻辑。表现在两方面：第一，从理论上看，溯因相对于归纳，相对于演绎，都有其独特性。这种独特性主要体现在认知方面。第二，从应用上看，溯因的认知功能在其广泛的应用中表现得十分突出。先看第一方面。

从归纳推理的扩展性和或然性角度看，其典型形式是枚举归纳法，如从几种鸟有翅膀会飞，得到所有鸟有翅膀会飞的结论；从几种金属导电，得到所有金属导电的结论，如此等等。在这类归纳中，结论中的主宾概念和前提中的主宾概念是一致的。尽管我们可以说，枚举归纳法是迄今为止可以获得的知识的一种形式，但从中难以察觉到实例的属性之间的相关性，实际上，我们不能获得"新奇的"知识，也就是在现象背后的知识的主体和原因的运作并没有新的扩展。皮尔士很清楚这一点，因此，他在描述归纳和溯因的区别时明确指出："（归纳法）永远不会产生任何想法，演绎也一样，所有

---

① C. S. Peirce, *Reasoning and the Logic of Things*: *The Cambridge Conference Lectures of* 1898, Kenneth Laine Ketner, ed., intro., and Hilary Putnam, intro., Commentary Harvard, 1992, pp. 141 – 142.

的科学思想来自溯因推理。"（CP5.145）。

19世纪70年代，皮尔士提出了一个很重要的观点：假说不同于归纳。原因在于，假说（假设）H的结论通常是一种新的事实，或是"和我们直接观察的不同的一种什么东西，而且时常是一种对我们来说是不可能直接观察的东西"（CP 2.640）。假说所生成的多余的内容（新的想法），在许多典型的实例中，不可见的实体（从而有理由地解释）可导致一些可观察到的现象。①

事实上，皮尔士认为，假说（的推理）和归纳（推理）是扩充性推理的不同模式。正如他1878年所说的："假说的推理推出的事实不能够直接观察"（CP2.642）。归纳缺乏这种能力，因为它受相似的因素制约着。归纳通过概括运作，因此它假定归纳论证结论中提到的事实与前提中提到的事实相似。另外，溯因假说不受制于相似性，皮尔斯指出："完全有可能有事实支持假说推出结论，这是与事实完全不同的，建议放在第一位。归纳中的而不是假说中的相似性的作用是它们区别于扩充性推理的第二个原因。正如他指出的那样……归纳的本质是它从一组事实推出另一组类似的事实，溯因假说则是从一种事实推断出另一种事实"（CP2.642）。如从大洋两岸距离的疏远，推出地球大陆是漂移形成的；从某些星系离我们远去，推断出宇宙由大爆炸形成，这些都表明溯因和归纳是两种不同的推理。

皮尔士指出，枚举归纳法，很像演绎，操作原理就是"进去的是垃圾，出来的也是垃圾"：结论的描述性词汇不能区别于前提。枚举归纳法，尽管我们可以说迄今为止所获的知识难以察觉到实例的属性之间的相关性，但我们不能获得"新奇的"的知识。皮尔士清楚地指出："（归纳法）永远不会产生任何想法，演绎也一样。所有的科学思想来自溯因推理。"（CP5.145）②

之所以在推理中坚持区分归纳与溯因，皮尔士是有一系列考虑的。第一位的原因在于皮尔士认为归纳推理是比溯因推理逻辑性更强的推理方式，两者不能混淆。第二位的原因在于不能通过归纳来推断出假设性的结论。皮尔

---

① Dov M. Gabbay, Stephan Hartmann, John Woods, *Handbook of the History of Logic*, *Inductive Logic*, Volume 10, Elsevier, 2011, p.125.

② Dov M. Gabbay, Stephan Hartmann, John Woods, *Handbook of the History of Logic*, *Inductive Logic*, Volume 10, Elsevier, 2011, p.123.

士指出，归纳和溯因推理却有相同之处，即它们接受一种假设都是在于作为假设之后承的经验事实都是必然或者可能发生的现象。但不同之处在于两者的方法是根本不相同的。溯因推理是从某个经验的事实出发，它在最初并没有任何特殊的结论，只是出于人的本能而要求有一个合理的或者是逻辑上说得通的理由来对其进行解释。归纳却是从自动出现的假设出发，它在最初就有某个特殊的结论，它寻求的就是找到特殊的、经验的事实来证实这个结论。对比之后就可以发现，溯因追溯的是理论或者是原因，归纳追求的是结论。在归纳中，为了论证假设的合理性而通过实验去揭示假设所指向的事实。在溯因推理中，是为了研究事实而引入了一种假设。此外，归纳推理仅仅是断定我们已经观察到的现象在类似情形下的存在，一旦使其超出我们的观察界限时，归纳就无法应用。而溯因推理则设定了不同于我们直接观察到的某种东西，因而使用范围较归纳广。换句话说，归纳推理的准确性是与前提的数量有直接关系的，它的准确性受到前提数量的限制，前提数量越多，归纳也就越为准确。两者是一个正比例的关系。溯因推理在这一点上就相对自由，因为它的目的在于从某个既成事实出发，凭借自己的背景知识去推断出现这个事实的原因。事实本身的数量对于推导的结论一般不构成直接的影响。总之，归纳是从特殊现象得出一般性的结论，溯因则是从结果推出原因。

三　溯因推理相对于演绎推理的独特性

皮尔士认为，一定有一种既有扩充性又能产生新观点的推理模式，经过长期的研究探讨，他断言这种推理就是溯因推理。为表明溯因推理这种独特性，皮尔士对演绎推理和溯因推理的目的性做了一番比较。他指出，演绎的目的是形式的保真性，是为了推理结构的正确的表达或正确的维护：如果前提是正确的，结论必须是正确的。在演绎中，效度和强度都是一致的，因为演绎论证的结论至少与其前提一样是安全的，但这是独特的演绎推理。溯因推理模式可能效度和强度与演绎不一致，推理可能是弱的但依然可以有效。溯因推理的弱是指，并不被前提强烈支持的推论结果可能是弱的，但从皮尔士以上的理解来说是有效的：推理并不假装成比实际更强大的结论。正如他所说："如果一个论点自身不强大但却不假装成强大，那它就算弱但仍然有

逻辑。"（皮尔士文集，简称 CP5. 192）①

皮尔士认为，溯因是一个弱推理，但它仍然可以是合理的（或"有效的"，正如皮尔士提出的那样）。不同于演绎，溯因推理不宣传自己的保真性。它的目的是生成额外的内容和为所采用的原因提供解释（基于解释的考虑）。这是皮尔士式的观点："溯因的结论是有问题或可推测的，但不一定是最低等级的猜测，我们所谓的肯定判断，准确地说，是有希望的高级别的有问题的判断。"（CP5. 192）②

另外，从推理的应用和功效看，演绎不能直接提供关于现象世界的真实的新的知识，而只是具有逻辑自身要求的形式上的保真性（或"安全性"），溯因则直接面向科学认知的对象世界，通过溯因推理特有的选择假说和证实假说的途径，发现关于现象世界的具体的科学认识，这是演绎推理做不到的。

在三段论格式转换的分析中，皮尔士已经发现了溯因推理的形式结构与演绎推理截然不同。前者把后者的结论和小前提的位置互换了，将演绎推理得出的必然性结论变为了从溯因推理中得出的或然性结论。演绎推理的出发点是已经被证实了的确定的规律性知识，是从一般性的理论去推导出特殊性的结论。而溯因推理的出发点是既成事实，是从具体的现象追溯其出现的原因。在具体的科学应用中，两者都具有科学解释的功能，但是在解释方式与进程上不同。演绎推理是将明确知道为真命题的科学规律作为解释项，而其推导出的结论也就是被解释项作为其逻辑后承，也就是说演绎推理的前提和结论之间实际是一种逻辑蕴含的关系。溯因推理在自己的逻辑推演过程中也对现象出现的原因进行了合理性的解释，但这只是猜测性的，猜测的原因与某现象陈述间并非客观必然的联系，因而是或然性的。也就是说，在溯因推理中前提和结论之间不具有蕴含关系。而且演绎推理是用解释项来说明事实何以存在，溯因推理则是由事实到其原因的推测。总之，皮尔士早期的观点是溯因是一种推理，而到了后期，他除了关注溯因的逻辑方面之外，更多关注溯因的认知方面，这就为后来的溯因研究开拓了空间。

---

① Dov M. Gabbay, Stephan Hartmann, John Woods, *Handbook of the History of Logic*, *Inductive Logic*, Volume 10, Elsevier, 2011, p. 127.

② Dov M. Gabbay, Stephan Hartmann, John Woods, *Handbook of the History of Logic*, *Inductive Logic*, Volume 10, Elsevier, 2011. p. 128.

第三节 溯因推理的认知取向

如前所述，皮尔士的溯因推理思想在后期试图超越逻辑的范围，其表现之一溯因推理的认知功能在其广泛的应用中表现得十分突出。

在弄清楚三种推理形式之间的关系与各自的功能后，皮尔士开始将目光转向溯因推理在科学认知活动中的认知功能。在其后期的著作中，他指出演绎所推导出的结论已经蕴含在大前提中，所以不能指望演绎在科学研究中得出创新的结果。归纳则是对已经设想好的假设的一种证明，只能是证明或者证伪，也不会有新的结论产生。只有溯因才能是形成新的假设的推导，是唯一能产生新信念的逻辑操作。据此，他得出结论："实际上，我们整个的知识构造就是一条由归纳给予证实和改进的纯粹假说的蓬乱毡子。如果不是每一步进行假设推理，知识就会永远茫茫然，不可能取得丝毫进步。"①

科学知识是怎样在三种推理的作用下产生的？回答了这个问题也就回答了溯因推理的认知功能问题。皮尔士总结了以往在成功科学研究中所运用推理的实际经验，并结合三种推理的认知功能进行分析得出，一切科学探究中不仅要运用到三种推理方式的一种或两种，事实上，只有三种推理形式同时运用，我们才能获得真理，因而这三种推理构成科学探究的三个阶段。② 在此结论的基础上，皮尔士进而阐述了三种推理的科学认知功能：在任何情况下想要通过科学探究得出合理性的结论，都必须是把溯因、演绎和归纳这三种逻辑推导形式进行循环推进。这个过程的终点可以得出真理性的共同意见。具体来说，就是科学研究一般都是从某个令人惊讶的事实出发，在第一个阶段上，由溯因推理提出一个假设性的原因供检验，然后进入下一个阶段，演绎对该假说推导出可能的结果。在第三个也是最后的阶段上，归纳对这个可检验的结果进行证实，看其是否符合逻辑。亦即溯因建议某物可能是

① Charles Sanders Peirce, *Historical Perspectives on Peirce's Logic of Science: A History of Science*, Carolyn Eisele. Mouton Publishers, 1985, p. 900.

② C. S. Peirce, *Collected Papers of Charls Sanders Peirce*, Cambridge: Harvard 1931 – 58, Vol. 5, p. 171.

什么，演绎推演某物必定是什么，归纳最后证明某物在事实上是可行的。在皮尔士看来，就认知功能而言，溯因推理的认知功能尤为突出，对此他做了详细的描绘：

一个令人惊讶的事实 C 被观察到，

如果 A 为真，那么 C 会是一个不言而喻的事实，

因此，有理由相信 A 为真。

同时，皮尔士也提出了溯因推理的条件和特点：

1. 在对假说的真值进行检验之前，我们应当把这一假说作为一个问题而提出。换句话说，我们必须试图了解从这一假说中所有可能推出的预测结果。

2. 关于相似性的发现是随意的。我们不能从一个已经包含某类特殊预测结果的假说中，推出这种预测结果。

3. 预测结果的成功与失败应受到同样的重视，整个过程应该是公平的和无偏见的。①

皮尔士把溯因推理提升到了科学研究方法论的高度，并且把它放到了整个科学研究起点的位置。其目的就在于强调溯因的认知功能，说明溯因推理在科学发现或形成假说方面的作用。但这种假说并不一定是正确的，它还需要经过另外两个环节的检验来证明或者证伪。如果假说不成立，那么就要新的从溯因—演绎—归纳的推理过程，直到证明假说的正确性，获得新的信念，从而形成新的知识。皮尔士说："科学中所有思想都是来自溯因推理。溯因推理包括研究事实，提出解释它们的理论。"② 在他看来，当代科学中取得的每一个成就都不能离开溯因推理，这是整个科学探究的源头。

至此，溯因不再局限于逻辑，还作为发现与解释的认知方法，日益广泛运用于科学的各个领域，包括机器的故障检测、理论的建构、行为理论、知识更新以及逻辑编程等方面，引起了国外哲学、逻辑、认知与计算机学界的广泛关注。特别是近几年，对于溯因推理的研究，由以前单纯逻辑和哲学角色的探讨向多角度、多层次发展，开启了溯因研究的新思路。主要体现在：

---

① C. S. Peirce, *Collected Papers of Charls Sanders Peirce*, Cambridge: Harvard 1931 –58, Vol. 1, p. 193.

② C. S. Peirce, *Collected Papers of Charls Sanders Peirce*, Cambridge: Harvard 1931 –58, Vol. 5, p. 145.

（1）溯因的逻辑研究，为溯因提供结构模型，刻画溯因是如何进行的。（2）溯因的计算研究，为溯因的执行提供逻辑程序，刻画溯因解释是怎样产生的。（3）日常与实践推理的溯因，处理在复杂真实生活中充满高度不确定性因素的不完全证据，比如经济管理中的策划与决定、医疗和工业中的检测与诊断、案件的刑事侦查与分析，以及各种事故的原因分析中。（4）溯因的认知研究，把溯因看成一个信念修正的认知过程，刻画溯因是如何使信念发生变化的。（5）溯因的科学认知研究，把溯因看成一个科学发现和科学说明的认知过程。其中一个最重要的研究方向是最佳说明推理的研究。

我们认为，溯因的逻辑研究所遭遇的困难向我们昭示，溯因局限于逻辑研究是没有出路的。只有在认知研究的更宽广视域中，才有可能找到解决困难的出路。关于溯因认知研究的尝试就是一种可能的出路。后来的溯因研究逐渐认识到，溯因不等于溯因推理。正如金立教授所说，溯因与溯因推理分别来自不同的概念领域，后者是前者的子集；属于溯因却不属于溯因推理的部分被称作溯因洞见。①

第四节　最佳说明推理与溯因推理

皮尔士以后，对于溯因推理的研究，由以前偏重逻辑和哲学角色的探讨向多角度、多层次发展，开启了溯因研究的新思路，其中的一个研究思路是：溯因的科学认知研究，也就是把溯因看成一个科学发现和科学说明的认知过程。其中讨论最热烈的是最佳说明推理（简称 IBE）。本章探讨最佳说明推理的认知问题、它与溯因推理的区别，探讨最佳说明推理的合理性问题。

最佳说明推理在科学哲学中通常作为辩护科学实在论的论证而出现，它挑战了科学发现和科学说明的标准观点，实际上是对皮尔士溯因推理在科学认知方面的重要发展和新解释。因此，阐释最佳说明推理的基本思想、澄清它与溯因推理的渊源和关系，对于正确认识 IBE 和溯因推理在科学认知中的

---

① 金立：《溯因≠溯因推理》，《湖南科技大学学报》（社会科学版）2018 年第 6 期。

功能具有重要的意义。本节讨论什么是最佳说明推理，探讨它与溯因推理的关系，并研究与此相关的认知问题。

一 什么是最佳说明推理?

最佳说明推理（inference to the best explanation）是从给定事实到对该事实做出最佳说明的假说的一种推理。IBE 的独特之处是它按照"最佳说明"这一目标来进行推理，把推理的合理性建立在对证据的最佳说明上，从而颠覆了人们在推理和说明上的标准观点。

最佳说明推理最早由吉尔伯特·哈曼（Gilbert Harman）提出。他指出，最佳说明推理的规则是：如果某个因素为某些结果提供了最佳说明，那么这个因素就是真实的。比如，一块面包上有老鼠咬过的痕迹，而且附近还有老鼠的脚印，那么，"有老鼠"就为某个事件提供了最佳说明，由此可推出"有老鼠"。可见，哈曼主要从科学说明的角度探讨了最佳说明推理。[①]

哈曼讨论了最佳说明推理与枚举归纳推理的关系。在哈曼看来，最佳说明推理是一种非演绎推理，而枚举归纳也是一种非演绎推理，枚举归纳是最佳说明推理的一种特殊的情形。

利普顿（P. Lipton）则在哈曼的基础上在《最佳说明推理》[②] 一书中对最佳说明推理做了更深入的探讨。利普顿不仅继承而且深化了哈曼关于 IBE 的思想。比如，他在形成几种可能的说明性假说和推出最佳假说的两类推理之间做了明显的区分。利普顿认为，IBE 是"一种新型归纳，它以一种新的且令人兴奋的方式约束了推理。按照它，我们的推理活动受到了说明上考虑的指导"[③]。

在利普顿看来，IBE 并不是仅仅给被说明的现象提供推出说明的理由。而是在于："我们推出说明恰恰是因为它们如果为真，就说明了现象。"[④] 实际上，他的意思是，在我们已知资料和信念的基础上，如果我们能推出某种

---

① 参见王巍《科学哲学问题研究》，清华大学出版社 2004 年版，第 152—153 页。
② P. Lipton, *Inference to the Best Explanation*, Routledge, 2004.
③ P. Lipton, *Inference to the Best Explanation*, Routledge, 2004, p. 58.
④ P. Lipton, *Inference to the Best Explanation*, Routledge, 2004, p. 57.

为真的东西，那么就可以对关于这些资料和信念的竞争说明提供最佳的说明。[1]

利普顿对推出说明性假说时我们所寻求的说明类别做出了以下区分：

第一，区分了真实的说明与潜在的说明。利普顿认为，推理的目标是获得真理，推理实践通常会把我们引向真理这个目标，一旦成为真实说明的东西，就一定是趋近真的东西。[2] 因此，对资料和信念的真实说明就是对它的正确说明，或者至少是接近正确的说明。然而，仅仅是追求真实说明的推理还不够，它并不能阐明竞争说明在推理中的作用，为此需要另一种说明概念，它就是潜在的说明。这种说明与我们的信念系统相一致，给已观察现象提供了某种理解方式。在他看来，潜在的说明起到了一种"认识上的过滤"的作用。此外，要考虑可能的说明，因为它是获得真实说明的基础。这样依赖，IBE 就有了两重"过滤"：首先考察潜在的说明，并从说明库中选择对已观察现象的可能说明，然后从相竞争的可能说明中推出最佳的说明。

第二，区分了最可能的说明和最可爱的说明。最可能的说明是"有最多保证的说明"，最可爱的说明是那种"如果正确，将是最有说明性的或提供最多理解的说明"。[3] 在利普顿看来，"可能性"涉及的是正确性；"可爱性"涉及的是潜在的理解。因为在他看来，我们一方面可以通过归纳上的可能性去评估假说的可能性，另一方面可以通过说明上的可能性去评估其可爱性。在评估归纳的可能性时，需要权衡所有资料给这个假说或其他假说的相对支持；在评价说明上的可能性时，需要判断一个说明多么好地与我们当前的背景知识、感觉等相一致。利普顿认为 IBE 有两个显著特点：其一在于强调说明上的考虑是推理的指导；其二在于阐明 IBE 是追求最可爱潜在说明的推理。

由此可见，IBE 是一种形成说明性假说的推理。说明上的考虑是推理的指导，科学家依据可得到的证据提出的假说如果真就很好地说明了证据。多数情形下，给定一些经验资料，我们就会对它们提出一些可能的说明或潜在

---

[1] 参见王航赞《溯因推理与最佳说明的推理》，《哲学动态》2013 年 5 期。

[2] P. Lipton, *Inference to the Best Explanation*, Routledge, 2004, p. 59.

[3] P. Lipton, *Inference to the Best Explanation*, Routledge, 2004, p. 61.

的假说。尽管这些说明是可能的，但并不意味着它们是最佳的。还需进一步在它们中间进行验证，以确定说明的质量。如果我们最终确定这些说明中有一个是最佳的，那么就应确信它给经验资料提供了深刻的潜在理解，是经验资料的真正说明。因此，可把 IBE 看成一种从潜在说明中选择正确说明的策略。一方面，它既是对实际科学推理过程的正确描述；另一方面，又被赋予由它得出结论的那种认识保证的属性。所以，它既是科学发现和创造的方法又是科学说明或评价的主要论题。

二 最佳说明推理与溯因推理的关系

关于最佳说明推理与溯因推理的关系，主要有两种观点：第一种观点认为，溯因推理和 IBE 之间存在着一种联系。皮尔士的溯因推理和 IBE 实质上是一样的。比如，在考察利普顿对寻求最可爱说明推理的阐述时，巴恩斯（E. Barnes）就把溯因和 IBE 看成是同一种推理。他指出："皮尔士对'溯因'的讨论常被人们引用为论证假说 H 充当了支持对其证据的好说明的判断，从而推出 H 为真的第一次尝试。哈曼通过论证枚举归纳只有被运用为他称作'最佳说明推理'这种更基本推理模式的特殊情形时才有效，倡导了这种处理推理的方法。"①

在舒尔茨（Schurz）看来，"溯因是 IBE 的特殊形式"。②最佳说明推理的结构决定了一种具有前景的溯因猜想，从而成为溯因研究的策略。溯因推理实际上是一种特殊的最佳说明推理；最佳说明推理是溯因推理的一般形式。

坎波斯（D. G. Campos）认为，皮尔士的溯因推理和利普顿的最佳说明推理具有相容的要素和共同特征。其一，它们的共同特征是强调科学家在形成假说的过程中，受说明性考虑的指导；其二，两种推理用来判断假说性说明相对可能性的标准是相容甚至是互补的③；按照皮尔士的观点，判断说明可能性的标准是，溯因假说一定要足以清楚，从而能得到可验证的实验结

---

① E. Barnes, "Inference to the Loveliest Explanation", *Synthese*, 1995, p. 251.

② G. Schurz, "Patterns of Abduction", *Synthese*, 2008, p. 202.

③ D. G. Campos, "On the Distinction Between Peirce's Abduction and Lipton's Inference to the Best Explanation", *Synthese*, 2009, p. 20.

果，这类似于利普顿提出的我们偏向于最清楚、可验证的最佳说明的主张。最后，一个溯因性假说的实际结果是可构想的，但必须建基于我们全部的信念体系，一定要包括所有来自我们知识体系的相关要素，以便确定提出假说的方式是否与我们现存的信念相融贯。亦即，我们并不是基于孤立的术语和命题来推理的，而是基于对说明性假说的概念和结果的整体理解来推理的。我们的假说与我们科学信念的融贯程度充当了给一个假说的可能性进行最初评价的标准之一。

第二种观点强调，溯因推理和 IBE 之间存在着区别。比如，辛提卡认为，皮尔士的溯因推理包括了更多产生科学假说的方式，因为这种溯因的策略性作用就是发现的手段。这是 IBE 无法比的。IBE 主要的作用是评价和辩护。另外，溯因本身存在的不足在于，它并没有多少评价的功能和辩护的价值。在舒尔茨看来，皮尔士的溯因推理中可以形成无限多个说明实验现象的可能假说，但并没有明确指出能在那些猜想性假说中找到正确假说的溯因规则。

敏拉梅尔（G. Minnameier）明确主张，应把溯因推理和 IBE 明确区分开来。理由之一是，在他看来，皮尔士探讨的是溯因、演绎和归纳三者构成的科学理论。皮尔士在推理上的这种三分法考虑是要给科学研究的整个过程提供全面解释。而 IBE 始于已确立的假说，更类似于皮尔士的归纳，只能被皮尔士的归纳概念而非溯因概念所涵盖。因此，IBE 属于皮尔士的归纳推理。"如果把两者相等同，那就是一种不负责的操作。"[1] 理由之二是，皮尔士的溯因意在形成新知识，尤其是产生令人惊奇事件的理论性说明。皮尔士的溯因是一种创新推理，溯因是理论的形成过程；而 IBE 主要涉及对已确立说明性假说的评价，它是有关理论的接受或拒绝的评价过程。实际上，敏拉梅尔对溯因推理和 IBE 区分的强调有助于科学哲学中的实在论、融贯论的争论与探讨。

帕沃拉（S. Paavola）提出两类溯因的区分。在他看来，溯因包括哈曼式溯因和汉森式溯因两种。利普顿的 IBE 属于哈曼式溯因，是对他的继承和

---

① G. Minnameier, "Peirce-suit of Truth—Why Inference to the Best Explanation and Abduction Ought not to be Confused", *Erkenntnis*, 2004, p. 75.

发展；汉森式溯因是皮尔士溯因推理的继承和发展，它与发现的逻辑相关。换言之，在帕沃拉看来，IBE 和皮尔士的溯因推理是不同的。①

坎波斯认为，哈曼－利普顿式的 IBE 不应称为溯因，因为 IBE 包括的不只是说明性假说的创造性形成。皮尔士的溯因推理也不是 IBE 的前身。因为没有二者之间的系统比较。一方面，皮尔士的溯因是关于形成说明性假说的理论刻画；另一方面，IBE 不仅是对科学假说形成的刻画，而且是对其评价过程的描述。如果把它们等同，就会把溯因和归纳混同，会失去对 IBE 这种科学推理特质的把握。

我们认为，否认最佳说明推理与溯因推理关系的观点是站不住脚的。因为二者有区别并不意味着二者没有任何联系。它们的联系在于，第一，从历史上看，最佳说明推理理论并非无源之水，无本之木。它实际上是继承了溯因推理的基本思想，在此基础上有所发展；第二，最佳说明推理和溯因推理在逻辑形式结构上是一致的，差别只是在解释方面。因此，证明最佳说明推理的合理性同时也就证明了溯因推理的合理性。

第五节　从认知角度看最佳说明推理的合理性

20 世纪后半期以来，最佳说明推理日益被视为最有希望超越传统归纳法的科学推理方法，尽管它在摆脱"休谟问题"等难题的过程中，将理论的解释力与其真理性问题直接联系起来，推动了科学推理的认知和哲学研究。但这种推理的合理性争议一直持续不断，范·弗拉森在这场争论中占有特殊的位置，他对"最佳说明推理"的分析和批判最具代表性。经过缜密的分析，范·弗拉森旗帜鲜明地提出了一系列反"最佳说明推理"的经典论证，为"最佳说明推理"的合理性做了批判性反思，促使人们思考科学推理的认知功能和认知基础问题，具有重要的理论意义。

在休谟问题提出以后，传统的归纳法受到巨大冲击，如何重建科学推理的合理性问题就摆在了人们面前。皮尔士以来，"最佳说明推理"（简称为

---

① S. Paavola, "Abduction as a Logic and Methodology of Discovery: The Importance of Strategies", *Foundation of Science*, 2004, pp. 267 – 283.

IBE）逐渐被人们看作科学推理的主要模式，甚至有人认为它可以取代传统归纳法的地位。但是这种将认识规则合理性诉之于理论解释力的辩护策略能否真正超越存在于经验与理论之间的鸿沟呢？范·弗拉森（Van Fraassen）的相关批判和反思最具代表性。作为当代新经验主义的代表人物，他从建构经验主义的立场出发，认为 IBE 本身并不可靠，这种以理论的解释力强弱来说明经验与理论关系的方法"是建立在流沙基础之上的"[1]。范·弗拉森对 IBE 的解读和批判影响巨大，以至于哈曼、利普顿等"最佳说明推理"的当代著名支持者们都不得不对其观点进行深入的探究，可以说范·弗拉森的相关批判已成为当前探讨 IBE 合理性问题不可绕过的经典论述。鉴于范·弗拉森论"最佳说明推理"的深远影响力，但学界仍无系统的探讨，我们将集中梳理和分析他的相关思想、问题、影响以及意义。

一 范·弗拉森论 IBE 对传统归纳法的超越

范·弗拉森对 IBE 的讨论可以追溯到他在 1980 年出版的《科学的形象》一书。在这一时期，范·弗拉森并没有明确彻底反对 IBE，更多的是怀疑这一推理模式是否可以合理地扩展到科学的不可观察领域。而且，这种反驳还主要针对的是科学实在论的最佳说明推理方法的辩护问题，他在《科学的形象》中这样写道："这种推理模式（即最佳说明推理）还会使得我们的信念相信不可观察的实体吗？"[2] 范·弗拉森对最佳说明推理的批判是以塞拉斯、斯马特和哈曼等实在论者的 IBE 论证为主要对象的，"如果像在自然科学中所作的那样遵循同样的推理模式，我们将会发现，除非自己肯定已接受科学理论的真理性，否则我们的推理就是非理性的。"[3] 范·弗拉森认为，如果把 IBE 扩展到人类肉眼之外的不可观察领域，这种推理本身是不合法的，或者说是值得怀疑的。正因为如此，希洛斯（S. Psillos）将范·弗拉森的 IBE 解读为水平的（Horizontal）和垂直的（Vertical）IBE 两种模式。其中，水平的 IBE 是关于可观察实体的溯因推理方法；而垂直的 IBE 则是关于不可观察

[1] Bas C. van Fraassen. *The Scientific Image*, Oxford: Oxford University Press. 1980, p. 131.
[2] Bas C. van Fraassen, *Laws and Symmetry*, Oxford University Press, 1989, p. 20.
[3] James Ladyman, Igor Douven, Leon Horsten, Bas van Fraassen, "A Defence of Van Fraassen's Critique of Abductive Inference", *The Philosophical Quarterly*, 1997 (47), p. 313.

领域的推理方法，范·弗拉森对 IBE 的怀疑主要针对的是不可观察领域，并以此为基础他建立起了建构经验主义理论。[①]

但希洛斯在某种意义上却忽略了范·弗拉森在《科学的形象》之后对 IBE 批判维度的重大变化。特别是范·弗拉森在 1989 年的著作《定律与对称》中，已经大大扩展了对 IBE 的批判范围和力度，他的相关批判也不再仅仅局限于科学实在论的辩护问题。这一时期，范·弗拉森把批判的矛头指向与传统归纳推理问题相关的问题：在传统归纳法无法实现科学方法论的理想之后，"最佳说明推理" 被认为是有望将科学认识论重新建立在新的坚实基础之上的方法论模式，"归纳法已经让位于最佳说明推理"。[②] 在范·弗拉森看来，这种观点是值得怀疑的。

在《定律与对称》中，范·弗拉森具体总结了归纳主义的理想方法论规则，即 "一套计算规则，它可以从一些具体数据出发外推出普遍性的结论（至少是扩展性的）"。这里面具体包括：（a）它是一套规则；（b）具有理性的约束力；（c）在独立于数据出现的历史和心理背景的意义上，它是客观的；（d）它是扩展性的。[③] 可是，传统归纳法事实上无法完成以上的这些任务，因为归纳法从有限经验扩展到普遍命题一直并没有强有力的理性力量作保证，这一点休谟早已给出了评判。也正因如此，哈曼等人才试图用新的 "最佳说明推理" 实现从经验证据出发通过另外的某种可靠的途径，最终形成关于这些经验的真实客观规律，也就是重新在经验与假说之间确立某种客观理性的关系。这正如范·弗拉森说的，在传统归纳法无法实现科学方法论的理想之后，IBE 被认为是有望将科学认识论重新建立在新的坚实基础之上的方法论。[④] IBE 放弃像归纳法那样将一般性结论的逻辑诉诸演绎式的辩护方法，而是着眼于理论本身的某种特性与其真理性的关系。对于这一观点，范·弗拉森总结说："一般性的理论，诸如达尔文的进化论、爱因斯坦的相对论或者波尔的量子力学，它们都不能在证据的基础上直接建构起来，但是

---

① S. Psillos, "On van Fraassen's Critique of Abductive Reasoning", *The Philosophical Quarterly*, 1996 (46), p. 34.

② Bas C. van Fraassen, *The Scientific Image*, Oxford: Oxford University Press, 1980, p. 131.

③ Bas C. van Fraassen, *The Scientific Image*, Oxford: Oxford University Press, 1980, p. 132.

④ Bas C. van Fraassen, *The Scientific Image*, Oxford: Oxford University Press, 1980, p. 131.

我们还是合理地相信这些理论是真实的。而且，视为证据的东西本身也不是确定无疑的，它们可能在以后被我们当成是错误的。我们认为，我们自己的证据或者超出证据的外推是正确的，而不考虑这种认知活动是否合理。"[1]超出经验证据的外推或者说是扩展性推理，最直接和直观的参照模式就是理论（假说）对证据的关系问题，也就是理论对证据的说明能力，这是探究科学推理模式是否有效的关键参照点。

为此，IBE 改变了传统归纳法力图直接实现在经验与理论之间的贯通问题的解决方向，在科学确证悖论的问题上，IBE 强调理论"可爱性"和"解释力"等的说明能力的重要性。范·弗拉森指出，这条有希望的路径面对的问题与归纳问题是一样的：它是一种扩展性的推理，其关键仍在于如何从科学实践的有限事实向普遍性全称判断的结论跨越。具体来说，如果存在证据一系列的经验事实 E，面对这一系列现象，科学家们提出了一系列可能的解释假说 H_1，H_2，H_3，…，H_n，如果其中之一的 Hi 对 E 做出了最令人满意的解释，那么我们就可以推断说 Hi 具有真理性。[2]这是范·弗拉森所理解的 IBE 的最核心内涵。范·弗拉森自己总结说："它（IBE）是扩展性的，因为这种推理使得我们超越了源自于证据的逻辑推断。"这亦即哈曼所说的那样，IBE 是一种非演绎的和非论证式的推理模式，这种说明推理将确证和推理重新统一起来。这一点表现在对理论信任度的判断方面，就是理论 Hi 对证据特别是新出现证据做出了最令人满意的说明和描述，意味着对 Hi 信任度的提高。由于从经验到理论的演绎推理不可能存在，IBE 反过来求助于用假说（理论）说明或解释作为新的估量因素来参考科学推理过程的合理性问题，这是 IBE 另辟蹊径的创新之处。

二　范·弗拉森论 IBE 合理性的相对性

在范·弗拉森看来，IBE 作为一种扩展性推理模式，还无法完成哲学家以上所赋予它的任务，即"完成传统归纳方法的理想"[3]。因为作为一种推理

---

① Bas C. van Fraassen, "Belief and the Will", *Journal of Philosophy*, 1984（81），pp. 235 – 236.

② Igor Douven, "Testing Inference To The Best Explanation", *Synthese*, 2002（130），p. 356.

③ Bas C. van Fraassen, *The Scientific Image*, Oxford：Oxford University Press, 1980, p. 142.

规则，IBE 仍然面临着从特殊经验到一般命题跨越的逻辑难题，在 IBE 将论证的逻辑诉诸理论的最佳说明的解释能力时，它只是增强了经验与命题之间的因果联系，但仍没有从根本上实现二者间的直接理性关联的关系。即当 IBE 力图用解释力强化经验与理论关系之时，这可以作为一套参考和衡量的参照物，但还不是具有理性约束力的方法论规则。为此，范·弗拉森认为 IBE 更多只是一种主观性的判断，它在实现从经验到理论推理中的扩展性结论是可疑的。

当 IBE 强调其本身具有推理合法性特征的时候，它暗中假设了解释能力最强的理论即为真的判断是合法性的推理。但这种推论得以成立还需要一个附加前提，也就是这个最佳理论必须是在对经验事实所作解释说明的所有理论之中选择出来的，只有这样，范·弗拉森认为解释能力最强的理论才应该被认为是真实的理论。可是，IBE 所谓的最佳理论，只能是对现有理论的解释力比较的结果，"只在历史上已有的假说中选择最佳的一个"，但其结果"我们的选择更可能是劣中选优"，因为这种选择仅仅局限于一定的有限范围之内，它们很可能都是错误的假说。在一系列错误集合之中做出最佳选择，这一理论仍是错误的，"所以信任最佳说明需要的不只是对已有假说的评价。这还需要超出比较判断的一步，这个假说不只要比现有竞争理论更好，比较判断实际上是一个'证据的权重问题'"①。这就是范·弗拉森著名的"下下签论证"（The argument of the bad lot）。②为此，在范·弗拉森看来，IBE 得以成立的这个附加前提就是，没有一个可能的理论解释（即在所有理论中）比我们所拥有的最佳理论 Hi 的解释更好。换言之，科学家们针对现象 E 提出的一系列假说 H_1，H_2，H_3，…，H_n 必须是一个有限序列，而且，我们已经知道所有这些假说，只有这样，我们才能真正判断出哪一个理论或假说具有最佳解释力，从而确定 IBE 的合理性。

为此范·弗拉森说，如果我们把能够解释某一领域特定经验现象的一系列可能假说 H_1，H_2，H_3，…，H_n 视为一个集合 x 的话，"我认为，集合 x

---

① Bas C. van Fraassen, *The Scientific Image*, Oxford: Oxford University Press, 1980, pp. 142 – 143.

② S. Psillos, "On van Fraassen's Critique of Abductive Reasoning", *The Philosophical Quarterly*, 1996 (46), p. 36.

中最佳理论更可能为真而非错误的判断需要一个先验条件，即真理正好已经存在于这个被发现的集合 x 之中"①。但这只能是一个先验的设定，事实上我们没有理由和权力做出如此假定，所以 IBE 的论证前提是存在问题的。范·弗拉森认为在面对"下下签论证"时，IBE 的支持者最本能的反应便是诉诸人类认知能力的"特免权"辩护（这也确实是 IBE 最重要的辩护思路之一）。具体而言，这一论辩主要求助于进化论思想："我们天然倾向于偶然发现正确的假说范围。"弗拉森认为，它具体包括认识论的自然主义和理性主义两条路径。其中，"自然主义的回答建立在我们对自然的适应性这个事实的结论之上，人类进化的成功一定要归之于某种适应性方面"②。正如自然界中的丛林法则，只有从残酷竞争中脱颖而出的理论才可能是真实的，"按照这种同样的方法，我认为当前科学理论的成功不是奇迹。对于有科学观念的人（达尔文主义者）来说这一点毫不奇怪。任何科学理论都是在激烈的竞争中诞生的，这是生与死的残酷竞争。只有成功的理论能够存活，即那些事实上理解了自然规则的理论"③。为此，科学理论的进化本身就是人类具有的一种先天的自然选择的能力，自然主义可以确保这种对理论的最佳选择是有效的。

范·弗拉森却指出："残酷的生死竞争本身并不是自然选择的一种内在品质，甚至也不能提高生物适应性的机会，或者灭亡的生存机会。仅仅靠我们的思考和过去的特有选择，新理论不可能肯定为真，因为这种成功只能是未来的成功。"④ 他还以英国工业革命时期蛾子颜色的变化为例说明，"英国工业革命时期蛾子变黑，并不是因为它们生产了更多暗颜色的后代，而是由于亮颜色的后代更加脆弱的原因"⑤。也就是说，IBE 将论证的基础归结为一种人类能力或进化的自然选择，还是站不住脚的。此外，范·弗拉森认为 IBE 的支持者还会求助于"不可抗拒"的理性主义论证。这一辩护的基本思路是说，当我们面对一系列可选择理论的时候，"我们必须选择其中最有历

① Bas C. van Fraassen, *The Scientific Image*, Oxford：Oxford University Press, 1980, p. 143.
② Bas C. van Fraassen, *The Scientific Image*, Oxford：Oxford University Press, 1980, p. 143.
③ Bas C. van Fraassen, *Laws and Symmetry*, Oxford：Oxford University Press, 1989, p. 40.
④ Bas C. van Fraassen, *The Scientific Image*, Oxford：Oxford University Press, 1980, p. 143.
⑤ Bas C. van Fraassen, *The Scientific Image*, Oxford：Oxford University Press, 1980, pp. 143 – 144.

史意义的理论，指导这种选择是任何正确推理规则的任务。换言之，这不是因为我们具有什么特殊的信念，而是因为我们不得不从中做出选择。"① 这种辩护首先承认人类面对的理论选择并不是无限的，只是到目前为止所能够获得的有限假说，这可能是 IBE 永远要面对的真实情况，即处于"下下签"的不利状况下，这是"不可抗拒"的实际情况。但是这种困难并不能使得我们放弃合理性的选择，所以 IBE 的合理性总是情境化和相对的，它总是相对于某种历史背景而言的，在这些假说或理论中最具解释力的理论仍是最具真理性的。但在范·弗拉森看来，这种辩护还是没有说服力的，"环境迫使我们选择了最佳理论，但它不能迫使我们相信这个最佳选择为真"②。在这里，范·弗拉森主张应该把在"不可抗拒"条件下的最佳理论选择与其真理性问题区分开来对待，因为这是两个不同的方面，"没有必然的逻辑联系"。他还特别以詹姆斯所描述的爬山者面对山崖裂缝时候的两难选择为例，无论是爬山者勇敢地越过裂缝还是露宿山崖，都面临着巨大的生命危险，我们很难断定何种选择是好的。科学家对理论的选择也是如此，"在其以研究为基础的理论选择过程中，没有显示出任何信念的真理性倾向"③。

三　范·弗拉森再论 IBE 合理性的相对性

有一部分 IBE 的辩护者还会分辩说，IBE 只是一种笼统的对超越归纳法的新方法论称呼，"最佳说明推理"这种说法可能有些问题，它要表达的意思无外乎强调在人们推理过程中假说解释力的重要性，"以此来包含所有不具演绎形式的非论证性推理"。④所以，IBE 的问题仅仅是有点"用词不当"，"一种非常谦虚判断推理的变形"而已，"这只是真正认识规则的代码，解释力是真理的一个标志，一个特有的征兆"⑤。范·弗拉森具体将这种辩护称为简略式（retrenchment form）辩护，这包括两种主要形式：其一，它是

① Bas C. van Fraassen, *The Scientific Image*, Oxford: Oxford University Press, 1980, p. 144.
② Bas C. van Fraassen, *The Scientific Image*, Oxford: Oxford University Press, 1980, pp. 144 – 145.
③ Bas C. van Fraassen, *The Scientific Image*, Oxford: Oxford University Press, 1980, p. 145.
④ Haeman G., "Enumerative Induction as Inference to the Best Explanation", *The Phiosphical Reivew*, 1968（18），p. 525.
⑤ Bas C. van Fraassen, *The Scientific Image*, Oxford: Oxford University Press, 1980, p. 146.

"在经验上不可反驳理论在解释方面突显出来的特征，由此使得理论更可能为真"（形式1）；其二，推理"合理性自身需要这些特征来作为对证据合理反映认识规则的一些相关因素"。（形式2）①

针对这方面的辩护，范·弗拉森又提出了另一个著名的批判性反驳命题——"不相关论证"（the argument from indifference）。② 范·弗拉森指出：在能够解释一系列现象的诸多理论之中，除了所谓的那个最佳理论，可能还存在着一个尚未提出的理论，它在原则上能够像已知的最佳理论一样与所有的证据相符合，但是这两个理论具有不同的逻辑结构。③ 让我们姑且假定，对证据 E 做出最佳解释的那个理论为 T，但在逻辑上总会有可能存在着其他的，还没有出现的理论如 t，它和 T 在逻辑上并不一致，但同样能够很好地解释现象 E。可是，直觉告诉我们，是其中的一个理论可能为真，这两个逻辑结构不同的理论难以共融。如此一来，被我们视为最佳说明的当前理论 T，它必然为真的可能性就大打折扣，甚至不太可能为真了。④ 范·弗拉森的这一批判最早主要是针对形式1的，但从实际效果上看，作为对 IBE 的整体批判可能更合适，而且他也在以后的论证中肯定了这一点。⑤

之后在希洛斯等人的批评下，范·弗拉森等人又进一步细化了以上的论证环节。首先，"即使是我们姑且假定在最佳理论以后的未知理论里，没有哪个理论会提供对证据的更好解释，但这也不足以得出结论说最佳说明推理是可以接受的"⑥。因为，"这一结论还至少需要一个前提条件，即总是存在着唯一 一个最佳说明的理论，按照某种'好的'标准，对证据 E 的一系列

———————

① Bas C. van Fraassen, *The Scientific Image*, Oxford: Oxford University Press, 1980, p. 146.

② S. Psillos, "On van Fraassen's Critique of Abductive Reasoning", *The Philosophical Quarterly*, 1996 (46), p. 43.

③ Bas C. van Fraassen, *The Scientific Image*, Oxford: Oxford University Press, 1980, p. 146.

④ James Ladyman, Igor Douven, Leon Horsten, Bas van Fraassen, "A Defence of Van Fraassen's Critique of Abductive Inference", *The Philosophical Quarterly*, 1997 (47), p. 309.

⑤ 奥卡沙对此问题的评价很有道理，"不相关论证对形式1的反驳并不准确，'甚至是莫名其妙的'"，这一判断虽然对形式1意义不大，可是对整个"最佳说明推理"本身的挑战还是极为严重的。

⑥ James Ladyman, Igor Douven, Leon Horsten, Bas van Fraassen, "A Defence of Van Fraassen's Critique of Abductive Inference", *The Philosophical Quarterly*, 1997 (47), p. 309.

解释中一定有一个是最好的。但我们怎样证明这一前提呢"?[1] 其次，人们对最佳理论的评价标准是难以准确确定的，而且，最佳理论的唯一性也难以给出合理的先验解释。最为重要的是，"不相关论证"存在着一些实在的科学实例，"基本物理学为我们提供了一些周知的经验等值理论的例子"[2]。范·弗拉森举例说，伯姆力学在经验上等值于基础量子力学，它们二者在逻辑上不同，但都很好解释了共同的相关现象，即他把论证引向了"经验等值命题"，科学史上这种情况的存在佐证了 IBE 的不可靠性。

事实上，IBE 简略式的形式 2 辩护意在指出合理性自身需要解释性因素在决定如何对新证据做出反应时发挥作用，更准确说，IBE 的支持者希望在朴素 IBE 规则背后揭示出一个规律：面对新的经验证据，在成功解释因素的支持下如何调整我们个人对知识信念信任程度的概率。[3] IBE 的这一辩护思路看似是合理的，但范·弗拉森却认为这与贝叶斯主义是不能相容的，而且它们二者之间是一种非此即彼的关系。最佳说明推理的论证逻辑直接威胁着贝叶斯推理的合理性，"用最简单的形式说，这种威胁论指出，如果贝叶斯主义是正确的，那么最佳说明推理就一定是错误的"[4]。因为贝叶斯主义通过贝叶斯公式要表明人们对某一信念的确认度与对新证据的解释存在一定的一致性和连续性，随着经验证据的变化认知的先验概率在向后验概率的转变过程中，IBE 则直接否定了贝叶斯推理的这种条件化原则，利普顿接着总结说，"这里的'正确'，意味着对我们归纳实践的一种好的描述，但是这种反驳也可能有规范的界限，因为所谓的'荷兰赌论证'就是要表明任何没有遵循贝叶斯定律的人的动态信念都是非理性的"[5]。

所以，在分析希洛斯反驳的时候，范·弗拉森等还特别强调了"荷兰赌论证"在其中的重要性。他们指出，"事实上，最著名的反 IBE 的论证可能

① James Ladyman, Igor Douven, Leon Horsten, Bas van Fraassen, "A Defence of Van Fraassen's Critique of Abductive Inference", *The Philosophical Quarterly*, 1997（47），p. 309.

② James Ladyman, Igor Douven, Leon Horsten, Bas van Fraassen, "A Defence of Van Fraassen's Critique of Abductive Inference", *The Philosophical Quarterly*, 1997（47），p. 310.

③ Samir Okasha, "Van Fraassen's Critique of Inference to the Best Explanation", *Studies in History and Philosophy of Science*, 2000（31），p. 699.

④ Lipton, P., *Inference to the Best Explanation*, London: Routledge, 1991, p. 104.

⑤ Lipton, P., *Inference to the Best Explanation*, London: Routledge, 1991, p. 104.

就是范·弗拉森的荷兰赌论证了，希洛斯没有讨论到，这一论证显示采纳IBE 作为修正信念的方法最终只能使得其信念系统出现不连贯"①。范·弗拉森强调贝叶斯推理在确定信任度与经验证据关系的重要性，但贝叶斯推理得以成立的条件化原则却是和 IBE 相矛盾的，"范·弗拉森证明说，这种对信念修正的方法注定会致使一种动态的荷兰赌。这就是说，知道你使用这种策略的赌博的人就可以构建一套赌博规则，它在你看来是公正的，但总会导致你输钱［范·弗拉森的证据只是一种特殊的例证，即戴维·路易斯和保罗·特勒的著名论证——荷兰赌和任何采纳不同于条件化（conditionalization）的明确方法相悖]。于是范·弗拉森总结说，IBE 的规律观点违背了贝叶斯合理性的要求"②。为此，范·弗拉森得出结论，在 IBE 违背贝叶斯推理前提的情况下，只能得出 IBE 的合理性难以成立的结论。

四 范·弗拉森论 IBE 诉诸解释力辩护的有限性

范·弗拉森对 IBE 的批判性反思也成了科学实在论与反实在论论战的核心问题之一。应该说，范·弗拉森对 IBE 的批判性反思是相当有力的，无论是"下下签论证"还是"不相关性论证"以及"荷兰赌论证"等，它们都已构成了 IBE 最重要的批判内容，也成为 IBE 反思和自我完善的重要参考文献。从范·弗拉森反驳 IBE 的逻辑特点来看，他主要坚持了一种休谟传统的经验主义。在弥合经验与理论逻辑裂缝的论战中，范·弗拉森仍以逻辑演绎的视角看待 IBE 替代归纳法的可能性问题。所以，站在经验主义立场上，范·弗拉森通过利用经验与理论不对等的"不充分决定命题"充分揭示了IBE 诉诸于解释力辩护的有限性，这是经验主义怀疑论最常用的思路。

具体来说，在"下下签论证"中，范·弗拉森认为，这个选择出来的所谓最佳理论很可能只是矬子里拔将军，而要使这个判断确实可靠，我们必须有充足理由保证这个"抽签"的集合本身恰恰就内含着那个正确的理论，否则即使是最好的说明，也至多只是当前已知假说中最好的那个，其真理性

---

① James Ladyman, Igor Douven, Leon Horsten, Bas van Fraassen, "A Defence of Van Fraassen's Critique of Abductive Inference", *The Philosophical Quarterly*, 1997 (47), p. 312.

② Samir Okasha, "Van Fraassen's Critique of Inference to the Best Explanation", *Studies in History and Philosophy of Science*, 2000 (31), p. 700.

还是无法得到保障。应该说，范·弗拉森的这一判断是没有问题的，如果没有确切的理由，我们不应该将已知作出最佳说明的理论直接视为真理，对于这一点，许多 IBE 的支持者也不得不承认其批判的重要价值。[1] 范·弗拉森的批判并没有停留于此，他接着提问：假说的集合 x 怎样才能确保其不是一个"下下签"的集合呢？这个 x 只是到目前为止科学界的猜想集合，因此我们要保证未来不会再出现新的更好的假说，而这与科学史恰恰不符。他的这一推论即刻就涉及了"不相关性论证"，而"不相关论证"（Irrelevant argument）的基础在于直接借助了"不充分决定命题"（underdetermind proposition）的经验等值命题："对于每一个可能的可观察集合和辅助性假说以及相关理论 T 而言，总会有在经验上等值于 T，而在逻辑上截然不同的理论存在。"[2] 范·弗拉森同样直接利用了这一命题，"既然存在许多经验等值而在本体论上不相容的理论，那么我们所做出选择的集合中真的理论恰恰正在里面的可能性是不大的，所以，做出最佳说明的理论为真的可能性不大。这一论证诉诸我们拥有理论存在经验等值现象"[3]。但范·弗拉森的这一论述的基础还是不够完善。因为以经验等值命题为基础的"不充分决定命题"还是存在很大争议的科学哲学问题，特别是在劳丹等人对"经验等值命题"（empirical equivalence proposisition）的反驳中，人们逐渐意识到这一问题的复杂性。[4] 这也就是说，范·弗拉森的这一相关批评仍是缺乏坚实可靠基础的，还有可商榷之处。

"荷兰赌论证"（the Dutch Book Argument）则相对较为独立，它针对的是 IBE 简略式辩护模式，进而涉及与贝叶斯推理的关系问题。范·弗拉森意识到，如果 IBE 为了确认新的经验证据对认知者信任度的影响程度而为最佳说明推理辩护，这看似合理，但实际上经不起推敲。因为按照贝叶斯主义的理解，理论的解释能力和科学推理的认知结果是无关的，"沿着贝叶斯主义的理路看，这一反驳是快速、肯定和致命的"，否则我们就要面对荷兰赌悖

---

① 参见 Samir Okasha, "Van Fraassen's Critique of Inference to the Best Explanation", *Studies in History and Philosophy of Science*, 2000（31）的相关内容。

② Kukla A. Laudan, Leplin, "Empirical Equivalence and Underdetermination", *Analysis*, 1993（53）, p. 3.

③ James Ladyman, *Understanding Philosophy of Science*, Routledge, 2002, p. 219

④ 参见贾向桐《间接确证能实现对不充分决定命题的反驳吗?》，《南京社会科学》2009 年第 8 期。

论问题，可见贝叶斯推理与 IBE 是不能融合的，这打破了"贝叶斯合理性条件化"的"一致性原则"。① 确实，这一批判给 IBE 的支持者造成了很大的理论困难，它揭示了 IBE 在论证方面的脆弱性。但此主张也不是定论，这一问题至今仍是贝叶斯主义认识论的重要争议问题："IBE 可以与我们归纳实践（贝叶斯主义所不能的）的某些方面相适应，这就像一对矛盾；但是表面有欺骗性。这是关键点。要在 IBE 和贝叶斯主义条件化之间确定平衡……利用 IBE 可以使得它和贝叶斯主义条件化达成和谐。"② 如希洛斯就坚持认为，IBE 是一种独立于贝叶斯主义的推理模式，"解释主义与贝叶斯主义并非盟友"，原因在于：（1）"我们绝不能在或然论证的结论中分离出其概率，而无论它的概率有多高"，即经验证据并不是接受和评判假说的可靠依据；（2）贝叶斯推理不是"扩展性的"；（3）"贝叶斯框架极为灵活"，它几乎可以容纳所有推理形式，"可以用说明主义补充贝叶斯推理"。③ 不管争论结果如何，范·弗拉森用荷兰赌对 IBE 和贝叶斯推理关系问题的研究，极大地推动了 IBE 以及贝叶斯主义本身的发展。

通过以上分析我们可以看到，范·弗拉森的确为 IBE 提出了最为严厉和深刻的批判，这对 IBE 的辩护造成了巨大冲击。这种冲击和批判不仅动摇着 IBE 的基础，迫使人们重新反思科学推理的逻辑和合理性问题，而且也直接影响着当代科学哲学的整体发展趋势，并成为科学实在论与反实在论争论的一个焦点命题。当然，范·弗拉森的批判理路和问题仍留给 IBE 的支持者大量可辩护和发展的空间，这些方面也进一步构成了科学认知哲学乃至整个科学哲学发展的一种动力。例如，"科学实在论者倾向于承认范·弗拉森批判的力量，但论辩说科学家确有某种特权，这源自于背景知识。理论的选择受到背景知识的影响，这会缩小可考虑假说选择的范围，并且解释性的考虑也会有助于最佳理论的选择"④。科学实在论者作为 IBE 的重要支持者，一直

①　Bas C. van Fraassen, "Belief and the Will", *Journal of Philosophy*, 1984（81），p. 255.

②　Samir Okasha, "Van Fraassen's Critique of Inference to the Best Explanation", *Studies in History and Philosophy of Science*, 2000（31），pp. 708 – 709.

③　Psillos, S., "The Fine Structure of Inference to the Best Explanation", *Philosophy and Phenomenological Research*, 2007（17），pp. 445 – 447.

④　James Ladyman, *Understanding Philosophy of Science*, Routledge, 2002, p. 220.

还没有找到非常有力的应答办法，但范·弗拉森的批判还是扩大了实在论的辩护范围和视野，诉诸"背景知识"的辩护成为他们当前解答问题的主要方案。希洛斯的基本思路就是借助"背景知识"来论证理论最佳选择的可能性。在他看来，理论的比较总是相对于某种特定的语境和知识环境而言的，这意味着"最佳"的评价标准是可操作的。而且，如果将范·弗拉森的批判性反思贯彻到底，那只能导致一种彻底的相对主义，这与人们的直觉和实践是不相符的，希洛斯认为这也将危及其自身的立场。所以，我们应该看到，范·弗拉森像历史上所有认识论相对主义者一样，其批判是卓有成效的，但重要的问题还在于，如何基于批判建立新的方法论和认知基础，而这种新的认知基础可以克服相对主义问题。可是范·弗拉森的经验建构主义也没有做到这一点，"经验的适当性"更多只是回避了对 IBE 背后实在问题的判断，其实用主义立场依然没有解决科学推理中的真理性问题，不仅如此，它还有陷入相对主义的危险。

由此可见，证明最佳说明推理的合理性需要另辟蹊径。摆脱 IBE 的困境的出路在哪里？

五　认知视野中的实践逻辑：一个可能的出路

在我们看来，范·弗拉森的批判性反思给我们的一个重要启示是：对 IBE 的辩护和溯因推理的辩护不仅需要理性思辨，更需要经验的认知。摆脱 IBE 的困境的出路在哪里？意大利帕维亚大学洛伦佐·马格纳尼（Lorenzo Magnani）提出的溯因推理的 ST－模型可能是一个出路。

ST－模型是马格纳尼根据皮尔士的思想在《认知系统的实践逻辑》（*A Practices Logic of Cognitive Systems*）中提出的。[①] ST－模型是什么？他指出："许多推理结论不是以演绎的方式进行，而是溯因式的。例如我们在地板上看到一块碎玻璃，我们可能假定此前的风造成这一后果；这当然不是从打碎的玻璃可以推出的演绎结果（也完全可能是一只猫造成的）。所以，理论溯因的过程是推论出某些事实和规律、假说，它们使得某些命题可信，并且解

---

① Lorenzo Magnani, "A Practices Logic of Cognitive Systems", Volume 2, *The Abduction*, *Reason*, *and Science*: *Processes of Discovery and Explanation*, New York, Kluwer Academic/Plenum Publishers, 2001.

释或发现了某些（新的）现象和观察；这是形成和评价解释性假说的推理过程。而且必须记住的是，尽管解释性假说可以很初级，但也有复杂结构的解释性假说"[1]。也就是说，溯因推理既是形成假说又是评价假说的推理。

我们认为，如果 IBE 可以看作溯因推理的发展和新解释，把它们看成形成假说和评价假说的推理，这就克服了上述理论的偏颇。马格纳尼（Magnani）认为，就"溯因"这个概念来看，它有两种重要的认识论意义：第一，只产生了"可能的"假说；第二，被看成寻求"最佳说明"的推理——除了形成可能的假说外，也对假说进行评价。[2] 因此，最佳说明的推理模型既属于科学发现的逻辑，又属于科学说明的逻辑。

马格纳尼指出，按照穆勒的对归纳含义的解释，归纳是各种非演绎推理的集合，或者是一大堆发现因果关系的方法。而皮尔士的特殊贡献在于，他区分了不同类型的归纳，其共同特征是能够对个别陈述做比较：归纳可以用来以可错的方式把个别陈述综合为普遍规律——归纳概括，也可以用来确证或否证假说。皮尔士所描述的溯因是归纳的一种类型。洛伦佐·马格纳尼提出了 ST - 模型，即通过比较假说的后承和观察到的事实，来降低假说的不确定性的过程。这实际上就是我们今天所说的"假说—演绎法"。

我们认为，无论是溯因推理还是 IBE，都可以看作认知系统中的实践逻辑。与传统的枚举归纳、类比推理一样，不可相互替代，也不能相互超越，各有其适用范围，都属于非演绎的、扩展性的实践逻辑。随着这种实践逻辑的认知研究的深入，有可能克服上述理论困难，开拓新的研究领域。

---

[1]　L. Magnani, *Abduction*, *Reason and Science*, *Processes of Discovery and Explanation*, New York: Kluwer Academic, 2001. p. 17.

[2]　L. Magnani, *Abdnction*, *Reason*, *and Science*, *Processes of Discovery and Explanation*, Kluwer Academic/Plenum Publishers, 2001, p. 33, p. 25.

第 八 章

视觉溯因：从视觉认知视角看溯因推理

　　视觉溯因是关于视觉认知的溯因研究，是逻辑与认知研究的非常重要但又研究薄弱的领域。本章主要从视觉认知的视角看溯因推理。主要基于马格纳尼的《溯因认知》①研究做进一步探讨和分析。

　　我们关于视觉溯因的探究，意在通过评介和阐释国际上对视觉溯因的前沿性研究，展示视觉溯因在日常推理和科学发现中重要的认知作用。总体思路是：第一，简要梳理了视觉溯因的发展脉络，目的是为了使读者能够了解视觉溯因的整体发展。第二，探讨皮尔士的知觉溯因。探讨视觉认知的目的是为了表明人类看的过程，是在感知、直觉和推理的共同作用下完成的；按照皮尔士的知觉溯因理论，"任何认知活动都是推理，溯因推理可以逐渐变为知觉判断，二者之间没有任何明显的分界线"。第三，从操控性溯因和视觉溯因两个方面对马格纳尼的视觉溯因的观点展开论述。第四，介绍拉夫托普诺斯（Raftopoulos）的溯因视觉，涉及后期视觉和后期视觉中的溯因，考察了发生在后期视觉中的认知过程。第五，指出后期视觉是一个推理的过程而不是一个话语推理。视觉溯因旨在揭示视觉本身在溯因方面的心理机制。视觉溯因作为一种溯因推理，在国际学术界已经引起重视并取得研究上的突破，但在国内没有引起充分重视并未见研究成果的系统报道。

第一节　视觉溯因的发展脉络

　　溯因推理又称"回溯推理"，是当代逻辑哲学和科技哲学中的重要概

---

① Lorenzo Magnani, *Abductive Cognition*, Berlin：Springer，2009，

念。19 世纪中后期，皮尔士根据亚里士多德的思想，首次提出了"溯因"（abduction）的概念，认为溯因是一种科学研究的方法并把它引入到现代逻辑中。在他看来，溯因推理是除演绎推理、归纳推理以外的第三种推理类型，它是极具创造性的推理之一，因为它导致了新的知识，特别是对令人惊讶的事实提出了可能的理论解释。

对于视觉溯因，学界一直没有明确的解释。近来，帕克（Park）建议将"视觉溯因"理解为与视觉相关的任何种类的溯因推理。[①]通过梳理视觉溯因的发展脉络，我们发现，20 世纪 80 年代，乔恩·巴威斯（Jon Barwise）和他的同事对视觉信息和图示推理的研究可以说是对视觉溯因的开创性研究。视觉溯因的研究盛行于 90 年代中期，卡梅伦·雪莱（Cameron Shelley）的硕士论文《"视觉溯因推理》，马格纳尼和他的同事发表的《视觉认知和认知建模》的文章都出现在 1994 年。可见，1994 年可以看作视觉溯因研究的关键一年。后来，雪莱和她的导师保罗·撒加德（Paul Thagard）一起发表了关于视觉溯因的几篇重要的文章（Shelley，1995，1996，2003；Thagard & Shelley，1997）。马格纳尼还发表和出版了几篇关于视觉溯因的论文和一系列著作（Magnani，2001，2007，2009，2010，2011）。2013 年，雪莱和马格纳尼在韩国高级科学技术研究所召开的"视觉溯因或溯因视觉"国际研讨会上提出了他们对视觉溯因的最新想法（Shelley，2015；Magnani，2015）。[②]以上简要梳理了视觉溯因的发展脉络，目的是为了使读者能够了解视觉溯因的整体发展脉络，进一步理解视觉溯因的核心思想。

第二节　皮尔士的知觉溯因

在众多的生物系统中，人脑被认为是最高级的生物智能系统，它具有感知、识别、学习、联想、记忆、推理等功能。而在人脑感知的信息中，大部分来自视觉。视觉是人类获取信息的重要途径，也是人类对自身研究认识最

---

① Woosuk Park, *From Visual Abduction to Abductive Vision*, Berlin: Springer, Vol. 32, 2016, p. 147.

② Woosuk Park, *From Visual Abduction to Abductive Vision*, Berlin: Springer, Vol. 32, 2016, p. 143.

深刻的部分。① R. L. 格列高里（R. L. Gregory）认为："哺乳动物，尤其是人类的大脑，体积大，质量高，使得过去的经验和对将来的预期在扩展感觉信息方面产生了重大作用。这样，我们就不是只根据特定时间能得到的感觉信息来看世界，而是运用这种感觉信息来检验假设，确定面临的事物究竟是什么。实质上，知觉已经演变为假设的产生和检验过程。"② 人类的视觉系统不仅是一种有效地将外界信息输入的结构，而且是一种获得知识的伟大装置。我们的视觉可以从不断变化的外界事物中提取稳定的信息。如错觉一样，外界的信息和人的认识之间，经常会有不一致的时候。法国画家亨利·马蒂斯认为，"我们见到的东西是已经经过我们自身创造过的东西"。视觉是能动的，与其说视觉是人类认识的入口，不如说它和人的认识是一体化的过程。③ 依靠认知功能，人类完成了看的过程，它也是人们学习知识的手段。一般说来，这一过程是在感知、直觉和推理的情况下完成的。

　　皮尔士认为，所有推理活动都是一种符号活动，这种符号包括"感觉、形象、概念和其他表征"；用康德的话来说，所有推论都是一种认知（CP，5.283）④。皮尔士也支持这个观点，认为任何认知活动都是推理，这种认知活动既包括有意识的抽象思维，又包括知觉知识和潜意识的认知活动（Davis，1972）。比如在潜意识的心理活动中，视觉表征发挥着直接作用。⑤

　　2005 年，帕沃拉在他很有影响力的论文《皮尔士的溯因：本能还是推理？》（Peircean Abduction：Instinct or Inference?）中提到，溯因是本能还是推理这个问题仍然很有争议。他的观点是："如果溯因依赖于本能，那它不是一种推理形式；如果它是一种推理形式，它不依赖本能。"（Paavola，2005，p.131）许多研究者认为作为本能的溯因和作为推论的溯因之间是矛盾的，与他们的观点相反，马格纳尼则声称两者是共存的（Magnani，

---

　　① 罗四维：《视觉信息认知计算理论》，科学出版社 2010 年版，第 1 页。

　　② ［英］R. L. 格列高里：《视觉心理学》，彭聆龄、杨旻译，北京师范大学出版社 1986 年版，第 208 页。

　　③ ［日］箱田裕司、都築誉史、川畑秀明、萩原滋：《认知心理学》，宋永宁译，华东师范大学出版社 2013 年版，第 15 页。

　　④ Magnani，*Abduction*，*Reason and Science*，*Processes of Discovery and Explanation*，New York：Kluwer Academic，2001，p.41.

　　⑤ Magnani，*Abduction*，*Reason and Science*，*Processes of Discovery and Explanation*，2001，p.42.

2009），他在对动物溯因的探讨中揭示了皮尔士溯因中的本能和推理的共存性质。[①]

皮尔士曾说过："溯因推理，即使在相对简单的视觉现象中也起作用。视觉溯因，是一种非语词形式的溯因，它是在从曾经的类似经验储存中即时导出假说之时出现的。它包含一个逐渐转变为非推理性的心理过程，属于'知觉'范畴。"[②] 在哲学上，皮尔士把知觉（perception）看作一个快速而不受控制的知识产生的过程。事实上，知觉是一种直接获取知识的方式，这里的知识是指先前通过推理过程而在我们脑海中构成的知识。皮尔士说："溯因推理逐渐变为知觉判断，二者之间没有任何明显的分界线"（Peirce，1955c）[③]。

以上探讨了皮尔士的知觉溯因思想。首先是对视觉认知的介绍，主要是为了表明人类看的过程，是在感知、直觉和推理的情况下完成的；其次是皮尔士的知觉溯因理论，阐明了他关于"任何认知活动都是推理，溯因推理逐渐变为知觉判断，二者之间没有任何明显的分界线"的观点。在我们看来，皮尔士的一些关于溯因、感知和推理的开创性的哲学分析，仍然是当前认知研究中很重要的方面。皮尔士的分析帮助我们更好地掌握基于模型、知觉、操控和生态认知方面的溯因。正如马格纳尼所说，研究溯因在推理、知觉、图表和图示中的作用问题，并将这些传统问题与新近对创造性、选择性、基于模型和操控性溯因的分析相互交织，对于构建统一的视觉溯因整合模型不可或缺。[④]

第三节　马格纳尼的视觉溯因

马格纳尼的视觉溯因思想包含了丰富的内容。本节主要从操控性溯因和

---

① Woosuk Park, *From Visual Abduction to Abductive Vision*, Berlin: Springer, Vol. 32, 2016, p. 142.

② Magnani, *Abduction*, *Reason and Science*, *Processes of Discovery and Explanation*, 2001, p. 43.

③ Peirce, C. S., "Perceptual Judgments", in C. S. Peirce, *Philosophical Writings of Peirce*, J. Buchler, ed., 1955, Dover, New York, p. 304.

④ Lorenzo Magnani, "Understanding Visual Abduction, The Need of the Eco-Cognitive Model", *Philosophy and Cognitive Science* II, Berlin: Springer, 2015, p. 117.

视觉溯因两个方面对马格纳尼的视觉溯因的观点展开论述。

一 操控性溯因

马格纳尼长期致力于研究操控性溯因，把它看作溯因推理的主要模式。这意味着当溯因地解决问题时，"通过且不仅仅通过行动来思考"还使用除了句子溯因外的各种表征和"介质"。帕沃拉认为这对理解人的认知能力特别是创造力至关重要，人类善于使用除了符号和概念外的各种迹象如视觉形象和标志，将它们结合在一起来解决问题。①

为了更好地理解马格纳尼的视觉溯因，先大致了解一下他的操控性溯因是很有必要的。马格纳尼对溯因推理做了多种区分：（1）选择性/创造性；（2）理论/操控；和（3）基于语义/模型。这些分类在他的溯因理论中都起着至关重要的作用。② 马格纳尼曾经说过："我所说的理论溯因确实说明了在创造性溯因推理中，在人类和计算程序中，特别是选择和创建一组能够对数据（观察）做出一个好的（首选）解释的假设（诊断、原因、假定）的目标有重要意义，但是当外界环境的开发很重要的情况下，就无法解释很多发生在科学和日常推理中的案例……我坚持认为，有两种理论溯因，与逻辑、语言/符号推论相关的'语句溯因'，以及与利用图表、图片等的内在化模型有关的'基于模型的溯因。'"③对这个文本的理解，有助于我们理解三者之间的区别：他尝试性地提出把理论溯因细分为语句溯因和基于模型的溯因。马格纳尼认为，理论溯因就是一种创造性溯因。在马格纳尼把理论溯因看作一种创造性溯因的情况下，他又试图区分理论溯因和操控性溯因。他认定操控性溯因就是一种创造性的溯因。与理论上的溯因形成相比，操控性溯因（Magnani 2001）发生在我们思考的过程中，而不仅仅是在实用主义的意义上。操控性溯因是指一种额外的理论上的行为，旨在创造新的经验的解释，将其融入以前存在的实验和语言（理论）实践系统中（Magnani，2009，p. 39，2001，p. 3）。

---

① Sami Paavola, "Book Review of Lorenzo Magnani: Abductive Cognition", *Journal for General Philosophy of Science*, Vol. 42, 2011, pp. 201 – 205.

② Woosuk Park, *From Visual Abduction to Abductive Vision*, Berlin: Springer, Vol. 32, 2016, p. 144.

③ Lorenzo Magnani, *Abductive Cognition*, Berlin: Springer, 2009, p. 11.

在这一情形下，理论溯因呈现为所谓基于模型的溯因。通过刻画操控溯因的首要特征，可以表明如何在试验阶段找到构造性的方法。[1]

在帕克看来，当马格纳尼对不同类型的溯因加以区别时，他倾向于通过几何图来处理视觉溯因。他已经多次表明基于模型和操控性溯因在几何推理中的作用。马格纳尼关于视觉溯因的研究结果很容易与以前的几何图解推理结合起来。因为在他看来，皮尔士的推理也是基于模型的、操控的视觉溯因。[2]

尽管如此，帕克还是肯定基于图示的溯因是马格纳尼溯因研究中最重要的成就之一。马格纳尼非常成功地提出并强调了操控性溯因的作用。随着时间的推移，他越来越注意强调它的意义。他甚至把操控性看作所有溯因的固有特征。也许，这是马格纳尼超越皮尔士的地方。因为皮尔士从来没有明确提出"操控性溯因"。帕克想强调的是，马格纳尼发现的操控性溯因可能是以视觉溯因的图形推理为起点的。如果这种看法是正确的，那么可以说视觉溯因是马格纳尼溯因理论的核心。[3]

总的来说，马格纳尼开创性地对理论溯因和操作溯因的区分进行分析，从而提供一个整合的框架，对科学实践中创造性的以及基于模型推理的某些特征做出解释。他不仅说明语句溯因及其局限，而且认为创造性将会被看成理论溯因的最高阶结果。即使皮尔士探讨了几何图形推理，从而隐含地预设马格纳尼对其操控性质所做的论述，我们也应该将操控性溯因的发现归功于马格纳尼。

二　视觉溯因

马格纳尼以视觉形象、知识表达图示、形象和问题求解、视觉溯因作为框架对视觉溯因进行了阐释。[4] 篇幅所限，笔者仅做如下简介。

为了在思维中运用视觉心理形象把假说生成和科学发现相联系，马格纳

---

[1]　Magnani, *Abduction, Reason and Science, Processes of Discovery and Explanation*, New York: Kluwer Academic, 2001, p. 15.

[2]　Woosuk Park, *From Visual Abduction to Abductive Vision*, Berlin: Springer, Vol. 32, 2016, p. 145.

[3]　Woosuk Park, *From Visual Abduction to Abductive Vision*, Berlin: Springer, Vol. 32, 2016, p. 146.

[4]　Magnani, *Abduction, Reason and Science, Processes of Discovery and Explanation*, pp. 106 – 115.

尼把形象看作人工智能中问题求解的一种范式，并展示了一些相关的认知模型。在这个研究领域中"形象"（image）这一术语指的是人类在从记忆中提取信息时所使用的一种内在表征（internal representation）。许多心理和生理研究描述了心理形象过程（mental imagery processes）的多种功能：存在一个视觉记忆（visual memory），在回忆中处于优先地位（Paivio，1975）；人类通常使用心理形象来进行空间推理（Farah，1988），可以用创造性的方式对形象进行重构（Finke，and Slayton，1988）；在这个过程中，保存了实际的物理对象的空间关系、相对大小和相对距离（Kosslyn，1980；Tye，1991）[1]。

关于视觉认知，克塞林（Kosslyn）是这样说的："一般情况下很多人都认为它们是通过视觉对象和事件来思考的……我们将探究视觉认知的用视觉心理形象来进行思考的这一特质。即使对象或事件并非真的可见，视觉心理形象始终伴随着视觉经验。我们可以用尝试回答以下问题的方式来了解所谓的视觉心理形象：……你的客厅里有多少扇窗子？如果把 n 的大写字母按顺时针方向旋转 90 度，它会不会变成另一个字母？"（Kosslyn & Koeing，1992，p. 128）[2]

根据克塞林的描述观（depictionist）或图画观（pictorialist，Kosslyn，1983）心理表象是准图片（quasi-pictures），通过心灵中被称为视觉缓冲的特殊媒介来表达。他认为，存储在记忆中的视觉信息可以以一个形象显示在CRT 屏幕上。他的心理意象模型把视觉缓冲处理形象的过程分为三个步骤：生成过程，利用存储于长期记忆中的视觉信息形成一个形象；转换过程（例如旋转、翻译、减少大小等），调整或从不同视角审视所描述的形象；检验过程，探究提取信息的单元模式，例如形状和空间构成。

我们可以在视觉记忆的基础上建立视觉形象，但我们也可以用回忆起的视觉形象来形成我们从来没有真正见过的新形象。日常生活中常常使用形象，但形象必须被视为思维的一个主要媒介，视为与假说生成相关的思维机制。根据克塞林的认知模型，心理意象的表达图示是由两个不同层次的推理

---

[1]　Magnani，*Abduction*，*Reason and Science*，*Processes of Discovery and Explanation*，p. 97.

[2]　Magnani，*Abduction*，*Reason and Science*，*Processes of Discovery and Explanation*，pp. 97 - 98.

构成的：视觉的和空间的。前者涉及形象是什么样的，后者依赖于一个对象相对于其他对象的位置。① 以下分别讨论这两方面。

（一）基于形象的解释

马格纳尼从计算哲学的角度出发，阐述了关于视觉溯因的问题求解策略。他从常识推理领域找到许多实例来分析视觉假说生成的作用。思维的高层次视觉和空间媒介可以作为与溯因假说生成相关的机制。为了能更好地了解其背后所涉及的认知过程，他的做法是描述一个能够"模仿"人脑在产生涉及溯因时的真正运作方式的模型，主要目的是证实这一模型的表达能力和推理的充分性。②

一个"视觉"推理怎样才能完成一个基于形象的解释，这需要阐释怎样把视觉溯因和假说生成联系起来的机制。也就是说，面对有问题需要解决的初始形象，我们必须找到一个形象假说来解释问题数据。因此，在即将发生的溯因过程中所形成的形象获得了一种假说的地位。具体操作过程如下：（1）从长期记忆中锁定一个视觉（形象）描述，该描述必须满足能够解释需要解决的反常性的条件；（2）选择一个合适的形象解释假说，能为一个场景中的特定对象的在场或缺席辩护；（3）从视觉上解决著名的猴子—香蕉问题：把猴子所执行的一系列行动的每一个后果所形成的视觉表达看成一个假说生成。如果该假说成立，所选择的假说就为该问题提供了一个解决方案；（4）初始形象针对不同的选择可以进行为对象赋予意义的操作。由此可以说，所描述的创造性溯因的结果就是指一个"新"的形象假说的生成；在这里，新假说的形象表达怎样导致科学发现这个问题值得深思；从未经计算的形象假说集合中选择一个形象假说，并把它储存在长期记忆中，这其中也涉及溯因的步骤，但比较而言，其创造性要弱得多，因此，这种情况下的视觉溯因可以称为选择性的。

（二）形象假说

面对一个初始观察到的形象，如何发现和解释其中需要解决的问题？在马格纳尼给出的四个例子中，可以做出如下解释：（1）一个对象的缺席；

① Magnani, *Abduction*, *Reason and Science*, *Processes of Discovery and Explanation*, pp. 98 – 99.
② Magnani, *Abduction*, *Reason and Science*, *Processes of Discovery and Explanation*, p. 107.

（2）一个对象处在某个特定位置上的原因；（3）一个对象获得指令后怎样通过移动自身和/或与场景形象中的其他对象彼此作用；（4）怎样识别一个对象的意义所在（例如识别出一块石头是个工具，Shelley，1996）。

马格纳尼针对以上四种情形分别举例说明。他给出一个基于常识推理的例子来解释第一种情形：比如我们看见桌子附近的地上有一块破碎的玻璃和一些树叶，窗户是开着的。面对这种情形，就需要我们从长期记忆中提取另一个视觉（形象）描述：完好无损的玻璃、桌子和窗户。由此，很容易识别出新的表达与原先的表达的不同，从而需要解释初始形象中在场的树叶和破碎的玻璃。这就构成了需要解决（解释）的反常。如果把树叶和风联系起来，就形成一个新的形象解释假说。这样的操作需要一些基础知识和数据之间合适的结合形式作为前提。具体来说，在保存在长期记忆中的、属于同一系列的对象之间建立起某种刺激联系，这样能帮助发现树叶和碎玻璃所表达的反常，而树叶和风之间存在的另一种联系则可导向解释任务的完成。①

第二种情形涉及的是为场景中特定对象辩护的能力。例如：一个朋友习惯每天走同一条路，这条路经过一座小桥，通常可以"看到"鸭子在水中游来游去。而某一天这个朋友没有看见鸭子（这一发现从视觉上来自储存于长期记忆中与以前观察到的形象相类似的形象——与有鸭子产生了对比）。他自问鸭子到哪儿去了？但因为他从未看见鸭子出现在别的地方，虽然他发现了这一反常，却无法给予解释。由此，形象解释推理是行不通的，推理即可终止。

相反，如果这个朋友曾经在一个农舍的屋檐下看到过鸭子。当他从视觉上发现鸭子的缺席时，他可以从长期记忆中提取一个形象：鸭子在屋檐下睡觉。这样形象解释假说立刻就生成了。它的计算机制和第一例中的机制是一样的。即通过比较一个与储存在长期记忆中的相类似的形象，发现反常（比如鸭子的缺席）。然后在不同对象之间建立一种联系，使人从长期记忆中提取另一个形象，从而构成一个假说，以便解释鸭子的缺席。

第三种情形涉及著名的猴子—香蕉的问题。房间里有一根香蕉、一个箱子和一只猴子。因为香蕉在天花板上，猴子拿不到香蕉。但它能够将箱子挪

---

① Magnani, *Abduction*, *Reason and Science*, *Processes of Discovery and Explanation*, p. 108.

到香蕉下面某个位置上，然后爬上箱子拿香蕉。猴子所执行的一系列动作的后果所形成的视觉表达都可被看作一个假说生成，如果这样一个假说能成立的话，就说明所选择的假说为问题提供了一个解决方案。这一情形中，我们必须给出解释，在一个最初观察到的形象中，一个对象怎样移动自己并与场景中其他对象相互作用从而完成一个给定的任务。①

第四种情形是关于一个特定对象的意义的"解释"过程。在此不再详述。

（三）视觉溯因系统的结构②

以上论述表明，马格纳尼为了使分析视觉假说生成（尤其是对科学发现）的作用变得容易处理，他在常识推理领域的层面进行操作。除此之外，他将自己限定在空间表达上，前提是空间表达不添加命题无法表述的信息。需要强调的是，这里的空间表达与描述性表达并不等同于计算。而空间表达的作用是体现在审查或检验形象相关的任务时，可能会有助于减少解决方案的计算复杂性和难度。以下做简要阐释。

针对空间推理任务，马格纳尼提出一个系统的认知架构，并将其按等级组织分为三个层次：（1）宇宙的空间世界；（2）空间世界；（3）形象对象作为元素包含在每一个空间世界中。在计算层面上，宇宙是由能描述每个空间世界的一个表征结合和一个"导航仪"构成，这个导航仪允许一个形象对象从原先的世界移动到一个不同的世界。因此，不同的世界可以通过"导航仪"互相交流。事实上，根据格拉斯哥夫（Glasgow）和帕帕迪亚士（Papadias）的计算模型，每一个世界都是由一个嵌套的符号阵列表达出来的，它由一个合适的形象对象域（阵列中的符号表征）和一组识别规则构成，例如牛顿力学中的计算模型就是这样。③

在数学上，空间世界可以被表征为树形结构，所以我们可以考虑相邻矩阵。利用图像理论定理能方便地处理任何长度的路径，可以考虑除包含之外的许多种关系，比如在旁边但不包括在内，在不远的其他地方等。这种能力

---

① Magnani, *Abduction*, *Reason and Science*, *Processes of Discovery and Explanation*, p. 109.

② 这一节的讨论基于 Magnani（2001），pp. 110 – 114。

③ Magnani, *Abduction*, *Reason and Science*, *Processes of Discovery and Explanation*, p. 110.

使空间世界不断地与这些新关系匹配成为可能，从而为解决上述溯因问题提供一个详细的计算问题的解决策略。

为了解决上面介绍过的第三种视觉溯因问题，即猴子—香蕉问题，马格纳尼主张采用经典的目标分析方法。分析过程如下：用一个阵列来表征房间，所有的对象都用阵列中的符号表示。如果我们描述一个初始的距离函数为 Dist（x，y），我们就会立刻转换到一个新制定的目标形式，也就是，距离（猴子，香蕉）＝0。我们假设为"对象"猴子提供一组初始函数，比如向右走，向左走，向左推，向右推，爬，抓。对阵列中每一个函数的影响进行视觉的描述是很可能的。一个切实可行的步骤是：（1）选择一个行动；（2）如果这个行动导致距离的缩小。那么（2.1）去行动，否则回到（1）。显然，这种算法不一定导致目标。这一算法可以通过一种装置得以改进，不过它只能发现静止状态而不能解决问题。马格纳尼还提供了一种途径，就是通过在距离函数之外添加一个补偿函数来评估从静止状态集合到实际情况之间的"距离"。

对此，马格纳尼做了进一步的分析：如果把每个导致目标的新步骤（也就是由对象的新位置生成的阵列的每一个新结构）当成一个形象状态，那么，我们可以说"猴子"（或者面对猴子—香蕉问题的"人"）为了完成任务形成不同的形象假说。因此每一个步骤都表达了一个特定的形象世界。阵列配置的目标是实现、执行基于形象的最佳解释（即视觉溯因）：生成的这一溯因形象假说是问题—数据的最佳解释，因此能够完成计划任务。最后，如果把空间世界表征为一个房间，它就可以提供不同细节的规则的集合，它也可以提供完全不同的规则。当然，规则越少，空间世界中的对象就会越少地受到限制。马格纳尼补充道，他可以从功能的观点出发对上述的架构进行扩展。可以把自己限制在一个特定的空间世界解决问题，当然这样就会使得最初的和最后的状态不一样；也可以利用导航仪建立新的形象世界。

以上从操控性溯因和视觉溯因两个方面对马格纳尼的视觉溯因的观点展开了论述。其中，马格纳尼的操控性溯因理论中的视觉溯因是一个值得研究的焦点问题。简言之，马格纳尼的视觉溯因主要考察了思维中的视觉心理形象如何能够与假说生成相关。他刻画出视觉溯因的最初特征，并提出一个日常推理中存在的、基于形象的假说所形成的认知框架。

第四节　拉夫托普诺斯的溯因视觉

在早期的著作中，拉夫托普诺斯认为，早期视觉是一个不受自上而下的概念/认知调制的前注意视觉阶段（Raftopoulos，2009）。他所提到的自上而下的过程，尽管在视觉区域内有自上而下的信号流动，但他指的是认知驱动的过程。此外，他提到的注意是指认知驱动注意。因此，早期视觉中，视觉处理的是认知的不可渗透阶段。相反，后期视觉是认知渗透并涉及通过认知驱动注意的处理的调整。其阶段具有混合内容：部分概念内容和部分图形的模拟内容。[①] 他将早期视觉状态的内容与感知的非概念性内容（NCC）相关联，认为一些状态和内容的认知不可渗透性是因为这些状态和内容是非概念性的必要和充分条件。

拉夫托普诺斯在《后期视觉：加工过程和认知身份》（Late Vision：Processes and Epistemic Status）一文中，考察了发生在后期视觉的加工过程，并提出这样一个问题：后期视觉是否应确切地被理解为一个感知阶段，或作为一个思想的话语阶段？具体来说，他认为后期视觉在一定程度上，其概念性本质，既不构成也不暗含他称之为纯粹的思想，即在大脑的认知领域形成的命题结构，并参与话语推理和推论。同时，后期视觉的输出，即关于对象的身份和类别（明确信念）或其特征的明确信念最终可进入话语推理。[②]

拉夫托普诺斯认为，后期视觉的内容属于视觉意识而不是视觉理解。在后期视觉中，对最佳解释的溯因或"推断"允许构建最适合场景的表征。考虑到稀少的视网膜图像不足以确定远端对象和感知，即最适合视网膜信息的感知，拉夫托普诺斯认为，后期视觉不包括在认知领域形成的命题结构和参与话语推理和推论，并不涉及从命题结构的前提到认定信念的话语溯因

---

① Raftopoulos A.，"Abductive Inference in Late Vision"，In：*Philosophy and Cognitive Science* Ⅱ，*Studies in Applied Philosophy，Epistemology and Rational Ethics*，Vol. 20. Berlin：Springer Cham，2015，p. 155.

② Raftopoulos A.，Late Vision：Processes and Epistemic Status，*Frontiers in Psychology*，2011，p. 1.

推理。①

帕克对后期视觉中的溯因有自己的见解。他建议将"视觉溯因"理解为与视觉相关的任何种类的溯因，其原因是，他认为雪莱对考古学中视觉类比的研究和马格纳尼对几何证明中的操控性溯因的研究完全符合这种对"视觉溯因"的理解。另外，"溯因视觉"（abductive vision）与"视觉溯因"（visual abduction）不同，因为它旨在揭示视觉本身在溯因方面的机制。帕克还告诉我们，在 KAIST 国际研讨会之前，没有人对"溯因视觉"进行过论述，正是在 KAIST 研讨会上，拉夫托普诺斯宣读了一篇题为"后期视觉中的溯因推理"的论文（另见 Raftopoulos，2009，2015），从而开拓了在溯因推理方面揭示视觉机制的尝试。②

拉夫托普诺斯把溯因划定在后期视觉阶段而不是早期视觉阶段是很有意思的。他也是这样在后期视觉中定位溯因的。在提及关于在后期视觉中发生的状态变换或逻辑状态转变的问题时，他的观点是："在后期视觉中，对最佳解释的溯因或'推断'允许通过在视觉场景中对物体的识别形成假设并消除竞争选项来构建最适合情景的表征，直到找到最适合的解释。"（Raftopoulos 2009，2015）拉夫托普诺斯的观点是，在后期视觉中的这种溯因不是话语推理。他坚持认为，后期视觉的溯因不是话语推理的实例，因为它们不影响从命题结构的前提到识别信念的转变。换句话说，他相信"后期视觉有一种不可缩减的视觉成分，使它不同于话语推理的理解"③。

拉夫托普诺斯从来没有说过早期视觉不是一个推理的过程。他所支持的只是一个论点，即后期视觉是一个推理过程而不是一个话语推理。换句话说，拉夫托普诺斯尚未讨论早期视觉与溯因的关系。帕克认为，我们可以将讨论延伸到早期视觉，相信早期溯因视觉存在的可能性将变得更有争议。有两个原因：第一，他只是将溯因等同于最佳解释推理；第二，他只是将溯因视为推论，而没有考虑皮尔士知觉溯因的可行性。"皮尔士无疑是第一个提出视觉问题的人。虽然很少强调，似乎毫无疑问，皮尔士是 19 世纪末 20 世

①　Raftopoulos A.，"Abductive Inference in Late Vision"，In：*Philosophy and Cognitive Science* Ⅱ，*Studies in Applied Philosophy，Epistemology and Rational Ethics*，Vol. 20. Berlin：Springer Cham，2015，p. 155.

②　Woosuk Park，*From Visual Abduction to Abductive Vision*，Berlin：Springer，Vol. 32，2016，p. 147.

③　Woosuk Park，*From Visual Abduction to Abductive Vision*，Berlin：Springer，Vol. 32，2016，p. 148.

纪初美国领先的实验心理学家之一。"①

对于是否存在早期视觉溯因的问题，笔者非常赞同帕克的观点，他认为，鉴于皮尔士对知觉溯因的方法很有意义，皮尔士作为实验心理学家，忽视早期视觉溯因的可能性似乎是不大。即使如此，我们应该对皮尔士的观点给予公平的评价，也应认真考虑早期视觉中溯因的可能性。②

帕克告诉我们，"理解视觉溯因和溯因视觉的关键在于溯因的双重方面，即溯因的本能和溯因的推理。鉴于这一点，我们可以期望通过继续和扩大马格纳尼、撒加德和雪莱等人研究视觉溯因而获得的重要结果。从几何图形推理的情况可以清楚看出，我们将继续受到皮尔士的启发"③。可见，视觉溯因和溯因视觉的研究具有二重性，它一方面是一种心理机制，另一方面是一种推理。只有从逻辑和认知这两个不同方面探讨视觉认知，才有可能得到全面的认识。

以上主要介绍了拉夫托普诺斯和帕克的溯因视觉思想，主要涉及后期视觉和后期视觉中的溯因推理，考察发生在后期视觉中的加工过程，进而明确指出，后期视觉是一个推理的过程而不是一个话语推理。溯因视觉旨在揭示视觉本身在溯因方面的机制。

第五节　视觉溯因的二重性和跨学科性

从视觉溯因的角度对溯因推理进行研究，以追随并超越皮尔士的方式进行溯因推理研究，从视觉着手似乎是一个完美的起点。这使得我们可以重新考虑溯因推理研究的跨学科性。可见，视觉溯因具有双重性，而且具有跨学科性。

皮尔士的一些关于溯因、知觉和推理的独创性的哲学分析，为视觉溯因研究奠定了基础。马格纳尼在皮尔士哲学思想的影响和启发下，把溯因在推理，知觉和图示中的作用研究与关于创造性、选择性、基于模型和操控性溯

---

① Woosuk Park, *From Visual Abduction to Abductive Vision*, 2016, p. 146.
② Woosuk Park, *From Visual Abduction to Abductive Vision*, 2016, p. 148.
③ Woosuk Park, *From Visual Abduction to Abductive Vision*, 2016, p. 150.

因的分析相结合，开拓了视觉溯因研究的新阶段。拉夫托普诺斯把溯因推理定位在后期视觉而不是早期视觉中，开拓了在溯因推理方面揭示视觉机制的尝试。帕克提供了足够的理由来挑战拉夫托普诺斯把溯因等同于 IBE 的假设，帕克认为，如果自己成功地对拉夫托普诺斯的两个基本假设提出疑问，就有充分的理由将溯因的可能性扩大到早期视觉。① 当然这需要进一步探讨。

我们认为，对视觉溯因的研究，能帮助我们认识视觉溯因在推理和科学发现中的重要认知作用，整合语句溯因、基于模型的溯因、知觉溯因，操控溯因等方面，从而构建一个统一的视觉溯因模式。对视觉溯因的研究，有助于我们拓展溯因推理的研究视野，不仅从逻辑的视角探究溯因推理，而且从认知的角度研究溯因推理，吸取计算机和人工智能对溯因推理和溯因模式的研究成果，在此基础上开展逻辑和哲学的研究，实现跨学科多视角的溯因推理研究。视觉溯因作为一种非言语的图示推理，可以极大地推动归纳逻辑、语言逻辑、认知逻辑和人工智能逻辑的发展，展现出极大的发展潜力。

在我们看来，溯因推理是发现或揭示事物规律的一种重要推理形式，它采用一种从证据到解释的思维过程，是真正具有创造性的推理形式之一。视觉表征与溯因推理具有相互作用：在潜意识的心理活动中，视觉表征发挥直接作用；溯因推理，即使在相对简单的视觉现象中也起作用。而视觉溯因出现在从曾经的类似经验储存中即时导出假说之时。对视觉溯因的研究，旨在更好地利用皮尔士关于溯因、知觉和推理的开创性哲学分析，帮助我们更好地掌握语句、基于模型、知觉，操控等方面的溯因，展示视觉溯因在日常推理和科学发现中的重要认知作用，为构建一个令人满意和统一的视觉溯因模式奠定基础。

---

① Woosuk Park, *From Visual Abduction to Abductive Vision*, Berlin: Springer, Vol. 32, 2016, p. 150.

第　九　章

动物溯因：从动物认知视角看溯因推理

　　动物溯因是关于动物认知的溯因研究，是逻辑与认知研究十分重要的前沿性研究领域。本章拟从动物认知的视角看溯因推理。主要介绍和评述马格纳尼（Lorenzo Magnani）在《溯因认知》①一书中的研究成果，在此基础上做进一步探讨。我们关于动物溯因的探究包括以下几个方面：第一，简要介绍皮尔士动物溯因的基本思想，使读者能够了解动物溯因的理论源流。第二，探讨知觉与推理、本能与推理的关系。按照皮尔士的动物溯因理论，推理与知觉有关，溯因既是一个推理，又是一种本能。但过去对作为本能的溯因研究不足。第三，探讨皮尔士的动物溯因思想。皮尔士认为不仅人类具有溯因本能，动物也具有溯因本能。研究动物溯因无疑会有助于人类溯因研究。第四，探讨马格纳尼对皮尔士动物溯因思想的扩展。主要涉及动物的溯因本能和人的溯因本能相比，哪个敏锐性更高，人是否需要向动物学习溯因能力等问题。最后指出，动物溯因作为一种溯因推理，在国际学术界已经取得研究上的突破，但在国内未见研究成果的报道。本章主要探讨与动物溯因有关的知觉、本能和推理的问题，尝试从动物认知的进化发展视角探讨溯因认知的有关问题。

第一节　动物溯因的认知科学哲学考察

　　从认知哲学视角看，动物溯因涉及溯因、知觉和本能等，它们是目前认

---

① Lorenzo Magnani, *Abductive Cognition*, Berlin: Springer, 2009.

知研究中非常重要的方面。通过对知觉、推理和本能的分析有助于我们更好地把握基于模型的、句子的和操控性的溯因是如何错综复杂地交织在一起的。研究动物溯因，就需要讨论知觉溯因，这对动物认知问题的研究提供了一个认知哲学的启示。本节主要讨论动物溯因的认知哲学问题，涉及知觉与推理、知觉与溯因，讨论人类和非人类动物的溯因是本能还是推理等问题。

一 动物溯因概述

从认知科学哲学的视角看，溯因不仅是一种推理，更是一个认知（包括知觉、本能）过程。这个认知过程涉及推理、本能①、知觉等多方面的问题。皮尔士和马格纳尼对溯因的分析对我们很有启发性，它有助于我们更好地认识溯因基于模型的、语句的和操控的方面是如何相互交织的。此外，皮尔士强调了本能在溯因中的地位作用，为我们解决动物假设认知（动物溯因）问题提供了完美的哲学导引。皮尔士的基本观点可以概括如下。

第一，皮尔士认为，知觉就是溯因。它们是假设性的、可更换的。他认定，知觉判断是可修正而不容置疑的溯因。我们不能在任何心理学条件下设想它们是假的，因为它们是推理的无意识习惯。无意识认知进入溯因过程是合法的，这不仅表现在知觉的一些方面，而且表现在情绪的一些方面。情绪将为给定数据提供快速的溯因评价和说明，即便这种评价常常是不可靠的，往往是反常的、不一致的。

第二，皮尔士认为，知觉是推理本身的溯因"符号学"（semiotic）行为。皮尔士认为，所有思维都用符号，而符号可以是图像的、索引的。符号的概念包括感知、想象、概念和别的表征；而推理是符号行为的一种形式。也就是说，符号这个词并不是以逻辑方面就可以穷尽的，它牵涉各种感知行为的结果。

第三，象似性混杂逻辑性。符号学科的语句方面如逻辑或代数，与基于模型的特性——象似性是共存的。符号和规则等语句特性与空间配置（spatial configuration）是相互交织的。实际上，语句溯因已经与基于模型方面渐

---

① 本能论（instinct theory）主张与生俱来的先天的本能不受后天环境和教育的影响而决定人的行为的理论。

行渐远；而象似性总是出现在人类推理中，尽管它是隐藏的、暗含的。

由此可见，（语句的）三段论与基于模型的知觉严格说来是相互交织的。因此，作为知觉的溯因（包括创造性和选择性溯因）观念与作为限于逻辑的溯因观念之间并没有截然分明的界限。两方面本身都是推理，都是符号行为的结果。

皮尔士的溯因观点是通过考察本能的地位作用而得以完善的，而在他看来，本能包括遗传习惯，或更精确地说是一种遗传倾向。

现在，我们首先从知觉与溯因的关系谈起，然后讨论人类和非人类动物的溯因是本能还是推理的问题。

二 知觉与推理

知觉与推理是什么关系？这就要从皮尔士谈起。皮尔士曾经指出，"所有的推理活动都是一种符号活动，这种符号包括感觉、图像、表象、概念和其他表征"[①]；用康德的话来说，所有推理都是一种认知。[②] 所以，在皮尔士看来，知觉是一种认知过程，亦即它是推理过程，也是推理的结果。[③]

皮尔士认为，当人们从先前储备的类似经验即时导出假说时，一种特殊形式的非言语溯因，即一种基于模型的认知就出现了。它包括了归类于所谓"知觉"（perception）的心理过程。在皮尔士看来，知觉是一种快速而不受控制的知识生产过程。知觉是对于先前已有知识做快速检索的载体，在整个推理过程中，我们心中想到的都是与先前类似的知识。"一个完全被接受的、简单而有意

---

① 表象指代表、替代、象征或表示另一个东西的一个东西。在知觉和认知的研究中，人们往往把它看作是一个刺激事件的心理表象，根据理论倾向，它可指作是刺激的直接图示（见 direct realism 直接实在论），刺激的精炼（见 constructivism 建构主义），刺激的心理编码（见 idea 观念，image 意象），或刺激的抽象特征（见 proposition 命题）。在精神分析理论中，梦、记忆、幻想等也称作无意识因素和被压抑的冲动的表象。本书采用"［美］阿瑟·S. 雷伯：《心理学词典》，李伯黎等译，上海译文出版社 1996 年版，第 343 页"一义。参见［美］阿瑟·S. 雷伯《心理学词典》，李伯黎等译，上海译文出版社 1996 年版，第 725 页。

② Magnani, *Abduction*, *Reason and Science*, *Processes of Discovery and Explanation*, New York: Kluwer Academic, 2001, p. 41.

③ 参见 Lorenzo Magnani, *Abductive Cognition*, Berlin: Springer, 2009, Perception vs. Inference (5.1.1)。

思的推理会消除所有无趣而有复杂前提从中导出的再认知。"① 皮尔士认为，知觉本身就是回溯性的。任何认知活动都是推理，这种认知活动既包括有意识的抽象思维，又包括知觉知识和潜意识的认知活动。②

从哲学上看，皮尔士把知觉看作一个知识产生的过程。事实上，知觉是一种直接获取知识的方式，这里的知识是指先前通过推理过程而在我们脑海中构成的知识。皮尔士说，"溯因推理逐渐变为知觉判断，二者之间没有任何明显的分界线"③。也就是说，按皮尔士的观点，知觉是推理，当然也是可更换的，但并不意味着它们是受控制的，例如在逻辑和其他类型的理性的或完全有意识的人类的推理中就是这样。按照皮尔士对所谓的"知觉判断"的思考④我们可以分析这种可控性的特征。

在认知的过程中，控制知觉的可能性存在吗？马格纳尼认为，在知觉对象形成之前，控制知觉的可能性不会存在；而且他认为，即使在知觉的对象形成后有某种操作，也是完全不可控制的。一个判断是一个心理命题形成的行动与认可它的行动的结合体。而知觉另一方面是一个图像，移动的图片或别的显现。知觉判断，即一个人在他有了感知才有的初始判断。总之，知觉判断是可修正的，但确实是不容置疑的溯因，我们并不是在任何条件下主观地想象它们是错误的，因为它们是推理的无意识习惯。⑤

然而，知觉和知觉判断不是和溯因毫不相干的，因为它们本质上有恰当解释的需要。事实上，在日常生活的观察之外去寻求各种不同方式以说明知觉是解释性的是没有必要的。皮尔士认为，在一系列的催眠现象中，其中很多属于日常生活观察的范围，比如醒来那一时刻我们要比清醒的自己更能猜出醒来之后发生的事情，这涉及一个事实，尽管我们能感知到我们为解释事实所做的调整，但我们的知觉仍是心有余而力不足。令人惊讶的是，书房里的时钟每半小时敲一次谁都听得见，但他从来没有听到过……一些政治家认

---

① Peirce, C. S., *The Essential Peirce*, *Selected Philosophical Writings*, Indiana University Press, Blooming-ton (1992–1998), p. 224.

② Magnani, *Abduction*, *Reason and Science*, *Processes of Discovery and Explanation*, 2001, p. 42.

③ Peirce, C. S., "Perceptual Judgments", In C. S. Peirce *Philosophical Writings of Peirce*, J. Buchler, ed., 1955, Dover, New York, p. 304.

④ Lorenzo Magnani, *Abductive Cognition*, Berlin: Springer, 2009, p. 269.

⑤ Lorenzo Magnani, *Abductive Cognition*, Berlin: Springer, 2009, p. 269.

为在表达一个想法时，小心避免把话说白了，这是一个聪明的做法。结果，一位记者为让守口如瓶的政治家对他说一些事情而发毒誓。显而易见，这只不过是溯因判断的极端情况。

在皮尔士看来，事实上可以把知觉看作一种"抽象观察"（abstract observation，Peirce，1976，pp. 317 – 318），使得"知觉判断包含一般元素"，它与映像的表现能力有关。它类似于推理者"看到"时在数学中出现的情况。通过对外部图像（映像）的操控和建构，发现其一般性质，即知觉可看作一种"抽象的观察"。皮尔士意味深长地说，这是"他们出示的图像的一个非常特殊的性质，正如感知所显示的那样，知觉判断是真的。更奇妙的是，无论如何，结果总是伴随前提"①。

另一个支持这种解释性的例子是，事实上，在注意到声波的振动速度后，心理活动才产生了对声调的感知，但个别的音调可能只有发生在听到几声脉冲频率后才得以判定。因此，对高音的感觉可能是由以前的经验与记忆中存储的认知所形成的，这样的空气震荡就不会产生音调。②

对于皮尔士来说，所有的认知都是推理，而推理不是瞬时完成的，这个推理是发生在一个需要做比较的过程中，它需要用相当的一段时间来比较各个时刻的感觉。前面已经提到过，所有的感觉或知觉在溯因推理中都参与到一个假说的形成，下面举例说明这一点：由管弦乐团各种乐器产生的声音，可以导致一种完全不同于声音本身的特殊的音乐情绪。

中国古代诗人也有类似的评论，我们来看宋代诗人苏轼的《琴诗》：

> 若言琴上有琴声，放在匣中何不鸣？
> 若言声在指头上，何不于君指上听？

与此类似，唐朝的韦应物写了一首《听嘉陵江水声寄深上人》："凿岩泄奔湍，称古神禹迹。夜喧山门店，独宿不安席。水性自云静，石中本无

---

① Peirce, C. S., *The New Elements of Mathematics by Charles Sanders Peirce*, Mouton/Humanities Press, The Hague-Paris/Atlantic Higlands (1976); Vol. Ⅰ – Ⅳ, Eisele, C. (ed.), pp. 317 – 318.

② Lorenzo Magnani, *Abductive Cognition*, Berlin: Springer, 2009, p. 270.

声。如何两相激，雷转空山惊？贻之道门旧，了此物我情。"这位作家对水石之间关系的疑惑与领悟，亦同于苏轼之于琴与指的领悟。

这其实涉及一个哲学问题，因为在佛教看来，一切都是因缘和合而成，事物与事物之间只是由于发生了联系，才得以存在。即如所谓"四大"，《金光明最胜王经》卷五说："譬如机关由业转，地火水风共成身。随彼因缘招异果，一在一处相违害，如四毒蛇具一箧。"《圆觉经》说："恒在此念，我今此身，四大和合。"《楞严经》曾对什么是"浊"有一段阐发："譬如清水，清洁本然，即彼尘土灰沙之伦，本质留碍，二体法尔，性不相循。有世间人取彼土尘，投于净水，土失留碍，水亡清洁，容貌汩然，名之为浊。"也就是说，"浊"是尘土和清水发生了作用而形成的。另一段论述说得更为明确："譬如琴瑟、箜篌、琵琶，虽有妙音，若无妙指，终不能发。"苏轼的那首琴诗简直就是这段话的形象化。

实际上，皮尔士也把这种情绪视为一个假说推理，一种溯因。① 在皮尔士看来，这种情绪本质上就是假说推理，因为每个假说推理都涉及这样一种情绪的形成。溯因和情绪之间的类比在皮尔士的著作中是重点，并且皮尔士对复杂认知导致的情绪阐释给人一个深刻印象。

情绪可以体现一组信念中的不一致性，所以，必须对解决这种不一致性做出说明，才能决定放弃哪个信念。皮尔士说，情绪是一种简单的谓述，是由比如说某人已死而引发的焦虑那样的复杂谓述引起的。在这个意义上，情绪是诉诸基于模型的推理之例，它用基于模型的推理把一个信号发送到大脑的其他部分。皮尔士会同意这种流行观点：人类的情绪是硬连的（hard-wired）或通过与他人和某些情境长期的相处经验而学习得来，通常，非意向性的（non-intentional）溯因信号本身"［……］允许人们可利用微薄的计算资源，选择多个目标，并采取行动，即便他们有着有限的、往往不正确的知识，即便他们的体力（physical powers）有限。"②

就像恋人约会迟到超过一定时间而使人焦虑的情况那样，这些情绪因素

---

① Magnani, *Abduction*, *Reason and Science*, *Processes of Discovery and Explanation*, New York: Kluwer Academic, 2001, p. 45.

② Oatley, K., Johnson-Laird, P. N., "Emotion and Reasoningto Consistency", In: Moore, S. C., Oaksford, M. (eds.) *Emotional Cognition*, p. 171, Johns Benjamins, Amsterdam, 2002, p. 176.

有时不仅给人造成反复无常的第一印象，而且在高级认知活动（例如科学推理）中，情绪也会给人造成做事不靠谱的第一印象。情绪还可用于输入别人的心理模型，并告诉你对未来可能协调解决的一些事情：例如，一个女人在一家餐厅里等一个新同事，久等不遇，而该同事在位于另一地的同名连锁餐厅里等她一个多小时。她说，他事实上"放了她的鸽子"，即使在她下次和他交往的时候她也会记得有这样一个事情。事实上，即使她在她的日记中说，他的解释是令人信服的。他比她在餐厅里等的时间更长，他打过电话查明原因。她知道他和她都有错。① 由此看来，不信任的情绪为她与这个男人的关系蒙上了不确定性阴影。而信任情绪则不一样，受控情绪可以抹平他们之间内心的芥蒂。

当然，溯因的结果也可能导致情绪失控，例如抑郁症就是关于某些个人生活基本方面的先前溯因假说失效的标志。

通过以上讨论，我们得到以下基本结论：

第一，推理与知觉是交织在一起的。在动物溯因过程中，推理和知觉实际上是分不开的。因此，把溯因（创造性和选择性）看作感知的观点与把溯因看作逻辑推理的观点并没有非此即彼的严格界限。这两方面都是它们自身的推理和符号活动的产物。以皮尔士到马格纳尼的哲学思想脉络来看，溯因从根本上说是多模式的，因为在溯因和假说探究中涉及许多文字和知觉的表征，包括文字、图像、意象、气味等。

第二，皮尔士说过，溯因甚至发生在一个新出生的小鸡啄起玉米之时。这可以称为无意识的溯因。它类似于人类某种无意识/具身化的溯因过程。

第三，人们认为，提出假说是人类一个很大的本能天赋。按照黏连②的理想：所有的一切是连续的，未来在某种程度上与过去是连续的。本能和推理与此相类似。人类的心智本来就是按照同一个哲学法则发展，它支配着宇宙，引导着我们去推测，寻找有关宇宙真实假说。皮尔士认为思想不一定与

---

① Oatley, K., Johnson-Laird, P. N., "Emotion and Reasoningto Consistency", In: Moore, S. C., Oaksford, M. (eds.) *Emotional Cognition*, p. 176, Johns Benjamins, Amsterdam, 2002, p. 176.

② Synechism, from Greek συνεχή s syneche's, *continuous* + -ism, from σ ν syn, *together* + ἔ χειν échein, *to have*, *to hold*, a Philosophical Term Proposed by C. S. Peirceto Express the Tendency to Regard Things Such as Space, time, and Law as Continuous, https://en. wikipedia. org/wiki/Synechism.

大脑有关，事实上，思想可以出现在蜜蜂的工作中也遍及整个物理世界中。

第四，溯因的自然主义观点至少包括两个方面：进化/自适应和感性认识。这种能猜出正确假说的能力可以本能地、根深蒂固地存在于我们的进化中，从这个角度来看，溯因无疑是一种生物属性的自然进化。

第五，皮尔士认为，自然丰富了心智，因为心智在自然中得以扩展，反过来自然又影响心智。如果我们证明思想观念是拓展的，就会认为其本能的一部分经由演变通过在自然界中发现的约束而发展。那么，在这个意义上，心中的猜想都是本能及理性的（在后者，在自然界和认知领域之间共同进化）可以归类为看似可信的假说。①

由此可以得出一个结论。在启发式策略的溯因（实际推理）与本能（洞察力力，感知）的溯因之间存在一个尖锐的冲突。但这两个方面却在实际的有机体水平上共存，这一切取决于我们所采取的认知/指号学观点。

三 知觉与溯因

知觉不仅与推理有关，而且与溯因有关。具体说来，知觉与动物溯因密切相关。②

有许多例子证明动物是能够形成一种"概念"（concept）的。这些活动无疑开辟了具化这个世界（reify the world）的多种可能性。如蜜蜂能够通过学习，形成一些概念，它相当于人类的"相同"或"不同"的概念；鸽子通过学习也可以形成树、鱼或人类那样的"概念"。③ 海狮可以在已经形成的等价类中溯因：一只小狗对母亲的识别依靠许多感觉线索的联想和接触、喂食、取暖等因素，而女性对姐妹的识别可能取决于她们与母亲的相互联系。④

---

① Lorenzo Magnani, *Abductive Cognition*, Berlin：Springer，2009，p. 266.

② 参见 Lorenzo Magnani, *Abductive Cognition*, Berlin：Springer，2009，Perception vs. Abduction (5.5)。

③ Gould，J. L.，"Can Honey Bees Create Cognitive Maps"，In：Bekoff，M.，Allen，C.，Burghardt，M. (eds.) *The Cognitive Animal*，*Empirical and Theoretical Perspectives on Animal Cognition*，pp. 41 – 46，The MIT Press，Cambridge（2002）.

④ Schusterman，R. J.，Reichmuth Kastak，C.，Kastak，D.，"The Cognitivesea Lion：Meaning and Memory in Laboratory and Nature"，In：Bekoff，M.，Allen，C.，Burghardt，M.（eds.）*The Cognitive Animal*，*Empirical and Theoretical Perspectives on Animal Cognition*，pp. 217 – 228，The MIT Press，Cambridge（2002）.

当某些动物用一种类比推理去具化这个世界的各个方面时，比经典条件联系更复杂的一些东西就可以起作用了。它们能够在一些情境中发现一种相似性，然后应用到以后的情境中。这种能力有助于形成对感知对象的语境独立的观点。例如，一旦识别了提供食物的对象的相似性，就会把它应用到以后的情境中。

哲学家和认知科学家在解释人类形成的概念时，所假设的机制就与此相似，当然在这个过程中，要极大地利用语言所提供的资源。这种思维方式也为掌握重要的规律和重新确定事物与预测未来的相关能力提供了机会。① 这是用类比推理方法得到的一种溯因形式，它可以通过过去的特定事件的特性形成一般的假说，这种假说可以进一步用于对新事件的分析中。

博姆戴兹（Bermu'dez）认为把思想归之于动物的过程就是拉姆齐（Ramsey）所说的"成功语义"（success semantic）的一种形式。② 例如有一只小鸡因为一个不愉快的经历而放弃了吃毛毛虫的机会，其实就是"某物有毒"这个错误的信念生成的假说而导致了鸡不吃虫这个事件的发生。因此，任何其效用为 p 的一系列行动是必要的和充分的就可以说有信念 p，如果它们是有用的，那么 p 就是真的。③

"成功语义学"（success semantics）采用了信念的"思想条件"（thought condition）或"真值条件"（truth condition）思想，鉴于思想可以是或真或假的，因为它们表征如下事态（states of affairs）：思想是可以"真值评价"（truth-evaluable）的。"信念的效用条件"（utility condition of a belief）是这样一种事态，一旦拥有就可以满足与信念相结合的欲望（desires）。这种满足条件同样是一种事态，即以适当行为方式熄灭上升的欲火。在特定情况下，信念的效用条件完全可以让动物行为学家和发展心理学家用第三人称的视角来提供一种方式，以把握自适应生物是如何与其环境协调一致的，而不

---

① Schusterman, R. J., Reichmuth Kastak, C., Kastak, D., "The Cognitive Sealion: Meaning and Memory in Laboratory and Nature", In: Bekoff, M., Allen, C., Burghardt, M. (eds.), The Cognitive Animal. Empirical and Theoretical Perspectives on Animal Cognition, p. 58.

② Ramsey, F. P., "Facts and Propositions", *Aristotelian Society*, *Supplementary*, Volume 7, 152 – 170 (1927).

③ Berm'udez, J. L., "Thinking without Words", Oxford University Press, Oxford (2003), p. 65.

在表征载体层面提出一些不那么合情理的主张。

因此，成功的语义学中，借助满意而强化的作用仍然是相关的，但是并不否定内在"伪表征"（pseudorepresentations）可以被假设这一事实，尤其是当我们处理非基本欲望（non-basic appetites）这一问题时。事实上，根据博姆戴兹的观点，我们可以说在某种情况下，表征状态（representational-states）岌岌可危，与进化压力直接相关："……生物与其环境域的相协调对以下事实的产生起到了直接的作用：表征系统（representational system）的各种要素已进化并跟踪到远端环境的（distal environment）一些特征"①，就像所谓的"目的语义学"（teleosemantics）一样。② 也就是说，一个生物体可以用有效和成功的方式适应环境并顺利地生存下来，即使没有远端环境下相关特性的选择性压力也是如此。

四　作为溯因的知觉

博姆戴兹说："身体是一堆属性，但身体是具有某种特定属性的东西。一堆属性能够立刻被感知，但是为了获得真实的具体化，需要一种共同陈述（coinstantiation）形式上的理解，而不仅仅是时空形式上的理解。"③ 实体化之后的具体化（reification）④ 不一定是通过语言配置（例如名字）影响的结果。环境中通过知觉来把握的对象（objects）遵守一定的原则并以在生物的大脑中反思和排序的标准方式展开行动。感知身体就是感知那些能够通过不同感觉模态把握的一系列符号特性，但是这个过程远远不是单纯解析知觉阵列的行为。这个阵列必须放入有待匹配的共振及业已形成的合适的神经网络配置中，这个过程是一种电子过程或化学过程，它通过感

① Berm'udez, J. L., *Thinking without Words*, Oxford University Press, Oxford（2003）.

② Dretske, F., *Knowledge and the Flow of Information*, The MIT Press, Cambridge（1988）.

③ Bermudez, J. L., *Thinking without Words*, OxfordUniversity Press, Oxford（2003）, p. 73.

④ 具体化，该术语来自拉丁文词根，按字义指"物化"。即使抽象的和/或假设的东西成为真实的和具体的；或者更确切地说，指这样一种做法，好像一个人相信抽象的或假设的东西是真实的。从纯理性主义的观点来看，它是儿童和其他单纯者的一种认知/情绪活动；实际上，这是更具诱惑力的方法之一，社会科学家从中把他们许多假设的实体和构念加以歪曲和误述。当这种情况发生时称为具体化谬误（见 reification fallacy）。参见［美］阿瑟·S. 雷伯《心理学词典》，李伯黎等译，上海译文出版社1996年版，第4713页。

觉得以整合各种符号特性。例如这些配置能够维持环境某些方面的恒定，它也与生物体动能有关的运动学方面保持一种恒定状态。例如，这些神经系统配置相对于生物体的运动，消弭了远端对象的尺寸和形状的各种变化。在这个意义上，通过使用康德的术语，我们可以说，这些神经配置"构建"（construct）了聚集在现象层面的混沌多样世界。当然在不同的生物体中，这个过程是迥然不同的（例如一些生物不能通过旋转来保持自身的大小），但是它们仍然产生了永久不变且相互交织在一起的特性。

　　知觉是与具体化紧紧联系在一起的。借助跨学科的研究方法和适当的实验，一些认知科学家［例如，参见 Raftopoulos（2001b；2001a）］近来承认了这样的事实：在人类知觉中（至少在视觉上）并不是严格的模块化，就像福多（Fodor，1984）所说的那样，它不是封装的（encapsulated），硬连的（hardwired），特定领域的（domain-specific）和强制的（mandatory）。也不是借助大脑中自上而下的路径（top-down① pathways）和通过知觉学习连接的变化，通过更高的认知状态（比如像欲望、信念、期望等）能完全溯因地渗透（penetrable），就像邱齐兰德（Churchland）所强调的那样。②

　　考虑以下三个层面是很重要的：视觉［visual sensation，导致视网膜图像 retinal image 形成的生理（身体）过程，从认知视觉高级层面来看，仍然是无用的］，知觉［在结构表征中沿着视觉神经通路（visual neural path-ways）而改变的感觉］，观察是所有基于模型或命题的认知后视觉过程。这些过程包括"……后感觉/语义的相互联系，对象识别单元（object recogni-tion units）干涉以及纯粹的语义过程（semantic processes），后者导致数组—高层次视觉的确定"。③ 基于这种区别似乎可以是合理的，像福多那样认为，在知觉中存在大量的信息。它们是理论中立的。然而，可以证明在知觉中有

---

　　① top-down process 自上而下的加工指的是被加工材料的普遍原则、思想或观点所控制的认知加工过程。词优势效应（见 word-superiority effect）就是：这种加工的极好例子。与 bottom-up processing 自下而上的加工相对照。参见［美］阿瑟·S. 雷伯《心理学词典》，李伯黎等译，上海译文出版社 1996 年版，第 886 页。

　　② Churchland, P. M., "Perceptual Plasticity and Theoretical Neutrality: A Reply to Jerry Fodor", *Philosophy of Science*, 55, 167–187 (1988).

　　③ Reentrant Pathways and the Theory-ladenness of Perception, *Philosophy of Science* 68, S187–S189 (2001); Proceedings of PSA 2000 Biennal Meeting, p. 189.

一定程度的理论负载，例如在所谓"知觉学习"的场合可以证明这一点。然而，这一事实并不危及关于知觉的基本认知不可渗透性的假设：总之，知觉在信息上是半封装的（semi-encaspulated），也是半硬连的（semi-hard-wired），尽管它有自下而上（bottom-up）① 的特质，但它并不与"知识"分离。例如，实验结果表明，幻觉是从经验中学习的产物，但这并不意味着知觉具有可渗透性（penetrability），因为这些经验驱动的（experience-driven）变化不影响知觉的基本核心。

只有在视觉模块"［……］通过其输出为进一步处理受的选择和类似过滤器的行为产生其产品之后，较高的认知状态才会影响视觉模块的产品。"② 例如，通过与视网膜输出相关的注意、想象和语义处理，才能激活适当的神经元。

马格纳尼认为，这些过程本质上是溯因的，在这个意义上，视觉中的一定量的可塑性并不意味着知觉的完全渗透性（full penetrability of perception）。正如马格纳尼所说，这个结果不一定意味着知觉不是理论负载的（theory-laden）。必须承认甚至连最基本的知觉计算（perceptual computations）都要遵循在大脑中的高层约束，这或多或少暗含了关于世界的基于模型的与运动系统相协调的假定。在这个层面上，它们缺乏语义内容，从而不是学习的产物，因为它们共享所有资源，从根本上来说是硬连接的。

人类的听知觉（auditory perception）也应该被视为半封装的（semi-encapsulated）。③ 人类的听觉系统类似于其他脊椎动物，例如哺乳动物，鸟类、爬行动物、两栖动物或鱼类，它能够通过与运动系统（motor systems）交织在一起与空间感觉相互联系的简单系统（simple systems）导出。

---

① bottom-up process；自下而上的加工在认知理论中，当一种过程主要取决于物理刺激时，就常常用这一术语称之。这一观念指，人处理信息先是从"粗糙的"刺激入手，然后再"顺次发展到"更抽象的认知操作。参见［美］阿瑟·S. 雷伯《心理学词典》，李伯黎等译，上海译文出版社 1996 年版，第114 页。

② Raftopoulos, A., "Is Perception Informationally Encapsulated? The Issue of Theory-ladenness of Perception", *Cognitive Science*, 25, 423–451 (2001), p. 434.

③ de Cheveign'e, A., "Hearing, Action, and Space", In: Andler, D., Ogawa, Y., Okada, M., Watanabe, S. (eds.) *Reasoning and Cognition*, Keio University Press, Tokyo (2006), pp. 253–264.

听力，在"黑暗和凌乱"环境中工作①，与其他感觉互补，并具有自下而上和自上而下的神经特征。自上而下的过程利用下行路径，从中心点发送活动信息，并参与选择性地"听"环境，涉及相关运动方面（事实上行动是校准知觉的根本）。听觉在空间感知中的作用至关重要，通过由耳朵拾取的声场（acoustic field）样本来补充多通道视觉信息（multichannel visual information）：由线索源的位置提示，通过耳间强度（interaural intensity）、差异和距离（difference and distance）的表征，根据诸如响度（loudness）之类的例子。它实际上是面对智能体所处的场景提供模型并借助听觉实现溯因推理过程。

整个过程是溯因性的，到此为止，它提供了线索的选择，根据资源和对听觉场景的假定有意义的说明去聚合声音片段（acoustic fragments），从多声源的角度来看，这通常是非常复杂的。脊椎动物的听觉系统（auditory system），通过行动（或运动系统）来减弱知觉的作用，但在听觉较弱的生物中仍然协同发挥作用，即通过探索环境和运动规划的抽象模型来增强经济性、速度和认知系统的效率。

高级物理原理在具化中也很重要：上文引用了不会说话的婴儿（nonlinguistic infants）和动物的适应障碍实验（experiments on dishabituation），表明了出生伊始对一些物理原理（physical principles）的敏感性（sensitivity），在语言习得（the acquisition of language）之前也是如此，系统发育和个体发育（phylogenetic and ontogenetic）的历史也证明了这一点。② 在这些结果中，特别有意思的是，不会说话的人（nonlinguistic beings）如何能够发现对象不依赖于自己而继续存在，虽然它们还不会感知。这就清楚表明，在有机界的感知中，有一种具体化（reification）在发挥作用。

在各种非语言生物体中，不同的空间和物理原理产生不同的本体论。问题是要认识到它们是如何构成的，是如何"演变"（evolve）的。当然，不同的性质（在特定时间段是恒定的、有规律的）对处于不同时间的个体或在给定时间的不同个体将是显而易见的。

---

① de Cheveign'e，A.，"Hearing，Action，and Space"，In：Andler，D.，Ogawa，Y.，Okada，M.，Watanabe，S.（eds.）*Reasoning and Cognition*，Keio University Press，Tokyo（2006），p. 253.

② Berm'udez，J. L.，*Thinking without Words*，Oxford University Press，Oxford（2003），pp. 78 – 79.

这种理解方式隐含着解释性，本身仍然是（选择性的或创造性的）溯因。当然也与信念状态（doxastic states）相关。因此，智能生物体在反射中展示了适度的灵活性。举一个例子，迷宫里的一只老鼠，在食物的空间位置固定不变的情况下，它可以选择不同的路径（通过启发法和合适的表征相结合），这样它便可以到达食物处并带走食物。[①] 这就意味着，在老鼠的空间认知中，各种形式的预测在发挥作用。

简言之，知觉就是溯因。首先，皮尔士向我们解释了知觉就是溯因，它具有假说性和可替换性。此外，鉴于这样的事实，知觉判断是容易出错的，但同时也是不可置疑的溯因，我们不应在任何心理逻辑条件下去设想它们是错误的，因为它们是无意识的推理习惯。无意识的认知进入溯因的过程是合理的。在溯因过程中，情绪可提供一种快速的溯因评价或解释，即使对给定数据的溯因评价或解释十分不可靠，即便它通常是反常的或者不一致的，它也是知觉溯因中不可缺少的。

其次，皮尔士认为知觉是一种溯因"符号学"的产物。哲学的原因很简单，皮尔士认为所有的思维都是一种符号，符号可以是图标、指标或者象征符号。符号的概念包括感觉、图像、概念和其他表征，反过来推理是某种形式的符号活动，也就是说，推理这个词不仅仅指逻辑方面，它指的是各种感官活动的影响。

第二节　动物溯因：本能还是推理？

对于动物溯因来说，如果不澄清它究竟是推理还是本能，我们就不能阐明研究动物溯因的必要性，因此，本节需要讨论溯因是本能还是推理的问题，即人类和非人类动物的溯因是本能还是推理的问题。

一　动物溯因的本能特征

理解溯因的一个关键问题是它是本能还是推理。[②] 许多人认为，一个新

---

① Lorenzo Magnani, *Abductive Cognition*, Berlin：Springer, 2009, p. 303.

② 参见 Lorenzo Magnani, *Abductive Cognition*, Berlin：Springer, 2009, p. Ⅷ。

的思想观念同时是本能的产品和推理的产品，这是悖论性的。因为，在他们看来，"如果溯因依赖于本能，那它不是一种推理形式；如果它是一种推理形式，它不依赖本能"。① 换言之，许多研究者认为溯因既是一种本能，又是一种推理这显然是矛盾的；与他们的观点相反，马格纳尼最近关于动物溯因的研究表明，皮尔士的溯因既有本能的特征又有推理的特征。② 帕沃拉也指出，溯因是本能还是推理这个问题尽管有争议，但是两者是共存的。

2009 年，马格纳尼在他的《溯因认知》一书的第五章，阐释了动物溯因。在题为"从无心智的生物体到人工中介物"这一章节的论述中，马格纳尼指出，皮尔士的溯因不仅是推理更是本能。他认为关于溯因的探究应该考虑知觉和推理、象似性（iconicity）和逻辑性、本能和策略之间的对立统一。正是对这些问题的研究和探讨，自然而然使他开始研究动物溯因问题。

在他看来，许多动物，传统上被认为是"无心智"（mindless）的生物体，然而在认知活动中，这些生物体会制作一系列的符号，并对一系列符号做出反应和阐发，通过这种从根本上基于模型的符号活动，它们参与活动并"成为认知主体"，从而"智能地"进行思考。这种符号活动的一个重要功能是生成一系列假说，这个不断生成假说的过程既可以在本能行为的层面上考察，被看作一种"硬连接的"（hard-wired）认知；也可以在面向表征行为（representation-oriented behavior）的层面上考察。正是这种非言语的思维方式驱动了基于可塑性模型的认知作用。③ 这些活动是各种各样溯因操作的根基。

马格纳尼强调指出，在基于模型的认知活动中，一个重要特征就是人工中介物的涉身化（embodiment），它在动物、语言和反射性思考中起着中介物的作用。内外部表征的相互作用展现了在无心智生物体的基于模型思考的重要领域里，以溯因过程的符号凸现机制为基础的认知新视角。

二　本能是不是具有合理性？

然而问题又出来了，本能通常被认为是没有合理性的；而溯因行为显然

---

① Paavola, S., "Peircean abduction: Instinct or inference?", *Semiotica*, 153 (1/4), 2005, p.131.

② Woosuk Park, *From Visual Abduction to Abductive Vision*, Berlin: Springer, Vol.32, 2016, p.142.

③ Lorenzo Magnani, *Abductive Cognition*, Berlin: Springer, 2009, p. XIII.

是具有合理性的。二者如何协调？然而，有一种方法，可以据此看出它们的行为表现是具有合理性的。基于这个结论，所有动物的行为被理所当然地描述为具有合理性的，同时它们又是一种基本的本能。这就使得关于动物智能和认知能力（cognitive capacities）的每一个特定的假设都只能放弃：这充分证明动物的行为是具有普遍"合理性"（rationality）的。现在我们来举例说明本能是不是有合理性这个明显的悖论性问题。①

马格纳尼认为，对心理状态（psychological states）的解释显然是与人类的命题态度有关的。这是对行为做出合理性刻画的先决条件。这些态度是信念和欲望的结合。合理性的内在信念状态刻画了人的行为，它事实上解释了为什么某种行为基于特定的关系是合理的，这种关系是指信念、欲望（desires）和行动（actions）之间的特定关系。可见，人类的本能是一种理性思维。如何将这种理性思维扩展到非语言生物，如婴儿和几种类型的动物，在他们身上本能的作用明显吗？怎么能够、在什么时候可将他们的内在思想转换成可识别的推理，即使他们的神经系统可能起一定的作用，这些思维难道就不具备语言或者命题的特点吗？回答应该是肯定的，非语言的生物也是有理性思维的。

人类所有的理性思维都和一个基本的事实相关，那就是我们能够将演绎的句法规则（syntactic rules）运用到有意义的语言单元（linguistic units）中，在经典逻辑传统中坚持的是与逻辑认识论（logico-epistemological）理念相关的合理性。近几十年的计算革命强调了这样一个事实，就是合理性也可以被视为思维方式，如溯因和归纳的思维方式，而理性思维可以通过启发式方法来表达。这些启发法通常得到了很好的应用和较高的评价，在语言实践中得到广泛的应用。

的确，认知科学和认识论研究者最近也承认人类认知的理性思维方式的重要性，这种方式是基于模型的和人类操控的，但是它们的效果与其语言或者命题水平有错综复杂的关系。因此，很难说基于模型的和人类操纵的理性认知活动就像那些动物的认知活动一样。

---

① 参见 Lorenzo Magnani, *Abductive Cognition*, Berlin: Springer, 2009, Rationality of Instincts（5.6.1）。

在处理非语言生物的理性思维时，传统上总是引导我们直截了当地承认它们的本能具有内在的合理性。这样做的背景假定是，像本能那样的一些东西，必定不能同时是具有内在合理性的，这似乎是不可能的。当然，在这种情况下，合理性的概念是悖论性的，并且"合理性"（rationality）这个表达式不得不采用某种特殊意义上（pickwickian sense）的合理性：事实上，在危险情况下，生物不可能是非理性的。这是一种奇怪的合理性观点。鉴于这一事实，许多非语言生物的行为是可以用感觉的前置条件作用来解释的（而且大多都是基于本能的——硬连接的——并且没有使他们有能够选择和做决定的学习和意识能力）。在这些行为中，合理性的成本和收益可用达尔文的"非正式"（informal）说法表达为"适应性"（adaptablility）。

例如，按照最优觅食理论（the optimal foraging theory），合理性与动物的能力有关；其中，人类是有意识地去使用启发式方法，而动物的许多相似的启发性仅仅是硬连接的，而且与他们对认知域的本能适应性相关。

举例来说，红脚鹬是一种在河口低潮时挖蠕虫的水鸟。它们有时只吃大蠕虫，但大家没有注意到，它们有时大小蠕虫都吃。事实上，对于红脚鹬而言，在每个单位的觅食时间内，从一个大蠕虫身上获得的能量多过小蠕虫。除了大蠕虫相对丰富的时期之外，若专门去搜捕小蠕虫的话，那么代价可能是产生有害的后果。（结论很简单：即使最佳的行为可以在"期望效用理论"中的有关合理性方面的特定形式复杂版本中被描述出来，它表现的行为也并不是由这样一种理论的应用而产生的。[①] 可见，动物的启发性与他们在进化中的本能适应性随着启发式算法发展，红脚鹬溯因性选择就是在这一过程中做出的。按照皮尔士的见解，那就说明溯因思想与本能有关。

通常认为，在进化行为中存在短期合理性与长期合理性的情况。在本案例中，用于研究短期本能的红脚鹬——是基于合理性并与适合度有关的，但在认知研究长期适合度时发现，案例中的动物用牺牲自己生命的方式去增加其他的终身适合度指标。必须要说的是，有时动物使用外部地标和领土标记、用那些显示威胁的信号去告知彼此，这种以避免在食物上发生直接的冲突的能力是与生俱来的。这些人工中介物是一种本能的中介物，是本能的外

---

① Berm'udez, J. L., *Thinking without Words*, OxfordUniversity Press, Oxford（2003），p. 117.

化和进化上的稳定。由于他们高层次的可塑的认知能力，这些中介物与人类所外化的认知的、知识的和道德的中介物相似，倒没有那么复杂，只是出于本能。这就充分说明了认知中合理性的中介作用。①

三　动物的合理性水平

通常认为，向性行为（tropistic behaviors）是一种本能，它不属于动物和婴儿的"合理性"（rationality）概念，它和反射能力与天生技能有关，例如铭记（imprinting）和经典的条件反射，这就明确承认了内在表征（internal representations）的中介（intermediate）作用。我们可以猜测，"合理性"（rationality）智慧较接近于人类认知表征的水平，因而与高水平溯因行为密切相关。②

从根本上讲，我们表现的行为表明了我们在不同结果中选择的能力，而这只能通过假设学习中介表征和过程来解释。有时候，也可以假设一种决策策略：在肉食动物面前，一个动物可以战斗，也可以逃跑，在某种意义上，一个选择会比另一个选择更有合理性。面对这些数据，在吉布森（Gibsonian）的意义上，可看作一种"可供性"（affordances），它仅仅通过知觉并展示行动的各种可能性，虽然高层次的决策过程是不需要的，但选择还是可能的。相对于单纯的先连（pre-wired）能力，溯因行为似乎建基于更灵活的反应。③

博姆戴兹把这种合理性标记为一级合理性。一级合理性与仅仅以本能作为基础的"合理性"不同，它表现为不可变的刚性行为（称为零等级）。一级合理性（可以分成短期和长期）是广泛存在于动物中的合理性，比如动物两性间的互动。从那些用信号对肉食动物警告失败转而逃跑的、并为群体适应性带来不好后果的非理性动物身上可以看到这种合理性（为了自己适者生存，一些动物个体在未来会很少与它们合作，对于它们而言，寻找伴侣也将变得不太可能）。

---

① Magnani, L., Li, P. (eds.), *Model-Based Reasoning in Science, Technology, and Medicine*, Springer, Berlin (2007).

② 参见 Lorenzo Magnani, *Abductive Cognition*, Berlin: Springer, 2009: Levels of Rationality in Animals (5.6.2).

③ Berm'udez, J. L., *Thinking without Words*, OxfordUniversity Press, Oxford (2003), p. 121.

为了拥有更高层次的合理性（二级），我们需要考虑在不同的假说中"溯因"选择的可能性，即能够具有使生物体去执行某些行为的可能性：一种在关于数据的不同假说中做出选择并采取相应行动的能力。这些不同的理性行为，不只与本能有关，也不与简单的基本的灵活性有关。

要使得最后一种合理性存在形式的假设合乎情理，必须满足两个认识论的前提条件。

第一个是关于基于模型的和人为操纵的认知被赋予推理地位的说明，就像我在解释溯因概念时利用皮尔士的指号学观点那样。第二个是如前文所述，对于推理和合理性的受限于逻辑视角的排斥，它是在自然与人工符号语言的句法层面上研究推理。在这里，推理被赋予了保真属性，导致了句法和语义/内容层次的著名同构。

依据多模式溯因认知的观点，老套的理性模型应避免使用，应为存在问题的分析提供适当的背景。

在这种高级合理性水平下，可以让非语言的生物提出假设，而不只是对行为做出简单选择，就像直接可供性指出的那样，它只不过是硬连的知觉的层面上运作，而一个简单的工具性条件联系就会给某种行动以正面评价。相反，在二级合理性下，复杂的、相对稳定的、内部的表征可以解释这些行动的后果。

在这种情况下，选择就是选择，甚至可以说为了某些"原因"而选择：一只鸟儿学着用按压杠杆的方式来获取食物就是一种选择。只要在给定的位置放置食物，鸟儿根据行为和后果之间的关联来采取行动。这就是为了某种原因而选择。于是，可以确立一种关于未来和某些概然规律的工具性伪信念（pseudobelief），危急情况下的概率也可以通过基于模型的方式来表征和概括。

生物有机体内部可以做出一些稳定的表征，并对它们赋予效用值：根据他们的选择从而引发的行为可能会满足生物体的愿望。当结果不能推出时，如捕食者出现时，就会以非单调的方式停止行动。

当然，以上所述的是观察者心理学解释的典型拟人化。然而，信念不必被认为是明确的。尽管如此，仅从感觉输入的基础和环境参数的知识来讲，有些行为是无法解释的。

当行动目标明显可感知或是当远端环境包含明显的工具性时，心理解释看起来非常合理。对于人类的能力而言，这是明显的，但黑猩猩也会发生类似的行为。当猩猩清楚地看到香蕉的时候，他们想得到和吃了它，对于在现场中提供的箱子，它们必须要形成一种内在工具性的如何去利用这些箱子信念和表征。这种伪信念是内部的，因而它不能仅通过感知内容就立即理解。

任何心理学的解释都会有工具性的内容，但它们的这些组成部分不需要采取一种工具性信念的方式，当两个条件都得到满足的时候，工具性信念才能包含其中。第一，行动目标不应是立刻就可感知到的，第二，应该没有显而易见的工具性属性，也就是说，该生物体应该能够看到某一特定的行为将导致的预期的结果。然而，事实上，这些条件中的一个或两个都不满足并不意味着我们可用非心理的术语对行动做出解释。①

溯因推理的广泛推广也可通过探究某些早期原始人类潜在的"理性"行为科学的认知基础研究加以确认，② 根据某些认知科学家的观点，人心需通过沉浸在一个合适的语言社区和文化中获得认知程序，并完全重新编程。进化中成功的、社会的、狩猎和采集社区的艺术追溯，都会有助于他们去发展想象、语言以及基于模型的假说推理（溯因），从而被赋予一种解释的、因果的、工具性的预测能力。由于通过几个现成的符号，能发现动物的行为，能达到最佳的解释，从而取得成功。这一论点使卡拉瑟斯（Carruthers）认识到：任何有着精巧跟踪能力（a capacity for sophisticated tracking）的人也会有从事科学的基本认知能力。③ 唯一的区别在于目标和信念，当然，事实上科学的发展需要合适的道具和辅助手段，如乐器、印刷机和集体交流的思想。但创造科学的人不需要进行重大认知重组（major cognitive reprogramming）。以上表明了动物的合理性水平是有不同等级的，探讨了不同等级中的认知前提和基础。

---

① Berm'udez, J. L., *Thinking without Words*, Oxford University Press, Oxford (2003), p. 129.

② Carruthers, P., "The Cognitive Function of Language", *Behavioral and BrainSciences*, 25 (6), 657 – 674 (2002), p. 78.

③ Carruthers, P., "The Cognitive Function of Language", *Behavioral and Brain Sciences*, 25 (6), 657 – 674 (2002), p. 83.

第三节　皮尔士的动物溯因理论

皮尔士的动物溯因理论包含深刻的洞见，但以往的研究对此较为忽视。本节阐释皮尔士的动物溯因理论。皮尔士认为不仅人类具有溯因本能，动物也具有溯因本能。研究动物溯因会有助于人类溯因研究。

一　溯因本能：皮尔士的溯因之鸡

对于溯因是本能还是推理的问题，[①] 帕克的观点是："在讨论溯因是一种本能还是一种推理时，大多数参与者似乎隐含地假定他们是指人类的情况。严格说来，他们争论的是人类溯因是本能还是推理的问题。所以，皮尔士和马格纳尼研究动物溯因的亮点是，事实上，他们发现了将这个问题投射到动物上的潜在可能性。如果我们能够有意义地讨论动物溯因的可能性和存在，那么就能明确判定动物溯因是一种本能还是一种推理。这一思路表明，这个问题本身有进一步反思的余地。在拷问溯因是一种本能还是一种推理时，我们应该理所当然地假定溯因存在性吗？在争论中本能和推理的概念究竟预设了什么？可能的答案的范围是什么？否认溯因是本能或者推理的观点是否可以接受？"[②]

撒加德是诸多评论家中的一个，他对于人类具有溯因本能的观点仍然持怀疑态度。因为，撒加德觉得虽然"皮尔士认为溯因需要一种特殊的猜测本能，但从现在的神经心理学的研究不是很支持这个观点"[③]。此外，帕沃拉认为，"总体上来说，猜测本能所需要的基本论证是相当弱的"。因为，他把本能看作"只有一个可能的解释，而且是一个不确定的解释"[④]。皮尔士有什么理由或论据来证明人类存在溯因的本能呢？帕沃拉承认，很

① Woosuk Park，"Abduction and Estimation in Animals"，*Foundations of Science*，17（4），2012.

② Woosuk Park，"Abduction and Estimation in Animals"，*Foundations of Science*，17（4），Issue 4，2012.

③ Thagard，P.，*How Brains Make Mental Models*，In L. Magnani et al.（Eds.），*Model-based Reasoning in Science and Technology*，*Studies in Computational Intelligence*，Vol. 314，Berlin：Springer，2010，p.458.

④ Paavola，S.，"Peircean Abduction：Instinct or Inference？"，*Semiotica*，153（1/4），2005，p.151.

遗憾，我们对皮尔士文集中关于非人类和人类动物溯因本能的问题没有进行广泛探讨。最近，蒂莫西·沙纳汉（Timothy Shanahan）为把握具有一般法则特征的本能能力提供了三个论证：（1）适应值论证（the argument from adaptive value）；（2）粘连论证（the argument from Synechism）；（3）自然律和上帝思想的论证（the argument from the laws of nature and God's thought）。[①] 适应值论证的基本观点是：人们可能会把溯因本能看作是动物为了生存所必需的一种本能；如果动物具有适应值本能，那么人类可能也具有类似的适应值本能。沙纳汉引用皮尔士以下文本作为支持适应值论证的证据：

> 因此，似乎不可否认的是，人的心智能强有力地适应对这个世界的理解；至少，就这种理解来说，某些对这种理解非常重要的概念就会自然而然地出现在人的心里；如果没有这样的倾向，人的心智永远不会有任何发展。

按照皮尔士所谓的"粘连"（synechism），可以说"一切存在都是连续的"，[②] 而且在心智和物质之间没有任何明显的区别。如果真是这样，那么人的心智也是通过自然规律而发展的。因此，他认为人类以"本能洞见"（instinctive insight）来猜测自然规律是很自然的事。沙纳汉引用了下面的文本作为对皮尔士粘连论证的总结：

> 这样一来，关于宇宙的普遍性思考，严格的哲学考虑，以精确的研究法表明如果宇宙符合某些非常普遍的规律，如果人的心智在这些规律的影响下发展，那么可以期待，它应该是一个自然光或自然的光，或本能的洞察力或天赋（genius），从而让他正确地猜测或近乎正确地猜测这些规律。当我们发现每一种动物都具有相似的天赋时，这一结论就得

---

① Shanahan, T., "The First Moment of Scientific Inquiry: C. S. Peirce on the Logic of Abduction", *Transactions of Charles S. Peirce Society*, 22（4）, 1986, p. 456f.

② Peirce, C. S. （1931 - 1958）, In C. Hartshorne, P. Weiss（Vols. I - VI）& A. W. Burks（Vols. VII - VIII）（Eds.）, *Collected Papers*, （Vol. 8）, Cambridge, MA: Harvard University Press, 1. 172.

到了证实。①

根据沙纳汉的观点，皮尔士相信上帝只不过是"相信人的理性是与宇宙的原始原则联系在一起的"。② 皮尔士的以下论述很有启发性：

> 如果问一个实用主义者，他说的"上帝"这个词的含义是什么？他只能说，就像获得极好的品质的人可以深深地影响着一个人的行为方式一样……如果物理和心理世界的思考和研究可以向一个人灌输行为准则类似于一个伟人的作品或谈话给人的影响，那么，这种心智上的类似……就是他心目中所指的"上帝"……科学的发现，它们使我们能够预测自然规律是什么。而结论证明，虽然我们不能想到神之所想，我们可以捕捉他的思想的片段。③

沙纳汉对人类溯因本能存在性论证的归类引发了许多富有成效的讨论，特别是帕沃拉很有意思。他采用沙纳汉自己对这些论证的分类刻画：（1）自然主义辩护；（2）理想主义辩护；（3）有神论辩护。④ 问题是，评论者都不情愿去认真对待有神论证的问题。对于理想主义的论证来说，情况也没有好到哪去。因此，为了使皮尔士关于人类溯因本能的尝试取得进展，自然主义论证应该起一定的作用。

下面的文本可能是对他的观点的最详细、最著名的表述：

> 如何引导人类追求真之理论？你不能说它是偶然发生的。因为这些理论，如果不是严格意义上的无数，那就一定超过一万亿或者一百万的

---

① Shanahan，T.，"The First Moment of Scientific Inquiry：C. S. Peirce on the Logic of Abduction"，*Transactions of Charles S. Peirce Society*，22（4），1986，p. 460.

② Shanahan，T.，"The First Moment of Scientific Inquiry：C. S. Peirce on the Logic of Abduction"，*Transactionsof Charles S. Peirce Society*，22（4），1986，p. 463.

③ Shanahan，T.，"The First Moment of Scientific Inquiry：C. S. Peirce on the Logic of Abduction"，*Transactionsof Charles S. Peirce Society*，22（4），1986，pp. 450 – 466，引自 pp. 463 – 464。

④ Shanahan，T.，"The First Moment of Scientific Inquiry：C. S. Peirce on the Logic of Abduction"，*Transactions of Charles S. Peirce Society*，22（4），1986，pp. 450 – 466，引自 p. 465。

三次方。因此，两三万年之后，这些机会对一个真理理论来说有压倒优势，在此期间，人成了思维的动物，进化出人脑。此外，你不能当真以为每一个小鸡孵出后，一定会有可能的理论，直到偶然想到一个好主意，叼起东西并把它吃掉。相反，你认为鸡这样做有这样做的先天观念；也就是说它能想到这一点，但却没有任何别的思考能力。你说小鸡是通过本能来啄食。然而，如果你认为每一只可怜的鸡对追求真具有一种天生的本能，那么为什么你偏偏认为人类就没有这种天生的能力呢①

在皮尔士对非人类和动物的溯因本能阐述中，马格纳尼多次援引这一段落，作为皮尔士探讨非人类动物溯因和人类溯因的确凿证据。皮尔士的可怜的鸡似乎成为马格纳尼拓展皮尔士动物溯因观点的跳板。

马格纳尼指出，从这段论述中到底能了解到什么呢？它是否只是一种修辞的力量，并没有为我们提供任何实质性证据证明非人类动物或人类动物的本能存在呢？它是否至多只是一个人身攻击的谬误论证（ad hominem argument），只对那些承认溯因本能但不认为可怜的鸡具有溯因本能的人有效？是不是皮尔士不公正地指责那些否认鸡有借助任何手段思考或推理能力的人呢？换句话说，皮尔士是不是把自己的观点强加于想象的对手即那些否定人类具有溯因本能的人，使他们陷入假的两难之中？②

马格纳尼指出，另一种可能性是，这个段落表达了皮尔士在人类的溯因本能存在性问题上的思想斗争。事实上，有理由相信，关于这个问题的观点，皮尔士从他早期的工作到他后来的工作都有很大的变化。通常把皮尔士的工作分为两个时期。从早期观念（19世纪60—90年代）看，他认为溯因是一个"证据过程"，从后来的观念（约19世纪90年代以前）看，他将溯因看作"假说生成"的阶段。③ 然而，仍有进一步解释这种转变的空间。例

① Magnani, L., *Abductive Cognition*, Berlin: Springer, 2009, pp. 277 – 278.

② Woosuk Park, "Abduction and Estimation in Animals", *Foundations of Science*, Volume 17, Issue 4, Berlin: Springer, 2012 (11), p. 324.

③ K. T. Fann., "Peirce's Theory of Abduction", The Hagur: Martinus Nijhoff, 1970, pp. 9 – 10, p. 32; Burks, "Peirce's Theory of Abduction", *Philosophy of Science* 13, 1946, pp. 301 – 303; D. R. Anderson, "The Evolution of Peirce's Concept of Abduction", Transactions of the Charles S. Peirce Society 22, 1986, pp. 19 – 23.

如，安德森声称"这种转变不仅仅是从证明过程到新观念的来源，也是从将这两种观念加以混淆到特别强调后者的转变"（Anderson 1986，p. 147）。①

马格纳尼指出，"本能"（以及称之为"无意识"）溯因的例子涉及具有运动学或运动能力的动物，它们可以导致一些适当的认知行为。皮尔士说，溯因甚至发生在一个新生的小鸡准确地啄起玉米之时。也就是说，另一个类似于人类的一些无意识或具身的溯因过程的自发的溯因例子如下。②

皮尔士说："当小鸡第一次破壳而出时，它不会去尝试五十种随机的方式来缓解它的饥饿，但在 5 分钟内啄起食物，在所啄食物中选择、挑选，啄起打算啄起的食物。这不是推理，因为它不是故意为之；但从除此之外的每个方面看，它就像一种溯因推理"。

二　基于本能的溯因

猜测正确假说的能力是一种本能吗，从进化的过程来看，溯因推理是一种自然进化的生物属性吗？也就是说，基于本能的溯因是怎样的呢？③

假说选择在很大程度上属于人类的一种本能，皮尔士认为这是上帝给的或者与伽利略所谓的"自然流量"（lumenaturale）有关："这是人类心智与真理有亲缘关系的以所有溯因为基础的原始假说，从某种意义上说，有限数量的猜测将有助于人们找到正确的假说"［Peirce, 1931 - 1958, 7.220］。④ 此外，"每一只小鸡"都有天赋观念的例子有助于揭示人类本能的天赋。⑤

帕沃拉（Paavola，2005）举例说明了皮尔士对本能性质的各种理解方式：自然主义的（获取食物和繁殖），有神论的［包括抑抑扬格的（agapastic）概念演变，也包括爱的定律在宇宙中起作用的观点］（Peirce, 1992 -

---

① Anderson, D. R., "The Evolution of Peirce's Concept of Abduction", *Transactions of the Charles S. Peirce Society*, 22（2），1986，p. 147.

② Magnani, L., *Abductive Cognition*, Berlin：Springer，2009，pp. 276 - 277.

③ 参见 Magnani, L., *Abductive Cognition*, Berlin：Springer，2009，Instinct-Based Abduction （5.2.2）。

④ Peirce, C. S.：*Collected Papers of Charles Sanders Peirce*, Harvard University Press, Cambridge（1931 - 1958）；Vols. 1 - 6, Hartshorne, C., Weiss, P. （eds.）；Vols. 7 - 8, Burks, A. W. （ed）.

⑤ Lorenzo Magnani, *Abductive Cognition*, Berlin：Springer，2009，p. 277.

1998，I，pp. 352 – 371），理想主义的。① 后一例子与粘连相关，按照粘连观点，一切都是连续的，在一定程度上未来与过去是连续的，身心并非完全不同，本能和推理也与此类似。人类心智是在支配宇宙的哲学法则下发展起来的，我们可以因此推测，心智有一种寻找关于宇宙的真实假说的倾向。

关于本能的自然主义观点至少涉及两个方面：其一是进化的（适应的）方面，其二是知觉（感知）方面。导致提出一个假说的本能洞察力，在皮尔士看来是"知觉判断从属的同样普遍的操作类"。因此，皮尔士认为猜测正确的假说的能力是一种本能，并根植于我们的进化过程中的，从这个角度来看，溯因推理肯定是自然进化生物的一个属性。皮尔士说（Peirce，1931 – 1958，5. 591）：

> 如果你仔细考虑早期科学史和关于这个问题的不带偏见的思想，那么显而易见的是，人们必须承认，人的心智对于想象一些正确的理论，尤其是正确的关于力量的理论有一个自然的适应能力，要不然，不能形成社会关系，也不能再产生这种类型的社会关系。②

三 心智与物质相互交织

心智与物质是分离的，还是相互交织在一起的？皮尔士说："思想不一定与大脑相连。这种情况出现在蜜蜂的工作中，晶体中并遍及纯粹的物理世界；人不能否认它是真实存在的，就像物体的颜色、形状等是真实存在的一样。"③ 在这里，关键是解释这一重要陈述的含义。这段话的含义是什么？④

首先必须指出的是，本能可以通过进化进行修改：它们是"遗传的习

---

① Peirce，C. S.，*The Essential Peirce*，*Selected Philosophical Writings*，Indiana University Press，Bloomington（1992 – 1998）；Vol. 1（1867 – 1893），ed. by N. Houser & C. Kloesel；Vol. 2（1893 – 1913）ed. by the Peirce Edition Project.

② Lorenzo Magnani，*Abductive Cognition*，Berlin：Springer，2009，p. 278.

③ Peirce，C. S.，*Collected Papers of Charles Sanders Peirce*，Harvard University Press，Cambridge（1931 – 1958）；Vols. 1 – 6，Hartshorne，C.，Weiss，P.（eds.）；Vols. 7 – 8，Burks，A. W.（ed）4. 551.

④ 参见 Lorenzo Magnani，*Abductive Cognition*，Berlin：Springer，2009，Mind and Matter Intertwined（5. 2. 3）。

惯，或用更精确的语言说，是遗传的倾向"。① 此外，皮尔士还坚持认为，在科学推理方面，本能确实是不相关的；但本能溯因是"实践中的人们关于日常事务的推理"的典型。所以说，我们可以在实践推理中进行本能的溯因法（即，不可控的，不是"理性的"），但这不是典型的科学思维。皮尔士说：

> 这两个推理即实践推理和科学推理将证明是由不同的原则所控制的，因为实践推理被迫要迅速达成一些明确的结论；而科学推理可以等待一个世纪或五个世纪，如果有需要的话，才得出结论。另一个更强有力的原因是，理论推理和实践推理的方法论不同，后者以自然的方式受本能调控而进行，而理论推理中一个人如何推理要取决于其终极目标，还根据每一个道德的修正而修正。理论推理在这里有特殊的缺点；但本能在适当的领域内，一般说来比任何的理论演绎更激烈（far keener），更可靠，尤其是更快。此外，逻辑本能无论如何都要应用于理论中。另一方面，纯科学的终极目的，是完全确定和简单的；纯粹科学的推理理论，可以达致数学的确定性；而理论应用并不要求逻辑本能超越其自然功能而被约束。另外，如果我们试图将自然的逻辑本能应用于纯粹的科学的任何一个难题，那它不仅变得不确定，而本能本身的呼声是，客观因素应该是决定性因素。

马格纳尼认为以上的考虑并不公平，比如像一些评论者就坚持认为，② 本能作为一种神秘的、非分析的、猜测的能力，并不在有意识推理的层面操作，例如在科学推理的层面上。马格纳尼建议做下面的解释，他认为本能是人类的简单而不神秘的天赋，它是建立在"实践"推理和科学推理的基础上，反过来本能又显示了两者在自然进化的起源。如果每一种认知活动都深植于外部资源和表征的一种相互作用，那它会表现出特定的限制和特征。

---

① Peirce, C. S., *Collected Papers of Charles Sanders Peirce*, Harvard UniversityPress, Cambridge (1931 – 1958); Vols. 1 – 6, Hartshorne, C., Weiss, P. (eds.); Vols. 7 – 8, Burks, A. W. (ed) 2. 170.

② Paavola, S., "Peircean Abduction: Instinct or Inference?", *Semiotica* 153 (1/4), 131 – 154 (2005)

在皮尔士看来，从某种意义上来说，自然用思想让人的心智受孕，这不仅仅是一个比喻，当这些思想长大，会像他们的父亲——自然。① 因此，从进化的角度来看，本能是根植于人类的内部和外部两个方面的相互作用，所以显而易见的是外部性（"自然"）使得心智"受孕"。

在哲学史上，在说明像推理、溯因、知觉和本能那样的概念时，学者们对皮尔士的知性策略（intellectual strategies）等思想，怀有很大兴趣。在马格纳尼看来，认知研究的一些中心问题是以皮尔士的思想为基础。马格纳尼指出：

> 自然使心智受孕，因为大自然经过分离和扩展心智，反过来自然又影响心智。如果我们主张心智概念是"扩展"的，那么由演化通过自然界本身的约束条件来把握其本能的一部分就是很简单的事情。正是在这个意义上，在本能上和理性上的心智的猜测能力可以分类为关于自然或外部世界合理的假说，因为心智伴随外部世界表征逐渐成长，使自己通过构建所谓的认知域（cognitive niches）而贯穿于整个文化历史之中。从这种严格的角度上看，假说不仅仅是由纯粹的非自然机会形成的。

皮尔士认为，在他的粘连的框架下，"心智与物质之间的反应并不必然不同于在连续单元的心智的部分的动作"。② 如果我们注意到习惯绝不是一种心理事实，那就不难理解这一点。从经验出发，可以发现有些植物也有习惯。水流侵蚀河床本身也有一种习惯。

总之，在皮尔士看来，本能与推理表现出一种冲突，而我们可以通过观察溯因的运作，把它部分地解释为一种工具性生物现象，部分地解释为与所有生物体"可塑的"认知天赋相关的"逻辑"操作，以便克服本能与推理之间的冲突。

马格纳尼完全同意皮尔士的下列观点：在科学领域中的一个猜想，一个

---

① Peirce，C. S.，*Collected Papers of Charles Sanders Peirce*，Harvard University Press，Cambridge（1931 – 1958）；Vols. 1 – 6，Hartshorne，C.，Weiss，P.（eds.）；Vols. 7 – 8，Burks，A. W.（ed）5. 591.

② Peirce，C. S.，*Collected Papers of Charles Sanders Peirce*，Harvard University Press，Cambridge（1931 – 1958）；Vols. 1 – 6，Hartshorne，C.，Weiss，P.（eds.）；Vols. 7 – 8，Burks，A. W.（ed）6. 277.

新的假说的出现，也是一种生物现象，因此与本能相关：在这个意义上，我们可以把它与生物进化中的机会变异相比较，[①] 虽然科学猜测的进化明显不符合生物进化的模式。[②]

马格纳尼指出，溯因假说引入了符号过程中的变化或机会，这就开辟了生物体和环境共同进化的新视角：正是以这样的方式，他们发现了一个连续的相互变异过程。生物体改变它的特性以达到更好的适应度；然而，环境（认知域）同样在不断变化中，对每一种变异或修正都很敏感。

第四节 马格纳尼的动物溯因理论

关于动物具有溯因本能的问题前面已有所论述，那么动物的溯因本能和人的溯因本能相比，哪个敏锐性更高呢？人是否需要向动物学习溯因能力呢？马格纳尼对这些问题的回答是什么？他对皮尔士的动物溯因的拓展又是如何体现的呢？这是本节主要探讨的问题。

一 学习动物的溯因能力

对于人的溯因本能和动物的溯因本能问题，皮尔士的观点是人和动物都具有溯因本能，马格纳尼同意皮尔士对于动物溯因认知的观点，但玛格纳尼想超越皮尔士。[③] 至于如何才能超越的问题，其实就是问如何向动物学习溯因能力的问题。虽然马格纳尼在整个动物溯因的章节中都没有明确阐释这个问题，但事实上，在他的《溯因认知》一书中，他所处理的正是这个问题。在该书的开头引文中，皮尔士只是提出一个反问："然而，如果你认为每一个可怜的鸡具有一种天生的求实趋向的话，那么为什么你应该否认人类有这

---

① Peirce, C. S., *Collected Papers of Charles Sanders Peirce*, Harvard University Press, Cambridge (1931 – 1958); Vols. 1 – 6, Hartshorne, C., Weiss, P. (eds.); Vols. 7 – 8, Burks, A. W. (ed) 7.38.

② Colapietro, V., "Conjectures Concerning an Uncertain Faculty", *Semiotica*, 153 (1/4), p. 427.

③ 参见 W. Park, "Abduction in Context, Studies in Applied Philosophy", *Epistemology and Rational Ethics* 32, Springer International Publishing AG 2017 Chapter 7, How to Learn Abduction from Animals?: From Avicenna to Magnani, 4.1 Toward Abductive Robots。

种天然禀赋呢?"① 另一方面,马格纳尼明确地肯定了人类存在着溯因本能:"很显然,皮尔士的溯因是植根于本能的,而且许多基于本能的认知表现,如情绪,提供了对人类和非人类动物都有溯因能力的例子。"②

但是,帕克指出,即使我们同意马格纳尼的观点,即人类具有溯因本能,难道我们不应该承认人类的溯因本能相对于非人类动物的溯因本能在敏锐性上是比较逊色的吗?

这不像在非人类动物中援引关于溯因本能的例子那么容易,因为要举出一个人类溯因本能的例子是很有难度的。那我们能在哪里找到一些无可争议的关于人类溯因本能的例子呢? 放弃这种无望的寻求,难道我们不应该致力于向动物学习在任何特定领域如何当一个更好的溯因者吗?

帕克讨论了一种向动物学习溯因的较弱或被动的情况。在向动物学习如何锐化溯因本能的问题和向某个领域的专家或老师学习非常复杂的技能来锐化溯因本能的问题之间存在着一种类比。当然,这两种情况之间还有一个明显的非类比。与前者的完全天生的特征不同,后者可能涉及一定程度的可学习性。在玩象棋或围棋这样的棋类游戏时,初学者不仅可以模仿老师的策略,还可以尝试利用自己的直觉来选择并专注于我们自己的几个最有把握的策略。只要老师的直觉本身并不完全是天生的,在某种程度上,帕克认为,解决后一个问题还是有更大的希望。尽管如此,他认为,这两个问题之间有足够有意思的相似之处。

在这两个问题中,我们承认在一个特定的领域,我们普通人类不如非人类动物或一些专家。要达到那个程度,在这两个问题中,我们可能借助溯因逻辑编程。有趣的是,马格纳尼也考虑到了所有这些问题和策略。例如,他提到沙纳汉(Shanahan)对机器人视觉的溯因解说,他把注意的选择、图像和语义处理的过程解释为"本质上是溯因的"。此外,他在动物溯因这一章

① Magnani, L., *Abductive Cognition: The Epistemological and Eco-cognitive Dimensions of Hypothetical Reasoning*, Berlin: Springer, 2009, pp. 277 - 278.

② Magnani, L., *Abductive Cognition: The Epistemological and Eco-cognitive Dimensions of Hypothetical Reasoning*, Berlin: Springer, 2009, p. 286.

的几个地方讨论了专家直觉的问题。①

二 人类和非人类动物的感知可供性②

认知域建构是人类认知的独有特征吗？生物体到底具有可供性吗？通过研究感知可供性问题，是否有助于人类和动物显示出独特的溯因本能呢？人类该怎样积极地学习动物溯因呢？帕克解释了马格纳尼关于人类和非人类动物感知可供性的观点，在这个意义上，进一步探讨了如何学习动物溯因的问题。至于感知可供性的问题，我们不必承认我们不如非人类动物。因为，是我们人类以一些非常有创意的方式感知到了可供性。③ 然而，我们不能轻易地宣称我们优于非人类动物。因为，蟑螂不是人类，结果证明它们有更好的生存能力，这可能意味着它在感知可供性上的优越性。总之，我认为我们可以安全，更可靠地忘记劣势或优势的问题。这足以说明，我们人类，不像非人类动物，通过感知可供性，似乎更显示出非常独特的溯因本能。

帕克认为，马格纳尼对他的解释应该感到满意，因为马格纳尼自己声称"认知域建构可以看作人类认知最独特的特征"。④ 根据马格纳尼的观点，人类和非人类动物都是机会寻求者，从而都是生态工程师。它们"不只是简单地生活在它们的环境中，而是寻找适当的机会积极地塑造和改变环境"。⑤

此外，"在这样做时，他们构建认知域"。那么，它们寻求机会构建认知域时，究竟人类与非人类动物有什么不同呢？

为了回答这个问题，我们需要了解马格纳尼在哪些方面扩展或超越了吉

---

① Magnani, L., *Abductive Cognition：The Epistemological and Eco-cognitive Dimensions of Hypothetical Reasoning*, Berlin：Springer, 2009, p. 302.

② 可供性（affordance）在 J. J. 吉布森的知觉理论中，指一种知觉对象或事件的"有吸引力"的特性。因此，一把锤子的部分可供性就是它的可握性，而对一把椅子来说则是它的可坐性。总之，可供性就是指项目或事件的内在性。

③ 参见 W. Park, "Abduction in Context, Studies in Applied Philosophy", *Epistemology and Rational Ethics* 32, Springer International Publishing AG 2017 Chapter 7, How to Learn Abduction from Animals, 4. 2 Perceiving Affordances。

④ Magnani, L., *Abductive Cognition：The Epistemological and Eco-cognitive Dimensions of Hypothetical Reasoning*, Berlin：Springer, 2009, p. 331.

⑤ Magnani, L., *Abductive Cognition：The Epistemological and Eco-cognitive Dimensions of Hypothetical Reasoning*, Berlin：Springer, 2009, p. 319.

布森（Gibson）的可供性概念。马格纳尼自己明确或含蓄地表明了他自己创新的某些方面：马格纳尼认为吉布森的可供性的概念是指"环境所提供、给予或配备"的东西。他还注意到吉布森把"可供性"进一步定义为（1）行动的机会；（2）可以直接感知的事物的价值和意义；（3）生态因子；（4）暗含着感知者和环境的相互关系，这样可能有助于避免人们对其可能产生的误解。[①]

鉴于吉布森的生态学观点，马格纳尼扩展或修改了一些学者们的成果，以建立他自己的可扩展性概念的框架。对此，帕克注意到一个问题，马格纳尼对吉布森的知觉本能表现出极大的兴趣。

马格纳尼利用唐纳德·诺曼（Donald Norman）的雄心勃勃的项目，认真地协调建构主义和知觉的生态认知方法。[②] 最重要的是，马格纳尼指出，诺曼"修改了吉布森涉及心理/内部处理"mental/internal processing 的初始可供性概念。[③] 诺曼在文中写道：我认为，"可供性源于对事物的心理诠释（the mental interpretation），基于我们过去的知识和经验并应用于我们对事物的看法"[④]。

如果诺曼是正确的，我们可以像马格纳尼那样安全地推断并与吉布森保持同步，"可供性依赖于生物体的经验，学习和充分的认知能力"。[⑤] 诺曼和马格纳尼都是通过一系列的认知实验心理学和神经科学最新成果证明了这些想法。[⑥]

如果这个扩展框架扩展和修改了吉布森最初的可供性概念的一些方面，究竟马格纳尼的贡献是什么呢？在某种意义上，这是一个不必要的愚蠢问

---

① Magnani, L., *Abductive Cognition：The Epistemological and Eco-cognitive Dimensions of Hypothetical Reasoning*, Berlin：Springer, 2009, p. 333.

② Magnani, L., *Abductive Cognition：The Epistemological and Eco-cognitive Dimensions of Hypothetical Eeasoning*, Berlin：Springer, 2009, p. 343.

③ Magnani, L., *Abductive Cognition：The Epistemological and Eco-cognitive Dimensions of Hypothetical Reasoning*, Berlin：Springer, 2009, p. 337.

④ Norman, J., *The Psychology of Everyday Things*, New York：Basic Books, 1988, p. 14.

⑤ Magnani, L, *Abductive Cognition：The Epistemological and Eco-cognitive Dimensions of Hypothetical Reasoning*, Berlin：Springer, 2009, p. 337.

⑥ Magnani, L., *Abductive Cognition：The Epistemological and Eco-cognitive Dimensions of Hypothetical Reasoning*, Berlin：Springer, 2009, p. 341.

题，因为每个人都知道正确的答案。根据他关于溯因的专业知识，特别是他的皮尔士溯因感知的论文，马格纳尼极大地深化了我们对一些真正的大问题的理解，例如如何协调建构主义和生态认知理论。因此，帕克希望了解更具体的问题，比如皮尔士和马格纳尼的知觉溯因观点在这方面的贡献。让我们假设吉布森最初的可供性概念已经按诺曼的方式扩展并修改了。那么，马格纳尼是否会认为，如果没有生物的溯因活动，这样的扩展或修改是不可能的呢？或者，他会不会声称，如果没有溯因，这种延伸或修改仍然是不完整的呢？

尽管如此，马格纳尼提出的总体图景是这样的：

> 生物体有可供性的标准天赋的倾向（例如通过它们的硬联，hard-wired 的感觉系统），而同时它们可以通过适当的认知溯因技能扩展和修改所能提供给它们的范围。[1]

如果我们探讨的问题是生物体的认知溯因能力到底指什么，马格纳尼大致会有这样的回应：

> 总而言之，由于其本能的天赋，生物体具有可供性，它们可以通过"影响"和修改知觉而动态地、"溯因"地提取自然可供性。最后，生物体还可以通过建立人工中介物和认知域来"创造"可供性。[2]

以下几点会使这段论述变得清楚明了。第一，除了吉布森最初的可供性框架之外，从广义上说，生物体还有参与感知可供性的空间。第二，生物体的溯因技能是在感知可供性的过程中完成的。第三，在这种溯因地感知可供性的过程中，知觉和行动是紧密地交织在一起的。第四，生物体甚至可以通

---

① Magnani, L., *Abductive Cognition：The Epistemological and Eco-cognitive Dimensions of Hypothetical Reasoning*, Berlin：Springer, 2009, p. 348.

② Magnani, L., *Abductive Cognition：The Epistemological and Eco-cognitive Dimensions of Hypothetical Reasoning*, Berlin：Springer, 2009, p. 346.

过溯因创造可供性。除了第一点，实际上，所有这些都应归功于马格纳尼。①

人们可能认为，通过溯因创造可供性比通过溯因感知可供性更重要。当然，这样的感情或观点是有一定道理的。然而，在帕克看来，后者不比前者显著。② 因为，为了通过溯因创造可供性，似乎有必要先通过溯因感知可供性。有人可能会反对说，通过溯因感知可供性就需要通过溯因创造可供性，那才是更重要的，因为它涉及感知一些不存在的东西。帕克并不否认感知一些不存在的东西是真正重要的，但问题是，在某种意义上，感知一些不存在的东西只是感知可供性的所有情况中的一个普遍的特征。至少，任何外部意义上的可供性是不合理的。无论是外在属性还是关系属性，我们似乎在感知可供性的过程中都能感觉到一些不存在的东西。

这就提醒我们，阿维森纳的羊通过内在感觉的估计能力感觉到了狼的伤害意图（intention）。显然，狼的伤害意图绝不是任何外部意义上的感觉。所以，在没有内部感觉的情况下，如果羊察觉到狼的伤害的意图，那么羊感知到了不存在的东西。皮尔士的可怜鸡，与这种情况没有什么不同，它们感知到了玉米的可食性。可食性显然不能由任何外在的感觉所感觉到，因此它是不存在的东西。有趣的是，在皮尔士的著作中人们发现了另一个讨论可怜的鸡的文本，这也意味着感知到一些不存在的东西，但不是可食性。

如上所述，在中世纪的亚里士多德心理学中，估计特指感知意向或意图。另外，皮尔士和马格纳尼似乎把任何种类的知觉都解释为溯因。对于那些发现动物的估计和溯因之间的类似和不类似的人，这一点是很重要的，这是一个有趣的对比。无论如何，帕克相信皮尔士和马格纳尼的概括真的很深刻。但他发现，不能感知其存在的东西，例如狼伤害其他动物的意图之类的本能，有没有可能产生溯因行为还未可知，这就为人们向动物学习溯因提供了一个启示。

---

① W. Park，"Abduction in Context，Studies in Applied Philosophy"，*Epistemology and Rational Ethics* 32，Springer International Publishing AG 2017 Chapter 7，How to Learn Abduction from Animals 5 Concluding Remarks.

② W. Park，"Abduction in Context，Studies in Applied Philosophy"，*Epistemology and Rational Ethics* 32，Springer International Publishing AG 2017 Chapter 7，How to Learn Abduction from Animals 5 Concluding Remarks.

三 马格纳尼对动物溯因的拓展

为解决作为一种本能的溯因和作为一种推理的溯因之间的冲突，只是关注皮尔士的相关文本以及对其做出的相关解释是不够的。马格纳尼进一步指出，[1] 需要明确指出他在哪些方面超越了皮尔士，从而指出皮尔士对于溯因看法的局限性。马格纳尼发现，皮尔士对本能与实践推理和科学推理的关系有不同看法。在他看来，本能与科学推理并不完全相关，但本能与"日常事务的推理"有关。在实践推理中可以体现溯因本能，但这不是科学思维的典型特征。[2]

马格纳尼指出，雷斯彻（Rescher，1978）、霍夫曼（Hoffman，1999）和帕沃拉（Paavola，2005）等评论家认为，"本能"在科学推理即有意识推理的层面上并不起作用。[3] 他含沙射影地责备他们把本能假设为"一种神秘的、非分析的、猜测的能力"。在这些主张上，马格纳尼的确与那些评论家和皮尔士保持了距离，他说：

> 我认为，我在这里提出的观点可以更好解释这一点：我认为简单的，而不是很神秘的人类天赋的本能，是建基于"实用"和科学推理的，而本能彰显了两者在自然进化中的溯源。[4]

马格纳尼声称他的解释具有优势依据何在？他怎么就可以确信本能是实践推理和科学推理的基础？即使马格尼纳没有明确提出一个论据，可以彻底地证明他的主张，但却有足够的线索来彻底了解他的想法。除了他对人类的溯因本能的自然主义根据之外，马格尼纳也被所谓的皮尔士的协同论（synechism）所吸引。此外，他深受来自皮尔士的两个观点的鼓舞：（1）"思想不一定与大脑有关"；（2）"本能可以通过进化来进行修改"[5]。

---

① Park W. , "Abduction and Estimation in Animals", *Foundations of Science*, 17（4），2012. 2. 2.

② Magnani, L. , *Abductive Cognition*, Berlin：Springer, 2009, pp. 278 – 279.

③ Magnani, L. , *Abductive Cognition*, Berlin：Springer, 2009, p. 279.

④ Magnani, L. , *Abductive Cognition*, Berlin：Springer, 2009, p. 279.

⑤ Magnani, L. , *Abductive Cognition*, Berlin：Springer, 2009, p. 278.

　　换句话说，马格纳尼通过区分本能的溯因与推理的溯因形成了两个方向。那些认可非人类动物的本能溯因，而不承认人类的本能溯因的人，试图强调人类推理溯因中的本能元素。另外，那些认可溯因是人类的推理而不是非人类的动物推理的人，建议扩大推理的概念，从而拓宽思维的概念。

　　对于前者，马格纳尼将科学推理中的假说生成作为对人类本能溯因的重要证据：依皮尔士的观点来看，假说生成主要是人类的本能和非语言禀赋，当然也包括动物。很显然，皮尔士认为，溯因是源于本能的，许多根深蒂固的本能认知在起作用，如情绪就是人类和非人类动物都有溯因的最好证明。①

　　当然，马格纳尼关于"假说生成"是一种本能的主张，仍然存有争议。有人可能反对说，这种看法不能解释溯因有不同含义的现象。为此，马格纳尼区分了"（1）只生成合乎情理（选择性的或创造性的）假说的溯因"和"（2）看作最佳说明推理，亦即借助归纳来评估假说的溯因"②。他明确指出，在他的认识论模型中接受了溯因的第一个含义，虽然没有定论，马格纳尼关于"假说生成"是本能的主张是在溯因的第一个含义上更站得住脚。然而，即便这种观点获得一定支持，溯因如何根植于像情绪那样的扎根于本能的认知活动，还不是很清楚。

　　至于后者，马格纳尼想要证实来自非人类动物的符号（sign）活动和指号学（semiotic）过程的动物溯因推理特征。马格纳尼用了长长一段论述，十分清楚地阐明了他的观点：

　　　　许多思维形式，比如通过复杂的身体技能表现出来的想象、强调、试错、类比推理和认知活动，看起来基本上是基于模型的和操控的。它们常常通过生物自己适应环境而被刻画，而不是生物通过从环境中获取信息来刻画它们。在这个意义上，这些思维形式产生的反应不涉及语句方面（sentential aspects），相反，而只涉及认知的"非推理"方式。如果我们采用上面的指号学（semiotic）视角，即不把术语"推理"归约

---

①　Magnani, L., *Abductive Cognition*, Berlin: Springer, 2009, p. 286.

②　Magnani, L., *Abductive Cognition*, Berlin: Springer, 2009, p. 18.

到它的语句层面（sentential level），但包括符号活动的整个领域，这是皮尔士传统的看法，那么这些类型的思维会迅速出现丰富的、思维的推理形式。这就使人回想起，皮尔士说过，所有的思维都用符号，符号可以是图标、指标或象征符号（symbol），而且，所有的推理都是一种符号活动形式，这里的语词符号包括"感情，想象，概念和其他表征"。[①]

马格纳尼很清楚，动物长期以来一直被认为是无心智的。所以，在皮尔士研究基础上，他主张指号学观点需要进一步扩展。但是怎么可能呢？根据马格纳尼的观点，这可能要指望近代在认知科学和动物行为学，以及心理学和人类、婴幼儿的认知考古学的发展。马格纳尼不仅指出，推理不一定像语言那样有结构，而且还指出，人类思维和感情也有动物似的特性。

研究发现，低等动物的"符号活动"的思维方式是非语言类型的，受这个发现的鼓舞，[②] 马格纳尼声称"必须承认低等动物也具备较高程度的溯因能力"，他说：

> 鸡面对不同事件形成了不同表征，并且它们会受到先前经验（例如食物）的影响。这主要是由于其内在发达的可塑的感应外部环境的能力，也可以认为是其学习的成果。一般来说，这种可塑性通常伴随着对环境做人为修改的外部人工"伪表征"（pseudore presentations，例如地标、报警、尿迹和怒吼等）的适当具化，而且，这种可塑性或者可通过参照已赋予委托认知价值的外部性质，由动物自己或由人类提供。[③]

事实上，马格纳尼通过讨论"可供性"（affordances）、"多模式溯因"、"认知域"（cognitive niches）和"动物人为干预"，将伪思维（pseudo-thought）归之于非人类动物，在这个方面，他走得更远。在这里，要公正对待所有问题，如果不是不可能，也是非常困难的。然而，通过简要验证马格

---

① Magnani，L.，*Abductive Cognition*，Berlin：Springer，2009，p. 288.

② Magnani，L.，*Abductive Cognition*，Berlin：Springer，2009，p. 189.

③ Magnani，L.，*Abductive Cognition*，Berlin：Springer，2009，pp. 290 – 291.

纳尼关于非人类动物和人类的情绪也是溯因的观点，可以彻底了解他对其雄心勃勃项目的见解，[①] 如何理解情绪即为溯因？

在这里，马格纳尼似乎受到了撒加德见解的启发，即溯因源于疑惑。[②] 从马格纳尼的观点看，撒加德所认识到的溯因始于迷惑的观点是可圈可点的，也是其他哲学家不曾发现的。[③] 所以，马格纳尼完全赞同撒加德的看法，他指出：

> 因此，如皮尔士所说，当人类经历的某种积极的（active）[④] 情绪被满足时，不仅情绪本身是溯因，而且是大多数溯因过程的起点，正如它是大多数溯因过程的终点一样。[⑤]

为了理解马格纳尼关于情绪是溯因的理论，需要预先设定他和撒加德共同的观点，即多模式和神经学观点。依照马格纳尼的观点，在它可以是视觉的也可以是语言的意义上，多模式溯因的概念"描述了溯因推理的多个方面"。此外，马格纳尼所诠释的撒加德承认"溯因具有句子的、基于模式的可操控的性质"[⑥]。按照马格纳尼的理解，多模式溯因不仅涉及"话语、景象、想象、气味等，而且包括运动学经验和其他感情，例如疼痛，从而包括所有感觉模态"[⑦]。

马格纳尼声称，多模式溯因的这种混合性质"从神经学角度清楚地表

① Magnani, L. , *Abductive Cognition*, Berlin: Springer, 2009, pp. 299 – 303.

② Thagard, P. , "Abductive Inference: From Philosophical Analysis to Neural Mechanisms", In A. Feeney & E. Heit (Eds.), *Inductive Reasoning: Experimental, Developmental, and Computational Approaches* (pp. 226 –247), Cambridge: Cambridge University Press, 2007, pp. 227 – 229.

③ Magnani, L. , *Abductive Cognition*, Berlin: Springer, 2009, p. 222.

④ 能动的；主动的（1）功能性的，活动的。（2）描述一种特定的态度或姿态，人们由此自发地发起和影响一种情境。（3）一种调节和发起状态。参见［美］阿瑟·S. 雷伯《心理学词典》，李伯黎等译，上海译文出版社 1996 年版，第 10 页。

⑤ Thagard 2007, "Abductive Inference: From Philosophical Analysis to Neural Mechanisms", In A. Feeney & E. Heit (Eds.), *Inductive Reasoning: Experimental, Developmental, and Computational Approaches* (pp. 226 –247), Cambridge: Cambridge University Press, p. 228.

⑥ Magnani, L. , *Abductive Cognition*, Berlin: Springer, 2009, pp. 221 –222.

⑦ Magnani, L. , *Abductive Cognition*, Berlin: Springer, 2009, p. 222.

明，阐明了所有这些符号活动的有用性"①。正如马格纳尼所说，神经学观点是有用的，因为"我们可以说所有表征（representations）都是脑结构的，溯因是神经表征转换的神经过程"②。马格纳尼引用撒加德在这里的结论："我们可以将神经学意义上的溯因重新阐释为一个过程，其中表征解释性目标的一个神经结构产生另一个构成一个假说的神经结构"③。

马格纳尼为我们提供了一个科学推理领域的例子，以表明情绪是如何以多模式神经学视角被看作神经结构的，他指出：

> 如撒加德上文所述，首先，（通过感觉过程提供的）有可能反常数据的目标上有意义的汇编是内部情绪的转换，并被标记为干扰或迷惑。通过进一步的染色体连接，它与情绪结构的强化行为连接；以这种方式，情绪迅速为身体状态配置直接的溯因评价，并提供一种对它们的"解释"。当然，所标记的情绪状态可以与神经结构相互协调，反过来，该神经结构继而表达其他溯因的言语或感觉反应，并进一步与满足或快乐的情绪体验相关联。此外，每个无意识的认知活动可以用有意义的神经转换的术语来重新解释，该研究似乎可以通过新技术和实验最终完成。④

这个例子能在多大程度上证实马格纳尼的情绪作为溯因的理论，却是有疑问的。虽然如此，看看下面这段话，可以理解他心里在想什么：

> 情绪是认知的基于模型的重要方面，在决策中起着关键作用：情绪加速了进程，直接引导了行动。⑤

① Magnani, L., *Abductive Cognition*, Berlin: Springer, 2009, p. 222.

② Magnani, L., *Abductive Cognition*, Berlin: Springer, 2009, p. 223.

③ Thagard, P., "Abductive Inference: From Philosophical Analysis to Neural Mechanisms", In A. Feeney & E. Heit（Eds.）, *Inductive Reasoning: Experimental, Developmental, and Computationalapproaches*（pp. 226 – 247）, Cambridge: Cambridge University Press, 2007, p. 233.

④ Magnani, L., *Abductive Cognition*, Berlin: Springer, 2009, p. 224.

⑤ Magnani, L., *Abductive Cognition*, Berlin: Springer, 2009, p. 235.

实际上，幸福，悲伤，恐惧，愤怒，厌恶和惊喜都可以看作是关于一个人一般状态的判断；例如，一个人与一只到处乱跑的老虎不期而遇，非常害怕是可以理解的，因为大型食肉动物威胁到了他想生存的本能。事实上，所有的情绪都与目标实现有关：例如，当人们受挫时，他们会愤怒，当成功时，他们会感到高兴。在这个意义上说，情绪是问题求解情景溯因的总结评估。[①]

第五节　动物溯因的二重性和动态性

以上关于溯因的讨论从皮尔士开创的溯因推理到视觉溯因的研究，再发展到动物溯因，一步步深入。在这个不断探索的过程中，我们发现了溯因和溯因推理的两个突出的特性：一是两重性，二是动态性。

第一，尽管皮尔士关于动物溯因的探索富有启发性，但是只有当马格纳尼对皮尔士的动物溯因做了广泛拓展和深化研究以后，才使得动物溯因在溯因推理的认知研究中占据了重要的地位。皮尔士和马格纳尼关于动物溯因既是本能又是推理的论断进一步表明了视觉溯因既是心理机制又是推理的论断，为我们从逻辑与认知的双重角度研究溯因开拓了研究思路。因为，动物溯因具有二重性的思想观点隐含了溯因既是认知的结果，也是认知的过程的深刻思想。同时，可以顺理成章导出溯因和溯因推理具有动态性的思想观点。

第二，从认知进化的角度开展对动物溯因的研究凸显了溯因认知研究的动态性。对于动物溯因的研究来说，从人类动物和非人类动物的溯因认知过程研究着手溯因推理研究的本来应有之义。逻辑视角的溯因推理研究基本上是静态的研究，动物溯因研究则是从认知进化的角度开展动态的认知研究，这就极大扩展了溯因研究的视域，具有明显的包容性和创新性。尽管皮尔士关于溯因与知觉、溯因与本能的独创性的哲学分析为动物溯因的动态研究奠定了基础，但只有在马格纳尼那里，才真正对动物溯因在人类动物和非人类动物中如何发生发展的过程做了深入的刻画，开拓了动物溯因研究的新阶段。

总之，对动物溯因的研究，能帮助我们认识到动物溯因在科学发现中的重要认知作用。对动物溯因的研究，有助于我们拓展溯因推理的研究视野，

---

① Magnani, L., *Abductive Cognition*, Berlin：Springer, 2009, p. 236.

不仅从静态方面探究溯因推理，而且从动态方面研究溯因推理，吸取生物学和生命科学以及人工智能对溯因模式的研究成果，把跨学科多维度的溯因推理研究进一步推进，从而极大地推动动态认知逻辑、语言逻辑和人工智能逻辑的发展并显示其越来越大的发展潜力。

在第十章，我们将把溯因推理的动态性研究与动态信息研究和信念修正理论结合，进一步推进溯因推理的研究。

第 十 章

基于动态信息的逻辑与认知问题

信念修正的逻辑和认知问题是认知、逻辑和科学哲学共同关心的重要问题。它包括两部分内容，其一是动态信息的逻辑和认知问题；其二是溯因信念的修正问题。它们的共同点是从动态角度研究逻辑和认知的理论。

第一节 动态信息的认知问题

动态信息的认知问题是认知科学哲学中的重要研究内容之一，由于信息概念本身的不确定性，信息在不同的学科中具有不同的表达方式，具有不同的哲学思考，在此主要从逻辑学的角度对其进行研究，涉及信息的本体论及其形式结构的研究，以及采用组合模态逻辑的方法构造动态认知概率逻辑研究信息及信息的变化，同时也对认知悖论、逻辑全能等进行了哲学思考。

一 信息概述

信息是一个使用非常宽泛的术语，有许多不同的定义，即使在逻辑学领域，也有许多不同的解释。表达信息通常有两种方法：其一为语义的方法，主要是将主体的信息和其认为可能的情境集相结合，常用可能世界语义模型解释的认知逻辑来刻画。其二为语形的方法，这是表达信息的最自然的方法。人类的信息可以通过书面语言和口语进行表达，形式化的应用避免了大多数的含糊不清和晦暗性。信息可用给定的形式语言公式集来表达。在语形表达中，每一信息模块都可通过公式来确定，两个信息模块具有同样的意义当且仅当它们可以通过同样的符号序列表达。语形方法也可以表示主体的高阶信息，即关于主体自己信息的信息。

语义的方法是建立在全称量词的基础上的：一方面，主体拥有一条信息当且仅当该信息在所有的主体认为可能的情境下是真的。另一方面，语形的方法是建立在存在量词的基础上的：主体拥有一条信息当且仅当在主体的信息集合中存在一个表示该信息的公式。信息研究的核心问题应该是信息结构和信息处理。信息结构可以看作是模型论的范畴，而信息处理则可以看作是证明论的范畴。通常可以采用一阶逻辑的方法表示信息，也可以采用克里普克的语义解释的方法来表达信息。

二　动态信息及有关问题

信息通常不是静态的。知识、信念、观点、愿望、意图和其他的命题态度改变了信息的范围，既包括和外界的环境之间的互动（读报纸、会话、提问等），也包括主体自身的内部推理（推理、觉知、内省行为、记忆和遗忘）。信息状态是一个动态进程，该行为产生的变化说明什么时候可以发现主体的信息表达。经典的认知逻辑主要刻画主体关于事件的隐性知识以及建立在信息上的其他主体的知识。其他主体的知识可以通过观察或者交流的方式获得。但是却不能够刻画如何通过推理行为而产生有效的信息，原因在于该系统公理假定了"演绎封闭性"。由于所有的信息都可以通过行为产生，因此需要利用动态逻辑推理证明主体获得显性知识时需要如何进行处理。①

这样就出现两个问题：（a）如何定义恰当的主体的信息状态和显性知识相匹配，（b）如何定义建立在这些状态上的自然进程从而产生新的显性知识。隐性知识存在于人的大脑中，是人在长期实践中积累起来的与个人经验密切相关的知识，往往是一些技巧，不易用语言表达，也不易被他人学习。显性知识，人们可以通过口头传授、教科书、参考资料、报纸杂志、专利文献、视听媒体、软件和数据库等方式获取，也可以通过语言、书籍、文字、数据库等编码方式传播，也容易被人们学习。

---

① Lewis D. , " Probabilities of Conditionals and Conditional Probabilities ", *Philosophical Review* 85 (1976) 297 – 315, rep. in Lewis, D. *Philosophical Papers* Ⅱ , Oxford UP, Oxford, 1986, 133 – 152.

三　认知动态和协议信息

在刻画智能互动中有两个重要的方面，其一，相关的信息事件是如何改变主体的认知状态。不同的信息事件可以改变主体的不同的信息，信息事件改变主体的信息的方法也是非常微妙的，相对比较复杂。因此，最关键的是要掌握信息事件以及信息作用。这种过程被称为是认知动态。其二，主体的互动可以产生什么样的信息事件，所有主体的信息都具有这样的特征，信息变化的方式不仅依靠信息事件的发生，而且依靠涉及主体的那种信息互动。信息事件的产生可以影响进程是一种非常重要的刻画，这种信息称为协议信息。

第二节　刻画动态信息的逻辑方法

刻画动态信息的逻辑方法主要是组合模态逻辑和动态认知概率逻辑以及动态认知逻辑的应用。现分述其性质如下。

一　组合模态逻辑

已知模态逻辑类 L 和组合方法 C，具有某种性质的"逻辑元素"$l \in L$ 可以转换为它们的"组合"C（l）。

大部分组合方法都满足下面三条原则：

（C1）都是有限的，即 C 只定义在有限的模态逻辑类 l 上。

（C2）由 l 而得的多模态逻辑的组合 C（l）本身是多模态逻辑。

（C3）组合逻辑 C（l）是每一逻辑 $l \in L$ 的分支的扩充。

对每一组合方法，主要讨论的是下面两种性质间可能的转换：

公理化/完全性

根据组合逻辑的方法建立在语形的基础上或建立在语义上来定义逻辑，可以将其分为两种不同的方法。前者存在的问题是，组合后的递归的（有限的）各公理分支是否仍然保持原来递归的（有限的）特征；后者存在的问题是，各分支的克里普克完全性转换成它们的组合后，整个组合是否也是完全的。

可判定性/有效性的复杂度/可满足性问题

有效性的可判定性问题转化为原来各分支是可判定的，而它们的组合是否仍是可判定的，如果是，其复杂度发生了哪些变化。同样，对有穷模型性也存在这样的问题。

融合的复杂度

复杂度的上确界并不总是可以转换为融合的下确界的公式。融合的时间复杂度的判定程序是非确定的（non-deterministic），并且指数的复杂度高于各分支的最大时间复杂度。但是，增加复杂度后是不是有效的通常并不清楚，特别是，并不知道在融合的公式下多项式空间和指数空间之间是否可以相互转换。

模态逻辑的积

多种结构的积的笛卡尔公式，如向量和拓扑逻辑空间、代数等就是用标准的数学方法来刻画世界的多维特征的。在模态逻辑中，构造的克里普克积框架可以用来表达时间、空间、知识、行动等模态算子之间的相互作用。

二　动态认知概率逻辑

认知逻辑是一种模态逻辑，常用于对信息以及高阶信息进行推理。动态认知逻辑是认知逻辑的扩充，它可以用来对信息和信息变化进行推理。在概率论中贝叶斯更新可以看作是关于信息变化的模型，但却忽略了高阶信息变化。当人们希望对高阶信息的概率变化进行形式化推理时就会出现问题。将认知概率逻辑（PEL）和动态认知逻辑（DEL）相组合而构造的一种新的逻辑，即动态认知概率逻辑，用它来对概率变化及高阶信息进行推理。目前已经建立起关于认知和概率的形式系统，将概率逻辑看作是内涵（非动态的）认知逻辑，认知语言也可以理解为概率语言的一部分，可以通过信念和确定性的关系来实现。[①]

当主体获得新的信息时，他们的知识和信念将会如何发生变化。一方面，知识变化是单调的。一旦主体知道了一个命题，主体将不会放弃他关于

---

① Kooi B. P. , Probabilistic Dynamic Epistemic Logic, Logic Lang, Inform, Special Issue on Connecting the Different Faces of Information, 2003, 12（4）: 381 – 408.

该命题的知识，但他可能会因为获得了新的信息之后，逐渐知道某些其他的命题。另一方面，信念通常是非单调的。主体可能会放弃或者修正他的信念。对主体可能接受的两种类型的信息分别为事实信息和高阶信息。

在动态信息的语境下研究知识和信念，主要有几种方法，包括动态模态逻辑的方法、时态模态逻辑的方法以及论证的方法（对话或者博弈的方法）来以建模信念的变化（收缩、扩张）。

1. 在动态认知逻辑语境下的信念收缩；

2. 引入了基于信念、证据和辩护上的新的形式化的辩护模型；

3. 利用定义的博弈语义的语境可以用来判定主体能否知道某些给定的命题是真正可废除的；

4. 用于模型信念变化的时态语境与对话的方法处理逻辑的方法相联，提供了一个关于信念修正论证研究。

三 认知悖论：动态认知逻辑的一种应用

知识是智能行为的核心，以显性形式体现的获取知识、知识加工以及利用知识进行交流的能力，是人和其他动物的区别。任何对智能行为的研究，无论是理论上的或者是经验上的，都有一个共同的出发点，即知识科学，主要研究知识的基本形式以及如何获取和处理知识。而逻辑是处理知识科学的重要的工具。

（一）费奇（fitch）悖论。费奇论证指出如果存在未知的真理，那么存在不可知的真理。造成该问题的原因在于近期出现了反现实主义语义的实证主义解释。称一个陈述是有意义的在于存在关于它们的证实程序，这些解释表明每一个真理都是可知的。如果一个真的陈述具有可证实的程序，那么该程序需要提供一种方法，通过这种方法，可以知道该陈述是真的。但是，根据费奇的论证，反直觉主义认为每一个真理都是可知的。该问题就是费奇悖论。尽管有很多处理费奇悖论的方法，但其中的每种解释似乎都在某些方面存在一定的缺陷。

关于费奇悖论的另一个问题就是唯心主义问题。如果可知性问题是一般的规则问题，陈述的意义由存在的验证程序组成，不仅涉及事实真而且也涉及可能真。如果该规则为语义规则，那么无论什么样的陈述都将转变为在给定的可能情境下是真的，其验证程序将提供一种方法证实其为真理。假设如此则陈述将不是认知存在的。如果该陈述在某些反事实情况下是真的，根据可知性它必须是可知的。但是，根据假设将不存在认知存在，所以是有问题的，任意的事情如何能够被知道。这样，如果该陈述可能是真的，该陈述将成为可知性的反例。这样将保持一致性，实证主义必须保持陈述的必然假，因此，某些认知存在是必然存在。实证主义者如何回避认知存在的必然存在的承诺呢？下面提供几种方法。

（二）逻辑的可修正性。逻辑的可修正方法试图通过修正基础逻辑阻止费奇悖论中的论证所运用的逻辑推理。在上面的论证中所用到的一些推理都属于对逻辑的修正。比如认知逻辑、直觉主义逻辑、次协调逻辑等方法。

以上几种方法都受到人们的批评。第一，为了避免费奇悖论，认知逻辑取消了这两条规则。第二，直觉主义逻辑指出，由直觉主义逻辑可推出反直觉主义的认知论证。尽管某些基于直觉主义的解释并不受欢迎，但对这些直觉主义的重新解释是否为非临时的？故不能认为所有的可知性问题都具有合适的解释。第三，次协调逻辑，如何完全以实证主义为基础是有争议的。接受这些解决方案可能会阻碍费奇悖论，但在如何寻找一个实证主义的解释以回避悖论，从这些方案来看，并不是令人满意的。

（三）语义再生。另外一种方法就是对可知性问题的语义直觉进行重新生成。她对可知性规则进行了重新构造：

ENT $\forall s$（In（φ, s）$\rightarrow \exists s'$（K（In（φ, s）），s'））

其中该条件可读作"对所有的情境 s，如果 φ 在 s 上是真的，那么存在情境 s' 使得在 s' 上可以知道 φ，并且 φ 在 s 上是真的"。令 φ 为上面模式中的 $p \wedge \neg kp$。那么对于相互区别的情境 s' 和 s 将不存在关于 In（K（In（$p \wedge \neg Kp$, s）），s'）的悖论。这样，该模式就回避了费奇悖论。

现在的问题是，沿着这一线索的更详细的语义解释是否可以用哲学的可满足性的方法进行扩展。首先，是否总是能够指定一个足够的度对情境 s' 和情境 s 进行区分。其次，是否能够提出更复杂的情境的构造。

（四）语形限制。可知性悖论（及其变形）主要是根据确定的形式提出的陈述。据此，有人主张通过语形的约束公式以确定需要应用哪些可知性问题。坦南特（Tennant）提供了一种基于该方法的解释。如果 $Kp \nvdash \bot$，则称陈述 p 为笛卡尔坐标。即 Kp 不是可证的不一致的。可知性规则采用下面的约束形式以回避费奇悖论：

TKT$\varphi \rightarrow \Diamond K\varphi$，其中 φ 为笛卡尔坐标。

正如在费奇论证中，证明 K（$p \wedge \neg Kp$）是矛盾的，因此 $p \wedge \neg Kp$ 不是笛卡尔坐标。达米特（Dummett）也提供了另一种约束可知性规则的语形。

这种解释不允许出现下面的情况。首先，提出的语形约束是临时的。为了采取和费奇悖论相对的实用主义的方法，该约束必须具有某些实证主义的基础。其次，尽管可能会很好地回避可知性悖论，但并没有排除反例的可能性。事实上，威廉姆森（Williamson）指出 TKT 中存在某些问题。尽管坦特南回答了威廉姆森的假定的反例，除非该语形约束在某些规则方面是基础的，否则可能还会有反例存在。

（五）动态认知逻辑。费奇悖论属于动态认知逻辑框架所分析的内容。范本特姆解释说在费奇悖论中公式的类型无法满足动态语境中的可知性问题，其中主体的认知状态的变化基于他们所获得新的信息。借助公开宣告逻辑（PAL），即认知逻辑加上算子 $<\varphi>$ 的扩充，其中 $<\varphi>\psi$ 读作"宣告 φ 可能发生之后 ψ 是真的"，分析了不同可知性规则之间的区别。另外，巴尔比安尼（Balbiani）等人对动态认知逻辑的方法进行了更深入的研究，并且从形式上研究了什么样的公式可以满足可知性模式的问题。

下面的方法为动态认知逻辑中常用的传统方法。第一，该研究提供的是一种传统的方法，但并非只关注费奇悖论的哲学方面：即悖论的提出是基于和实证主义的语义反现实主义相矛盾的问题。当前的论证增加了另外一个更加严肃的、且与此相关的动态认知问题的哲学应用方面的问题。第二，动态认知逻辑同样可以处理唯心主义问题，而且并非以传统的方法进行分析。*TAPAL* 框架可以刻画与该问题相关的问题。

在此，提出了一个实证主义的框架回避费奇悖论以及唯心主义问题。给出了一个真的陈述，根据验证程序以及自我保持性区分该陈述的真值。在框架中的区分允许采用实证主义的方法坚持每一个陈述都有满足它的验证程序而不必承诺可知性论题，每一个真理都是可知的。借助于 *TAPAL* 系统，可以澄清相关的概念，并做出显性的预设，常用于对它们进行区分。另外，在 *TAPAL* 中的形式允许对实证主义的涉及在 *TAPAL* 系统中的定理的可知性的承诺：对每一陈述，如果它是持续的，那么它是可知的，可以证明它可以得到成功地执行。另外，也对可知性论题的择代形式系统进行了比较。[①]

动态认知逻辑方面，我们的框架是以两个关键的维度联结起来的。第一，使验证程序独立于认知行动以表示能真实地执行它们，这样就允许推出验证程序，产生成功值以及它们能够成功地执行之间的联系。正如我们所断定的，唯心主义问题的提出，当验证程序得以成功地执行时，并非是根据验证程序产生了成功值区分的。第二，根据验证程序的执行行动，抽象出了可能的动态变化以确定主体的认知状态，可以引入自我可保持的陈述。费奇悖论的提出和这两个概念的模糊无关。

近来在动态认知逻辑中的发展已经澄清了这二者之间的关系。在动态认知逻辑中，主体的静态的认知状态可以通过认知模型表达，并且它们之间是相互独立的，相关的信息事件可以通过事件模型进行表达。主体的动态特征的认知状态可以通过给定的事件模型引入。[②]

鉴于此，我们的系统的主要价值在于引入了动态认知逻辑的框架，可以用于表达第一种区分。在我们的框架中，验证程序的可执行性可以通过协议表达，在协议中的信息可以根据在给定的认知模型中的真值独立地确定。该附加结构提供了另外一种维度，沿着描述认知情景以及因此可以解开在可知性悖论间的困惑。因此，协议信息强调了动态认知事件的重要性。

第三节　基于溯因推理的信念修正

基于溯因推理的信念修正研究，旨在从溯因逻辑的角度程序化地构建信念修正系统，从而探讨溯因推理的基本步骤，更好地描述其动态认知变化过程和处理信念修正问题。具体步骤如下：（1）从认识论立场来阐释溯因逻辑和信念变化的心理状态之间的认知过程；（2）论证人工智能中的溯因推理，表明溯因作为一种逻辑探究的认识过程，产生"明确观念"，从而给人工智能中的信念提供一种动态解释模式；（3）阐释信念修正中的认识变化

---

① Selvin S. , "A Problem in Probability", *The American Statistician*, 1975, 29（1）: 67.

② Gärdenfors, P. , *Knowledge in Flux: Modeling the Dynamics of Epistemic States*, The MIT Press, 1988.

的三种形式及信念修正的溯因逻辑机制；（4）介绍信念修正的一个溯因模式——语义树结构。

一　溯因认知理论

溯因推理一词主要有两个认识论含义：（1）只产生"可信的"假说的溯因（选择性的或创造性的）；（2）作为最佳解释推理的溯因和评价假说的溯因。[①]

就认识论立场而言，阿丽色达的主要观点是，溯因认识理论的主要动机是吸收传入信念及其解释，即证实它的信念（信念集）。这个事实将溯因置于更接近基础主义的行列，基础主义要求信念根据其基本信念来确证。溯因信念通常被（科学）共同体所使用。因此，前期关于个人没有保持它们信念的确证路线的主张是不能应用的。另外，溯因推理的一个重要特征是保持理论的一致性。否则，解释将是无意义的（特别是将如果⇒解释为经典逻辑推论之时）。因此，溯因也必须遵循一致性原则。[②]

有很多理论可以刻画信念状态，比如贝叶斯模型、可能世界的模型、信念集的模型等。其中，AGM 理论所使用的信念集合模型简单且技术处理方便。[③] AGM 方法遵循三个合理性原则：一致性原则、最小改变原则（minimal change）和新信息优先原则（priority to the incoming information），这个方法把信念状态表征为在逻辑后承中闭合的形式，也为描述信念修正操作的特征提供了"合理性公设"（rationality postulates）。

对新进入信念的辩护，基本上采取一种"认识论的立场"，其中有两种基本的立场：基础主义和融贯论。信念修正框架有时也称为融贯论方法（Doyle，1992）。在这种方法中，重要的是，只要个体持有的信念和其他信念保持一致，个体就要坚持这些信念。不一致的信念不描述任何世界，所以是徒劳的。此外，信念的改变也只能在认识论的基础上保守地进行，也就是说，为了和新信息保持一致而做自我调整时，要尽可能地多保留自己的原始

---

① Magnani, *Abduction*, *Reason and Science*, *Processes of Discovery and Explanation*, New York：Kluwer Academic，2001：p. 25.

② 熊立文：《信念修正的 AGM 理论》，《现代哲学》2005 年第 1 期，第 151 页。

③ 熊立文：《信念修正的 AGM 理论》，《现代哲学》2005 年第 1 期，第 128 页。

信念。这正好和基础主义方法形成了对比，基础主义方法要求添加或放弃适当的理由以改变信念。① 简言之，"基础主义"的方法只接受那些发生变化的信念，而"融贯论"的观点则只要求变化的信念处于一致状态，只做不影响一致性的极少的改变。

从溯因逻辑的角度看，溯因推理与怀疑/相信的心理状态的认识转变有密切的联系。这个认知过程是这样的：由溯因的逻辑形式规则的第一个前提条件表明，惊奇（依据皮尔士的观点，溯因的解释是由惊奇现象引发的）不仅是一个溯因推理的触发器，当一个信念习惯被打破时，惊奇也是一个怀疑状态的触发器。不同的触发因素将决定不同的溯因过程。阿丽色达考虑两种触发因素，即新奇性和异常性：

溯因新奇性：
E 是新奇的，虽然它不能被理论解释，但它必须与理论保持一致。
溯因异常性：
E 是异常的，其理论能解释其否定。②

一旦上述因素被确定，不同类型的溯因过程就产生了。若新奇性触发的溯因推理包含潜在的演绎推论，有待说明的事实与理论是协调的，这一说明就演绎地说明了这一事实；若潜在推论是统计性的，理论扩展只能得到较低概然性，就需要对理论进行修正，从理论中消除某些数据。

二　信念修正与溯因

关于信念修正，熊立文教授是这样描述的："一个人在某个时刻具有一定的认知状态或信念状态，理想化的认知状态是一种平衡状态。当有新的认知信息输入时，这种平衡状态就被破坏了，这时人应当调整自己的信念状态使它达到一种新的平衡。这个调整的过程就是信念修正的过程。信念修正的

---

① Magnani, *Abduction*, *Reason and Science*, *Processes of Discovery and Explanation*, New York: Kluwer Academic, 2001, p. 34.
② ［墨］阿托卡·阿丽色达：《溯因推理：从逻辑探究发现与解释》，魏屹东、宋禄华译，科学出版社 2016 年版，第 37 页。

理论研究如何用逻辑或数学的方式刻画人的认知状态或表达知识库中的信念、信念修正的合理性标准是什么、如何刻画信念修正的过程等问题。[①]"简言之，任何信念修正都是从一种信念状态转换到另一种信念状态的过程。

现代逻辑使用信念修正的概念来刻画溯因推理的动态认知过程。修正信念被看作是处理推理的一个动态概念。在推理的某一阶段，如果它是正确的，可以说，在合理推理的基础上就确定了一个信念，即使以后的某个阶段这个信念要被放弃。阿丽色达的观点是，在一种溯因理论框架下，要得以实现皮尔士的溯因，就需要将信念程序化。列维斯科（Levesque）在 1989 年就提出了溯因推理的这种信念逻辑，而 1990 年，杰克逊（Jackson）研究了信念修正在溯因推理中所起的作用。他们的工作为信念修正溯因理论的发展奠定了基础。

溯因推理中修正概念的引入，直接导致了人工智能中信念变化理论的产生。在这种信念修正理论中，人们不仅要合并新信念，而且要确证它们。伽登福斯在他的专著《流动中的知识：为认知状态的动态发展建模》[②]（1988）中提出了三种信念变化的操作类型：扩展、缩减、修正，用于描述一个数据库、一个科学理论或者一组常识信念集怎样接纳一个新信息，即"一个理论可以通过增加新准则而扩展，通过删除现有的准则而缩减，或者是先缩减然后扩展，最后实现修正"[③]。其具体操作如下：

假设一个一致性理论 θ（在逻辑推论下是封闭的），被称为信念状态（belief state），句子 φ 是一个传入的信念（incoming belief），对于 θ 关于 φ 有三种认识态度：

①φ 被接受（$\varphi \in \theta$）；

②φ 被拒绝（$\neg \varphi \in \theta$）；

③φ 未决（$\varphi \notin \theta, \neg \varphi \notin \theta$）。

对于这些态度，我们有 3 种操作来把 φ 纳入 θ 中，具体描述如下：

扩展：给 θ 这个信念状态添加 φ 这个传入信念，那么通过条件 φ 和逻辑

①　熊立文：《信念修正的理论与方法》，《哲学动态》2005 年第 3 期，第 46 页。

②　Gärdenfors, P., *Knowledge in Flux*: *Modeling the Dynamics of Epistemic States*, The MIT Press, 1988.

③　［墨］阿托卡·阿丽色达：《溯因推理：从逻辑探究发现与解释》，魏屹东、宋禄华译，科学出版社 2016 年版，第 33 页。

推论的结合从而扩展的 θ 所产生的信念系统可以标记为：$\theta + \varphi$。

修正：系统在保持一致的条件下，给信念状态 θ 添加一个新信息，就得把 θ 中的旧信息删除，这种通过 φ 修正 θ 的结果可以标记为：$\theta * \varphi$。

缩减：为了确保所产生系统的演绎封闭性，与信念状态 θ 相矛盾的信念就要被拒绝，因此就要放弃 θ 中与 φ 相矛盾的信息，对 φ 缩减 θ 的结果被标记为：$\theta - \varphi$。

因此，简单地讲，所谓扩展（expansion）是指信念状态 + 新进入信念：$\theta + \varphi$；修正（revision），即系统在保持一致条件下添加新信息：$\theta * \varphi$，而缩减（contraction），即信念状态—相矛盾信息：$\theta - \varphi$。[①] 在这三个信念变化操作中，修正相对而言更为复杂，它是缩减和扩展的组合，但是从可操作性上讲，修正和缩减是可以相互定义的，莱维（Levi）根据缩减定义修正；哈尔彭（Harper）根据修正定义缩减，[②] 而且二者都可能因兴趣的变化而发生操作上的变化。但是，即便因为兴趣的不同导致操作上的变化，信念系统仍能保持其一致性或适度的封闭性，扩展、修正以及缩减也可以建立在信念系统一致性的基础之上。

三 信念修正的溯因推理机制

皮尔士的形式规则化解释超越了一种逻辑论证而成为一种认识过程的解释，从而使得我们可以这样来描述溯因推理的认识过程。皮尔士认为一个新颖的或一个反常的事实让位于一个惊奇的现象，打破一个信念习惯并产生一种怀疑状态，溯因推理因此被触发，它的目标是提供一个在新信念中起作用的假设，能精确地解释那个惊奇的事实。[③] 但是，溯因推理并不是一种形式严格的推理，多数情况下皮尔士仅仅将其看作是一种建议。皮尔士认为溯因推理必须满足两个条件，即可检测性和经济性。这种溯因在将自身转变为一种解释前它必须得到检验。因此这种认识的"怀疑—信念循环"一直保持

① Dov. Gabby, Paul Thagard, John Woods, *Elsevier Handbook of the Philosophy of Science*, 2015, p. 495.

② Dr. Dov M. Gabbay, Franz Guenthner, *Handbook of Philosophical logic*, 2nd Ed. Volume 16, Germany：Springer, 2010, p. 5.

③ ［墨］阿托卡·阿丽色达：《溯因推理：从逻辑探究发现与解释》，魏屹东、宋禄华译，科学出版社 2016 年版，第 145 页。

着，直到遇到另一个新颖的事实。

人工智能中的信念变化也经常出现与解释相关的概念。认知科学家把溯因推理看作是信念修正的一个认识过程。在这样一种设定的语境框架下，现有的溯因推理方法关注于如何给新添加的句子 φ 寻求解释；而在基础理论逻辑后承闭合的状况下，这个寻求解释的信念 φ 就应该被自动添加。

认知科学家撒加德指出，如果在计算逻辑的系统中对溯因加以建模，那么搜索就是基本的操作方法，很多基于命题规则的计算系统就源于"启发式搜索"。另外，在人工智能系统的研究过程中，认知科学家还以语句形式对溯因推理建模，来表明溯因的计算性质及其与不同演绎推理形式的关系。例如，布特里尔、毕策尔和伽登福德（Boutilier, Becher, 1995；Gärdenfors, 1992）所建立的形式模型，以人体的认知状态作为理论基础，研究了溯因的建模。他们的基本思想是：形式模型中的个体的认知状态课被模式化为一组一致的信念，这些信念可以通过扩展和收缩的方式进行变化。① 在此基础上，阿丽色达正式提出了认识变化的溯因模型如下：

溯因扩充：给定 p 的一个新奇公式 q，q 的协调一致的说明 r 被计算然后被添加到 p。

溯因修正：给定 p 一个新奇的或异常的公式 q，q 的协调一致的说明 r 被计算。

这个模型主要涉及背景理论 p 的修正直至成为某种恰当的新理论 p′。再有，直觉上看，这里既涉及"缩减"，也涉及"扩充"。在这种溯因推理模式中，"新奇现象和异常现象都涉及初始理论的变化，前者要求理论扩展，后者要求理论修正。这必然涉及理论的缩减和扩充。因此，溯因推理的基本操作就是扩展和缩减，而认知状态及其变化在这种溯因模型中都可以得到反映。"②

总之，在一个理论修正模型中，溯因作为一种对新进入的信念的解释

---

① L. Magnani, *Abduction*, *Reason and Science*, *Processes of Discovery and Explanation*, New York: Kluwer Academic, 2001, pp. 29 – 30.

② ［荷］西奥·A. F. 库珀斯：《爱思唯尔科学哲学手册：一般科学哲学焦点主题》，郭贵春等译，北京师范大学出版社 2015 年版，第 561 页。

方式，能够在理论修正的模式中起作用。简而言之，它的原理是，解释通过扩展操作被同化到理论中，修正操作需要对理论做出修改且合并解释。更一般地，溯因推理本身提供了一个认识变化的模式。这可以帮助发展逻辑和计算机制，把科学理论、数据库和信念集合并到新信息中去。同时，溯因推理对说明的强调，使得这里的信念修正模型比许多信念修正理论更丰富。

四　信念修正的溯因模式

信念修正的溯因模式研究主要指语义树结构研究，它属于一种"树"形的反驳逻辑系统，作为一阶逻辑的一种树枝图理论，它的逻辑框架是由贝斯（Beth，1955）、辛迪卡（Hintikka，1955）和舒特（Schutte，1956）分别创立的，后来斯马伦（Smullyan）对此做了进一步发展，并改进了这个方法。

阿丽色达认为，语义树结构是一种有良好动机的标准逻辑框架，对于这个信念修正的溯因模式——语义树结构研究，她的总体思路是：主张将树结构的特征延伸到公开的、封闭的和半封闭的结构，以便为溯因建立基础；同时，指出溯因作为树结构扩展的一个过程，每一种溯因版本都对应于背景理论某些适当的"树结构外延"（tableau extension）。[①] 继而将溯因的形式结构转换为语义树结构的设置，并提出两种溯因产生的策略：全局策略（Global strategy）和局部策略（Local strategy）。

关于语义树的普遍观点是这样的：验证 φ 和 θ 的关系，即形式规则 φ 是不是遵循前提 θ，具体操作方法是给 $\theta \cup \{\neg \varphi\}$ 的所有的句子建构一个由 T（$\theta \cup \{\neg \varphi\}$）指示的二分支的树结构。树结构分支根据逻辑关联，视句子的初始集使用的逻辑关联规则而定。一个树结构封闭，其中各分支都包含原子形式规则 φ 及其否定，结论就是初始集不满足，蕴含关系 $\theta \models \varphi$ 成立。相反，一个树结构开放，其形式结构 φ 就不能成为 θ 的有效结论。[②]

---

① ［墨］阿托卡·阿丽色达：《溯因推理：从逻辑探究发现与解释》，魏屹东、宋禄华译，科学出版社 2016 年版，第 78 页。

② ［墨］阿托卡·阿丽色达：《溯因推理：从逻辑探究发现与解释》，魏屹东、宋禄华译，科学出版社 2016 年版，第 80 页。

语义树的一个最大的特点就是能够控制溯因扩展操作，那么怎样通过扩展树结构来处理修正，也就是如何使修正能够通过与扩展结合来实现呢？以下我们回答这一问题。

树结构的修正

在此，我们主张对树结构应保持明确而简单的观点：在这种树结构中，一个理论 θ 缩减为一个 T（θ）的闭合分支开放，是为摒弃在此之前的推论而服务的。在此重点介绍和考察阿丽色达给出的修正方案。

依据阿丽色达的处理，修正过程是按两步进行的。通过这两步所要达到的信念修正的目标情形是：从 θ，φ 开始，对 θ，φ，T（θ∪φ）是闭合的。第一步所要达到的目标是溯因推理者阻止 ¬φ 成为 θ 的一个推论。对于这个目标，我们只需开启树结构 T（θ）的一个闭合分支就能达到，此时原树结构 T（θ）就变成了树结构 T（θ'）。在第一步中，就用这种方式处理不一致性问题。通过扩展已被修正的 θ' 可以做到这一点；在第二步中，我们发现 φ 的一个解释性形式规则 α。这一规则是为推演 φ 而服务的。由此，我们看到以树结构形式修正某个理论实质上是两个相等的自然改变的形式化过程，也就是说以树结构形式修正某个理论是树分支开放与闭合的统一体。于是：

"假设 θ，φ，对于它们 T（θ∪φ）是封闭的，α 是一个溯因解释，如果

（1）有一组形式规则 β₁，…，β₁（βᵢ∈θ），以致 T（θ∪φ）－（β₁，…，β₁）是开放的。

同时，我们也要求让 θ₁＝θ－（β₁，…，β₁）。

（2）T（（Cθ₁∪¬φ）∪α）是封闭的。"[①]

现在，我们要考虑的问题是，要想实现这个目标，怎样才能在技术上得以操作？要想开启一个树结构，就要采取缩减 β₁，…，β₁ 这几个形式规则的方式。严格意义上讲，上述形式结构中的第二项属于溯因扩展的初始阶段。因此，阿丽色达集中关注缩减一个理论以便保持一致性的问题。她还探讨了这个研究框架自身的复杂性问题，也探讨了如何保持一致性的策略等问题。

[①]　［墨］阿托卡·阿丽色达：《溯因推理：从逻辑探究发现与解释》，魏屹东、宋禄华译，科学出版社 2016 年版，第 152 页。

树结构的缩减

以下是需要缩减的一种一般情况：那就是根据不一致理论，要保留观察到的反常现象这种命题，结合语义树结构来考察它是如何通过缩减而变得不一致的。

一个缩减操作的操作原理是：要恢复一致性，从理论 θ 中去除形式规则。假定 θ = ｛p∧q, ¬ p｝，我们去除 p∧q 还是 ¬ p，完全靠"偏好"标准，如此操作的目的是实现 θ 的"最小变化"。

值得说明的是，缩减还存在两种策略，分别是：全局策略和局部策略。全局策略是那种追溯应当缩减的源头（往往是语义树中不一致的源头）的子形式规则并将此子形式规则整个去除的策略。但是，树结构中还存在一种修正"更微妙的最小变化"的源形式规则，这一修正是通过用原子真——T 去替换子形式规则中作为不一致根源的源形式规则（往往是某个命题变元或某个命题变元的否定）。[1] 但是，阿丽色达没有表现出支持其中的任何一种策略的倾向。显而易见，局部策略趋向于保持更多的初始信念。因此，它有比全局策略更小的变化。不管采用什么策略，它们有可能得到相似的结果。

树结构的扩展

对于树结构扩展的观点，我们可作如下解读：树结构方法的一个最大的特点是：可以用图示以开放分支形式来表征当 φ 不是 θ 的有效推论而导致的所有推论都不成立的情形。而如果我们想让 φ 成为 θ 这个扩展理论的一个有效推理，就需要改变修正理论，还要添加更多的前提。由此，通过适当封闭开放分支的形式规则对一个树结构进行扩展，从而也完成了在这个框架下溯因推理的一个扩展过程。以下是一些增加树结构的形式规则，它们会封闭这个分支，从而整个树结构是：｛¬ b, c, r, s, w, c∧r, r∧w, s∧w, s∧¬ w, c∨w｝，[2] 其中（如 c∨w）创造了两个分支，而且都是封闭的。除了（¬ b 和 s∧¬ w）外，大多数形式规则都是对初始树结构 θ 的一个半封闭的扩展。

可以说，树结构为刻画溯因推理的动态过程提供了一个程序方法，作为

---

① ［墨］阿托卡·阿丽色达：《溯因推理：从逻辑探究发现与解释》，魏屹东、宋禄华译，科学出版社 2016 年版，第 163 页。

② ［墨］阿托卡·阿丽色达：《溯因推理：从逻辑探究发现与解释》，魏屹东、宋禄华译，科学出版社 2016 年版，第 88 页。

多种计算溯因框架中的一种，语义树结构通过计算封闭初始树结构中的一个分支，借助形式规则，说明了溯因解释是如何产生的，然后进行检验，并提供合取式或析取式的解释，表现出很强的解释力。树结构的分析证明相对于扩展，修正更具复杂性和多变性，因为在修正的过程中，不同的树结构程序会输出不同的解释。

第四节　作为动态认知过程的信念修正

人的知识或信念是处于动态发展中的，为了和新信念保持一致，人要不断地改变已有的知识和信念，以满足新的认知需求。现代逻辑使用信念修正的概念来刻画溯因推理的这种动态认知过程，这是一个有意义的尝试。

对于表征信念状态，描述认识变化操作的特征有两个选择：要么遵循基础主义，要么遵循融贯论。有学者研究结果显示，与 AGM 方法的思路保持一致的观点占主导地位。我国学者熊立文认为 AGM 集合论的结构简单、表现力不强，所以 AGM 理论不能更细致地刻画出认知主体对语句相信程度的变化、知识更新等动态认知过程。阿丽色达也持相同观点，认为 AGM 方法靠自身的能力把扩展、缩减和修正看作一种认识结果而非认识过程，它是静态的。

笔者基本上赞同阿丽色达的做法，即在一种认识化溯因理论框架下，为了实现皮尔士的溯因，应该将其程序化。运用信念修正框架构造一个相信和怀疑状态之间的认知转换理论，把语义树结构作为信念基础的一个逻辑表征，由此产生的理论在信念修正方面将基础主义与融贯论立场相融合，这样，将会促进信念修正模型的进一步发展，并有助于更好地描述其动态认知变化过程和处理信念修正问题。

我们认为，动态信息的认知刻画和基于溯因的信念修正模型都是对信息、信念的动态研究。前者使用动态认知逻辑手段，后者使用溯因推理模式，它属于一种以多种条件的不完整信息为特征的推理模式。现代逻辑使用信念修正的概念来刻画溯因推理的动态认知过程，而在众多刻画信念状态的理论中，AGM 理论所使用的信念集合论的模型简单、易操作，但其执行力不强，从而不能更细致地刻画出认知主体对语句信念度的变化以及知识更新等动态认知过程。因此，溯因推理的语义树结构的程序化及其全局策略和局部策略的提出有助于实现信念修正系统形式化，从而更好地描述其动态认知过程和处理信念修正问题。

总之，动态信息和信念修正的逻辑研究一方面深化了溯因推理，特别是动物溯因的动态研究，在一定程度上借鉴了溯因推理动态研究的成果，推进了逻辑和认知的研究，另一方面，这项研究隐含了一个重要洞见：溯因推理和信念修正推理既是一个结果，又是一个动态过程。更重要的是，它们是容错的，可修正的。这就是以上研究给我们的重要启示。

值得一提的是，溯因推理和信念修正逻辑的动态研究建基于认知进化的自然主义哲学，也是自然化认识论在逻辑和认知方面的具体体现。在以下两章中，我们将探讨认知计算主义的自然化倾向。

第 十 一 章

经典计算主义的困境

　　认知和逻辑的发展都与计算有或多或少的联系。计算主义也是认知科学和哲学的研究内容之一。所以，计算主义也被称为认知计算主义。从计算认知的宽广视野看问题，将会进一步强化我们对上述逻辑与认知研究的哲学基础。

　　经典计算主义把人类的认知等同于计算，认知即计算，计算就是基于规则的纯粹的形式符号操作，而人类心灵就等同于一台计算机或者"图灵机"。但是，经典计算主义却遭遇了巨大的困难，即纯粹的形式系统的不完全性问题和纯粹的形式符号操作之于理解的不充分性问题，前者基于不完全性定理的认识，后者基于塞尔"中文屋"论证。"中文屋"论证是不完全性定理的继续，而且更具根本性，或者说从根本上揭示了纯粹的形式系统不完全的原因。因此，针对经典计算主义的问题完全可以集中在"中文屋"论证上。经典计算主义的支持者从四个方面回应了"中文屋"论证，但是，这些回应并没有取得预期的效果。以下两章主要是对认知和逻辑哲学问题的探讨。

第一节　计算认知的理论渊源

　　为了探讨经典计算主义的困境，我们就需要从计算认知的历史背景和理论假设谈起。

一　计算认知的历史背景

计算认知思想建基于计算机科学及其计算机技术应用的基础之上，但是，计算认知的历史背景源远流长，甚至可以追溯到古希腊时代，大致说来，其根植于传统的唯理主义思想。从古希腊肇始的数学理性传统在伽利略、笛卡尔那里进一步发扬光大，一直延续到现代计算机科学的兴起。"计算"作为当代计算主义最为核心的概念，就是在这样的历史背景下发展起来的。

（一）最宏观的历史背景

古希腊哲学是理性主义的，其典型特征是理性思辨，它被看作是有效认知的唯一方式。首先，对世界进行抽象化处理，确定一些最基本的概念——本体，然后，为这些最基本的概念建立某种规则体系，并遵循之，世界就是由这些抽象的本体在规则支配之下运行的结果。这与经典计算主义中要求的计算表征的做法有"异曲同工之妙"，根本上都是在对世界抽象化的基础上实现某种规则处理。这被看作是经典计算主义能够追溯的最宏大的历史背景。①

对计算的认识最早可以追溯到对"数"的认识。在遥远的古希腊时代，派系林林，各树旗帜，其中尤以毕达哥拉斯学派对"数"的探索最为"痴迷"。对于毕达哥拉斯学派而言，世界的本源并非原初物质，而是其结构形式，而这是可以用"数"来衡量的，即可以用数来描述世界万物、世界的根本等，由此奠定了其"数本源说"的哲学世界观。但是，毕达哥拉斯学派所说的"数"是一种哲学上的世界本体的构思，而没有指向人类心理活动的探索。因此，从根本上讲，"计算"（或者说"数"）和认知彼此之前尚处于独立状态，但是，其所倡导的以"数"衡量世界的思想却为理性主义的发展奠定了基础。

文艺复兴开启了近代化的历程，借助新兴的资产阶级坚船利炮，古希腊先贤们的伟大思想穿越时空，翻开了新的一页。以伽利略为首的一批近代科学的拓荒者，将古希腊时代特有的理性思想发扬光大，集中表现为对数的重新认识。在新时期的语境之下，对"数"的认识已经放弃了哲学上的本体论的考虑，而是回归数本身——从"量"的角度实现对世界的具体描述，即对出现于世界中的对象，做量化处理，以此确定它们在世界中的位置。但

---

① 符征、李建会：《灵魂的数学化和心灵的机械化——认知计算主义在古典与近代的发展》，《中州学刊》2013年第10期。

是，尚没有转向对人的心灵的描述，计算和心灵依旧彼此孤立、尚未结合。在这一转变过程中霍布斯扮演了重要的角色，而莱布尼茨为霍布斯的"革命性"尝试搭建了最原始的机械平台。

（二）最早的历史背景

霍布斯（Thomas Hobbes）——被认为是第一个清晰地把思维的句法表述为"计算"的人。他认为，思维就是以计算的形式，处理那些具有普遍性的词。[①] 由此开始了通过数字的形式把握人类认知的研究，它不仅关注心灵运行的规则，而且还关注其意义。但是，他却没有为实践这一主张构建类似"图灵机模型"那样的平台。这一平台是由莱布尼茨搭建的。莱布尼茨设计了一种推理机器，用它模拟人类思维的过程。根据莱布尼茨的解释，这样推理机器能够独立执行认知任务，例如，推理，而没有必要假借他人之力，但是，这样的认知系统完全是机械的，粗糙、简陋，跟现代电子计算机没有可比性。但是，它诞生的意义是非凡的，因为借此霍布斯的推理过程被外化在机械系统上，而且其运行和推理过程被看作是完全同构的，能够反映推理的过程。这被看作是经典计算主义的雏形。

"机器推理者"设置将古典时代的计算主义浪潮推向一个新高潮，霍布斯和莱布尼茨共同完成了计算认知最初的框架模型，但是，这种早期的机械模型是极为粗糙的，尚没有达到足够精细地描述人类心智的程度。

（三）最直接的历史背景

事实上，这段历史背景我们在导论中已经详细地介绍过，对此只做简单的总结性论述。

通常情况下，经典计算主义被看作是控制论、形式数学以及图灵计算模型三者结合的产物。19 世纪末 20 世纪上半叶控制论的成功为经典计算主义的诞生奠定了坚实的基础，控制论的目标是创造一种心智科学，即用明晰的机制和数学形式来陈述心理现象。麦卡洛克、皮兹把控制论运用于认知研究的思想，为数理逻辑用于解释神经系统操作提供了理论支持。由此我们就可以把脑也看作是一台推理机器，而"图灵机"或者电子计算机的发明为其构建了理想的平台，20 世纪 50 年代，电子计算机的问世和蓬勃发展为我们

---

① ［英］霍布斯：《利维坦》，黎思复等译，商务印书馆 1985 年版，第 3 页。

探索心智的秘密提供了强有力的手段和观念。通常情况下，把"图灵机"概念的提出看作是科学研究人类认知或者智能的开始，正是在这一大背景下，当代计算主义得以兴起。从此转变了人类研究认知或者智能的方式，从哲学思辨、直觉假设转向对人类认知或者智能的科学研究。正如西蒙所说的，"在把计算机看作通用符号处理系统之前，我们几乎没有任何科学的概念和方法研究认知和智能的本质。"①

在 1956 年达特茅斯会议上，麦卡锡（John McCarthy）、纽厄尔、西蒙等著名认知科学学家在这次会议上就经典计算主义的概念框架达成了共识，即人类认知应当被理解为基于符号表征的计算活动，达特茅斯会议的召开标志着经典计算主义的诞生，由此奠定了计算认知的研究纲领。

至此，在探索人类认知或者智能的过程中，认知科学家终于找到了行之有效的、可用于建模的形式工具。他们将人类认知活动或者心智活动定位于大脑之中，认知过程或者心智过程就是大脑中出现的神经过程，而这些都能够以适用于计算机程序的方式表现出来，而后经由计算机模拟完成。可以说，从麦卡洛克、皮茨的《神经活动内在概念的逻辑演算》到图灵的《计算机器与智能》，再到纽厄尔（A. Newell）、西蒙的《作为经验探索的计算机科学：符号和搜索》，以"图灵计算"为基础，经典计算主义的研究纲领正式形成。

总之，基于传统的历史背景，特别是哲学背景的认识，得益于当代计算机科学的发展，二者的融合开创了经典计算主义的时代，计算认知的思想日益深入人心，它适应了当代科学研究活动的发展，特别是计算机科学、信息科学、人工智能科学以及应用互联网技术的发展，它是新技术革命背景下诞生的新的哲学思维，无论是从理论的角度，还是从实际应用的角度，都具有重要的意义和价值。

二　计算认知的理论假设

任何一种科学研究研究纲领都具有自己坚实的理论硬核，它是一个科学

---

① ［英］玛格丽特·博登主编：《人工智能哲学》，刘西瑞等译，上海译文出版社 2001 年版，第419 页。

研究纲领不可动摇的一部分，任何一种针对研究纲领的挑战都可以转移到纲领的"保护带"上来。经典计算主义研究纲领的理论硬核即为"计算认知"，而图灵计算不过是其保护带而已，它是对计算认知思想的一次具体的而且影响最大的理论主张。

在上文中，就计算认知的历史我们已经做了一系列的探讨，从中我们可以明确一点，当前我们所说的计算特指图灵计算。所谓图灵计算，即"应用形式规则，对（未加解释）符号进行形式操作，其有效过程的一般观念——一种严格定义的计算过程是通过数学演绎的例子来说明的"①。而经典计算主义的理论主张就建立在图灵计算的基础之上：认知是一种计算，根本上说，认知是一种图灵计算。

泽农·派利夏恩（Zenon W. Pylyshyn）明确指出，认知就是一种计算。在计算认知问题上，派利夏恩认为，认知有机体能以行为的方式对自己的心理活动进行表征，而后对这些表征进行操作——展示出某种认知行为，这与电子计算机的工作原理具有一定的相似性，因此，把认知有机体的认知行为看作是一种计算行为是可行的，简单讲，认知即计算。②也就是说，人类的认知可以例示为这样一幅图景，即认知过程就可以看作是对这些替代符号——代码的规则操作，这些代码的语义内容对应于我们人类的思想（信念、目标等等）内容，通过对这些"代码"的操作能够展示出相应的行为，计算就是对符号表征的操作。

瓦雷拉（Varela, F.）、哈尼士（Robert Harnish）以及安德森等对此表达了类似或者相同的观点。

认知科学哲学家瓦雷拉在描述经典计算主义的时候指出，经典计算主义的基本理论主张是，把人类的认知和电子计算机中进行的符号操作等同起来，认知被看作是首先建立在"心理表征"的基础上，这些表征具体是指用于计算机操作的符号，它们以特殊的方式对世界进行了替代或者对世界中的某些特征、属性进行了替代，而人类的认知活动就是对这样的表征符号的

---

① ［英］玛格丽特·博登主编：《人工智能哲学》，刘西瑞等译，上海译文出版社 2001 年版，第112 页。

② ［美］派利夏恩：《计算与认知》，任晓明、王左立译，中国人民大学出版社 2007 年版，第 4 页。

操作。①

哈尼士认为，经典计算主义所依赖的两大基础是计算和表征，而无论是计算，还是表征，都是以符号的形式表现出来的，前者表现为符号操作，后者表现的形式符号替代，并且这些替代都是有内容的，即与世界中存在的对象、属性一一对应，并非是纯粹的，人类的认知活动就是这些持有内容的表征之间的计算活动，它们展示了一种计算关系。②

安德森概括了经典计算主义理论框架的结构组成，他认为，经典计算主义的理论构架由三部分组成，即表征、形式、转换规则——也就是计算，同时，就表征、形式问题，他表达了一种大众化的观点，即它们都是符号的，而心理活动就是依据设定的规则对这些符号的操作。③

从这些对计算认知的定义中我们能够发现，计算认知的核心构架由两部组成，即表征和计算，表征特指形式符号表征，或者具体是指适用于电子计算机的数字表征，而计算，根本上讲就是一种规则，或者句法，例如，适用于电子计算机的某种算法，或者我们语言中的语法规则等。人类的认知活动被看作是能够通过表征计算的方式表达出来的，也就是，认知是基于规则的形式符号操作。而作为经典计算主义的支持者撒加德，以更为简洁凝练的语言将其概括为"计算—表征的心智理解"（Computational Representational Understanding of Mind，简称 CRUM），也就是说，认知可以看作是某种形式的表征建构，而整个认知过程就是对这些建构的程序操作。④ 简单讲，就是对表征进行计算操作，这就是人类的认知。当然，在形式符号的定义上存在差异。根据图灵计算的定义，用于计算的形式符号都是"未加解释"的，也就是说，这些形式符号并非如上述哈尼士所言是非纯粹的，它与外在世界的对象之间是一种一一对应的关系。虽然，只有细微的差异——"一字之差"，但是，这对于经典计算主义而言意义重大，而且直接引发了某些对计

---

①　Varela，F.，Thompson，E. & Rosch，E.，*The Embodied Mind：Cognitive Science & Human Experience*，Cambridge：MIT Press，1991：8.

②　Harnish，R.，*Mind，Brains，Computers：A Histotrical Introduction to the Foundations of Cognitive Science*，Blackwell Publishers Inc，2002：190.

③　Anderson，M. L.，"Embodied Cognition：A Field Guide"，*Artificial Intelligence*，2003（149）：91 - 130.

④　［加］保罗·萨伽德：《心智：认知科学导论》，朱菁等译，上海辞书出版社2012年版，第8页。

算认知主张的否定决议。

总之，经典计算主义的核心主张是：认知就是计算，这里的计算特指的是图灵计算，认知就是基于规则的形式符号操作。但是，诚如上述所言，在表征问题上存在着一定的争议，即表征的形式符号是否与世界中的对象存在一一对应的关系，对这个问题的否定回答，将经典计算主义推向了风口浪尖，经典计算主义陷入了危机之中。

第二节　认知计算面临的困难及其回应

根据科学哲学上的历史主义的观点，一个科学研究纲领的硬核是不可动摇的，但是，如果一个研究纲领要完全取代另一个研究纲领，就必须针对其理论硬核发起挑战，这种挑战的第一步是把矛头指向其保护带，保护带一旦破裂，再无御敌之术，将极大程度上决定整个研究纲领的命运。

随着认知研究的深入，经典计算主义的理论缺陷也逐渐暴露出来，随之而来的是针对计算认知的严峻挑战。其影响的广泛性也注定了其遭遇挑战的多样性。

撒加德在《心智：认知科学导论》（*Mind：Intrudaction to Cognition Science*）一书中详细罗列了六个针对经典计算主义的挑战，即情绪、意识、物质环境、社会性、动力学系统、数学等。任晓明在《计算机科学哲学研究——认知、计算与目的性的哲学思考》一书中综合了国内外现有的研究资料，将经典计算主义面临的挑战归结为七个："哥德尔不完全性定理"的挑战、"中文屋"问题的挑战、意识、情感、物质世界、复杂系统、社会环境等的。[①] 同时，部分学者也从哲学层面、学科层面指出了经典计算主义面临的挑战。德雷福斯从现象学的视角批判了经典计算主义，指出其所依赖的基础假设在实际操作过程中的困难。国内学者李建会从专业学科的角度指出了经典计算主义面临的困难，例如，物理学上连续性和离散性问题、决定性和非决定性问题、哲学上的计算认知的适用性问题等。在这些具体问题上，计

---

① 任晓明、桂起权：《计算机科学哲学研究——认知、计算与目的性的哲学思考》，人民出版社2010年版，第7页。

算认知都面临着一定的压力。① 同时，刘晓力认为，计算认知的问题是多方面的，具体表现为它与一些学科之间的关系并不是很融洽，例如，存在哲学上的困难，而复杂性科学和生物学似乎并不遵循计算认知的研究模式，计算机科学自身又面临的一定的局限性，而这些都将成为经典计算主义继续发展的障碍。② 由此可知，经典计算主义面临的困难不仅仅是多样性的，而且是复杂的。

因此，面对如此复杂多样的挑战我们需要"去伪存真"，发现这些困难背后的真正原因。马克思主义认为一切变化发展最终是由内因决定的，所以如果要解决经典计算主义面临的困境，最好的解决之道是从经典计算主义自身寻找原因，这就是计算认知的问题。

认知即计算，这是经典计算主义最基本的观点，所谓计算特指"图灵计算"——"应用形式规则，对（未加解释）符号进行形式操作，其有效过程的一般观念——一种严格定义的计算过程是通过数学演绎的例子来说明的"③。由此，印证了经典计算主义是一种有关人类认知的数字计算理论的本质。这一点是我们一再强调的。但是，正是这种数学属性给其自身带来了巨大的压力。这些压力集中表现在两个方面：纯粹的形式系统是不完全的和纯粹的形式符号操作之于理解而言并不充分。

一　形式系统的不完全性

这里的形式系统并非任意的形式系统，而是特指计算认知的数学属性导致的纯粹形式系统，或者说这样的形式系统是纯粹的。

（一）来自不完全性定理的挑战

哥德尔不完全性定理用于心灵问题的讨论，它被看作是回应经典计算主义的有力工具，因为其支持者认为，它能够表明经典计算主义所倡导纯粹的形式系统是不完全的，人类心灵要优于机器，这将给予经典计算主义致命的一击。

① 李建会：《计算主义世界观：若干批判和回应》，《哲学动态》2014 年第 1 期。
② 刘晓力：《认知科学研究纲领的困局和走向》，《中国社会科学》2003 年第 1 期。
③ ［英］玛格丽特·博登主编：《人工智能哲学》，刘西瑞等译，上海译文出版社 2001 年版，第112 页。

　　众所周知，不完全性定理最初诞生于数学领域，其主要针对的是盛行于
19 世纪末 20 世纪初的形式主义。作为形式主义的主要代表人物，希尔伯特
认为数学是关于符号或者有限符号的系统，根据一定的推理规则或公理系统
在有限的时间内、有限的步骤内，我们就能够推演出预期的结果。但是，无
论什么样的公理系统，如果要保证在有限时间内、有限的步骤内推出预期的
结果，那么它必须保证其内部的一致性。然而，不完全性定理的提出打破了
形式主义的迷梦，它给予了形式主义沉重的一击。简言之，哥德尔不完全性
定理能够表明：存在不完全的形式系统，即对于某些纯粹的形式系统而言，
其都要面对一个其自身无法做出判断的真命题。这对于形式主义而言不啻致
命的一击，同时也为经典计算主义敲响了警钟。

　　20 世纪 60 年代不完全性定理被引入到认知科学领域，用于探索人类心
灵和机器——主要是指计算机——孰优孰劣的问题。多数学者认为不完全性
定理能够表明某些纯粹的形式系统都是不完全的，所以人类心灵要优于机
器，计算并不能隐喻人类心智。例如，卢卡斯（J. R. Lucas）、彭罗斯（Roger Penrose）及哥德尔等人都持类似的观点。

　　1961 年，卢卡斯发文《心灵、机器与哥德尔》，文中指出：不完全性定
理能够表明，人类心灵要明显优于机器，而且对于任何形式系统而言，人类
心灵都要技高一筹，优势明显，所以不应当把人类心灵等同于某种计算机。
其原因就在于，"但凡是机器，无论它的构造有多么复杂，都不可避免地要
对应着某种形式系统。"① 然而，不完全性定理已经表明：任何形式系统都
存在一定的局限性，即对于某些命题而言，它不能凭借自身做出判断。因
此，任何机器都面临着不可判定性问题的挑战。但是，不同于机器的是，人
类心灵在这方面有明显的优势，即它能够做出判断命题真假的决定。用卢卡
斯的话说，就是人类心灵能够"看出"命题的真假，因为它是"活的"，而
机器或是说形式系统都是"死的"，所以它"看不出"命题的真假。因此，
卢卡斯明确指出，"从某种意义上讲，因为心灵做出了最终的判断，那么它
就能够从任何一个操作模型中发现其破绽。从这一层意义上也能够说明机械

① J. R. Lucas, *Minds*, *Machines & Gödel*, Philosophy, 1961 (137): 112 – 127.

模型总是有穷的，所以心灵总能比形式系统做得要好"。①

继卢卡斯之后，彭罗斯也从不完全性定理的角度探讨了心灵和机器孰优孰劣的问题。彭罗斯对卢卡斯的观点表示赞同：不完全性定理能够表明人类心灵并不等同于机器，心灵要优于机器。

彭罗斯也认为，不完全性定理给了形式主义有力的一击。② 因为它能够表明：无论什么样的形式系统，一定存在一些它依靠自身不能做出真假判断的命题，而这样的命题对于我们人类而言是能够以直觉的方式"洞察"出来的。③ 因此，人类心灵要优于机器，至少不等同于机器。

原因就在于为了保证系统化的正确，必须使用系统之外的东西，这个东西就是"直觉"。因为直觉是脱离该系统之外的，所以适用于这一系统的算法并不适用于直觉，在某种意义上讲，我们可以说它是超算法的。④ 因此，彭罗斯认为，人的心理活动或者心理过程是超越算法的，或者非算法的，那么，就不能在我们的思维和"一台非常复杂的电脑的行为"之间画上等号，所以人类心灵不能等同于某种形式系统，它明显要优于这样的形式系统。同时，彭罗斯认为，对人类心灵问题的探索可能在量子力学领域取得突破，心灵极有可能遵循的是量子力学的规律，而把机器等同于人类心灵只不过某些认知科学工作者思想上的"一厢情愿"罢了。

除此之外，哥德尔本人也表示：不完全性定理能够表明人类心灵是非机械的，这是与希尔伯特理性主义立场放一块儿考察的必然结果。如果将二者等同起来看待，那么，必然会出现人类心灵不能做的事情，就像不完全性定理揭示的那样，对某些命题不能做出判断，而这又违背了理性主义，所以不能从机械论的视角剖析人类心灵，人类心灵不等于机器，将二者等同起来，

---

① J. R. Lucas, *Minds, Machines & Gödel*, Philosophy, 1961 (137): 112 – 127.

② ［英］罗杰·彭罗斯：《皇帝新脑》，许明贤、吴忠超译，湖南科学技术出版社 1996 年版，第 122 页。

③ ［英］罗杰·彭罗斯：《皇帝新脑》，许明贤、吴忠超译，湖南科学技术出版社 1996 年版，第 125 页。

④ ［英］罗杰·彭罗斯：《皇帝新脑》，许明贤、吴忠超译，湖南科学技术出版社 1996 年版，第 127 页。

不过是"时代的偏见"。①

事实上，不完全性定理主要针对的是数学领域的形式主义，它所针对的形式系统，根本上讲是一种数学系统，或者说是一种纯形式的逻辑系统，而非任意的形式系统，而这就上升到不完全性定理的可适用范围的问题。在其他学科中是否也存在可适用的不完全性定理呢？

（二）回应"哥德尔"

部分学者认为不完全性定理能够表明：纯粹的形式系统是存在局限的，但是，并不能表明人类心灵要优于机器。例如，怀特利（C. H. Whitely）、拉斐特（Geoffrey Laforte）以及侯世达就持这种观点。

针对卢卡斯的观点，怀特利给予了积极的回应。怀特利发文《心、机器、哥德尔——回应卢卡斯》指出，机器做不到的事情人也做不到，相比于机器，心灵并不见得有多优越，从某种意义上讲它们可能是等价的。关键的问题是系统内外的区分。怀特利认为，外在于系统的能够对内在于系统的做出判断，反之，内在于系统的不能对外在于系统的做出判断。哥德尔的问题是，它只描述了一种情况，即内在于系统的情况，所以不能对外在于系统的情况做出判断，人能够做出判断是因为人站在系统之外。这就是为什么很多人坚持"人类心灵优于机器"的观点的原因。但是，如果把人置于系统之内，而将机器置于系统之外，也就是说，颠倒二者的位置，人也将面临机器面临的问题：不能对某些命题做出判断，它将与机器一样"反应迟钝"。因此，不完全性定理并不表明人类心灵要优于机器，事实上，机器不能做出判断的，人类心灵也不能做出判断，在这个问题上，人类心灵和机器是等价的。

怀特利的观点非常具有针对性、批判性，有力地回应了"人类心灵优于机器"的观点。从怀特利的观点可以推出，在人类心灵和机器孰优孰劣问题上只存在相对性，而没有绝对性，人类心灵的优势在于它站在了机器之外，以局外人的身份审视局内人，优势尽显。这似乎意味着，我们要诉诸外在的标准衡量我们的认知，而这极有可能把我们拉回到笛卡尔那里，走上二元异

---

① ［美］王浩：《逻辑之旅：从哥德尔到哲学》，邢滔滔、郝兆宽等译，浙江大学出版社 2009 年版，第 236 页。

质的道路，这对于实际的认知研究而言是极为不利的。

侯世达（douglas hofstadter）等人对不完全性定理的适用性或者适用范围表示怀疑。他们认为，对不完全性定理误用或是无节制使用，导致了最终的结论：人类心灵要优于机器。例如，拉斐特认为，彭罗斯对不完全性定理的使用是错误的，或者是不合理的，特别是在一些概念问题上，彭罗斯的解释存在歧义，而且表达模糊。因此，彭罗斯能够得出的结论——人类心灵要优于机器——并不准确、似是而非，所以不完全性定理并不能表明"人类心灵要优于机器"。[①]

侯世达认为，不完全性定理的适用范围是有限的，或者存在数学领域的不完全性定理，但是，未必存在其他领域的不完全性定理，或者适用的不完全性定理，例如，心理学领域。我们不可能用不完全性定理的术语一字一句地翻译或者描述人类的心理活动，即使能够进行这样的翻译或者描述，也不能保证这样的翻译或者描述是完全适用的、有效的、合理的；我们不可能不加修饰、变动地直接将适用于数学领域的不完全性定理完全应用于人类心理活动的描述，否则我们对心理活动的认识将是片面的、错误的。不完全性定理充其量仅能作为一种参考，或者激发灵感的源泉；不完全性定理并非万能的。[②]

道森（John W. Dawson）表达了与侯世达基本上类似的观点，他认为，不完全性定理的成功仅限于数学领域、逻辑领域，但是，一旦超出这个范围就变得"荒唐"了[③]。

因此，关键的问题是："不完全性定理"是否适用于经典计算主义探索，即使它不能表明人类心灵要优于机器，它能否适用于经典计算主义呢？我们的答案是：可以，不完全性定理完全适用于经典计算主义问题的研究。因为经典计算主义的核心观点是：认知本质上是一种计算，这里的"计算"

---

① Laforte, G. & Hayes, P. J. & Forf, K. M., "Why Gödel's Theorem Cannot Refute Computationalism", *Artificial Intelligence*, 1998: 265 – 286.

② ［美］侯世达：《哥德尔、艾舍尔、巴赫——集异璧之大成》，翻译组，商务印书馆1997年版，第921页。

③ ［美］约翰·道森：《哥德尔：逻辑的困境》，唐璐译，湖南科学技术出版社2009年版，第179页。

特指图灵计算——"应用形式规则，对（未加解释）符号进行形式操作，其有效过程的一般观念——一种严格定义的计算过程是通过数学演绎的例子来说明的"①。因此，根本上讲，经典计算主义所说的形式系统是一种数学系统或者逻辑系统，所以不完全性定理完全适用于经典计算主义，它能表明经典计算主义所倡导的认知系统是不完全的。

总之，第一，不完全性定理能够表明某些形式系统是不完全的，这里的形式系统，特指数学系统或逻辑系统，它属于纯粹的形式系统，这样的形式系统是不完全的。第二，经典计算主义建基于图灵计算的基础之上，所以它所倡导的认知系统本质上是一种数学系统或者逻辑系统，也就是某种纯粹的形式系统，所以不完全性定理完全适用于探讨计算认知的问题。第三，不完全性定理能够表明经典计算主义的主张是有问题的，至少是值得商榷的，即人类心灵不能完全等同于计算机，相比于此，人类心灵要优秀得多。

那么，为什么纯粹形式系统是不完全的呢？或是说为什么它没有人类心灵具有的"直觉"或者"看出"能力呢？不完全性定理只是描述了这个问题，但是，其深层原因是什么呢？"中文屋"论证将为我们揭示背后的原因。

二　纯粹的形式符号操作之于理解而言并不充分

为了回答上述问题，我们首先讨论来自"中文屋"论证的挑战，指出其核心问题就是基于规则的纯粹形式符号操作之于理解而言并不充分的问题，然后探讨针对"中文屋"论证的几种回应，指出无论哪一种回应都没有取得预期的效果。

（一）来自"中文屋"论证的挑战

"中文屋"论证是继不完全性定理之后，针对经计算认知主张的又一挑战。

"中文屋"论证主要针对的是人工智能领域的强人工智能。人工智能有强弱之分。弱人工智能主张：计算机只能模仿人类心灵，绝不能等同于人类

----

① ［英］玛格丽特·博登主编：《人工智能哲学》，刘西瑞等译，上海译文出版社 2001 年版，第112 页。

心灵，更不可能超越人类心灵。相比于此，强人工智能要"激进"的多，主张，从功能上讲，心灵和计算机并无区别，人工智能系统本身就是有智能的，甚至有一天它能够超越人类的智能。

对此，强人工智能专家特意设计了一套程序，即"尚克程序"，他们以对故事的理解力作为判断系统是否具有人类智能的依据。假设：如果"尚克程序"做出的回答和人做出的回答达到人机莫辨的程度，那么，我们就有理由认为该程序对故事能够做到真正的理解，这也就能够证明该系统拥有人一样的心灵。事实上，强人工智能专家给出的"尚克程序"案例只不过是"图灵测试"的一个新版本而已。对此，塞尔提出了著名的"中文屋"（Chinese room）论证。

"中文屋"（Chinese room）论证大致如是：塞尔假定自己被关在一间屋子里，屋子外面的人将写有"中文问题"的纸条上从屋外递进来，塞尔根据句法规则对这些问题进行处理，然后，将处理的结果再传递给屋子外面的人。根据强人工智能的解释，如果这种回复看上去是"合理"的，也就是"图灵测试"中的"人机莫辨"，那么，就有理由认为塞尔理解了中文。但是，塞尔对此表示怀疑。他认为屋子里的"塞尔"的母语是英语，对于中文一窍不通，他只是机械地操作这些句法规则，或者根据句法规则做出机械的操作，而对其操作以及由此产生的结果并不理解，或者说"中文屋"中的塞尔并不是在理解的基础上做出这些操作的。但是，在处理"英文"问题时，由于塞尔以英语为母语，他对于他所操作的一切以及回复的"答案"都是能够理解的，或者说是在理解的基础上进行的，这不同于塞尔处理"中文"问题的情况，后者所做的一切都不是建立在理解的基础之上，或者对所做的一切并不理解。

由此，塞尔认为，在这种新的语境之下，其行为等价于或极为类似于"尚克程序"。即使他能够给出人机莫辨的回复，但是，这些回复并不是建立理解的基础上，他只是机械地操作相应的句法规则，或者根据这些句法规则做出机械的操作，对此却不理解。因此，即使塞尔给出的回复看似"合理"也不能表明塞尔真正理解了中文；类似地，即使"尚克程序"给出的回复达到了人机莫辨的程度也不能表明"尚克程序"获得了理解。

那么，为什么机械地操作相应的句法规则并不能保证理解的获得呢？塞尔认为句法和语义是彼此独立的，语义并非句法固有的属性，句法是纯形式的，语义是被赋予的，所以纯粹的句法操作，都不可能产生语义，也就不可能产生理解。事实上，理解产生与否，这与使用什么样的规则没有任何干系，最为关键的问题是作为认知者所具有的生物属性。塞尔认为自己之所以能够理解英文，这取决于他特殊的生物结构，这样的生物结构是化学的、物理的，通过这种特殊的结构，在其内部因果作用之下能够产生各种意向活动，例如，感知活动、学习活动、推理活动等。但是，对于形式系统而言，也就是计算机，它不具有这样的生物结构，也就不可能依靠自身的力量产生意向性，也就不可能产生接下来的一系列认知活动。因此，一个认知有机体或是人类心灵不能例示为计算机，或者例示为计算机程序，它只不过是依据既定规则运行的形式系统而已①，所以基于规则的形式符号操作之于理解而言并不充分，甚至也无必要。

在这里，我们最需要明确一点，塞尔所说的形式符号是一种纯粹的形式符号，而非任意一种形式符号，这样的形式符号具体表现为句法和语义的分离，即语义并非句法的固有属性，它只能通过外在的力量被赋予，所以无论进行怎样的纯粹形式符号操作或者句法操作都不可能产生理解或者语义。总之，基于规则的纯粹形式符号操作之于认知而言并不充分。

"中文屋"论证是不完全性定理在计算认知问题上的继续，事实上，它能够给我们展示的内容要明显深刻的多，即它揭示了纯粹的形式系统之所以不完全的原因，也就是纯粹的形式符号操作之于理解而言并不充分，究其原因是句法和语义彼此完全独立，且语义并非句法的固有属性，语义仅能被赋予，这就使得任何基于规则的纯粹形式符号操作都不可能产生类似于人类那样的理解，这也就是人类心灵优于机器的根本原因。因此，经典计算主义的问题，也就是计算认知的问题，最终可以归结为一个，也就是基于规则的纯粹形式符号操作之于理解而言并不充分的问题，这也就是图灵计算的问题。因此，对经典计算主义的所有辩护可归结为对"中文屋"论证的回应。

---

① ［英］玛格丽特·博登主编：《人工智能哲学》，刘西瑞等译，上海译文出版社 2001 年版，第 111 页。

（二）针对"中文屋"论证的回应

在上文中我们已经明确了一点，即对经典计算主义的辩护完全可以从回应"中文屋"论证的角度进行。针对"中文屋"论证的回应集中表现为四个方面，具体如下：

1. 系统回应策略

系统回应的特殊性表现为其采用了一种整体策略。系统回应策略指出，"中文屋"中的塞尔并不等同于计算机，他最多可以被看作是计算机的"中央处理器"，即计算机的中央处理器。但是，系统回应策略认为经典计算主义所倡导的认知机制并不局限于"中央处理器"系统，而是面向整个计算机系统的，"中文屋"中的"塞尔"仅仅是整个计算系统的一小部分，或者他扮演了"中央处理器"的角色。在整个计算系统中，或许"塞尔"并不理解中文，然而，包括"塞尔"在内的整体的计算系统——"中文屋"却是能够理解中文的。

当认知的"主体"发生变化之后，原有的"中央处理器"——塞尔——转变成一个包含"中央处理器"的更大的计算系统，这似乎能够避免"中文屋"论证的责难。因为作为一个整体的"中文屋"，塞尔只是其中的一部分，它还包括其他一些部分，[①] 也就是说，在整个计算系统中，个体（例如塞尔）只是系统的一个组成部分，除此之外，还存在着大量数据库资源，例如，输入指令、操作规则以及表征符号等数据元素，而个体与这些数据元素一起构成了整个计算系统，而在系统中具体到某个单元或者元素时，例如，操作规则、数据库、输入指令等，它们之于故事并无理解的能力，但是，当这些单元或元素合为一体，构建成一个整体之后，它就表现的有理解力了。

例如，丹尼特（Daniel C. Dennett）坚持认为，系统整体的行为不能嫁接到其子系统中，相对于子系统，它有更多的特性。在"中文屋"论证中，相对于整个系统的构成部分——"塞尔"，在认知过程中整个系统的作用占有绝对优势，"塞尔"作为系统的一部分不能理解中文，但是，对于"中文

---

① ［英］玛格丽特·博登主编：《人工智能哲学》，刘西瑞等译，上海译文出版社 2001 年版，第 99 页。

屋"而言，它是能够产生认知活动的。因此，丹尼特认为，塞尔的"中文屋"论证存在着明显的错误，即由部分推知整体，或者把部分的功能嫁接到整体之上，这必然会得出"塞尔"不能理解中文的结论。丹尼特认为塞尔这种以偏概全的做法显然是不妥的。

对此，塞尔表示：超级系统和系统的子成分之间确实存在差异，整体的行为不能还原为部分的行为，反之亦是如此。然而，即使我们明确了这一点，但是，这和"中文屋"论证毫无关系，或者无法解决"塞尔"不能获得理解的问题。

塞尔认为，因为无论是超级系统这个层次，还是其子系统这个层次，都不可能理解中文符号。塞尔假设，如果把"中文屋"中的"塞尔"内化于整个系统的每一部分，这是否就意味着，整个系统就能获得理解呢？答案是否定的。内化于整个系统每一部分的"塞尔"和置于"中文屋"中的塞尔是一样的，"中文屋"中的塞尔无法获得理解，整个系统中的塞尔也不可能获得理解，那么，整个系统也不可能获得理解。塞尔认为，问题的关键不在于系统的规模，而在于一个超级系统能否赋予形式符号以意义，这才是问题的关键。

2. 机器人回应策略

机器人回应策略侧重于强调一种由外而内的因果作用，主张通过外在行为的变化能够保证内置其中的"塞尔"获得理解。

机器人回应策略在把计算机内置于机器人之后，机器人依靠其外在设备与外部世界发生因果作用，例如，通过安装一系列各式各样的传感器以及机械手臂、轮子等外在辅助设备，这样，通过这些外在辅助设备机器人和环境之间就建立一种因果关系，这被看作是计算机获得意向性的依据。因为在这种语境下，计算机不仅仅是在处理输入输出之间的问题，事实上，它已经成了这台计算机的"主人"，控制着计算机的一切行为活动，它就是机器人的"脑"，而这是"尚克程序"不能比拟的，所以它能够获得真正的理解。[①]

但是，塞尔认为，机器人回应策略并没有改变"中文屋"论证的结果，

① ［英］玛格丽特·博登主编：《人工智能哲学》，刘西瑞等译，上海译文出版社2001年版，第104页。

即使附加上感知和运动能力，仍旧不能保证意向性的产生，对于"理解获得"而言也不会起到任何作用，而且在一定程度上还默认了计算和认知之间的关系：纯粹的形式符号操作并不能保证认知的实现。塞尔假设，如果把内置于机器人的计算机换成"中文屋"，这并没有什么违和感。但是，塞尔对屋子外面的世界的认识依旧是个"零"，中文符号是如何输入的，他做出的回复会对外面的世界产生什么样的影响，他一概不知。因为他仍旧是在摆弄一些形式符号，这与"中文屋"中的情景没有实质性的区别，那么意向性又从何谈起呢？因此，即使机器人回应策略能够就因果作用自圆其说，但是，这尚不能成为计算机获得意向性的理由。总之，塞尔认为，无论如何增加外在的辅助设备，都不能改变机器人的行为结构——自始至终完全是程序化的，这些程序和"尚克程序"相比没有本质的区别，并没有在此基础上增加任何新的、有效的东西，这才是机器人回应失败的根本原因。

3. 大脑模拟回应策略

在所有的回应策略中，大脑模拟策略应该算是最有前途的策略，但是，这种策略并没有摆脱图灵计算的窠臼，这似乎也决定了它最后的命运。

大脑模拟策略是一种典型的联结主义主张，尝试着从模拟人脑网络神经元如何运作的角度探索人类的认知问题。根据邱齐兰德夫妇的解释，假设可以获取懂中文的人在解决中文问题时的脑状态，而后根据这一状态我们设计出一套能够反映这些状态的程序，那么，我们就有理由说，类似这样的程序能够获得故事理解力，否则，那个懂中文的人也就不懂中文了。[①]

但是，塞尔认为，哪怕是这样的程序和脑中的认知活动相差无二，对于认知而言仍旧是不充分的。[②] 其依据是"水管系统"论证。在该思想实验中，假设有一个工人，他的母语是英语，并且他不懂中文，现在他的任务是根据"英汉词典"来操作一个带有阀门的水管系统。这种情形似乎跟"中文屋"中的塞尔没有多少区别，他接收到的输入仍然是中文符号，而后通过查阅"英汉词典"翻译中文符号，以此做出打开或者关闭相应阀门的操作。

---

① 王佳：《对"中文屋"思想实验四个版本的考察》，《武汉理工大学学报》2011 年第 4 期，第561 页。

② ［英］玛格丽特·博登主编：《人工智能哲学》，刘西瑞等译，上海译文出版社 2001 年版，第106 页。

同时，水流之间的连接关系可以看作是神经元突触之间的连接关系，如果整个水管系统中的开关能够被正确地打开、关闭，那么对中文问题正确的回答将出现在水管的另一端。塞尔的疑问是，在这个过程中"理解"体现在哪儿呢？管道工不过是重复了"中文屋"中塞尔的工作罢了，而整个水管系统只是一个形式系统。而根据塞尔的解释，形式系统是不具有意向性的，那么，也就没有理由认为水管系统能够获得"理解"。

4. 联合回应策略

联合回应策略是这样一种策略，该策略主张把系统回应策略、机器人回应策略以及大脑模拟回应策略三者结合起来，这种结合能够保证意向性的产生。塞尔认为，联合回应策略是一种可以参考的建议，但是，从根本上讲，对强人工智能来说，并没有承诺什么。塞尔认为即使联合回应策略能够保证意向性的产生，但是，把意向性的产生条件归结为形式程序，这样的做法却是难以苟同的。因为根据塞尔的解释，意向性和形式程序无关，意向性的产生得益于有机体的生物结构的因果作用方式，这才是意向性产生的关键。如果由联合回应策略设计成功的机器人，如果也只是一个形式程序，那么，联合回应策略同样不能达到驳斥"中文屋"论证的效果。

上述对"中文屋"论证的回应都没有取得预期的效果，无论是系统回应策略、机器人回应策略、大脑模拟回应策略，还是联合回应策略，都不能就"基于规则的纯粹的形式符号操作之于理解是充分的"命题给出有效的论证，也就不能驳倒"中文屋"论证。其原因就在于语义并非句法的固有属性，它是被赋予，任何纯粹的形式的东西，无论进行什么样的操作都不可能产生内容，这也就是纯粹的形式系统之所以是不完全的原因。然而，根据玛格丽特·博登的主张，"即使最简单的程序也并不是纯形式主义的，而是具有某种相当本源的语义特性，所以从根本上说，计算理论并非不能解释意义"①，同时，她还认为，如果意向性的产生过程不是模糊的，是"清晰可见"的，那么，我们完全可以用机器对其进行模拟。②

---

① ［英］玛格丽特·博登主编：《人工智能哲学》，刘西瑞等译，上海译文出版社 2001 年版，第 8 页。

② ［英］玛格丽特·博登主编：《人工智能哲学》，刘西瑞等译，上海译文出版社 2001 年版，第 8 页。

对此，我们不敢苟同，我们更倾向于塞尔的观点，句法是纯形式的，语义并非句法的固有属性，二者彼此独立，语义只能被赋予，无论进行什么样的句法操作都不可能产生语义内容，也就是说纯粹的形式符号操作之于理解而言并不充分。因此，我们认为，把计算（特指图灵计算）完全等同于认知是值得商榷的，或许认知包含的内容已经超出了计算的承载能力。这主要是基于以下两点原因的考虑。

首先，我们所说的"计算"特指"图灵计算"。当然，在随后的发展过程中，计算被赋予了新的内容。例如，派利夏恩将图灵计算的弱等价上升为算法等价的强等价。但是，根本上讲它仍然属于图灵计算的范畴。所谓"图灵计算"是指"应用形式规则，对（未加解释）符号进行形式操作，其有效过程的一般观念———一种严格定义的计算过程是通过数学演绎的例子来说明的"[①]。适用于图灵计算的符号都是"未加解释"的，即它不包含任何语义内容，句法和语义的独立使得任何纯粹的形式规则操作都不可能产生语义内容，这也就意味着，只要是在图灵计算的语境下，无论我们设计出什么样的程序，这些程序都不可能产生意向性，计算之于认知并不充分。[②]

其次，它是由"逻辑主义"的特殊性决定的。经典计算主义，既是数学的，又是逻辑的，甚至在一定程度上可以将其称为"逻辑主义"或者"形式主义"。其对认知的特色解读为：我们基本的常识性知识不仅可以形式化（用某种形式语言，如编程语言，表示为形式得当的公式），而且可以公理化。公理表示的是物理世界和社会现实中的普遍真理，从它们出发，经过正确的推导，就会得出像逻辑定理一样可靠的结论。[③] 但是，逻辑主义存在着致命的错误。麦克德莫特主张，演绎和计算之间并不存在绝对的等价关系，而将它们看作是等价的往往是形式主义的做法，由此导致了对思维的演绎解释，而这是它们所犯的最严重的错误。包括他本人在内的逻辑主义者，

① ［英］玛格丽特·博登主编：《人工智能哲学》，刘西瑞等译，上海译文出版社 2001 年版，第112 页。

② ［英］玛格丽特·博登主编：《人工智能哲学》，刘西瑞等译，上海译文出版社 2001 年版，第8页。

③ ［英］玛格丽特·博登主编：《人工智能哲学》，刘西瑞等译，上海译文出版社 2001 年版，第16页。

为定义"非单调"逻辑学——这种方法可以通过增加新信息（作为附加前提）而取消演绎结论——所做的努力，不能处理日常偶发事件。因为公理化分析仅限于演绎范围，所以非演绎的程序只有借助于非演绎的推理的一般理论，才能科学地加以认识，而非演绎推理正是哲学家昔日寻找已久而未能发现的东西。①

因此，我们认为，经典计算主义主张："认知本质上就是计算"的观点是值得商榷的，在某些问题上把认知等同于计算确实能取得令人满意的结果。但是，由于受限于"图灵计算"的狭义窠臼，进而导致了其理论上的局限性。例如，由不完全性定理、塞尔"中文屋"论证揭示的那些理论缺陷：基于规则的纯粹形式符号操作对于认知而言并不充分，也就是说，认知并不等同于计算，至少在二者之间不能画上绝对的等号。

总之，我们并不反对把认知等同于计算，但是，我们拒绝把认知完全等同于狭义的"图灵计算"。

事实上，无论是经典计算主义本身对于认知的解释，还是为经典计算主义进行的辩护，它们都局限于唯理主义的框架之内，因为传统的认知研究，包括经典计算主义在内的大多数认知研究，都是建立在笛卡尔主客二元论的基础之上，它们都是笛卡尔式的认知科学，或者是一种现代意义上的"变异体"。② 所以经典计算主义带有明显的唯理主义印记。再者，其逻辑上的演绎关系无法应对认知中的偶发事件，因为它们是非演绎的，非演绎的程序只能借助非演绎的理论才能予以科学的认识。库恩在区分"谜"和"问题"时指出，"谜"和"难题"的最大区别就在于，前者能够通过范式自身的努力予以解决，而"难题"是范式无论如何努力都不能给予解决的，唯一可能的出路就在于跳出原有的范式，在新的范式理论框架内，探索可能的问题解决方案。当前经典计算主义正是面临着同样的情况，基于哥德尔不完全性定理的批判以及基于塞尔"中文屋"论证的批判并非是一种解"谜"活动，而是解决"问题"的活动，所以经典计算主义最有希望的出

---

① ［英］玛格丽特·博登主编：《人工智能哲学》，刘西瑞等译，上海译文出版社2001年版，第17页。

② Wheeler, M., *Reconstructing the Cognitive World*, Cambridge, Mass: The MIT Press, 2005: 11.

路是跳出唯理主义的框架，或者构建一种包含唯理主义框架在内的更大的框架。

第三节 突破唯理主义的局限

真正的变革是从观念上开始的，而最深刻的观念上的变革来自哲学上的探索。因此，有必要站在更宏观的背景之下，探索经典计算主义的出路问题。

观念上的进步，特别是哲学上的变革，打破了原有的认知格局——主客二元，于是新的"综合式"唯我论研究格局逐渐形成，在此基础上相关的策略性建议相继而生。

一 撒加德的 CRUMBS 建议

撒加德（又译萨伽德）将经典计算主义称之为"计算—表征的认知理解模式"，他认为对认知可以看作是某种形式的表征建构，而整个认知过程就是对这些建构的程序操作[①]。他罗列了六个针对经典计算主义的挑战，而且提出了如何应对这六方面的挑战的四种综合性意见：（1）否认，即回应挑战；（2）扩展，即扩展基础——计算和表征；（3）补充，补充基础——非计算、非表征；（4）放弃 CRUM。但是，撒加德本人更倾向于"整合" CRUM 模型，他认为可以推进三种类型的整合。

第一，实现跨学科的整合，建立概念层面上的对话与交流，如上文所述，加强计算机科学等多门学科之间的交流和对话。

第二，实验研究上的整合，即借鉴不同学科的研究方法，以此收集与认知相关的数据。例如，在语言学研究上可以将心理学数据、脑科学数据和语言学数据结合起来考虑。

第三，从理论上实现计算思想与模拟的整合。以思维和计算为例。首先，计算认知"理论对理解心理结构与过程提供了丰富的思想武器，由此能做出对心智的复杂的说明，既避免了行为主义在解释上的贫困，又躲开了二

---

① ［加］保罗·萨伽德：《心智：认知科学导论》，朱菁等译，上海辞书出版社2012年版，第8页。

元论对心智的神秘化。第二，由于计算假说能够足以精确地进行编程，通过运行模拟来进行测试，其性能便可与人类的思维行为进行对比。心智的计算观的结果之一便是人们认识到思维是何等复杂和多样化的过程：通过模拟可以让研究者们看到他们的理论思路的成就及其局限"①。

撒加德极为乐观地认为，学科间的交叉融合将成为未来认知科学研究的主要趋势，未来的认知研究模式将是一种大综合，也就是他所谓的 CRUM 纲领的扩展版——CRUMBS，它是基于生物学和社会学的考察构建的新的计算表征理解模式，即"生物学—社会性的、对心智的计算—表征理解"。②

二　来自构建"人工生命"的建议

我们认为，通过考察经典计算主义的成败得失可以看出，要解决经典计算主义的困难不是单一学科能够胜任的，一种可能的解决策略是诉诸学科之间的整合，也就是跨学科研究。实际上，目前存在三种综合的趋势，即"首先，要努力促进生物学、神经科学、社会学与认知科学的整合。……其次，要推进理解心智的逻辑模式与认知模式的整合。……第三，要推进人工智能研究中两种研究模式的整合：即实现以数字为中心的研究模式和以模拟为中心研究模式的整合"③。总之，深化人工生命研究可能是重要的突破口，具体思路是：其一，综合已有的成果，构建自然化的认知研究模式；其二，"引进广义进化理论的概念和方法以扩展和补充传统的人工生命研究，进而建立'进化的逻辑'和'进化的认知方法论'；其三，借助人工智能的最新研究成果和复杂系统研究方法，开辟人工生命研究新方向"④。而要实现这一目标，关键是需要计算机科学哲学的突破性进展。

国内其他学者也倾向于考虑一种跨学科的综合性的认知研究。例如，刘

① ［加］保罗·萨伽德：《心智：认知科学导论》，朱菁等译，上海辞书出版社 2012 年版，第 179 页。

② ［加］保罗·萨伽德：《心智：认知科学导论》，朱菁等译，上海辞书出版社 2012 年版，第 178—180 页。

③ 任晓明、桂起权：《计算机科学哲学研究——认知计算与目的性的哲学思考》，人民出版社 2010 年版，第 312—313 页。

④ 任晓明、桂起权：《计算机科学哲学研究——认知计算与目的性的哲学思考》，人民出版社 2010 年版，第 313 页。

晓力在考虑到图灵计算的局限性后，即无法打破由哥德尔不完全性定理设定的界限，提出了三种探索性意见。首先，可以选择放弃图灵计算的概念，从生物学或者物理学角度探索其他的可能性，但是，她本人对此并不看好，"前景将不可预测"。其次，是继续坚持图灵计算的主张，不过这样只能将其看作是带有某种局限性的模型，而这必然会导致对认知科学原有目标的修正。最后，打破现有的认知研究模式，构建一种新的认知研究模式，这种新的研究模式可能是"算法＋自然机制"。同时，她认为，在目前经典计算主义纲领不能有效把握人类认知的情况下，可以交付新的纲领予以把握，而这种新纲领就孕育于人工生命、进化计算等领域，这是一个科学议题，而不是哲学议题。[①]

总之，随着观念上的转变，旧有的观念开始让位于新的观念，认知科学和计算机科学的研究正在呈现出新的研究模式。随着笛卡尔主客二元论的式微、现象学的兴起，新的哲学观念——综合式唯物论的形成，旧的认知研究格局正在被打破，甚至已经被打破了。一种不拘泥于经典计算主义研究格局的新格局正在形成，这种新的格局强调对认知的综合式考虑，例如，情绪、意识、社会环境、逻辑学、计算机科学、脑科学等，都是认知研究过程中不可忽视，而且是能够产生重大影响的因素。这种认知研究的"综合式"策略，囊括了众多的学科，进而扩大了需要关注的对象，非脑或颅外对象将成为新的认知研究对象，而这将把我们引向涉身认知科学。

第四节　从非计算方案转向计算方案

由此可见，涉身认知科学对经典计算主义的修正方案是有启发性的，它可以归结为以下几点：

一　涉身认知科学给出的修正方案带有明显的非计算或者反计算特征

无论是瓦雷拉等人的生成认知方案，还是莱考夫等人的涉身隐喻方案，都强调认知有机体是如何通过其身体及其特征设想它们的世界的。例如，瓦雷拉等人认为颜色并非世界预先给予的属性，并不存在独立于认知有机体的

[①]　刘晓力：《认知科学研究纲领的困境与走向》，《中国社会科学》2003 年第 1 期，第 101 页。

知觉的颜色，也就是说，如果颜色脱离了认知有机体的知觉，那么，就无法对颜色体验做出有效的解释或者正确的解释。颜色体验是生物、文化、社会等因素历史耦合的结果，它是生成的，所以必须将颜色体验看作是知觉的属性，它决定于或者受限于认知有机体的身体。莱考夫等人认为，无论是我们对世界的概念化，还是我们对世界的范畴化，都离不开我们的身体，身体的特异性将决定我们能够获得的世界蓝图，特别是在基础概念问题，它是由直接的身体结构决定的，什么样的身体结构将决定我们获得什么样的概念。上述两种主张都属于"概念化"解释，即强调身体及其属性决定了我们如何设计我们生活的世界蓝图。而在第二章我们已经明确了一点，即"概念化"和经典计算主义是一种竞争关系，"概念化"拒斥认知的计算解释，它能提供的方案都是非计算的或者反计算的。因此，这样的方案，即使不存在理论上的缺陷，也不可能成为经典计算主义的修正方案。而认知动力学方案侧重认知解释的涉身性和情境性，特别强调基于二者之下的动态特性，即脑、身体以及环境之间存在着持续的交互作用，而这种持续的接触是一种典型的"替代"解释，即在无须表征的前提下也能够实现认知，所以认知动力学方案也是一种非计算的或者反计算的修正方案。

总而言之，涉身认知科学能够提供的解决方案都带有明显的反计算或者非计算的性质，显然，这样的方案既不能成为我们需要的那种方案的备选者，甚至它们直接被排除在我们的信念库之外，我们需要的那种方案必须是计算的或者带有计算的属性。

二 非计算或者反计算方案都或多或少带有理论上的缺陷

瓦雷拉等人将颜色体验解释为身体的属性或者知觉的属性，一个必要的前提是颜色体验和世界的部分并非是一一对应的关系，只有这样才有希望把颜色体验看作是身体的属性或知觉的属性。但是，缺乏对应和属性之间并不存在逻辑上的联结，一种体验完全可以对应无数截然不同的属性，所以瓦雷拉等人需要一个"额外的前提"："如果世界中存在颜色，那么颜色知觉将是精确的"①。涉身隐喻的方案过于强硬：身体结构决定了基础概念获得的

---

① ［美］劳伦斯·夏皮罗：《具身认知》，李恒威、董达译，华夏出版社 2014 年版，第 93 页。

可能性。事实上，我们完全可以用不同于身体的方式习得某些基础概念。而且涉身隐喻方案还存在着理论检验上的困难，这对于其获得科学理论的"证书"来说是一个巨大的阻碍，同时，这种理论主张也显得缺乏新意，没有关注更高级的人类认知活动，例如，记忆、思维、意识等，而且也是它无法给予解释说明的。认知动力学方案尝试着通过"替代"解释完全拒绝表征的做法并不可取。不可否认在某些方面我们或许可以拒绝表征，例如，在某些动力系统中，考虑到持续接触在认知过程中的有效性，可以尝试着放弃认知中表征的做法。但是，在这个问题上我们能否这样理解，即用持续的接触替代经典计算主义研究纲领中的形式符号表征，而根本上讲，这种持续的接触也不过是一种变相的表征，否则涉身认知科学的众多建构方案，都将遭遇重大挫折，至少它们不能解释身体及其属性、行为是如何扮演认知构成成分的角色的。而且，完全拒绝表征，这种做法是否具有普遍性是值得怀疑的。在动力系统领域或许我们可以这样去考虑，但是，它不足以将这一结论应用于所有的认知领域。例如，在处理"离线"问题时表征的存在是必要的，回忆是在不接触前提下实现的对过去信念的提取过程，由此表明存在内在表征以及表征存在的必要性。

因此，虽然涉身认知科学给出了经典计算主义的修正方案，而且不可否认的是，在某些方面它们实现了自己的竞争优势，但是，这些方案并非是完美无缺的，它们或者存在理论上的缺陷，或者夸大了其能够适用的范围。总之，我们尝试着放弃这些方案，探索新的计算认知方案。

三 涉身认知科学的修正方案可以为认知科学未来的发展提供启示

涉身认知科学的修正方案对认知科学的发展有着重大启示。这种启示包括两个方面：一方面，涉身认知科学对认知的解释都是非计算的或者反计算的，不能成为经典计算主义的修正方案，所以必须重建新的修正方案。另一方面，在认知解释问题上，涉身认知科学取得了部分的成功，即非脑或颅外对象参与了认知过程，并且发挥了积极的作用，这是值得我们借鉴的。虽然，颜色体验并非完全是由知觉决定的，但是，至少部分颜色体验是由知觉决定的；在基础概念获得上也存在着类似的问题，身体结构对于基础概念获得而言或许不是决定性的，但是，不可否认身体的结构塑造了我们的心理概念；动态系统理论主张，认知有机体和环境之间的持续接触可以使得在无须表征的前提下实现认知。这些都或多或少的证明了一点，即身体、环境等非脑或颅外对象在认知过程中确实扮演了一定的角色，或者发挥了一定的作用。再者，动力系统理论一再强调的"时间"维度，更是认知研究活动中不可忽略的因素。但是，这些方案自身的局限性又限制了它们替代经典计算主义的可能，所以，尝试着从替代的角度考虑经典计算主义的未来，不如从借鉴的意义上，从理论修正的角度探索经典计算主义的未来。在建构新的计算方案的时候，把非脑或者颅外对象作为认知因素来考虑，这将是一个非常值得关注的方向，它的局部的成功将为我们修补经典计算主义研究纲领的漏洞提供某种可能。在第二章"重塑计算主义的概念基础"一章中我们着重论述了"构成"问题，从中我们得出结论："构成"是可能的，非脑或者颅外对象能够成为认知系统构成成分的一部分，而且我们还论述了将计算应用于描述"构成"是可能的。由此，我们可以尝试着将计算引入到非脑或者颅外对象之中，探讨发生于非脑或者颅外对象之中的计算认知过程。

简言之，涉身认知科学给出的修正方案带有明显的非计算或者反计算特征。非计算或者反计算方案都或多或少带有理论上的缺陷。涉身认知科学的修正方案为认知科学的发展提供的启示是：从涉身认知的非计算方案转向涉身认知的计算方案可能是一种有希望的研究进路。这是在下一章将要着重讨论的问题。

第 十 二 章

新计算主义的突破

计算主义的认知科学纲领如今的处境已左右为难，因为它与我们对心灵的理解相冲突。塞尔甚至挖苦说："显然，心灵的新科学不要意识也可将就。"[①] 可以说，计算主义在过去的失败不是由于计算与心灵完全无关，而是由于对计算的纯逻辑、纯形式解释。要摆脱旧计算主义的局限性，我们需要从一个新的起点出发，即：真实世界的计算机应像心灵一样，也能处理相互作用、物理实现和语义学等问题。我们从两个方向解决问题。一方面，考虑一般问题的特殊情形，而另一方面则是把一般问题还原为某些特殊情形。如果一切顺利，这两条路将殊途同归，从而为一般问题提供一种解答。具体而言，主要探讨两个问题：第一，什么样的心灵科学概念能留给支持哥德尔论证的人继续使用？第二，我们能否在别的地方找到这样一种为了可理解和发现所构造的系统且严格组织的丰富的知识体系？对此，我们需要批判两种传统的心灵观：一是心灵与大脑同一的思想；二是心灵在大脑中实现的思想。以下分为四个部分讨论。第一部分，阐释认知科学发展的新基础，主张与计算概念同样重要的是知识问题，各种概念形成知识的关键在于考虑心灵与世界的关系；第二部分，基于心灵的实在论解释"计算"，把计算看作具体的、语义的、有包含性的、相互作用的、意向性的过程；第三部分，基于心灵的建构论解释"计算"，从涉身认知的视角探讨和回应经典计算主义的挑战，实际上是新计算主义的一种探索和突破。

---

① ［美］约翰·R. 塞尔：《对心灵的再发现》，王巍译，中国人民大学出版社 2012 年版，第 249 页。

第一节 认知科学的新方向：从认知的
科学到心灵的科学

　　认知科学的产生与人工智能紧密相关。1965 年的达特茅斯会议提出了人工智能的概念，人们据此使用"心灵是计算机"这个隐喻来定义认知科学。这个隐喻可分为物理符号系统假设、心灵的计算理论或认知的计算和信息加工两种，并成为跨学科研究心灵的教条。然而，由于计算机是按照语法规则映射符号输入到符号输出的装置，它即使能模拟符合语法规则的人类行为，也仅限于人类的局部活动。由此，这一隐喻无法合理解释人类心灵和大脑不同于计算机的事实，这就引出了一系列的问题：（1）人工智能的框架问题；（2）检索和机器学习中的信用分配问题；（3）哲学中的符号基础问题；（4）形式语义中的语境问题。这些问题都可归结为计算系统对符号表征与意义分离的规定所致。认知科学把心灵看作一种内在的意义现象，但是却无法提供说明语言意义的方式。

　　实际上，认知科学是对思维、推理、记忆、注意、学习、心灵表征、知觉和问题解决等人类认知及认知过程的跨学科研究，它由多学科组成。我们对心灵的看法不仅表现为对自身的看法，而且表现为对与外在世界打交道的那部分经验的看法。在了解了这种经验的结构之后，我们发现，世界只有通过心理结构和过程的中介作用，才能将其呈现为意识。因此，心灵科学的研究目的，不只包括了解我们如何知道、感知和解决问题等问题，还涉及外在世界在什么程度上是可知的，以及规定其他学科获取外在物理世界知识的范围。作为一门综合学科，认知科学首先要解决的问题是如何满足常识的自我理解标准。由于认知科学无法处理意识研究的经验，而情感因素和社会因素又对这种经验的结构有重大的影响，因此认知科学通过简单地规定"大脑是一部计算机，心灵是在这个计算机中运行的一组程序"，拒绝研究这些因素。与这个问题紧密相关的另一个问题是，如何界定构成认知科学的学科范围。对于一般的学者来说，不可能同时精通认知科学中的各门学科。另外，每一门学科都有许多分支，并不意味着不同的认知科学家都会涉足这些领域。福多和派利夏恩都支持这样的观点。通常，认知科学的理论纲领都以这样的思想为基础。然而，由此形成的认知科学的结构，由于认知科学实现"心灵科学"的目标，在现实中存在一定的张力，这就致使这样的结构变得不好捉摸。与"认知科学是由多学科组成"的观点不同，一种替代的观点把它看作寻找生态位的理论动物。它能够随着自身的进化而涉足更多新的学术研究领域，并且只需要一个物理学意义上的统一原则。与物理学一样，认知科学在主题发展的阶段，为了传递各学科的研究成果，也需要一门共同语言。为此，它的主要任务是探索一种可以用直觉感知，并且可与各学科的研究成果一致的心灵观。把心灵看作一组程序的观点引发了三个问题：一是除了那些精心挑选的应用程序，我们无法编写自己的程序；二是一些程序的编写以神经功能理论为基础，然而神经功能的结构与计算机的程序与系统结构二分的观点相矛盾；三是把心灵看作完全物质性的观点已经不合时宜。建立正当的计算隐喻需要以唯物论的思想为基础。计算主义的方法对认知数据进行筛选，规定哪些数据是认知科学可接受的，这必然导致忽略了一些有效的认知数据。例如，它拒绝研究意识和情绪，否定以常识为基础的研究。更深层的问题是，是否有一种最简约的计算概念负载认识的所有形式。认知科学不仅包括理论和经验的成分，还涉及认识，它与认识论是相关联的。认识论中许多值得考虑的事物都来自对心灵的猜想，这些猜想要么都能用实验检验，要么由于太抽象而无法检验。

传统认知科学的核心是人工智能、语言学、哲学（心灵哲学与哲学认识论）和认知心理学，以及神经科学、人种科学与动物行为学。这几种边缘学科分别研究的是大脑与中枢神经系统、文化认知以及人类与动物在自然环境中的行为。所有这些学科的研究成果代表了认知科学研究的风向标。从表面上来看，认知科学既有前景，也不乏矛盾。一方面，组成认知科学的各学科都是研究的重点，都需要强化研究；另一方面，各学科的研究强度各有差异，对某些学科的极端研究在一定程度上瓦解了它的方法论基础，如人工智能的研究就面临这样的困境。这些情况表明，有必要探究认知科学的哲学前提。与计算概念同样重要的是知识问题，各种概念形成知识的关键在于考虑心灵与世界的关系。这些概念通常体现在人工智能的设计原则中。认知科学的意义在于引出某种认知理论，理想的情况是，这种理论具有心理和计算的效果。前者控制着"生态效度"，后者导向人工智能系统中的实现。传统的认知科学研究忽略了认知中的意识和社会因素，而对于这些因素的关注则构成了认知科学研究的新基础。

简而言之，认知科学要真正成为"认知的科学"，必须成为"心灵的科学"。

第二节 有意向性的计算：心灵实在论的解释

图灵确立了机械的可计算性的正确定义，并认为心理程序不可能超越机械程序，或者说，心灵过程不能比机械过程走得更远。但是，哥德尔发现存在不能被机器计算的人类有效程序，指出机械的可计算性要"对人类有效"，强调这种"有效性"的概念要比公理刻画的有效性概念更宽泛，它既是物理过程又是心智过程。那么，哥德尔论证的关键步骤是否可被广泛应用？彭罗斯试图找到一种完全科学的心灵概念。然而，他也未弄清楚，什么样的心灵科学概念能留给支持哥德尔论证的继续使用。对此，彭罗斯从哥德尔的论证中给予回答："没有哪一种科学研究曾经能够彻底探明人类的心灵"。对于这种情况，彭罗斯只是承认"心灵是非常神秘的东西"。为此，我们需要弄清楚，如何理解心灵的计算理论视阈中的计算概念？一般而言，有两种基本的方向：第一，从逻辑上说明计算的直观概念，从理论上界定可计算性的范围；第二，从实践上说明计算的符号概念，探讨表征性计算的各种问题。我们的任务是探讨基于心灵的实在论解释计算的可能性。

一 机械可计算性的有效性

计算是怎么样的？计算概念是一种把握、说明和思考心灵本身的方式。图灵在 1936 年的论文《论可计算数及其在判定问题中的应用》中，把"计算"定义为"通常是通过在纸上书写特定的符号来完成的"以及"计算员在任何时刻的行为是由他正在观察的符号和他的'心理状态'来决定的"。执行计算的大脑就像一台由有穷多个部件（芯片）连接的有穷机器。有穷机器被看作是图灵机。图灵机是一个理想化的人类计算员。我们可以在计算实数的过程中把人比作一台只具有有限数量条件的机器，这台机器附有一个"纸带"。当且仅当图灵机可以在有限步骤内在空白的纸带上写下这个数

（函数）中的一系列数字（数值），这个数就是图灵机可计算的。即：通过方程演算定义的可计算函数恰好就是你能为之构造将做下述事情的一台具有有穷多个部件的机器的那些函数。如果你在一张纸上写下任何数 n_1，n_2，…，n，并且把那张纸送进这台机器且转动曲柄，那么在有穷多次转动之后，这台机器将停下来并且对于自变量 n_1，n_2，…，n，的这些函数值将被打印在那张纸上。"图灵机的可计算"相当于"机械性的工作者在无机械帮助情况下的可计算"。按照这样的理解，大脑的功能基本上就像一台数字计算机，或者说，大脑就是图灵机。然而，即使给出了丘奇—图灵论题，强调机器的任一形态在根据有效方法完成工作时仍然具有局限性，仍然有许多问题图灵机无法解决。例如，我们不知道图灵机模拟所有机器实际判定性的物理过程的限度，不知道这是否也是人脑运作中的问题。[1]

哥德尔把这个问题解读为：机械的可计算性是"对人类有效的"。坚持被准确描述的证明方法的推理规则必须是"纯形式的"，逻辑规则就能以一种"纯机械"的方式构造一台机器，能像人一样做一元谓词演算。这就是逻辑程序的机器实现，也就是说，一个程序只要在一台具有有穷多个部件的机器是可执行的，它就是机械的。我们假定对人类心灵而言是自明的那些公理能被包含在一个有穷的规则中，也就是说，可以用图灵机列出来。图灵建立了机械可计算性的正确定义，但是哥德尔质疑它对人类的有效性，他要寻找一种比公理刻画的有效性概念更宽泛的有效性概念，它既是物理过程又是心智过程。按照他的理解，对数学推理进行机械化，有两个"被模糊定义的"过程，它们也许可以导致系统的并且有效的，但是是非机械的程序，即为第二数类的越来越大的序数定义整数的递归良序的过程和用公式表示越来越强的无穷公理的过程。他认为确实存在未探究过的一系列公理，它们只说明了出现在它们中的概念的意义上是分析的，[2] 例如，无穷公理只说明了集合这个一般概念的内容。这就表明存在有效的、非机械的程序是一个事实。在此基础上，哥德尔重新考虑图灵对计算的立法：心灵过程不能比机械过程

① ［意］卢西亚诺·弗洛里迪：《计算与信息哲学导论》（上册），刘钢译，商务印书馆2010年版，第76页。

② ［加拿大］安德鲁·欧文主编：《爱思唯尔科学哲学手册：数学哲学》，康仕慧译，于晓皖审译，山西大学科学技术哲学研究中心编译，北京师范大学出版社2015年版，第783页。

走得更远，或者说，心理程序不可能超越机械程序。他认为，将大脑看作图灵机根源于一个时代的偏见，即：不存在与物质相分离的心灵。但是实际情况是：人类心灵的工作不能被还原成大脑的工作。彭罗斯将哥德尔的论证扩展应用于谕示机，进一步指出大脑既不是图灵机，也不能完全由图灵机模拟。问题是：证明人类数学家不使用任何可知合理的，可以由 α 阶谕示机执行的程序来确定数学真理的时候，他无法说明数学家会用什么样的可知的合理的程序。[①] 这就意味着彭罗斯确立完全科学的心灵概念的努力也失败了。

二 心灵计算理论的合理性

我们如何看待计算？当代最主要的表征理论形式，是心灵的计算理论。它把大脑看作某种计算机，将心理过程视为计算，认为心理表征的计算关系构成了认知状态，此类状态的序列就是认知过程。这种理论试图按照表征来解释所有的心理状态和过程，极大地发展了心灵的表征理论。认知科学家构造了人类与动物认知的经验理论，在人工信息加工系统中发展认知过程的模型，在这个过程中，他们提出了各种类型的心理表征。其中，除去那些所谓的"超个人"或"超信念"的表征，有些表征可能适合作常识心理状态的心理关系方。许多哲学家相信计算理论能够非常科学地解释认知和行为，然而近代科学产生之前，用于解释心理表征的是常识心理学，在是否应为这种解释辩护的问题上，他们并没有一致的意见。虽然有学者把与心理状态相关联的对象的形式性质，当作计算理论的研究对象。但是，绝大多数的认知科学家仍然坚持内容在解释上的关联性。主流认知科学的核心原则是：心理过程是可计算的，计算是受规则控制的语义分析对象的序列，规则通过内容应用于符号。认知科学的解释适用于许多不同种类的心理表征，除此之外，它还可用于解释常识心理状态，也可以用于解释信念、视觉感知、合理性、语言学习及运用等心理现象。

心灵的计算理论也存在争议，个人层次的表征与推理在脑内的实现，是根本性的分歧。讨论的内容涉及认知的传统架构与联结主义架构。经典主义

① ［加拿大］保罗·撒加德：《爱思唯尔科学哲学手册：心理学与认知科学哲学》，王姝彦译，北京师范大学出版社 2015 年版，第 568 页。

者认为心理表征是符号结构，有语义上可以分析的成分，心理过程由操作其成分结构的规则支配。联结主义者认为心理表征被简单处理器（或称"节点"）网络中的激活模式实现，这样的模式通过扩散激活构成了心理过程。节点自身不能用语义分析，有语义分析成分的激活模式也不能这样做。这是难以理解的，因为局域式理论既没有确定也没有表述联结主义的程序。经典主义者的基本立场是思想与语言有共同的属性，思想的神经基础构成了心理符号系统，系统像语言一样被结构化。福多的思想语言假设典型地体现了这种思想，并且适用于常识心理学。根据思想语言假设，与递归的形式规则一致，心理表征来自原始的表述状态，这种表述是有限的，然而对心理表征的表述是复杂的，在数量上是无限的。这种组合的结构被看作心理表征系统的系统性与生产力的属性。在符号语言包含自然语言的情况下，解释思想属性诉诸表征单元的内容及其结合成的有内容的综合体。也就是说，语言与思想的语义是组合式的，即复杂表征的内容由它的成分与结构上配置的内容所决定。联结主义的基本立场是：大脑的构架由层状的互相联结的神经网络组成。他们认为这种构架不适于执行连续的计算。有两方面的原因：一是大脑中的加工是超规模的并行运算；二是联结网络中由操作驱动的计算，它的成分既不是语义上组成的，也不能在语义上分析。这与经典的计算主义是不一样的，计算主义认为表征与计算有关，它的分布与局部截然相反，即如果表征是计算的基础，它就是局部的；反之，它就是分布式的。此外，联结主义者认为联结网络中的信息加工，更接近真实的人类认知功能。联结网络通过"训练"复述接触到的对象，学会区分它们；尽管联结网络需要多次接触认知对象，但在这方面它具备人类学习的特征。当联结网络受到损伤时，性能的降级是逐渐的，而经典的信息处理器则是突然降级，这方面也更精确地模拟了人类大脑损伤后认知功能的损失。在命题态度与联结主义的关系上，有些哲学家认为这种关系不是必需的，如果认知的联结主义模型是正确的，常识心理学与传统的认知科学就没有离散的表征状态。有些哲学家认为，神经网络的某种高级活动模式大致等同于常识心理学的表征状态。还有一些哲学家认为，思想语言样式的表征在联结主义的架构中，既是必要的，也是可以实现的。

哲学家们对心灵的计算理论也有不同的评价，斯蒂克虽然认同心理过程是计算，但是不认可计算是心理表征的序列；其他的一些哲学家尽管接受心理表征的概念，但是也不认为心灵的计算理论准确地解释了心理状态和过程。更为激进的观点认为心理过程不是计算，认知系统是动态的，认知科学与心理符号无关，而是由神经系统、身体及其嵌入的环境构成的复杂系统的可以量化的状态。认知过程并不是由规则控制的离散的符号状态序列，而是由系统组成部分的连续、同时及相互确定的状态所决定的动态系统的连续、进化的全部状态。动态系统中的表征本质上也是信息理论，但是信息的载体不是符号，而是状态的变数与参数。另心灵的计算理论试图把常识心理状态的意向性还原为心理符号，但问题在于符号内容的相关概念与约定和意图的概念是紧密相关的。因此，心灵的计算理论陷于恶性的循环中：应该还原的性质却求助于还原。

三　有意向性计算主义的可能性

所有关于传统计算概念的争论都表明：计算不应该是纯形式的。史密斯（B. C. Smith）以一种更加广义的方式重新定义"计算"的概念。他将计算视为一种"意向现象"，作"非形式"的理解。[1] 他认为人对数字的计算并不是指向数字本身，而总是关于外在事物的，因此它是一种因果关系，即从对象到内在状态的因果关系。由于有这种关系，意向性也便有了它的物理有效性。考虑到真实的计算过程，既有符号与指称的因果作用，又有内部与外部的耦合，就需要从表征和语义学的维度重构计算的概念。他通过将本体论问题与意向性问题结合起来思考来解决问题，认为本体论理论和关于表征及意向性的理论要关注的东西都是内在关联在一起的现象，这就可以从意向上来说明计算的本体论事实。要这样做的话，需要诉诸物理世界的结构，用物理学解决形而上学的问题。因此，他把计算理论看作一种关于物理世界的一般理论，需要说明的是"将一种世界构型中的世界状态变成另一世界构型中的状态，有什么困难，需要做什么事情"[2]。在这里，他借用斯特劳森的

①　M. Scheuts（ed），*Computationalism：New Directions*，Cambridge，MA：MIT Press，2002，pp. 24 – 33.

②　B. C. Smith，"The Foundations of Computation"，in M. Scheutz（ed），*Computationalism：New Directions*，Cambirdge，MA：MIT Press，2002，p. 42.

"特征位"（feature placing）概念，认为唯一的方法不是去研究世界的结构本身，而是探究人们面对它们所做的打算。这种"打算"的属性来自真实的存在，这种属性的因果作用又引起身体和外界的变化。这种物理的相互作用实际上具有相同的点对点的对应结构。这种点对点的对应关系，在时间和空间上，内在于物理规律的结构之中。而"我们在将事物对象对象化的过程中碰到的事情是：我们把世界的一个区域或一个范围组合为一个统一体。要如此，必要的条件是拓展上述对应模式，即把简单的点对点关系……发展为更具体的、有等级结构的扇入（fan-ins）和扇出（fan-outs）关系。我前面所说的那类关系，即特征位包含着比简单的点对点对应关系更复杂的对应形式"①。这样的"打算"要起作用，有两个条件：①要有真实的具体个别的主体；②有能在不同的时间和地点把同一个对象识别出来的能力。

总体而言，史密斯的这个更为远大的'计算'新定义，"不仅包含意向性，而且力图将英美（哲学）观点与欧美（哲学）观点结合起来，不过，其观点（以及其写作风格）个性过于突出，一直以来都是斥者多而受者少，可见其说服力仍显不足。"②

第三节　广义计算主义：心灵建构论的解释

涉身认知通常被当作认知科学的替代选择，它被看作在许多方面具有优越性的学科。认知科学有一个界限不太明确的主题：认知过程是计算的。那么对于涉身认知来说，什么是新颖的？涉身认知突出认知过程中的"生物学事实"，强调认知系统在运作和实现过程中的媒介因素（身体）、非生物要素（技术—工具）以及环境条件（世界），这对于"计算"的理解，有什么是新颖之处？

一　涉身认知的研究方式

在过去的 30 年里，越来越多的研究者试图引导认知科学转向，这些研

---

① B. C. Smith, "Reply to Dennett", in H. Clapin（ed）, *Philosphy of Mental Representation*, p. 258.

② ［荷］彼得·阿德里安斯、［荷］约翰·范·本瑟姆主编：《爱思唯尔科学哲学手册：信息哲学》下册，殷杰、原志宏、刘扬弃译，北京师范大学出版社 2015 年版，第 910 页。

究者强调身体在认知中的作用，尽管对这种作用的描述过于笼统，但有一点是明确的，即认知科学要放弃心灵的计算概念。涉身认知有多种拒绝认知科学的方式，如格伦伯格认为心灵的计算理论无法解释语言理解，只能从生命体的涉身性理解语言而不是使用符号表征状态的计算操作；比尔否定了表征在认知中的作用，他认为生命体的神经系统、身体与环境的动态交互作用能够充分说明认知能力，表征并不是必要的假定；第三种方式是说明生命体与环境的特殊关系，认知系统的成分需要从生命体的大脑延展到世界中。这三种方式分别代表涉身认知研究的三个主要方向。

（1）从身体获取意义。最典型的是格伦伯格的"索引假说"，这个理论把人类对语言的理解分为三个步骤：第一步与心理表征的本质有关。人们理解的不是任意表述的符号与对象的关系，而是进行模态的心理表征，这种表征具有最初感知对象的知觉特征。第二步是考虑有知觉基础的表征，即格伦伯格所谓的"可供性"（affordances）。可供性是能为生命体所用的物体属性，物体能够根据生命体的身体类型提供各种用途。表征世界是用知觉设计的程式，从表征中提取的内容就是可供性的知识。第三步是描述语言怎样产生意义。他认为意义是涉身的，也就是说它是身体和知觉系统的生物机械作用的衍生品。

（2）无表征认知。运行老式蒸汽机需要精确地控制引擎发动的速度，拥有计算大脑的引擎也需要一种程序解决这个问题。智能引擎的这种程序从表征当前速度开始，与理想速度的表征进行比较，预测当前的速度是否需要加强或减弱，然后用计算确定如何调整引擎。这是一种理论上的解决方案，从实际的操作来看，齿轮将引擎连接到了竖式轴上，竖式轴的两臂端都有小球。当竖式轴加速旋转时，离心力将球带起，同时关闭了节流阀，进而减少了蒸汽进入引擎的数量。当蒸汽的数量减少时，引擎减慢，竖式轴速度降低，导致小球下降和节流阀门重开，允许了更多的蒸汽进入引擎，这反过来又增加了它的速度。该设备可以被校准来保持期望的引擎速度。第一种解决方案从计算入手，并使用规则和表征的概念。第二种方案使用数学方程模拟机制中某部分的变化，这些方程完整地描述机制的所有可能状态，构成了机制的动态系统模型。很明显，对控制机制的动态描述不同于表征的方式，表征计算的框架解释显然不适合机械调速器。当然，也不必强制性地把表征状态归于各种机制，机制并不需要使用表征状态。机制也无法像 CPU 一样读写符号，也没有存储缓冲器储存引擎速度的表征并与其他表征进行比较。但是，范·盖尔德（Van Gelder）想知道假如机械调速器比图灵机更适合作为认知的标志模型，那该怎么办？或者说，如果有某种更好的研究认知的方式，而这种方式采用了非计算的视角，作为动态系统建模的认知能力是否最好用与表征无关的方程解释？许多认知科学家都支持这种方案。

（3）延展认知。计算论者公开接受唯我论，主张大脑与身体、世界分离，它只从感觉系统接受信息。接受信息之后，大脑使用各种计算程序理解这些信息，输出观念和行为。在这种模式中，大脑是认知的中心，它的边界表明了思维的范围。涉身认知拒绝这种认知模式，在涉身认知中，大脑仍然在认知加工中扮演着重要的作用，但是它不能单独使用。延展认知主张认知过程在大脑之外发生。通常，有两种理解延展认知的方式：一是认知过程发生于大脑以外的其他部位；二是认知系统包括大脑之外的成分，认知只能在单系统的范围内发生，但是系统可以延展出大脑。比较这两种解释，第二种解释的争议相对较少。第二种延展认知面临的问题是：如何区分系统的因果作用及其构成成分，因为这种区分是不确定的。真正需要为之辩护的是系统的真正成分，而非那些对系统有用但不属于系统的成分。例如，克拉克与查默斯（Clark & Chagas）认为，老年痴呆症患者有用笔记本记事的习惯，在某种条件下，可以把笔记本看作患者记忆的组成成分。这些患者可能把笔记本当作他们的信念。根据这个观点，患者的认知系统就包括笔记本。但是，另一种选择是，我们可以认为并非大脑外在的"提示"，而是不属于认知系统的笔记本创造了个体的回忆。支持这种观点的事实是操作系统的反馈回路。例如，克拉克对涡轮发动机的讨论。如果他的设想正确，那么大脑与身体或环境交互作用时，认知发生延展；信息从大脑流向身体或环境，然后又返回大脑，在这个过程中，每部分的回路都对其他部分的回路产生影响，由此形成了大脑与身体及世界的相互交互作用。

这三种涉身认知研究都有其自身的假定，"从身体获取意义"的研究假定是"概念化"；"无表征的认知"的研究假定是"替代性"；"延展认知"的假定是"构成性"。①概念化，即生命体的身体属性制约其所能接受的概念类型，也就是说，生命体通过他的身体理解世界获得概念，不同的生命体理解世界的方式也不尽相同。②替代性，即身体与环境的交互作用替代了表征过程，因此认知不取决于对符号表征的计算，它可以在无表征状态的系统中发生，并且不需要用计算和表征解释。③构成性，即身体在认知过程中既有因果作用也有构成作用。身体不只是认知的原因，也是认知的构成成分。"概念化"与"替代性"假定试图取代认知科学。瓦雷拉、拉卡夫、约翰逊与格伦伯格等人在对颜色知觉、分类、语言理解问题的研究中使用了概念化的解释方式，而这些问题同样是认知科学研究的重点。那么，概念化的解释能否取代认知科学的解释？概念化有两个严重的缺陷：一是解释工具不具有普遍性；二是解释不具有普遍的可检验性。这两个因素致使概念化的方案必然失败。替代性的目标是用新的方法和概念替代认知科学的原有基础，替代性解释依据动态系统理论解释神经系统、身体与世界的交互作用。这种解释反对认知科学的理由是，生命体与世界的交互作用是持续性的，由于无法确定事件发生的具体时间，就无法用计算的方式描述认知过程。然而，替代性的解释范围是不确定的，这就意味着该方案不成立。"构成性"假定的目标不是取代认知科学，而是反对大脑中心主义，与前两种假定相比，"构成性"既保留了认知科学的核心假定又对其进行拓展，因而最有可能成为未来涉身认知研究的主要方向。

二　涉身认知科学的争论

涉身认知的核心原则是认知过程从神经、身体和环境因素的交互作用中突现。随着神经和行为过程越过大脑和身体的界限、不同的时间尺度产生具体影响，脑、身体和环境被视为相互地、动态地耦合。克拉克把这种复杂的交互作用称为"持续性的互惠因果关系"，不同子系统之间的耦合导致与性质相关的新结构突现。神经、身体和环境交互作用的分布式本质，使许多研究者不再重视，甚至想放弃认知科学的一些基本概念，例如心灵的计算本质。涉身系统也不再按照"感觉—思考—行为"的方案组织内部世界模型，而是直接通过与真实世界的交互作用产生认知能力。对于是否要放弃所有以符号或神经为基础的内部模型是一个备受争议的问题。考虑到内部模型在运动控制、计划、语言和符号行为的作用，主流的观点都强调脑和身体的动态耦合。这样的考虑引发传统认知科学内部的许多哲学的讨论，例如心灵的模块化、心理表征及先天论问题。

（1）在模块化问题上，吉布森（Glenberg）、博尔吉（Borghi）和凯斯卡（Kaschak）的研究表明，涉身经验的实证研究结果背离了主张认知加工纯粹发生于模块化的大脑中，通过本质上独立于运动规划和运动执行操作完成事务的传统观点，视觉和行为之间的明显区分是传统的认知模块化解释的一部分，这种区分受到涉身经验研究的挑战。

（2）在心理表征问题上，传统的观点认为语言、概念的形成和记忆中的内部表征本质上与那些感觉运动的系统的加工不同，而且它们的意义与身体经验是相分离的，然而动态系统理论在机器人学和人工生命研究中的运用证明，只要一个处于情景中的生物能感觉到它的世界以致允许它的身体直接受到影响，就可以免除抽象的符号描述。

（3）在先天论的问题上，涉身认知强调认知加工和发展深受活动中起作用的身体和环境变化的影响。在活动中起作用的身体是对生物体如何构想它们的适当位置的一个有力的约束，因为这个限制允许交互作用和经验对概念形成与理解语言意义产生作用，一些实证研究表明非神经结构不只是认知的次要资源，反而在许多方面培养、组成与决定习得和特定心理能力的发展，包括那些在语言和知觉加工中的自发反应。

涉身认知虽然背离标准认知科学，但都致力于回答"思考事物"意味着什么？"这个根本问题，所采用的手段都集中于心灵哲学、有关论证有效性的逻辑问题、有关检验假设的方法论问题，以及心理学、机器人学及动态系统理论中的科学研究，这些过去所关注的传统方法。

在涉身认知的研究中有一些共同的发展趋势：（1）将交互主义和动态主义视为涉身认知的核心假设，不局部地强调涉身性，即使身体使交互作用成为可能；（2）依赖于身体的动态交互作用不只是物理的交互作用，还是社会的交互作用；（3）对交互作用的强调把感觉运动引向认知研究的中心；（4）高级认知被视为构造限制条件和许可条件的基本集；（5）抛弃"认知的三明治结构"，明确了知觉是自主的（生成的），行为以知觉为导向；（6）适用的解释需要同步的科学理解神经、身体和环境因素实时的彼此相互作用逐渐达成共识；（7）把认知视为由分布式单元的局部活动产生的一种具现的、自组织现象方面是一致的；总体计划不是必需的，并且在控制每一件事聚合的系统中没有单一位置；（8）这种方法的交互主义也包含一个延展的、情景的认知观念；使这种观点具体化的明确方式是通过表达分析的单元是连同标准环境的系统，而不是孤立的系统；（9）这组基本假设意味着需要转换研究问题：依据一个自然的、生态的环境，应研究什么发生转换；（10）建模和模拟的形式工具箱已经革新；（11）神经生物学的可理解性是一个必须的条件，在力量的配置和转矩中尽可能关注身体细节。此外，如何感受过程，现象学构成部分待解释的事物，解释物。

然而，这个共同假设的基本集并非没有问题。例如，一个概述的方法提供了一种科学解释的视觉概念。解释能归结为对一个延展系统能随时感受变化范围的数学描述吗？耦合系统的状态空间特征怎样与它的机械成分相关；成分的因果交互作用与信息交互作用一样吗？涉身认知科学如何与引起更高层次认知行为的感觉运动协调的内部机制解释相关？此外，更让人困惑的是"涉身认知"无法放在一个单一的、统一的心灵概念之上。

三　广义计算主义

环境特征在决定自主体的心灵本质中的作用是否至关重要？一种回答是，自主体与世界有原因地交互作用，通过意识获取有关世界的信息，并且他们的心灵尤其是思想部分地由世界的特征所决定。因此，世界是自主体的思想和心灵的决定因素。也就是说，世界是形成心灵内容的原因，也是感知和思考的动因。这种回答只是表明我们的心灵内容并没有与世界隔离。更深层的问题是自主体的心灵本质是否取决于个体的世界？个体主义认为个体在世界中的差异引起内在的相应变化，反个体主义则认为个体在内在本质一致的情况下，心理状态的内容仍有可能不一致。假定内容各异的心理状态事实上分属不同的类型，这将意味着个体的本质属性不取决于心理状态。这就给我们提供了另一种区分个体主义（内在主义）与反个体主义（外在主义）的方式。这样一来，争论的问题也就转变为：个体边界内的事物是否在形而上学的层面上决定着心理状态的本质？实际上，个体化限定论题不同于因果限定论题，它表达的是对心理状态本质的看法，尽管心理状态的因果限定依据的是世界状态，但它们不受个体外在世界特征的约束。个体主义意指所有内在方面完全相同的两个个体有同样的心理状态。普特南在讨论自然语言的意义时表明，"意义"不能同时满足两种论题，一是词语的意义决定指称；二是意义"在头部"。这两种论题都是典型的描述性指称理论，表达的是词语的指称取决于说话者对它的描述，弗雷格与罗素最早表述了这种理论。这种理论受到了克里普克（S. kripke）和普特南（putnan）的批评，克里普克攻击专名的描述指称论的预设，普特南批判自然类的词语。他们提出的替代方案是一种因果指称理论。普特南用"孪生地球"的思想实验反对来自卡尔那普的方法论唯我论，他主张把词语及其在大脑内的语义关系，从词语到思想的推理扩展到否定心灵的个体主义。与普特南的反个体主义立场类似的还有伯奇。他们之间的区别在于，普特南的反个体主义观点是一种物理外在主义的形式，而伯奇的反个体主义观点是一种社会外在主义的形式。

福多沿用了普特南的"方法论唯我论"这个术语，并竭力为其辩护。他把方法论唯我论看作一种只研究窄心理状态的心理学学说。福多依据语言学中的乔姆斯基革命以及心理学中的计算革命，把方法论唯我论视为研究心理状态的最佳方法。要是心理状态由计算规则控制，那么认知科学的任务就是指定这些规则；只要心理状态是计算的，个体的心理本质就与物理或社会环境无关。认知科学的另一种个体论形式是斯蒂克（Stich）的自治原则，它变更了定义个体主义的标准方法。这种原则认为"心理学家应当考虑的（心理）状态和过程，是那些随附于生命体当下的、内在的物理状态。"斯蒂克所使用的随附性（supervenience）概念用更严格的方式指定形而上学层面的限定类型。根据这种限定，一组属性 S（随附属性）随附于另一组属性 B（基本属性）的条件是两组属性必须完全一致。使用这种限定方式有两方面的原因，一是随附性表示了物理主义的思想，并且物理主义与个体主义之间存在一定的关联；二是普特南与伯奇在论证中所使用的"分身"依据的就是随附性的设想，这种构想已成为表述个体主义的最典型的方式。福多与斯蒂克的认知科学思想的共同点在于：暂不考虑心理状态在大脑外环境中的情况。他们主要关注心理学中与个体主义相关的解释实践，使用各自的原则研究心理学与认知科学的范围和方法。威尔逊（Wilson）认为个体主义只是认知科学的一种"姿态"，因为它还未具体应用于经验实践，但这并不意味着讨论这个"姿态"毫无意义。虽然福多的观点并未获得普遍的支持，但却引起了许多人的共鸣，毕竟认知科学的研究传统内含个体主义。认知科学中明确支持个体主义的有乔姆斯基、杰肯道夫、科斯米德斯和托比。个体主义对认知科学实践的作用在于它与心灵的表征理论的关系，个体主义的心理表征认为我们与世界在知觉与行为上的交互作用，是通过内在心理表征世界如何影响知觉，或表征世界如何指示行为。倘若生命体适当的、内在的表征状态是固定的，那么生命体与其环境次要的因果关系就与认知无关，因为这样的因果关系影响认知的唯一方式是改变表示环境的内在表征。

个体主义与物理主义及功能主义都有关联。个体主义与物理主义的关系主要体现在，个体主义蕴含个体的心理差异与内在物理状态一致的思想。在物理主义的立场上，个体主义认为只有对心理解释进行最低限度的限定，心灵才能通过因果力分类实体。个体主义与功能主义的关系体现在功能主义假定了因果作用是个体化的。在认知科学中对因果作用的理解主要有两种基本形式：一是依据计算概念；二是根据分析性分解作用的思想。因果力在科学中的主要应用是科学分类。一般情况下的科学分类属于广义的个体主义，它借助因果力对科学假定和发现的实体进行分类。心理学与认知科学中的分类也遵循因果力的原则。由于任何因果力都随附于事物内在的物理属性，因此科学分类与心理分类都是个体主义的。然而，问题是如何说明这个论证的前提为真，即什么是一般化的科学分类？哲学心理学中的实践表明大部分科学分类并不使用因果力，因此不能在"因果力"的扩展意义上简单地规定科学中的个体化依据的是"因果力"。那么，物理主义与个体主义的这种假定的关系是什么？如果拒绝个体主义意味着要否定物理主义，外在主义该如何选择？事实上，外在主义并不关注唯物主义中的形而上学概念，有的时候它们甚至反对物理主义。最突出的例子是伯奇对个体主义心灵观含义的讨论，他认为拒绝个体主义就是抛弃类型同一论与符号同一论的心灵观，而这两种观点是唯物主义的主要形式。对唯物主义中的形而上学概念讨论不足的是"实现"概念。尽管它通常把唯物主义表达为：所有的心理状态都作为物理状态实现，并且把所有物理状态都看作大脑的状态，但是却很少有人讨论这种实现关系的属性以及实现状态的属性。这就给外在主义带来了一个问题，因为标准的实现观倾向于个体主义。按照标准的实现观，实现者在形而上学上足够实现它的对象，而且它是由具有实现属性的个体组成的。外在主义的解决途径应该是否定标准实现论的第二个关联，为心理状态的"广义实现"

创造空间。个体主义支持心灵的计算和表征理论，因此在认知科学中有广泛的影响，但是用个体主义的方式解释认知科学的知识论基础更像是一种"姿态"而不是一种证据。从广义计算主义的思想中，有可能找到可行的思路。

广义计算主义的基本思想是：人能够嵌入信息丰富而复杂的环境中，大脑中的计算也是其中的一部分，但是它并不代表完全的计算系统。计算单元既包括大脑中的计算，也包括大脑外的环境。因此，广义计算系统涉及的心灵从颅骨延展到世界中。广义计算主义通过区分"位置上的"与"分类的"心理状态概念使计算主义脱离个体主义。个体主义与外在主义的区分通常表现为如何对心理状态进行分类（或个体化），但是两者都假定心理状态是在"位置上个体化"，即它们都位于生命体的包膜上。对于这个假定，两者的分歧在于心理状态在"位置上的个体化"是否意味着心理状态也必须在分类上个体化。然而，广义计算主义认为构成计算系统的心理状态并不位于个体的头部而是在环境中，从而否定了位置上的个体主义。广义计算主义有两个重要的特征：（1）使用形式化（或计算）的方式描述生命体的环境，大脑成为统一计算系统的一部分。如果关于大脑的假定不成立，广义计算主义就是不合理的。（2）这个心灵—世界的计算系统不只是大脑的一部分，它本身就是可认知的。如果没有这条假定，广义计算主义就无法划分可计算的世界，这个主张并不打算告诉我们认知在大脑中的真实情况，只是试图对大脑中的认知问题做出答复。威尔逊在马尔（Marcel）的视觉理论中检验他提出的"可再利用的"表征与计算概念的合理性。他认为马尔所用的是"可编码的"计算与表征观，而非"可再利用的"观点。马尔的视觉理论假定了一个在位置上个体化的计算系统，它以早期的视觉神经通路作为计算的起点，这些通路对方向、空间频率、对比度与空间相位的敏感度各异。威尔逊认为任何视觉情景都可以分解为这四种属性，计算系统只有延展到世界中才能通过因果作用，促使视觉通道借助转换规则模拟外来的刺激，而不是简单地在视觉神经通路中编码这些属性，把大脑中的部分知觉形式当作可利用的世界的形式属性。广义计算主义的难题是马尔的"空间一致性假定"与"立体视觉假定"，这两个假定从物理上限定了如何反映世界的结构。威尔逊的策略是延展马尔视觉理论的时间纬度，致使早期的基本视觉作用从世界中产生而非大脑中。

基于广义计算主义的是一种广义心理学，它代表的是例示外在主义认知观的非计算主义认知方法。这种新的认知观，以对称的方式看待大脑之内与之外的东西，主张计算不完全发生在大脑之内。

第四节　出路：重新审视计算与认知

在过去的几个世纪，人们把心灵／大脑比作各种不同的机器，但后来都被视为不当类比。哲学中的实在论与建构主义的分裂造成了在解释大脑／身体中为何有可能产生现象意识时，所面临的巨大困难。心灵—大脑联系无法回答这个问题，这些联系通常以概念化的方式存在，但是从建构论观点来看，这些概念会受到质疑，因为建构论认为，假设存在心灵或者心理表征本身就是不合理的，而这些考虑直接影响着我们对"计算"概念的理解。

以下我们将通过探讨计算、信息与认知的哲学问题，从涉身认知的非计算方案转向计算方案。具体从三个方面展开论述：我们将从三个方面探讨计算、信息与认知的哲学问题。一是坚持计算认知的解释模式，认知仍旧是计算，但不是狭义的计算，我们将采用一种广义计算的策略，扩大计算认知的适用范围；其次，重新定义计算认知的内涵，扩展认知的定义，认知被看作是一种信息加工，同时我们将转变信息的观念，从表征主义信息观转向生态主义信息观，为进一步探索自然计算奠定理论基础；最后，为应对各种挑战和危机，我们提出自然计算的探索性方案，并提出具体的理论模型——连续计算模型，最终由图灵计算转向自然计算，由离散计算转向连续计算。

经典计算主义研究纲领在与涉身认知纲领的竞争中，尽管受到了极大冲击，但没有被打垮，经典计算主义优势仍然明显。所以，继续坚持计算认知的观点是必要的，但是，经典计算主义研究纲领存在一定的局限性。为此，我们将从两个角度重新审视计算认知问题，一是哲学角度，我们拒绝从本体论角度考虑计算，而是将其作为方法的本体；二是从科学哲学的角度审视计算认知的理论进步性及其局限性。随后我们将扩大计算认知系统的定义，将其由狭义的个体主义扩展到广义的计算认知系统——"个体＋环境"。采取这种广义计算的策略，将为我们进一步的研究提供新的导向。

一　来自哲学的重新审视

众所周知，由图灵设计的计算机在实际应用上的成功推动了认识论上的革命，由此催生了经典计算主义。

首先是经典计算主义。无论是从本体论上，还是从方法论上计算主义都表现强势。就认识论而言，经典计算主义主张认知就是计算，而在本体论上，将计算等同于实在，将其看作是世界的本质。例如，有学者主张"世界本身是一台大计算机""计算支配着物质世界和精神世界的一切方面""计算是一个适合所有科学和哲学领域的'超范式'"，等等①，这是一种极为大胆新颖的预设，但是，单就从技术角度的考虑，传统图灵计算困难重重，例如，基于不完全性定理以及"中文屋"论证所揭示的困难，可以表明计算之于认知而言并不充分，这就很难让我们再扩展到更大的领域了。因此，经典计算主义的某些主张及其能够提供的证据尚不足以支撑起这样的本体论预设，其论证过程过于简单，其结论显得相当牵强，由于不适当地从局部到全局的扩大，造成了某些概念和逻辑上的混乱。

其次是量子理论问题。"量子力学告诉我们传统意义上的实体概念消失了，取而代之的是以模拟或结构所表示的信息和计算过程，而在解释和预言物质世界的现象方面，它是迄今为止最成功的科学理论。"② 这种说法将对象本身和对象描述混为一谈。在量子力学中消失的是原有的实体概念，而不是对象本身，描述方式改变了，描述对象并没有因此而改变。

因此，可以看出，计算作为世界本体论是无法成立的，计算作为心灵的本体论尚未得到充分论证，但是计算作为一种方法本体是可行的，我们可以用计算描述心灵、世界等。由此，在某种程度上我们可以将计算作为一种方法论，它为我们描述、认识世界提供了指导性意见。

二　来自科学哲学的重新审视

我们将从科学哲学上有关理论进步的角度审视计算认知问题，通过这种

---

① 郦全民：《用计算的观点看世界》，中山大学出版社 2009 年版，第 20—28 页。
② 郦全民：《计算与实在——当代计算主义思潮剖析》，《哲学研究》2006 年第 3 期，第 85 页。

审视我们将进一步确定继续坚持计算认知的理由。我们认为，继续坚持经典计算主义的理由集中于两个方面：一方面，经典计算主义取得的巨大成就，这是有目共睹的，在此我们不再详述；另一方面，相对于涉身认知，在竞争过程中计算认知表现出更多的竞争优势。根据科学哲学中理论进步的观点，理论的竞争力至少表现为理论的解释力，解释力强的理论在竞争中更具优势。经典计算主义在与"概念化""替代""构成"的竞争中占据了更多的优势。

理论的竞争力至少表现为它能够给出其他理论能够给出的解释。

对于涉身认知科学而言，"概念化"假设的目标是表明认知有机体的身体是如何决定、限制或者约束其对世界的设想的，根据我们在第二章的分析可知，"概念化"假设带有明显的反计算或者非计算性质，它与经典计算主义之间是一种竞争关系。"概念化"假设主张经典计算主义失败的原因就在于它没有将符号表征建立在身体之上，或者说经典计算主义不能给出"概念化"能够给出的解释。例如，哥伦伯格认知依赖于出现在知觉系统中的符号再创造以及这类符号模态，但是，由此，我们能够说经典计算主义诉诸的非模态符号缺少或没有知觉的渊源吗？经典计算主义同样可以追溯非模态符号的知觉渊源，而且"概念化"假设的支持者并没有给出经典计算主义不能这样做的理由。

事实上，经典计算主义并没有完全坚持一种认知上的唯我论的主张，在实际的应用过程中它确实考虑到了非脑或颅外对象的重要性，并且给予了相应的角色地位。例如，在中间神经元时间差问题上，声音定位于两耳之间，所以声音定位的计算解释必然包含对两耳之间距离的表征。因此，把经典计算主义完全设想为一种认知上的唯我论而不重视身体以及环境的作用，不过是一种被笛卡尔主义迷昏头脑的"臆测"。

除此之外，理论上的进步或取代还表现为能够给出原有理论不能给出的解释。

经典计算所使用的概念都属于经验校验之后的结果，因此，对于经典计算主义取得的成功我们不能表示怀疑，而且经典计算主义已经审核了我们对认知的理解，语言、知觉、记忆、问题求解等认知主题都能被统一于经典计算主义设计的概念框架之下，基于规则和表征的计算描述能够给出行之有效的解释，更重要的是，"概念化"所余下的部分也能被经典计算主义很好地解决，人们绝不会为了一些不确定的东西而要抛弃被考验证明是好的东西。因此，无论是从深度上，还是从广度上，都是过去同样的科学努力不能企及的，所以继续坚持经典计算主义的概念基础——计算——是合理的。

相比于此，"概念化"能否达到经典计算主义的成就，能否给出经典计算主义能够给出的解释，仍旧是一个未知数，特别是其解释所诉诸的那些术语，往往呈现出一种不确定的状态。例如，感知、行动、隐喻、供给量、啮合，这些处于不确定状态的术语的使用不仅于认知的解释难以达到经典计算主义的高度，反而进一步增加了认知的神秘性，认知变得更加模糊、笼统，缺少科学解释应有的精确性、准确性，而且还抛弃了科学理论应有的"主体间性"，导致对话交流上的困难，单就这样多的认知研究进路而言，就足以表明其对话交流上的困难，而且莱考夫等人主张的"球形生命"，存在实际检验上的困难，我们很难从现实中发现这样的生命，而解释清楚"概念化"内涵——身体限制、约束，甚至决定了认知有机体能够设想的世界，检验类似"球形生命"这样的认知有机体是在所难免的，但这却又存在实际操作上的困难，所以就科学理论的可检验性而言，就目前的情况，经典计算主义较之"概念化"有着明显的优势。在与"概念化"假设的竞争中，经典计算主义不仅仅表现出理论上的进步，而且还表现出实际的进步。

在这个问题上，"替代"假设相对于"概念化"假设更具竞争优势，它诉诸动力系统理论，布鲁克斯（R. Brooks）基于涉身性和情境下设计的机器人"艾伦"，可以在无须表征的情况下展示出某些智能行为，同时，将认知看作是涌现自脑、身体以及环境之间的持续交互作用，并且充分考虑到了认知过程中的时间因素，展示出了"替代"假设的优势。但是，这种优势只能转化为局部的胜利，却不能转化为全局的胜利。例如，在"表征—饥饿"（representation-hungry）类问题上绝不可能在没有表征的情况下完成，特别是对那些反事实、抽象的对象的解释。因此，"替代"仅仅是取得了局部的胜利。夏皮罗（L. Shapiro）认为，而且经典计算主义的支持者们无须失望地接受"替代"假设。确切地说，"替代"解释"应该作为认知科学家工具箱中的一件新装备而受到欢迎。它将认知科学范围拓展到在某些情况中显得很棘手的现象，或在其他情况下扩展了现有解释"①，甚至可能在表征—饥饿问题的解释中起到一定作用，有机体与环境的动态交互作用简化了问题的表征需求。因此，"尽管这个问题仍然是表征—饥饿的，但它不再是表征—饿死（representation-starving）的"②。

而"构成"假设和经典计算主义并不存在竞争关系。虽然"构成"假设扩大的认知系统的范围，但是，诚如在"概念化"中我们展示的那样，经典计算主义没有否认非脑或颅外对象在认知中的作用，而且更为重要的是"构成"导致的"乌合之众"难题能够在经典计算主义的框架内完成，在某种意义上我们可以说"构成"假设统一于经典计算主义。

总之，从科学哲学中理论进步的角度讲，涉身认知科学并没有表现出足以完全替代经典计算主义的实力。"概念化"假设在竞争中失败了，无论是从科学理论的解释力，还是从科学理论的可检验性上讲，经典计算主义较之涉身认知科学"更胜一筹"；"替代"假设也仅仅是取得了局部的"胜利"，而这种"胜利"却有可能被经典计算主义"坐享其成"，它留给了经典计算主义可资利用的解释资源；"构成"更是和经典计算主义"打成一片"。因此，考虑到竞争上的优势，我们认为我们有理由继续坚持经典计算主义。

但是，经典计算主义也有其自身的局限和不足，这些不足反应在理论进步上集中表现为：经典计算主义和"替代"假设之间的竞争。在第三章中我们已经明确"替代"假设在某些领域或者在一定程度上取得了成功，即根据"替代"假设设计智能机器人是可行的，例如，布鲁克斯依据涉身性和情境性设计的机器人"艾伦"，在整个系统中，各个部分交互作用联合成一个有序的、有组织的行为模式，机器人的认知活动直接跟其行为联系起来，行为直接参与认知活动，而无须借助表征，或许确实存在较之使用表征更好的解释，而这是经典计算主义无法提供的。因此，虽然，"替代"假设仅仅是获得了局部的成功，但是，我们决不能否定其理论上进步的一面，所以从理论进步的角度讲，经典计算主义尚有待于完善之处。

我们认为，虽然导致这种竞争中处于劣势的原因可能是多方面的，但是

---

① ［美］劳伦斯·夏皮罗：《具身认知》，李恒威、董达译，华夏出版社 2014 年版，第 233 页。
② ［美］劳伦斯·夏皮罗：《具身认知》，李恒威、董达译，华夏出版社 2014 年版，第 233 页。

主要是由经典计算主义对"计算"的概念的解读决定的，经典计算主义把计算解读为"图灵计算"，即"应用形式规则，对（未加解释的）符号进行形式操作"[①]，这种"未加解释的"符号操作，也可以解释为基于规则的纯粹形式符号操作，而这样的定义是一种狭义的定义。

20 世纪 80 年代以后，随着量子理论、人工生命以及元胞自动机理论等理论、学科的产生、发展，认知计算思想开始广泛应用于生命科学领域。计算的内涵和外延已经发生了变化。

史密斯认为，新时期的计算并非仅仅是一种图灵计算，他综合了七种可能的计算概念：形式符号操作（formal symbol manipulation）、能行可计算性（effective computability）、算法执行（execution of an algorithm）、数值态机器（digital state machine）、函数运算（calculation of a function）、信息处理（information processing）、物理符号系统（physical symbol systems）。而美国计算机科学家魏格纳（P. Wegner）认为计算还应包括发生在环境中的相互作用。

总之，在实际的科学活动中或者理论探索过程中，对计算的解读已经不再局限于图灵计算，图灵计算只不过是对计算的一种狭义的解读，而这种狭义性决定了图灵计算的局限性。这种局限性表现之一就是形式化，或者说表征。计算机在进行工作之前需要对所有的东西形式化，对用于计算的对象抽象化、形式化，否则就无法进行计算过程。再者，是对于问题求解过程中算法的要求，其暴露的问题在不完全性定理和"中文屋"论证中已经给予了详细的论述，而这一切都源自于图灵计算，也就是对计算的狭义定义。

因此，我们需要转变或是扩展计算的定义，由狭义的计算转向广义的计算。

三　新的认知策略：广义计算

在上文中我们已经确定狭义的计算是指图灵计算，那么，相对的，广义的计算又指什么呢？我们可以从经典计算主义在心理学上的应用表现探索广义计算的概念，威尔逊在这方面做了大量的工作，值得我们学习、借鉴。

[①]　［英］玛格丽特·博登主编：《人工智能哲学》，刘西瑞等译，上海译文出版社 2001 年版，第 5 页。

　　威尔逊认为，心理学上的计算主义是一种个体主义，它被称之为"狭义的计算主义"。这种"狭义的计算主义"假定，认知过程就是计算过程，计算过程随附于个体固有的物理状态。那么，我们就可以得出这样的结论：认知过程只能随附于个体固有的物理状态。[①] 这一论证不存在逻辑上的问题。但是，在这一论证过程中，前提"计算状态和过程随附于个体固有的物理状态"是值得怀疑的；如果认知等同于计算，计算状态和过程未必随附于个体固有的物理状态，它或许随附于更大认知系统，这样的认知系统极有可能超出了以个体设定的界限。如果计算过程和状态随附于这样的计算认知系统，那么，我们就有理由从狭义的计算扩大为广义的计算。

　　目前，我们的问题有两个：

　　1. "计算状态和过程随附于个体固有的物理状态"这一观点是否成立？

　　2. 如果这一观点不成立，那么，计算状态和过程随附于更大的计算认知系统是否可能？

　　现在让我们首先来讨论第一个问题："计算状态和过程随附于个体固有的物理状态"这一观点是否成立？

　　经典计算主义的认知理解模式最基本的前提是实现对象的形式化，也就是实现对参与认知的所有过程、所有状态在计算上的量化。当我们由一种自然状态转换为计算状态的时候，将不仅仅是个体主义的，环境因素将不可避免的参与进来。例如，听觉计算理论，两耳之间的"距离"不可避免地要成为表征的对象，它需要以计算的方式来描述。

　　如果环境因素也能够以计算的方式加以描述，甚至环境和认知有机体之间发生的因果关系也可以用计算描述，那么，这一过程——始于环境，终于有机体——可以看作计算过程，这样的认知系统将是一种广义的计算认知系统，计算状态和过程就是随附于这样的计算认知系统，即"个体＋环境"。

　　威尔逊认为，这就意味着计算状态和过程超出了个体的界限，所以计算状态和过程随附的认知系统也不能实体化为某个个体。它只能实体化为"个体＋环境"，而计算状态和过程将随附于"个体＋环境"的认知系统。因此，计算状态和过程并非如"个体主义"所言随附于个体固有的物理状态，

---

① Wilson, R., "Wide Computationalism", *Mind*, 1994 (103): 352.

它将随附于一个超出个体界限的"个体 + 环境"的认知系统的物理状态。[①]计算状态和过程就是随附于这样的计算认知系统——"个体 + 环境",这样的认知系统将是非个体主义的。

事实上,当我们使用形式或计算的时候,其本身并不蕴含着个体主义,这意味着经典计算主义在心理学上的"个体主义"的破灭。

但是,个体主义者认为,"个体 + 环境"构建的认知系统并非是一个内部协调一致的认知系统,而唯有个体才能构成一个内部协调一致的认知系统,而且它是能够实际应用的最大的协调一致的认知系统。[②]除非"个体 + 环境"的认知系统和"个体"认知系统拥有相同的符号结构并且执行相同的操作,并且这种还原或复制至少要达到分子水平上,才有理由认为"个体 + 环境"的系统是一个内部协调一致的认知系统,而这样做的最大问题是:又回到了个体主义。那么,这是否意味着广义计算是不可能的呢?

威尔逊认为,要解决广义计算认知系统的内部一致性问题,只需解决广义计算认知过程的可能性。如果广义计算认知过程是可能的,该广义计算认知系统自然是内部协调一致的,那么,广义计算过程是可能的吗?威尔逊的答案是肯定的。

威尔逊认为,在实际的计算过程中总是涉及数字存储的问题,要进行下一步计算的数字总是被存储在纸上,它超出了个体的界限。因此,就实际的问题求解过程并非完全发生在脑或颅内,至少有一部分——数字存储——发生于非脑或颅外对象之中,这就意味着广义计算过程是可能的。

事实上,表征的使用并不仅仅局限于数学领域,在其他领域同样存在表征概念。例如,知觉。首先,认知系统要接受来自环境的输入,而后对这些刺激进行加工处理,只有这样才能进入到下一阶段,做进一步加工处理。而当我们把一切过程赋予形式系统的时候,这些心理活动将是可计算的。

例如,知觉。知觉过程始于环境输入,我们可以将这种输入描述为某种"形式"或计算,用计算的方式描述知觉过程。那么,这就可以和某种计算认知系统联系起来,整个知觉过程的所有构成部分都将是广义计算认知系统

---

① Wilson, R., "Wide Computationalism", *Mind*, 1994 (103): 353.

② Wilson, R., "Wide Computationalism", *Mind*, 1994 (103): 353 – 354.

的构成部分，整个知觉过程（包括环境中的输入）都可以通过计算的方式描述。

总之，威尔逊认为，发生于广义计算认知系统中的计算认知过程是可能的，即广义计算认知过程是可能的，那么，我们就可以说广义计算认知系统——"个体＋环境"——其内部是协调一致的，而且这样的计算认知系统是不能完全还原为某个个体的，至少有一部分过程是由非脑或颅外对象参与的或者决定的。

至此，也回答了上述我们提出的两个问题，其答案是：计算过程和状态并非完全随附于个体固有的物理属性，事实上，它随附于某种广义计算认知系统——"个体＋环境"，而且这样的广义计算认知系统是可能的，因为发生于其内部的计算认知过程是可能的。

威尔逊认为，事实上，广义计算主义不仅仅是可能的，而且是合理的，这一结论来自认知心理学的见解。感知心理学家一部分任务是确定那些最基本的形式，并给出适用于这些形式的算法，实现对感知的充分解释。

例如，知觉。根据多重通道理论的解释，它是多重感知通道共同作用的结果，每一条通道都对应着特定的刺激，而认知有机体有一套对这样的刺激特别敏感的神经元，这些刺激可以被分解为正弦光栅，这些光栅相对来说是简单的，只有四个相关的参数：空间频率（spatial frequency）、对比度（contrast）、定位（orientation）、空间相位（spatial phase）。任何构成这些光栅的数字在形式上都是可确定的，即可以用上述四种参数来表示，甚至有人大胆提议：在与有机体相关的环境中的任何成分都可以分解为其光栅。如果事实确实如此，那么我们可以以此解释各种各样的知觉现象。计算认知过程已经跨域了以认知有机体设定的边界，它是广义的计算认知过程。[1]

而一项有关动物对空间、时间以及数量等概念的研究表明：没有充分的理由可以把动物的行为归于纯粹的感知模型，相反证据表明，这些动物能够对与其相关的环境建立起复杂的表征，并以此指导其行为，这些表征都是计算的，或者以计算形式出现的。例如，对于蚂蚁和蜜蜂而言，航位推测的计算过程看作是输出，而方位、飞行速度以及太阳方位角的表征看作是输入。

---

① Wilson, R. , "Wide Computationalism", *Mind*, 1994（103）：361.

可以说，与有机体相关的环境拥有确定的结构，而有机体对这样的结构异常敏感的事实表明，环境因素是其认知行为的核心部分。在这一项研究中，以计算的形式描述的那些特殊的环境属性是认知心理过程的核心部分。由此，威尔逊认为，动物的认知行为是一种计算表征过程，而且计算过程超出了个体的界限，它是一种广义的计算。

因此，广义计算不仅仅是可能的，而且是合理的，计算认知过程并不局限于脑或者颅内，它可以发生于非脑或者颅外的对象之中，而且从心理学以及动物学行为的研究中，也能够发现我们的心理活动以及动物的行为都可以用计算的方式来描述。

事实上，威尔逊在定义"广义计算主义"的时候，他所谓的"广义"并没有指向"计算"定义本身，而是指向了心理学上的个体主义，它是一种"笛卡尔式的计算主义"[1]，即把心灵和身体看作是两个独立的实体，心灵作为一种特殊的东西仅存在于脑或颅内，而与非脑或颅外对象无关，而我们的计算认知状态仅归因于此。但是，笛卡尔计算主义是一种典型未被确定和没有获得检验的计算主义，所以没有原则性的理由坚持心理学上的个体主义，把认知过程和状态看作是随附于个体固有的物理状态。广义计算主义的目的就是要打破这种长期以来的思维模式，把计算认知过程由脑或颅内扩大到非脑或颅外对象之中，而在这一步上它成功了，计算认知过程并非完全随附于个体固有的物理状态，而是随附于"个体＋环境"共同构建的广义计算认知系统。

但是，威尔逊对广义计算主义的主张却暗示了这样的观点，即广义的计算认知过程是一种信息加工。

因此，随附于"个体＋环境"的计算认知过程本质上是一种信息加工过程。这也是广义的计算认知过程较之图灵计算的最大不同，它不是对"未加解释"的符号进行形式操作（这是对图灵计算的经典描述），而是对含有信息的符号进行形式操作，所以广义的计算认知过程是一种信息加工过程。广义计算主义把计算认知过程定义为信息加工过程，为我们扩展计算的定义提供了策略上的指导。

---

[1]　Wilson, R., "Wide Computationalism", *Mind*, 1994（103）：351–372.

第五节 从"图灵计算"走向"自然计算"

以上所述，我们认为，摆脱经典计算主义所面临的困境，实现图灵计算向自然计算的转向可能是重要的突破口。

具体思路是：其一，提出某种"扩大"的计算模型，但我们的目的不是倡导放弃图灵机模型，而是考查这种模型的性质，图灵计算模型是相对于特定的应用领域，并且不适合在该领域之外使用。因此，需要审查图灵计算模型的假设和语境，并表明它不适合自然计算。其二，考虑包括"替代"（需要注意的是，我们必须小心谨慎地理解"替代"这个词）模型以及图灵计算的扩展定义。其三，探索一种替代图灵计算模型的计算模型，这种模型是非图灵计算模型，它能处理自然计算，我们将其称之为连续计算模型。布鲁斯（Bruce J. MacLennan）在自然计算问题上做了大量的工作，为我们接下来的论述提供了借鉴。

一 再论图灵计算的局限

我们已经探讨过图灵计算的局限性，指出这种局限是由哥德尔不完全性定理揭示，由"中文屋"论证进一步深化的，由此提出计算（图灵计算）之于认知是不充分的观点。进而主张由狭义的计算——图灵计算过渡到广义的计算——信息加工，并从信息科学哲学的角度进一步探索了图灵计算的局限性，将原因定义为：当以表征的方式审视信息的时候，信息会呈现出碎片化状态，而这样的信息是没有意义的，也就不能实现共享。可以说，这一论述从信息科学的角度揭示了图灵计算的局限。但是，为了我们将要进行的工作我们不得不重新回到图灵计算上来，如果上述论述可以称之为理论上的探讨，那么，我们接下来的工作可以称为应用上的探讨。

在应用问题上，图灵计算的局限性集中表现为应用范围的有限性。具体说来，图灵计算模型一旦脱离了其产生的语境就变得不适用，或者说图灵计算模型的应用范围是有限的。

布鲁斯（J. Bruce）认为，模型是一种解决问题的"理想化"或者"简化"的工具，它是相对于某一领域或者某一类问题而言的，在它所适用的领域内或者适用的问题上能够给出令人满意的答案。但是，超出这一领域或者面对非这一类的问题，它的能力将大大削弱，甚至无能为力。从计算概念和模型的历史背景看，就不难理解图灵计算模型的适用范围：它被开发用于在数学上的形式化的系统和程序中，它试图将数学简化到一个离散的形式系统。因此，图灵计算模型是通过适当的信息表征，实际上是数学或逻辑公式的理想化，而对这些表征进行操作的过程是形式数学证明和计算的理想化①。

如上文所述，模型是相对于一个关注的情境而展示其有效性的，尽管它们可能在其他情境中适用或者具有有效性，但是不能做如此假设，不能假定它们如此。此外，使用在其适当（但通常是不确定）域之外的模型可能会面临出错的风险。图灵计算模型对数学中形式主义的程序中的问题采用了理想化的假设，所以图灵计算的适用范围是有限的，当超出其理想化的适用范围就会出现问题，特别是在某些实际应用中，图灵计算模型面临着"英雄无用武之地"的尴尬。例如，图灵计算模型明显不适用于动力系统的描述，最为典型的如"瓦特离心调速器"。但是，图灵计算模型作为传统数字计算的模型已被证明是相当成功的。然而，由于我们需要将计算模型应用于更广泛的领域，例如，生物领域，并且人工智能研究尝试着设计由生物系统启发的算法、计算机和人工智能，而图灵计算局限于模型上的理想化，心有余而力不足，并不适用于自然计算的新领域。

总之，尽管图灵计算是有价值的，但它不适合于某些重要的应用，所以我们要扩展计算的定义。布鲁斯认为，可以尝试着从功能性角度探索计算的定义，而这最终将我们引向自然计算，也就是发生于自然中的计算或是由自然激发的计算，这些计算是连续的且通常情况下不是离散的，所以自然计算并不适合用图灵计算描述，它更适合于连续计算描述。接下来首先要考虑的是图灵计算的扩展定义。

"计算"最初是由图灵精确定义的，因此，提供一种"替代"定义意味着"非图灵计算"是一个矛盾的术语，这不是我们希望看到的，所以有必要讨论"计算"的定义。"计算"可以定义为狭义的计算和广义的计算，图灵机模型

---

① Bruce J. MacLennan, "Natural Computation and Non-Turing Models of Computation", *Theoretical Computer Science*, 2004 (317): 114.

理论上的成功和数字计算机应用上的成功鼓励了更窄的定义——图灵计算。事实上，把计算等同于图灵计算已经成为一种不成文的惯例。虽然这个定义有明显的精度优势，但也有比较明显的缺点，如上所述。

众所周知，计算至少可以划分为两类：数字计算（例如，计算器）和模拟计算（例如，缩放图），前者属于离散计算，后者属于连续计算。当然，也存在数字计算和模拟计算混合的计算。例如，在欧氏几何中"找到两条给定直线之间的平均比例"就利用了连续操作的离散步骤的混合算法。

事实上，离散计算和连续计算之间的对比与认识论中更深层的数学问题有关。在这里并不是要贬低数学，数学在自然计算中与其他科学和工程学科一样重要。然而，当我们戴上现代数学的眼镜时，很容易就看到离散这一"点"。

不可否认数学是一种精确的语言，但是洛文海—司寇仑定理和类似的结果暗示形式语法和推论的离散性可能限制了其适用范围或是应用范围，也就是说，数学只是一种适用性有限，主要用于一个物种（智人）的相对小的子集（科学家等）。然而，在许多自然系统中，精确度可能是不必要的，甚至是有害的，一般情况下自然中存在对生物有用的许多种类的信息，以及许多处理它的方式。也就是说，虽然数学的离散形式语言可能对于谈论自然计算有用，例如，相对于数学家而言，但是有很好的理由怀疑它是任何类似于自然计算的介质。

在20世纪中叶，许多科学家接受计算和信息处理作为理解自己学科中的现象的方法。值得注意的是，在认知科学中使用计算模型，但同时涉及语言学、社会学、遗传学和进化生物学等学科领域，特别是当我们处理自然现象时，计算被更好地视为正在完成什么，而不是如何完成。这些考虑推动了计算的功能性定义的探讨。

布鲁斯认为，就计算的功能性定义而言，存在着这样一种认识："计算是一个物理过程，其目的是对抽象对象的抽象操作"。[1]

从根本上讲，这一功能性定义属于图灵计算，或者说等价于图灵计算。

一个"抽象对象"即一个由它的形式属性定义的对象。这包括各种数

---

[1]　Bruce J. MacLennan, "Natural Computation and Non-Turing Models of Computation", *Theoretical Computer Science*, 2004（317）: 122.

字，当然还包括诸如序列、集合、关系、函数、曲线、字符串等。类似地，"抽象操作"包括将函数应用于它们的参数（例如，平方根）以及在抽象时间（例如，牛顿算法）中演进的过程。

然而，因为抽象对象不是物理存在的，所以操作必须间接地通过替代的物理操作来完成。也就是说，抽象的形式过程可以由具体的物理过程表示。

由于计算系统的功能是对抽象对象的抽象操作，如果该系统的功能也将由具有相同形式属性的不同物理替代的另一系统来实现，则该系统是计算的，也就是说，由于其功能是独立于其具体的物理实例化而实现的，它是抽象的、形式的，则它是可计算的。例如，如果相同的抽象量可以由电压或流体压力或具有相同形式性质的任何其他具体物理量来表示，而没有功能损失，则该系统是计算的。相反，消化系统却不是计算的，因为如果酶浓度被具有相同形式、相同性质的其他量（例如，电荷密度）替代，则它不会实现其功能，即其功能不能独立于其生物实例。

因此，类似这样的计算其应用范围是有限的，至少它难以进入到生物学领域，或者它不适用于生物学领域。上述定义的局限性，特别是它不适用于生物学领域问题或现象的解释，迫使我们转向其他的定义探索，而这种新探索的出发点之一就是弥补上述定义的不足，它将不仅仅适用于物理学领域，还将适用于生物学领域。

二　"自然计算"：一种可行的计算方案

为了弥补图灵计算的不足——适用范围的有限性，布鲁斯转向了包括生物学领域在内的、更大领域内的计算概念的探索，他将这种计算称之为"自然计算"（Natural Computation），布鲁斯对其做了明确的定义。

（一）自然计算的定义

自然计算和上述"定义1"一样，都属于一种功能性定义，不同之处在于它有更大的适用范围。根据布鲁斯的解释，所谓自然计算："自然计算是发生于自然或者由自然激发的计算。"①

---

① Bruce J. MacLennan, "Natural computation and Non-Turing Models of Computation", *Theoretical Computer Science*, 2004（317）：128.

事实上，自然计算无处不在，发生于脑中信息处理过程、发生于免疫系统中的信息处理过程，以及发生于自然选择中的信息处理过程等都属于自然计算。事实上，认知科学的整个学科都围绕着计算模型考虑问题。在所有这些情况下，科学工作者发现用计算去理解自然过程是富有成效的。因此，自然计算对其他科学贡献将是巨大的。它们在许多应用中的重要性已经通过其理解计算的技术价值而体现出来。这些非传统的计算范例在与自然系统最相似的应用中最相关，例如，自主机器人、实时控制系统和分布式智能系统等。

自然计算并非完全独立于图灵计算之外，或者说二者没有任何交集，事实上，自然计算在某些预设上借鉴了图灵计算的思想。

（二）自然计算的基本假设

根据布鲁斯的解释，自然计算建立在下列假设的基础上，其中部分借鉴了图灵计算的思想。

1. 自然计算系统必须是物理上可实现的[①]

布鲁斯认为，自然计算系统必须是物理上可实现的，所以其对物质和能量的使用必须是有限的，所有物理实例化的量必须是有限的。例如，噪声通常是高频的，这限制了高频端的带宽。

从中我们似乎看到了图灵计算的影子，图灵计算为之头疼的"停机问题"就源自"有限性"，这里的有限性特指算法操作的有限性，从输入到输出，整个过程不会是无限的，其必然是在经历过有限的操作步骤停下来。自然计算系统对物质和能量的使用也是有限的，那么，这是否意味着，当物质和能量"告罄"的时候，它也将面临"停机问题"呢？

2. 自然计算表现出一种句法形式，但并不是严格意义上的句法[②]

这就意味着计算是由表征的物理方面支配的，而不是它们可能应该有的任何意义支配的。在这个意义上，我们可以评论一个连续的形式系统。提出这个假设至少有两个原因。首先，在自然科学中使用计算模型的主要原因是

① Bruce J. MacLennan, "Natural computation and Non-Turing Models of Computation", *Theoretical Computer Science*, 2004（317）: 129.

② Bruce J. MacLennan, "Natural computation and Non-Turing Models of Computation", *Theoretical Computer Science*, 2004（317）: 130.

为了从科学解释中消除"机器中的鬼魂"。如果通过纯粹的机械过程我们能够解释一些行为或认知能力，那么我们有信心不陷入循环论证（例如，"小人论"，在认知主体脑中存在一个掌控其认知活动的"小人"，而这个"小人"极有可能被其"脑"中的"小人"掌控，如此无限循环），并把我们试图解释的事情看作理所当然。第二，为了设计自主的智能机器，我们必须要能够将自然计算简化到纯机械过程，即简化到我们可以设计和构建的系统中，否则无法参与应用的自然计算是没有意义的。

虽然，这是处于应用上的考虑，但是，这种考虑再一次把自然计算和图灵计算联系起来，而且在上述功能定义中，我们已经提到了类似的情况，抽象对象的抽象操作并不适用于自然现象的描述。这不得不让我们怀疑自然计算"替代"图灵计算的可能性。

3. 自然计算系统，只要它们是纯计算的，也表现出抽象的形式，即对抽象形式的表征及其形式关系的依赖①

布鲁斯认为，我们不能假设自然发生的信息处理系统是纯计算（特指图灵计算）的，因为自然通常是组合函数。事实上，在人工系统中我们也经常应用到组合函数，例如，欧氏几何。

然而，作为计算的自然计算是抽象形式的。因此，有限计算步骤的抽象序列的概念在自然计算中只是有限的使用，无论我们是处理离散还是连续时间过程，我们通常希望，至少在原则上，能够将这些与实时相关联。也就是说，我们将关注连续时间过程的速率，并且关注离散时间过程的步骤的持续时间的绝对范围。由于物理定律是连续的，通常输入、输出和状态空间应该被认为是连续的，并且信息处理应该被假定为实时连续的。

在此，我们暂时可以打消心中的疑虑了，虽然，自然计算借鉴了图灵计算的某些假设——物理实现、句法规则等，但是，它对这些假设的处理不同于图灵计算，图灵计算将其作为整个过程一再遵循的"金科玉律"，但是，自然计算只是在某个阶段或者某个特殊的部分借鉴了这些"金科玉律"，它只是部分的，而非整体的，其"整体"表现将是下面提及的两个假设。

---

① Bruce J. MacLennan, "Natural Computation and Non-Turing Models of Computation", *Theoretical Computer Science*, 2004 (317): 130.

4. 连续模型通常比离散模型更好地匹配自然现象①

在信息表征和处理过程中，自然计算假定噪声、误差等不确定性因素总是存在。因此，表征空间被视为是连续的，这就保证了在计算过程中不会出现"脆性响应"（brittle response），进而增强了"鲁棒性"（robustness）。另一方面，与图灵计算的典型的"有限但无界"表征相比较，自然计算中的输入、输出和其他表征具有固定的"大小"（例如，维度，物理范围，带宽），自然计算具有逐渐适应新颖性的能力，这意味着自然计算过程的物理表征至少部分是连续的，与此相反，数字计算机程序是有限的离散结构，基本不会产生适应新颖性的能力。

我们终于看到了自然计算不同于图灵计算的一面，它以连续的方式，而非离散的方式处理信息，后者是图灵计算的典型特征。

5. 自然计算是非终止的。

自然计算的连续性假设，必然会导致这样的结果，即自然计算是非终止的，这是自然计算最重要的假设之一。也就是说，自然计算系统与其环境持续相互作用，并且只有当系统（例如，生物体、群体）停止存在时，该相互作用才终止。因此，将自然计算看作是计算的一个函数（本质上是更适合于老式"批量"计算的模型，例如图灵计算模型）通常是无用的，它是一种实时控制的系统。因此，我们假设在一般情况下，有用的自然计算可能是非终止的。②

综上，自然计算的基本假设并不完全等同于图灵计算的基本假设，它借鉴了图灵计算的基本假设，主要是处于实际应用的考虑。在实际应用中必须是物理可实现的，而这必然要求规则化处理、形式化处理，这些都是图灵计算的典型特征，自然计算并没有丢弃这些传统特色。但是，自然计算对这些"特色"的使用是有限的，对于整个过程而言，它们只是部分的，它只是非终止的、连续计算过程的一部分，后者是自然计算最大的不同之处，非终止的、连续的将自然计算和图灵计算区分开来。

---

① Bruce J. MacLennan, "Natural computation and Non-Turing Models of Computation", *Theoretical Computer Science*, 2004（317）：128.

② Bruce J. MacLennan, "Natural Computation and Non-Turing Models of Computation", *Theoretical Computer Science*, 2004（317）：131.

但是，哪些方面是物理可实现的，哪些方面无须物理实现的，布鲁斯并没有给出界限的划分。国内部分学者有一种主张，即把能够归之于算法的交给算法来处理，不能由算法解决的交给自然机制来处理，倡导一种"算法＋自然机制"的认知研究模式。① 这一点是值得考虑的。如果这种理解模式考虑到计算的连续性问题，那么，我们同样可以将其归入到自然计算之中；如果是一种分离式的考虑，即把算法和自然机制等同于图灵计算和自然计算，仅把"自然机制"看作是自然计算，那么，自然计算所倡导的连续性仅仅发生于自然机制中，那么，这将是一种不同于自然计算的认知理解模式。我们更倾向于前者，从整体的角度，而不是以割裂的、部分的角度考虑自然计算的问题，因为在第二节中我们已经就信息问题做了明确的解释说明，信息是作为一种整体而有意义的，当其以一种破碎化的方式呈现时，是没有意义的，也就不能达到共享。因此，从整体主义的信息观——本质上是一种生态主义的信息观——角度考虑，我们更倾向于将自然计算解释为连续计算，将"算法＋自然机制"看作是一种自然计算的形式，"算法"和"自然机制"不过是整个计算过程的一部分而已，它们之间是相对独立的，但是，相对于自然计算，它们是统一的，统一于自然计算。

（三）自然计算的基本特征

自然计算有哪些基本特征呢？布鲁斯认为，自然计算存在以下几个方面的特征。

1. 实时响应

在自然计算中最基本的要求就是实时响应。例如，人类通常会在几分之一秒内响应感觉刺激，类似地，感觉运动协调也是实时发生的。因此，基本操作的速度是关键的。布鲁斯认为，产生逐渐接近答案的算法将比中间结果无用的算法更有用，因为如果实时考虑需要的话，前者将允许使用先前的结果。这样的算法对于预测过程而言是极为有利的，能够在其启动之前准备响应。②

---

① 刘晓力：《计算主义质疑》，《哲学研究》2003 年第 4 期，第 93 页。

② Bruce J. MacLennan，"Natural computation and Non-Turing Models of Computation"，*Theoretical Computer Science*，2004（317）：128.

　　基于传统图灵计算模型的算法分析面向的是渐近复杂性，即一些资源（通常是时间或空间）的利用随着输入的大小而增长。而这种分析在自然计算的语境中不太相关，因为输入的大小通常是固定的。例如，我们的视神经具有大约 100 万个神经纤维，传递几百赫兹的脉冲。这是我们的视觉系统必须处理的输入量。如果它可以在所需的实时约束中传递其结果，则其算法以 10 倍的输入数或 10 倍的脉冲速率执行是没有问题的。

　　与实时响应相关的反应速度和反应的一般性（generality）。虽然输入和输出的大小是固定的，但一个算法可能比另一个更好，如果它可以进行更少的实时地传递。另一个品质标准是反应的一般性。也就是说，虽然输入和输出大小和实时响应的限制是固定的，但是，可以通过增加其响应良好的输入来改进自然计算。①

　　2. 对新颖响应的灵活性

　　即在其输入、输出的界限内，一个计算系统可能比另一个计算系统能更好地响应新的输入。一种新颖的输入是没有经算法处理的输入，或者演化适应性之外的输入，它能导致自然出现的算法的演化。②

　　与此相关的是适应性的问题。由于自然环境是不可预测的和不断变化的，自然计算中的一个重要问题是系统是否能够适应变化的环境，以及它能够多快地适应，同时保留现有的功能。因此，布鲁斯认为，需要关注的是可以在不同时间尺度上做出改变的计算过程，所以可以比较自然计算系统的适应的质量、速度以及它们学习的稳定性。布鲁斯认为，这并不意味着所有自然计算都是自适应的，但是自然计算的模型应该容易适应。

　　3. 易破坏性

　　自然计算过程中存在大量不确定性因素，例如，噪音、误差、故障以及损坏等，对自然计算而言，能否承受这些不确定因素是非常重要的。例如，动物和自主机器人必须要能够利用非常嘈杂的输入。此外，自然计算本身是不精确的，例如，神经元具有许多噪声源并且它们的计算是不准确的。最

---

① Bruce J. MacLennan, "Natural Computation and Non-Turing Models of Computation", *Theoretical Computer Science*, 2004 (317): 128.

② Bruce J. MacLennan, "Natural computation and Non-Turing Models of Computation", *Theoretical Computer Science*, 2004 (317): 128.

后，由于自然世界是充满危险的，并且经常是敌对的，自然的计算系统可能被损坏，它们的行为在存在故障或其他错误源时应该是鲁棒的（强健的）。因此，自然计算系统必须对噪声、误差、故障和损害有免疫力，甚至利用它们的方式操作，例如，噪声在随机共振中被利用[①]。

总之，作为自然计算，它是实时响应的、能够对新颖的东西做出快速的适应，但是，它也非常容易受到一些不确定因素的"污染"，而这些也决定了其"不准确"的一面，也就是说，自然计算并不准确，这相对于图灵计算而言是一种劣势。

（四）连续计算模型

布鲁斯认为，适用于自然计算的模型只能是连续计算模型，而不可能是图灵计算模型。这样的模型具有明显的特点，具体表现为信息表征和信息处理两方面。布鲁斯将连续计算模型作为图灵计算模型的替代模型，因为它与大脑中的自然计算更相关，同时它与大型人工神经网络和大规模并行模拟计算机相关，此外，坚持计算的连续性还避免了脆性，并增强了鲁棒性和灵活性，所以在自然计算问题上，连续计算模型较之图灵计算模型更有优势。

1. 信息表征的连续性

布鲁斯认为，坚持信息表征的连续性的观点是必要的，因为大量证据表明，发生于大脑中神经活动使用了连续的表征。具体表现为：（1）脉冲是由微分方程定义的连续波形。（2）信息变量——速率和相位是以连续的方式编码的。（3）树突中的脉冲被分级并根据微分方程（电缆方程）进行时空相互作用。（4）突触效能是受体空间分布的复杂函数。因此，人工神经网络模型更适合于连续数学（实数、线性代数、导数、微分方程等）来描述。[②]

总之，根据连续性原则，我们假设所有的信息表征都是连续的。但是，我们不可否认连续量可以由离散量近似地表示，所以我们必须防止近似过程产生的建模伪像，特别是当我们考察计算的基本性质时——离散或是连续。

---

① Bruce J. MacLennan, "Natural Computation and Non-Turing Models of Computation", *Theoretical Computer Science*, 2004 (317): 128 – 129.

② Bruce J. MacLennan, "Natural Computation and Non-Turing Models of Computation", *Theoretical Computer Science*, 2004 (317): 131 – 132.

因此，布鲁斯认为，更直接和更安全的一种方法是：从一开始就使用连续模型。

2. 信息处理的连续性

布鲁斯认为，聚焦于连续信息处理有两点原因。

第一，大脑中的基础物理过程在相关的抽象层是连续的。例如，生物电传播和化学扩散过程是由微分方程定义。当然，可能发生突然事件，例如，神经元的激发，但是这些事件最好被看作只是近似离散的连续过程。神经元的激发可以由微分方程描述，例如，"霍奇金—赫克斯利方程"。即使当代数字计算机上模拟人工神经网络时，通常情况下程序近似执行一种连续数学过程。

第二，动物的大部分信息处理是连续的。例如，感觉运动协调是连续的实时过程，甚至许多更高级的认知过程也是通过连续操纵心理图像来实现。[①]

同时，连续计算模型带有明显的类规则行为。例如，我们可以在连续系统中刻画类规则行为。首先，基于规则的系统将有关情况划分为有限数量的类，每个类均由可应用的规则处理。其次，可用规则从情境中提取某些低维度索引信息（由规则中的变量表示），从而使情景特殊化。规则实际操作仅依赖于此索引信息和规则的内容。因此，如果它创建一个复杂的表征，那么所有的信息要么来自规则本身，要么来自低维索引信息的特定选择。从连续计算的角度来看，通过低维子空间，一条规则可投射一个复杂图像。此外，可以被分解成有限集的投射的任何函数将遵守有限的规则集合，即使实际的中间空间没有被物理地表征。也就是说，对于低维中间空间来说，即使物理计算没有以这种方式构造，系统也将看起来遵循了规则。也就是说，连续计算系统即使不是遵循规则的，看起来也是遵循规则的。[②]

这种类似规则行为的连续模型有几个优点。我们有一种从类规则行为中处理例外的方法。实际上，尽管中间信息通常可以限制在低维空间，但是它

①　Bruce J. MacLennan, "Natural Computation and Non-Turing Models of Computation", *Theoretical Computer Science*, 2004 (317): 133 – 134.

②　Bruce J. MacLennan, "Natural Computation and Non-Turing Models of Computation", *Theoretical Computer Science*, 2004 (317): 134 – 135.

有时在该空间之外，不过仍然在更大的、更高维的中间空间中。

　　更重要的是，这个模型表明了类似规则的行为是如何逐渐适应的。在离散计算系统中，基本适应要求删除或添加规则，这将导致行为的突然改变。然而，在连续系统中，通过逐渐适应，一些或全部投射可以先从子空间扩展到较大子集，然后收缩到不同的低维空间。从观察者角度看，系统将从类似规则的行为，通过一个中间的非类规则的阶段发展到似乎遵循不同规则的新阶段。

　　总之，连续计算模型是适用于自然计算的模型，信息表征的连续性以及信息处理的连续性很好地契合了自然计算的连续性、非终止性的特点，同时，连续计算模型并非完全脱离于规则之外，它具有类规则的属性，这就保证了它能够是物理上可实现的。

　　综上，我们终于实现了计算定义的扩展，由图灵计算扩展到自然计算，由离散计算扩展到连续计算。自然计算不同于传统的图灵计算，它发生于自然或由自然激发，更适合于描述发生于自然中的现象，具有图灵计算的某些一般特征，例如物理实现、形式化、抽象化等。同时，又具有图灵计算所没有的新的特征：自然计算是非终止的、连续的，所以最适合它的模型是连续计算模型，连续的信息表征、连续的信息处理。这使得它能够弥补图灵计算的缺陷。可以说，自然计算不仅仅能够适用于图灵计算能够适用的范围，并且避免图灵计算遭遇的困难，而且还能够适用于图灵计算不能适用的范围，扩大了计算适用的范围，这是计算认识上的巨大进步。

　　自然计算的提出有着积极的理论意义。事实上，自然计算并不是"非计算"，或许有人会将二者之间的关系解释为"替代"关系。但是，如果"替代"意味着抛弃，那么，我们更倾向于将其看作是"扩展"关系。因为根本上讲，自然计算并不完全排斥图灵计算，与其将自然计算看作是图灵机算的替代，不如将其看作是图灵计算的扩展，自然计算将适用于图灵计算能够适用的领域，而且还能适用于其不能适用的领域，自然计算将其由数学领域、物理领域扩大到包括数学领域、物理领域以及生物领域等在内的更大领域；自然计算包括了图灵计算，它揭示的东西更具根本性，计算本质上是一种信息加工，它对"计算"定义有更深刻的解释。

现在我们可以回过头来解释我们最初提出的那个问题：计算之于认知的不充分性。根据"中文屋"论证的解释，在图灵计算的语境下，无论进行怎样的形式符号操作都不可能产生"故事理解力"，其原因是以表征的方式审视信息会导致信息的碎片化，这样的信息是没有意义的、不能共享的，在此基础上进行的计算属于离散计算，而离散计算正是图灵计算的应用模型，所以无论进行怎样的形式符号操作，如果所使用的信息是无意义的，那么就不可能产生共享，也就不可能产生"故事的理解力"。因此，在图灵计算的语境下，计算之于认知并不充分。但是，自然计算的应用模型是连续计算，强调信息表征的连续性和信息处理的连续性，所以它所使用的信息都是整体的，而这样的信息是有意义的，能够实现内部共享。因此，在自然计算语境下能够产生"故事理解力"。这样，塞尔的挑战最终通过自然计算得到了有效的回应。

事实上，自然计算已经成为一个重要的关注领域，它审视并解决传统计算理论中的不能解决的问题，例如，停机问题。特别是自然计算的实时响应、灵活性、有效性和适应性使得连续计算模型更具吸引力，被广泛应用于各领域的研究。

（五）自然计算的应用范例：人工神经网络

自然计算应用的范围非常广泛，其中尤以人工神经网络最具代表性。

美国神经生理学家麦卡洛克和数学家皮茨尝试用逻辑的方式描述人脑神经元的活动，并设计了一个模型，即"麦卡洛克—皮茨模型"。

麦卡洛克和皮茨认为，神经活动具有"有或无"特性，这与数理逻辑中的"真或假"，逻辑代数中的"0 和 1"特性十分相似，因此，可以用数理逻辑来描述神经活动。[①] 任何神经元的活动都可以表示为一个命题，而存在于神经活动之间的生理学关系对应于命题之间的关系。对于任何神经元的每一反应，相应地，都有一个简单命题的断定。这就意味着这样一种对应，根据神经键的形状和所述神经元的阈值，这些简单命题要么是肯定的，要么是否定的，要么组成析取式，要么组成合取式。这样一来就构成了关于神经

---

① McCulloch, W. S & Pitts, W. , "A Logical Calculus of the Ideas Immanent in Nervous Activity", *Bull of Math*, *Biophys*, 1943 (5): 115 – 133.

活动的逻辑演算。

麦卡洛克和皮茨以形式神经元为部件建立了所谓"形式神经网络"的复杂网络。这一系统由若干带有适当的输入和输出的部件组成。这个网络的功能可以这样定义，通过从整个系统中挑选一些输入和输出，然后描述前者的哪些原初刺激引起了后者的哪些最终刺激。麦卡洛克和皮茨的重要结论是：任何能在逻辑上严格而无歧义地定义的功能都能由这一形式神经网络实现。[①]

但是，这一系统模型带有明显的局限性——把人脑的神经活动看得过于简单，将各种神经活动完全作为递归关系处理。事实上，生物物理编码如何转变成意识中的语义编码、成为意向内容的，一直以来都是个谜。对于无法说明的神经过程，显然不能建立递归关系，也就不能用狭义的计算定义——图灵计算来描述。

正如，德雷福斯所指出的那样，认为人是成功的数字计算机程序活的实例，那是一种天真的假想。即使人脑的运作是一种信息加工过程，但是，这一过程和电子计算机相比或者是有差异的。麻省理工学院的 W. 罗森布里斯（W. Rosenblith）指出麦卡洛克—皮茨模型存在局限性。他说："我们不再坚持以前那种广为流传的看法，认为神经冲动的所谓全（有）或（全）无定律，使我们有理由把继电器看作神经元的恰当模型了。此外，我们越来越看清神经元之间发生的相互作用：在某些情况下，一个神经冲动序列，可以按精细分级的方式反映出数千个神经元的活动情况。在无数个单元这样强烈地相互作用的系统中，对该系统的功能的最好理解，不一定能在一个一个的神经元的基础上进行，就像每个神经元都有一独立的品格似的。……在人脑和计算机系统的组织之间做详细对比，也同样证明是无法进行和没有结果的。"[②]

冯·诺依曼（von Neumann）也对"麦卡洛克—皮茨模型"提出了质疑，冯·诺依曼指出通过图灵计算可以加工数字化的信息，但是，人类神经

---

① 任晓明、桂起权：《计算机科学哲学研究——认知计算与目的性的哲学思考》，人民出版社 2010 年版。

② ［美］W. 罗森布里斯：《论控制论与人脑》，《美国学者报（1966 年春）》，第 247 页，转引自［美］休伯特·德雷福斯《计算机不能做什么》，生活·读书·新知三联书店 1986 年版，第 171 页。

系统的原理和步骤却不同于此，也就是说，图灵计算并不适用于描述神经系统中的活动，他更倾向于用模拟的方式，也就是一种自然计算的方式来描述人类神经活动的原理和步骤，或是说人类神经系统是以连续计算的方式活动的。冯·诺依曼认为："神经元传送冲动。……神经冲动的主要方面好像表现为某种有或无事件，很类似于二进制数字。因此显然存在一个数字元素，但同样显然的是，这并非问题的全貌。……众所周知，有机体中有各种混合的功能系列，这些系列必须历经由最初刺激到最后效应的许多不同的步骤——其中有些步骤是神经的，即数字的，另一些则是体液的，即模拟的。"① 而模拟就是一种连续的计算，根本上讲，它属于自然计算的范畴。因此，在人工神经网络中存在自然计算，或者相对于图灵计算，自然计算更适用于人工神经网络，它能更加有效地描述人类神经系统中发生的活动。

自然计算已经开始活跃于实际的科学研究活动中了，而且它较之图灵计算更具优势，能够更好地解释发生于自然现象中的认知活动。

三　对自然计算的哲学反思

虽然，对于自然计算的逻辑和数学研究已经有了一定基础，但哲学思考在国内外都很薄弱。从科学哲学的视角，我们可以尝试提出以下几点看法。

第一，自然计算为我们提供了新的方法论。自然计算的最大特点就是计算的连续性，计算被看作是连续的，而非离散的，这就是说，自然计算对世界的描述不是基于部分的描述，而是从一个更为宏观的、整体的角度重新审视世界、心灵，这为我们认识世界、心灵提供了新的方法论。这样的哲学思考有可能把我们引向两个方向：

用自然计算替代图灵计算。这是有可能的，毕竟自然计算具有图灵计算能够拥有的一般特征，而且它还具有图灵计算没有的特征——连续计算，这不仅使得自然计算能够克服图灵计算的困难，而且还使得其适用的范围超出了图灵计算能够适用的范围，而这些足以使人们相信其有理由用自然计算替代图灵计算，进而实现计算理论上的进步。但是，这种理论进步可能被理解

① Von Neumann, J., *Collected works of John Von Neumann*, Ed. A. Taub, New York：Pergamon Press, 1956 (5)：228 – 328.

为"库恩式的"。自然计算能够解决图灵计算的理论难题，例如，图灵停机问题，但是，在计算的精确性、准确性上，图灵计算较之自然计算有明显的优势。由于自然计算是发生于自然中的计算或者由自然激发的计算，而自然界中总是存在大量不确定因素，这些不确定因素随时都有可能对计算过程造成破坏，所以自然计算中的计算并不总是很准确、精确，就这一点而言，图灵计算更有优势。因此，似乎有理由将自然计算和图灵计算看作是两个不同的范式，而"革命前"和"革命后"的范式之间存在不可通约的情况。而这必然会导致如下情况：将自然计算和图灵计算看作是两种不同的计算，进而建立新的计算认知理解模式，即"算法＋自然机制"，在图灵计算适用的范围内使用图灵计算，在自然计算适用的范围使用自然计算，这样，世界被一分为二，而且彼此之间不存在对话、交流。这是扩大版的"图灵计算"，它用扩大的"表征"——算法和自然机制审视世界，必然使得我们对世界的描述处于一种碎片化状态，破坏了对世界描述的整体性，这又将我们引回到图灵计算的老路子上来，而我们又会犯以表征的方式审视信息的时候所犯的错误。这是我们极力避免的，同时也是我们极力反对的。

自然计算的某些基本假设和图灵计算并不存在冲突，而且自然计算大量借鉴了图灵计算的理论主张，例如物理实现、形式化、抽象化等，但是，除此之外，自然计算有自己的理论优势。自然计算扩大了计算的应用范围，弥补了图灵计算的理论缺陷。在实际的应用领域，我们面临的更多的是不可递归现象，但是，传统图灵计算仅仅适用于递归现象的研究，对于不可递归的现象则无能为力。自然计算弥补了图灵计算的不足，将计算的范围由递归现象领域扩大到非递归现象领域，而自然计算所具有的图灵计算的属性也能保证其适用于可递归现象领域。相比于图灵计算，自然计算解决了图灵计算的理论难题，例如，除上述所说的"计算认知难题"，还可以解决图灵计算中的停机问题，也就是算法判定性问题——是否存在一个确定的算法，能够在有限步骤内判定一个程序在所给出输入的运行中可以停机？答案是否定的，图灵机本身不能解决停机问题。但是，自然计算可以看作是一种连续计算，理论上讲存在无限个步骤，所以不存在停机问题，就此而言，自然计算要明显优于图灵计算。再者，也是自然计算的最大优势，即相对于图灵计算，自然计算更适合发生于自然中的现象，揭示了更适用于生物学领域的认知模式，例如，人脑神经网络中的认知活动，更适合于用自然计算描述，但是，它又继承了图灵计算的基本传统，能够做到物理实现，应用于图灵计算能够应用的领域，所以就计算认知而言，自然计算更深刻、更根本，更有理论竞争优势。

因此，自然计算和图灵计算之间并非是一种新旧范式之间的关系，相对于图灵计算，自然计算更具根本性，它可以看作是经典计算主义研究纲领的"新的保护带"，当然，"图灵计算"也是维护这一硬核的"保护带"，图灵计算在计算认知上的精确性、准确性极大地弥补了自然计算在计算认知上相对模糊、约略的特点。总之，自然计算是计算定义扩展的结果，它是一种广义计算，图灵计算作为一种狭义计算，它是自然计算的一部分，但又并非完全被包含于其中，它们共同构建了整个研究纲领的保护带，维护了经典计算主义研究纲领的完整性。因此，我们有理由继续坚持经典计算主义研究纲领的理论硬核——计算认知，从而也能够梳理清楚经典计算主义和涉身认知科学之间的关系，由涉身认知科学启发而来的自然计算不过是经典计算主义研究纲领的一次理论修正，而且，这种修正仅仅是构建新的"保护带"，而并非用一种革命式的手段替换经典计算主义的研究纲领。

第二，自然计算孕育着新的认知主体。传统的认知主体被定义为人，经典计算主义继承了这一思想，将计算认知过程看作是随附于个体的物理属性，也就是心理学上的"个体主义"。但是，自然计算作为一种广义的计算，计算认知系统已经不再局限于"人"这一传统主体，而是扩大到环境之中，新的计算认知系统被定义为"个体＋环境"，而计算认知过程就随附于这样的计算认知系统。这就意味着，与广义的自然计算对应的主体将不可能完全是"人"，极有可能是一个复合主体——"个体＋环境"。在此，我们不倾向于将这一复合主体拆开来解释，将"环境"也看作是是认知主体，或者赋予其认知主体的地位，因为我们不清楚"环境"能否成为一个认知主体，而且暂时也没有充分的理由支持这一假设。但是，如果"环境"包含了认知的标志，例如，非衍生内容，那么，我们有理由支持这一主张：环境也是一种认知主体。但是，非衍生内容尚存争议，对此，我们持保留意见。但是，我们可以考虑一种复合主体——"个体＋环境"的情况。例如，半人工生命，一种机械体＋生命体的复合体。"刀锋战士"、南非残疾人运动员，多项短跑世界纪录的保持者——奥斯卡·皮斯托瑞斯（Oscar Pistorius），小腿尽失，装备"J"形刀锋假肢，这种新的假肢可以帮助他在比赛中获得巨大的优势，甚至这种优势超出了正常人。例如，在达到相同的速度的情况下，却比正常人少消耗 25% 的体能，而且，其跑步过程中提供的反作用力是正常人的 3 倍。[①] 这些非正常人类的优势使得其荣誉等身。当然，奥斯卡·皮斯托瑞斯的情况只是半人工生命的雏形，未来的半人工生命将是强大的"终结者""蜥蜴博士"，或许还要强大。因此，作为"个体 + 环境"（这里的环境不仅仅是指自然环境，它包括一切个体之外的对象，可以是物理的，也可以是生物的）的复合体有理由挣得认知主体的地位，而这是对自然计算哲学思考的结果之一。

第三，这一点可以看作是对第二点的一点"束缚"。在多数情况下，如果不是出于万物有灵论的宗教幻想，没有人会赋予非脑或者颅外对象认知主体的地位。退一步讲，如果我们不沿着这个方向考虑下去，那么，我们能否赋予非脑或者颅外对象认知基质的地位呢？这似乎是亚当斯（F. Adams）和埃扎瓦（K. Aizawa,）臆想的"延展认知假设"一再要达成的目标，即认知过程能够跨越脑，延展于身体以及环境之中，非脑或者颅外对象遍及认知过程，或者它们成为了认知基质的一部分。但是，这种"目标"是亚当斯、埃扎瓦等人极力反对的，因为这种做法容易导致"耦合构成谬误"的错误。但是，自然计算的提出似乎能够增强我们达成这一目标的信心。自然计算发生于自然或者由自然激发，如果它能够成立，那么，这也就找到了亚当斯、埃扎瓦所说的"非衍生内容"，这也就意味着自然中存在认知的标志，而这将使得非脑或者颅外对象能够成为认知基质的一部分。当然，这里需要一个前提，即人类的认知是一种自然计算。而事实上，在人工神经网络研究中，以自然计算的方式——模拟——探索人工神经网络已经成为现实。这似乎在一定程度上支持了我们的观点，即非脑或者颅外对象能够成为认知基质的一部分。总之，即使自然计算不能创造出新的认知主体，它极有可能创造出非传统的认知基质。

综上，对于经典计算主义研究纲领而言，来自各方面的挑战并非其"过

---

①　参见［南非］奥斯卡·皮斯托瑞斯《人生没有不可能》，光明日报出版社 2013 年版。

期"的理由，我们完全可以通过重塑其"保护带"的方式维护其理论硬核的完整性。图灵计算仅仅是经典计算主义研究纲领"保护带"的一部分，即使它被彻底击败了，我们仍旧可以通过建立新的"保护带"继续维护经典计算主义研究纲领的完整性。但是，这样的情况并没有像预期的那样发生，自然计算的出现弥补了"保护带"上的缺口，不过自然计算也只是整个"保护带"上的一环，而非经典计算主义研究纲领的硬核，所以来自涉身认知科学的挑战并没有对经典计算主义研究纲领造成实质性的威胁，相反，它为经典计算主义研究纲领应对各种挑战，或者说建立新的"保护带"提供了可资借鉴的材料，正是受益于涉身认知科学的启发，我们实现了对计算概念的扩展，将其由图灵计算扩展为自然计算，从而建立了新的"保护带"，维护了经典计算主义研究纲领的完整性。

同时，自然计算的哲学研究将为我们的认知研究提供新的方法论指导，在此基础上可能会出现新的划分世界的标准，世界被划分为两大类：适用于图灵计算的世界和适用于自然计算的世界，也可能情况相反，仅仅出现适用于自然计算的世界，但是，我们更倾向于后者，将世界作为一个整体考虑，因为图灵计算仅仅是自然计算的一部分，我们完全可以用自然计算描述世界。同时，自然计算的出现极有可能衍生出新的认知主体——"个体 + 环境"，当然，这里的"环境"并非仅仅是指自然环境，而是指除个体之外的一切物理的、生物的对象。对这种"个体 + 环境"复合主体的考虑极有可能推动、促进半人工生命的科学研究，创造出更强大的认知"主体"。

自然计算的哲学研究是当代自然化科学哲学研究的重要领域之一，其重要特征是强调哲学与科学的紧密结合。如认知科学家撒加德所说："我所推崇的哲学观点是自然主义的，这一观念将哲学和科学紧密联系在一起，从而试图理解包括人类心灵在内的世界。因此，哲学研究的普遍性和规范性必须与科学研究的描述性相结合。"①简言之，这种科学哲学是一种与科学相连续的哲学分支。它强调哲学研究必须纳入经验科学的成果，拒绝将经验现象的解释诉诸任何超自然的、先验的断定。在此观念影响下，认知科学、进化生物学、神经科学等经验科学普遍渗透与认知科学哲学研究范式之中，成为推

---

① Paul Thagard, *Philosophy of Psychology and Cognitive Science*, Elsevier, 2007, p. x.

动其发展的内在动力。同时也为我们基于逻辑视域的认知研究提供了一条可供选择的研究进路。接下来，我们将从"自然化"科学哲学的视角，重新审视和深刻理解中国古代推理的逻辑、文化和认知问题。

第 十 三 章
中国古代逻辑的文化探源

　　以上我们主要是在科学哲学自然化的观念下看待各种推理的逻辑和认知问题，从本章开始，我们主要在科学哲学"自然化"的观念下看中国古代逻辑。我们所面临的问题是："中国逻辑"的名称是否成立？中国古代逻辑研究的困难是什么？中国古代逻辑研究可能的出路是什么？实际上，对中国逻辑史研究面临诸多困难，学界早已形成了一些共识，但是，出现这些困难的原因是什么？未来的出路是什么？学界的看法各不相同。为此，我们将探讨中国古代逻辑面临困难的深层原因，试图从跨文化比较的视角揭示其文化和认知根源。

第一节　"中国逻辑"的名与实

　　20 世纪 30 年代，逻辑学界的前辈曾以欧洲传统演绎逻辑既是唯一又是普遍的逻辑学观念，对中国逻辑的研究提出了"中国逻辑"的名称能否成立的问题。逻辑学前辈提出的问题是："如果先秦诸子有论理，这一论理是普遍的呢？还是特殊的呢？"[1]近几年来，又有程仲棠提出了中国文化能不能产生"逻辑"的问题。他认为，"内圣外王之道"作为中国文化的终极关怀，是不能产生"逻辑"的深层原因：其一，在"内圣外王之道"的支配下，由道德与政治结成的价值体系的霸权，与逻辑学的价值中立的本性不相容；其二，在"内圣外王之道"的支配下，逻辑思维没有充分发展的余地。

---

　　① 金岳霖学术基金会编：《金岳霖文选》第 1 卷，甘肃人民出版社 1995 年版，第 627 页。

程仲棠从中国文化与中国逻辑关系的角度探讨中国古代有无逻辑的问题，这是深刻而富有启发性的。① 在我们看来，尽管从上述原因分析是导不出他的结论的，但是程仲棠的思想观点有一定启发性。

程仲棠观点的深刻之处在于注意到中国逻辑与中国文化的密切联系，但遗憾的是他并没有由此得出符合中国逻辑和文化实际的结论。他坚持认为，人类只有一种逻辑，即演绎逻辑。中国古代既没有现代（演绎）逻辑系统中的永真式、有效式，也没有变项，因此中国古代没有逻辑学。按照他的演绎唯一性观点，以现代演绎逻辑系统为标准，去衡量我国古代的逻辑学说，自然会发现，中国古代（先秦）逻辑学说中的主导推理类型乃是推类，它不同于亚里士多德所说的演绎三段论推理，当然也找不到演绎逻辑系统中的永真式、有效式了。于是，解构中国古代逻辑的结论就顺理成章，呼之欲出了：第一，逻辑学是唯一的，也是全人类的；第二，这唯一和全人类的逻辑学就是欧洲逻辑，即欧洲演绎逻辑；第三，没有其他不同的逻辑，中国古代无逻辑。如果逻辑唯一性的前提成立，如果逻辑即演绎的前提也成立，那么程仲棠的中国无逻辑结论可以必然推出。然而，程仲棠论证的前提是虚假的，尽管论证是严密的，结论的推出却不是必然的；相比而言，对程的反驳反倒显得软弱无力，这是因为反驳方并没有揭示中国逻辑历史研究面临困难的原因或根源。

我们知道，中国古代逻辑的早期研究主要是这种演绎主义进路。西方逻辑自明朝末年经李之藻译介《名理探》传入中国，后又经严复译、著的《穆勒名学》和《名学浅说》再度传入。于是，中国学者很自然将西方演绎逻辑与中国名辩学加以比较，参照西方演绎逻辑解读中国逻辑，即所谓"据西释中"的研究方法，这里的"西"主要指的是西方演绎逻辑，"中"主要指中国古代名辩学。

在我们看来，在当时的条件下采用这种研究方法具有其历史的必然性和合理性。许多学科在早期研究中都存在类似的情况。例如，认知科学研究初期，认知科学家往往把一些利用现成的数学和逻辑工具所容易解决的问题作为优先考虑的研究对象。对于这种状况，一位认知科学家做了一个生动的比

---

① 程仲棠：《"中国古代逻辑学"解构》，中国社会科学出版社2009年版。

喻:"警察问一个在路灯下找东西的人:'你在找什么?''我在找钥匙''你的钥匙丢在这儿了吗?''不是''那你为什么要在这儿找呢?''因为这里比别处亮'"。这个故事本来是针对视觉认知的研究现状来说的,它实际上也符合许多学科研究发展的规律。在研究初期,研究者限于当时的条件,只能借鉴当时研究相对成熟的成果和工具,搞一些一经努力即可见效的成果;然而,这样做的结果是研究出来的东西往往脱离逻辑学科发展的实际,忽视了中国古代逻辑的特殊性。随着中国逻辑史研究的深入,这种研究方法的局限逐渐显现出来。中国逻辑史研究的一些前辈,在研究中国先秦名辩学说的论著中,以演绎逻辑学说为样本,把名辩学说按照现代逻辑学说标准加以解释,从主观动机上看是要拔高中国古代逻辑,其目的是要得出中国古代有逻辑的结论,但是他们撰写的有关中国古代逻辑学说的论著,与中国古代逻辑学说的实际相背离。最后只能得到事与愿违的结果。程仲棠的"中国无逻辑"论让许多人的民族自豪感受到极大挫伤,冷静下来理性地思考,也让大家从迷梦中惊醒:中国逻辑研究应该改弦易辙了! 就像休谟提出的归纳问题在客观上推动了归纳逻辑的发展一样,程仲棠提出的"中国的"逻辑问题也将在客观上推动中国逻辑史研究的发展。

　　崔清田明确指出,对中国古代逻辑的解构和质疑使人们渐渐意识到,这种"据西释中"的研究方法将会面临由逻辑学研究对象、逻辑学学科性质以及逻辑史所展示的事实所引发的诸多困惑与质疑 ①,甚至产生中国传统文化中究竟有没有"逻辑"的疑问。如果认可中国古代无逻辑,那将是对百年中国逻辑史研究的最具颠覆性的否定②,甚至可能引致中国逻辑史研究"无疾而终"(宋文坚语)的困局。为了破解这种困局,一些具有敏锐眼光的学者认识到③,认知科学研究需要解决以下问题:

　　1. 钥匙到底丢在哪了?

　　2. 那里为什么暗?

　　3. 如何让暗变亮?

---

① 崔清田:《"中国逻辑"名称困难的辨析》,《逻辑学研究》2009 年第 4 期。

② 周山:《逻辑多元性的历史根据》,《哲学分析》2011 年第 3 期。

③ 崔清田:《"中国逻辑"名称困难的辨析》,《逻辑学研究》2009 年第 4 期。

而对中国逻辑史研究来说，这三个问题就是：

1. 中国逻辑史研究偏失的根本症结到底是什么？
2. 为什么会出现这些症结或问题？
3. 克服这些困难的出路在哪里？

第二节　"据西释中"的得与失

为了解决这些问题，中国逻辑史研究学者探讨了中国古代逻辑研究偏失的根源。有学者①指出，否认逻辑与文化的联系，或者曲解逻辑与文化的联系，使得"中国逻辑"不仅面临名称的困惑，而且面临失去作为学科存在的理由和困境。也有学者②指出，中国古代有没有逻辑的论争，根源在逻辑究竟是一元还是多元的不同认识。所谓逻辑多元，是指演绎类型之外还有别的逻辑类型。在中国学术界，逻辑一元论长期以来一直居于主导地位。逻辑一元论者认为，人类只有一种逻辑，即演绎逻辑。

越来越多的中国逻辑史研究学者认识到，迁就甚至比附西方演绎逻辑，忽视对中国文化相对性和传统思维认知方式特殊性的考察，漠视中国传统逻辑样式的特异性，必然造成中国逻辑史研究的偏颇，从而不能对"中国的"传统逻辑的历史做出合理的解读。于是，中国逻辑的存在性以及逻辑与文化的关系问题，逐渐引起了整个学界的广泛关注，吸引了各学科的学者投入这项研究，使之成为学术界争论的热点和跨学科研究的热土。实际上，要想破解中国逻辑史研究的困局，需要对中国逻辑史研究的逻辑观念、研究方法进行深刻反思，阐明逻辑既有普遍性又有特殊性的辩证关系，而且要研究文化的相对性与绝对性的关系，准确理解和诠释逻辑、语言和认知属性的关系。只有通过这样的思路调整和纠偏反正，中国逻辑历史的研究才有宽广的出路和光明的前途。在程仲棠教授看来，主张中国古代有逻辑学，就是把（直接受到政治、伦理思想的制约，又与语言属性混合或混淆）的名辩理论当作逻辑学，岂不是与逻辑学没有阶级性和民族性而具有全人类性的观点相矛盾？

---

① 崔清田：《"中国逻辑"名称困难的辨析》，《逻辑学研究》2009 年第 4 期。
② 周山：《逻辑多元性的历史根据》，《哲学分析》2011 年第 3 期。

程仲棠指出，据西释中的诠释方法是否具有合理性？这实质上就是逻辑学是否有全人类性的问题。因为逻辑学同其他科学一样，有别于意识形态和价值观，具有全人类性而没有民族性，没有东西方之分。在他看来，这就是（据西释中）的合理性依据。

在我们看来，程仲棠这里所说的全人类性和民族性之间的关系其实也是逻辑学的共同性与特殊性的关系。崔清田明确回答了这一问题①。在他看来，逻辑学有共同性，也有特殊性。共同性指的是：逻辑思维主要显现为推理；任何推理都是由前提与结论构成，由前提推出结论的过程；推理进程有大体相同的几种认知方向，即由特殊到一般、由一般到特殊和由特殊到特殊。特殊性主要指在不同的历史与文化背景下，不同的逻辑中居主导地位的推理类型及其具体的表现形式不尽相同。有了共同性，才有逻辑思维和逻辑学的质的规定性，以及不同逻辑间的通约性和可比性；有了特殊性，逻辑思维和逻辑学的共同性，即质的规定性才能得到具体的显现和存在，也才能被认知和研究。

如何准确诠释逻辑与文化、逻辑与认知的关系，崔清田的回答是有说服力的。他指出，在西方，正是因为有了不同于东方文化的古希腊文化的孕育，才有了亚里士多德形式逻辑的硕果。古希腊文化的核心是求知；其主要内容是对世界及事物本原、本质及原因的探索认知；其思维取向不是以实践经验为依据，而是努力寻求理性解释。基于上述，冯友兰先生把古希腊文化概括为"知者"型。亚里士多德形式逻辑系统的建立，以及这一系统的发展和演化都与特定的历史与文化背景相关。在中国，先秦文化不同于古希腊文化。它的核心是伦理政治与社会人事；它的主要内容是伦理尺度与治国纲纪的构想、建立和实践；它的基本思维取向是现实的需要以及实践中的认知。基于此，冯友兰先生把先秦文化概括为"仁者"型。先秦文化的总体特征、核心内容和思维取向，没有像古希腊文化那样对科学证明的方法提出强烈的需求，因而难以产生与亚里士多德逻辑相同的传统演绎逻辑。中国文化重类推，西方文化重演绎。这应该是不争的事实。不同文化类型和认知模式的差异，导致了逻辑类型的差异。

---

① 崔清田：《"中国逻辑"名称困难的辨析》，《逻辑学研究》2009 年第 4 期。

我们转换思路，从中国逻辑的实际出发，对欧洲演绎逻辑加以借鉴。在这种研究中，应当用比较而不是比附的方法，使得被比较的诸对象都把与之相比较的对象视为平等的他者，而不是对立者或规范者；不仅求同更要求异，并对研究对象的异点给出制约因素的分析，即"历史分析与文化诠释"。① 温公颐、崔清田就是按照这种思路和方法，从中国古代逻辑发展的实际出发，始终坚持在中国政治伦理等文化背景下开展中国古代逻辑研究。在讨论中国古代有无逻辑这个中国逻辑史研究的基本问题时，温公颐先生认为中国不但有逻辑而且有其自身特点，他说："我国古代的一些逻辑学家并不像亚里士多德作了系统的思维规律与形式的研究，如果拿亚氏标准来衡量，也许很难说得上有。正如拿西方所谓哲学的标准来衡量中国古代哲学就会得出中国古代只有伦理学、政治学，而没有西人之所谓哲学一样。这种对中国哲学史和中国逻辑史采取虚无主义的人，现在是不会再有了。但我认为这个问题还有进一步分析的必要，否则，问题仍然存在。"② 在温先生看来，我国古代虽无"逻辑"之名，只有"形名"或"辩"的说法，但是"形名"或"辩"所讲的内容大都是概念、判断和推理之类。这些基本上与西方所讲的"逻辑"是一致的。"那末'形名家'（《战国策·秦策》）或'辩者'（《庄子·天下》）应该是研究逻辑的人了"。③ 温先生指出，这种"据西释中"的研究会导致历史虚无主义。他的观点很明确：中国古代是有逻辑的。

崔清田对中国逻辑史研究中的逻辑观与方法论也做了深刻反思。他以学者的责任心和敏锐眼光指出了"据西释中"的缺陷：其一，把欧洲逻辑与中国逻辑看作是本出与派生，原本与复本，标准与判定对象之间的关系。其二，集中关注两者的具体对应点、相同点，并据之对中国逻辑做出诠释，使中国逻辑成为"在中国的欧洲逻辑"。其三，中国逻辑自身的内容、特性，及所由生成的根据——历史与文化条件的分析，不见了。④

崔清田进一步探讨了"逻辑与文化"与"逻辑的共同性与特殊性"问

① 崔清田：《"中国逻辑"名称困难的辨析》，《逻辑学研究》2009 年第 4 期。
② 温公颐、崔清田主编：《中国逻辑史教程》（修订本），南开大学出版社 2001 年版，第 217 页。
③ 温公颐、崔清田主编：《中国逻辑史教程》（修订本），南开大学出版社 2001 年版，第 217 页。
④ 崔清田：《"中国逻辑"名称困难的辨析》，《逻辑学研究》2009 年第 4 期。

题。他指出，就"逻辑与文化"而言，不仅要看到文化对逻辑的制约，也要看到逻辑对文化的影响。逻辑研究要有文化的诠释，文化研究中应有逻辑的关注。逻辑的共同性指的是决定逻辑之为逻辑的质的规定性——以推理形式而非内容为对象的学问。逻辑的特殊性主要指在不同的逻辑中，居主导地位的推理类型及其表现方式等不尽相同。①

崔清田强调逻辑研究要有文化的诠释的观点对我们很有启发，沿着这一思路，我们将进一步引申出逻辑研究要与认知基础研究相结合的观点。

第三节　"多元化研究"的源与流

历史的经验教训告诉我们，中国逻辑史的研究应该跳出"据西释中"的窠臼，从中国逻辑本身出发，开展多元化研究。这种多元化不应该仅限于演绎主义，也不应该仅限于归纳主义的进路。从中国逻辑的源头出发，开展多进路多视角的研究，它可以包括以下内容。

一　内涵主义研究进路

在我国，首倡并尝试从内涵逻辑的视角研究中国逻辑的学者是温公颐先生。在谈到公孙龙的名学思想时，他指出，这里有"内涵逻辑"思想。按我们的理解，温老所说的内涵逻辑显然不是现代意义上的内涵逻辑，但对我们从非外延角度看待中国逻辑很有启发性意义。对内涵逻辑颇有研究的李先琨教授则认为，公孙龙子的正名理论属于语义理论中的指称论，从而以新的视角探讨了中国古代逻辑。这就为中国古代逻辑的发展开辟了新的方向。

二　非形式逻辑或论证逻辑的进路

旅居海外的中国学者阮松在《西方非形式逻辑运动与我国逻辑学的走向》一文中强调了非形式逻辑的重要性。在他看来，非形式逻辑的兴起对于中国逻辑发展具有重要意义。中国文化的特征非常适合于非形式逻辑的发展。

---

① 崔清田：《"中国逻辑"名称困难的辨析》，《逻辑学研究》2009 年第 4 期。

　　王克喜在《从古代汉语透视中国古代的非形式逻辑》一文中指出，中西思维方式上的不同，具有文化背景上的根源性，作为中国文化最本质方面的古代汉语对中国古代的思维起到了重要的作用，从而产生了中国古代特有的非形式逻辑。这是从非形式逻辑视角研究中国古代逻辑的新方向。

三　归纳逻辑的研究进路

　　逻辑史学家安东·杜米特留（Anton Dumitriu）明确指出，中国古代逻辑是一种特殊的归纳逻辑。我国逻辑学界不少人对此不以为然。这主要是由于对归纳逻辑理解的偏差，表现在把归纳推理仅仅限于从个别到一般的推理。这种对归纳推理狭义的理解目前已经被广义的解释所取代，按照现代归纳逻辑，归纳逻辑不仅仅是枚举和排除，它还包括类比推理，甚至溯因推理，等等。简言之，一切非必然或者非演绎推理都属于归纳逻辑。从这个现代归纳逻辑的视角看中国古代逻辑，就会发现，中国古代逻辑的主体是归纳逻辑。

　　中国古代逻辑最辉煌的成就在名辩学中，墨辩显然是中国古代逻辑最重要的部分。而墨辩中处处显现出推类的思想。中国古代的逻辑经典《墨经》，将推类定义为"以类取，以类予"，就是依据一类事物与另一类事物存在的某些共性，可以由一类事物推知另一类事物，即依类相推。所谓推类，即"依照类的同、异关系进行的推论被称为'推类'。"① 例如，《小取》提出四种不同的推类方式：辟、侔、援、推。辟，是举出（类同的）他物以明此物。侔，是类同的辞作连缀并列的推论。援，是说既然你有这种论点，我为何不可有类同的论点？推，是以对方不赞同的论点类同于所赞同的论点为由，把前者给回对方使之赞同。按照崔清田的观点，墨辩逻辑是推类的逻辑。易学逻辑也以"推类"为自己的主导推理类型。中国古代文化并没有发展出具有普遍意义的字母符号，但是易学中的符号，诸如阴阳、八卦、五行、干支是在中国古代文化中最具抽象意义的符号，它们都是按照"方以类聚"和"取类"（《系辞》）的方式获得的，它们之间的推导是遵循"与类行"（《坤·象传》）的原则进行的。因此这些符号是类的最高层次的

---

① 张晓芒主编：《温公颐文集》，山西高校联合出版社1996年版，第110页。

抽象，符号与符号之间的推导是在类与类之间的推导，由这些符号构成的推导是易学逻辑中的推类逻辑。①

在中国思想史上产生过深远影响的《周易》有相当丰富和完整的哲学思想。这些思想的提出与阐发，包含了推类的应用。《易经》以八卦来会通天地万物的德性，分类概括天地万物的情状；八卦所以能够"类万物之情"而囊括天下万物，是用了"引而申之，触类而长之"的方法。这里所谓"触类而长之"是依类而推、逐步扩展的意思，含有推类。《黄帝内经》是我国中医学理论的奠基之作。这同样是一个以阴、阳为核心概念建构起来的推理系统，只是在这里并没有用符号建构系统，而是引入"金、木、土、水、火"这五个概念即"五行"，组合成一个独立的概念系统；通过阴、阳平衡和五行相生相胜的原理，构建成一个类比推理系统。除了运用类比推理之外尽管它还包含有演绎和辩证等推理方法，但是阴、阳平衡和五行生克原理决定了以《黄帝内经》为代表的中医学理论系统的逻辑属性只能是类比。② 我国古代先人将决定人生命运的探索重点放在人的出生之时，并且用甲、乙、丙、丁等十个"天干"和子、丑、寅、卯等十二个"地支"加以定位，即出生的年、月、日、时各取一个天干一个地支，由此形成所谓的"四柱八字"推演系统。在推演过程中，先将天干、地支配置于"五行"即木、火、土、金、水，再根据五行相生相克的关系，结合四时旺衰等因素，推论人的生死寿夭、贫富贵贱、顺逆祸福。这种借助五行生克与四时旺衰等文化元素来构建系统同样是类比推理系统。③

何谓推类？按照崔清田的解释，所谓推类，即以类同为依据的推理。以墨家为例，墨家推类以类同为依据进行推理，"以类同为依据选取理由，再以类同为据从理由推出结论，成了所有论证的命题"，如"辞以类行、辞以类取、辞以类予"，即为此等论证。在这里我们能够发现类比推理的影子，即依据属性相同推出其他属性也相同的推理，此即为"以类同为据从理由推出结论"，二者不谋而合。而类比推理"是由个别特殊到个别或特殊的推

①　周山：《中国传统类比推理系统研究》，上海辞书出版社 2011 年版。
②　周山：《中国传统类比推理系统研究》，上海辞书出版社 2011 年版。
③　周山：《中国传统类比推理系统研究》，上海辞书出版社 2011 年版。

理，也是前提与结论无必然联系的推理"。因此，以此类推，推类也是"由个别或特殊到个别或特殊的推理"，所以就推类而言，也"无法确证前提中类同属性与结论中推出属性之间的必然性联系，前提与结论的联系只有或然性，属或然性推理"①。假若如此，那么，我们就可以把推类定义为某种特殊的推理模式。崔清田明确指出，中国古代逻辑的主体不是西方逻辑中的演绎推理，而是"推类"。在我们看来，中国古代推类的逻辑特点是：第一，推类是一种或然性推理；第二，这种推类逻辑是一个相对系统的理论；第三，中国古代的推类不同于西方逻辑中的类比推理，这一特殊的推理是由中国古代文化的特殊性所决定的。

为此，我们需要进一步讨论的问题是：中国古代推类这种特殊性是如何由中国文化特殊性所决定的？

第四节　探源：从跨文化认知模式研究入手

从跨文化比较的视角，我们将考察中国古代推类是如何用中华文化的特殊性所决定的。

安东·杜米特留在《逻辑史》（*History of Logic*，1977）第 2 章中讨论了"中国古代逻辑"。在他看来，中国古代哲人的悖论性判断只能看作是一组非形式判断。这种非形式判断或悖论性判断构成了一种推理，因为任何悖论性判断都不过表示一种或显或隐的推理。这种推理要求对经验实在的本体论基础进行直观的渗透。他赞同一些欧洲汉学家的观点，认为中国逻辑中所说的"推类"实际上是一种"渗透性归纳"（penetrating induction）。这种渗透性归纳不意味着从特殊过渡到特殊，不是西方逻辑中的类比推理，而是一种中国特有的通过特例而确立普遍规则的推理。

杜米特留赞同欧洲汉学家对这种特殊的推理所下的定义："渗透性归纳是这样一种推类，它产生于一种张力，是一种旨在唤起人们心灵进行的从特例概括出规律的推理，但它不同于从一个特例过渡到另一个特例的穆勒式归

---

① 崔清田：《推类：中国逻辑的主导推理类型》，《中州学刊》2004 年第 5 期，第 139 页。

纳推理"①。杜米特留的结论是："中国古代哲人的悖论性判断在欧洲人看来很是奇特且难于接受，它是一种根本上不同于西方归纳逻辑的归纳法；它是一种渗透性归纳，渗透到事物的本体论核心，揭示其存在的规律而并非自然的精髓"②。在杜米特留看来，中国古代逻辑中的推类就是这一种渗透性归纳。它不是价值中立的，而是渗透了价值的，是一种特殊的归纳推理。在我们看来，西方学者是从中国人的认知特点出发，探讨了中国古代逻辑，得出了富有启发性的结论，这种思路当然是值得借鉴的。

现在的问题是这种"渗透性归纳"与西方逻辑中的归纳推理是什么关系？在我们看来，杜米特留所说的"悖论性判断"指的是公孙龙的"白马非马"这种判断。公孙龙的论证之一是："马者，所以命形也；白者，所以命色也；命色者非命形也，故曰：白马非马。"（《公孙龙子·白马论》）从概念的内涵角度看。马之名的内涵是马的形；白之名的内涵是一种颜色。白马之名的内涵是马的形及一种颜色。此三名的内涵各不相同。所以"白马非马"。按照温公颐先生的分析，公孙龙借这个论断，对作为推类基础的类做出了深入的分析。公孙龙认为，以类同为推，不是没有问题的。在《通变论》中，公孙龙拿羊、牛与马比较，"羊牛有角，马无角，马有尾，羊牛无尾。故曰羊合牛非马也。"③ 以角和尾的有无把羊牛与马分为异类当然可以。但羊牛马都有四足，又可当作同类。在分析类概念的基础上，公孙龙进一步指出"单凭类以为推，而忽视物指的关系，就会发生狂举"即名实不符的错误。"白马是马"若以类为推，只看概念的外延，忽视其物指，就造成名实不符。而"白马非马"却从物指关系分析，使"白马"之名符合"白马"之实，这就是"正举"。这正是欧洲人看起来奇特的观点。为此，温先生认为，公孙龙这种"悖论性判断"中隐含的推类属于内涵逻辑。我们认为，这种判断属于非外延（内涵）逻辑有一定道理，但是它同时归属于非外延的归纳逻辑。实际上，这种"悖论性判断"中隐含的"渗透性归纳"就是中国古代的推类。

---

① Anton Dumitriu，*History of Logic*，1977，Volume I，p. 35.

② Anton Dumitriu，*History of Logic*，1977，volume I，p. 36.

③ 张晓芒主编：《温公颐文集》，山西高校联合出版社1996年版，第159页。

再来看墨辩者的"推类"。温公颐先生指出，辩的基本方法有二，即"以类取，以类予"，他认为前者是归纳推理；而后者是演绎推理，因为"其于类取所得，作为一般原则之后，在给予同类其他事物之中"①。换言之，把"以类予"看作是演绎推理的理由是它是从一般原则推出个别事例的推理。显然，这个广为流传的演绎推理定义是错误的。例如，所有的鸟都有喙，鸵鸟是鸟，所以鸵鸟有喙。这一推理并不是从各种鸟所具有的一般性（有喙）推出鸵鸟所具有的个别性，而是从各种鸟（有喙）的一般性推出鸵鸟（有喙）的一般性。这里显然不是由一般原则推出个别事例的。再比如，所有的鸵鸟都有喙，有的鸟是鸵鸟，所以有的鸟有喙。这个推理从所有的"鸵鸟"都有喙的和有的"鸟"是鸵鸟，推出了有的"鸟"有喙。在这里，从前提到结论的推导并不是从一般到个别，而恰恰是从个别的"鸵鸟"具有某一属性（有喙）推出一般的"鸟"也具有这一属性的。所以，把墨辩逻辑的"以类取"看作是归纳推理是不成问题的，但是把"以类予"看作是演绎推理的观点是有待商榷的。按照黄朝阳的解释，"以类予"的含义是：若 a、b 两个对象同类，那么对方承认 a 具有什么属性，对我们提出的 b 也具有相同属性就不得不承认。如果这一解读成立，那么这种"以类予"的推导显然不具有必然性，而具有或然性。因此我们认为，墨辩者的"推类"同样属于归纳逻辑。

对于"推类"的特殊性，崔清田认为，它不同于西方逻辑中的类比推理。这是中国古代文化的特殊性所决定的。他指出，中国古代"逻辑"是一种推行论说或政治主张的工具，它以有内容的东西——谈辩为研究对象，"以谈辩的原则、方法为其基本内容"，以服务于"学派主张的宣传与推行和社会伦理、政治问题的解决。它不是致力于科学真理的认识，它的核心是辩的方法与原则"②。例如，"意会"之说，对于句子的理解不是根据句子的主谓结构，而是根据句子各成分之间的内在关系，这种内在关系并非是指形式上的逻辑关系，而是指内容上的意会关系，即句子的理解依赖于人的"意会"。因此，中国古代的推类是有其独特性的，它不同于西方逻辑中的

①　张晓芒主编：《温公颐文集》，山西高校联合出版社 1996 年第 7 期，第 107 页。
②　崔清田：《墨家辩学逻辑的回顾与思考》，《南开学报》1995 年第 1 期，第 57 页。

类比推理，是一种受中国古代文化影响的特殊的推理。

在我们看来，西方逻辑和中国名辩之间的关系是家族相似，它们既有相通性，又有特异性，各有不同的优势和限度，各有各的适用范围。而这种特异性不仅由中国文化不同于西方文化的特殊性决定，而且由中国人认知模式不同于西方人认知模式的特殊性所致。

综上所述，从逻辑与文化、逻辑与认知的视角看，中国古代的主导推理类型是推类，它是一个相对系统的逻辑理论。从归纳逻辑的共性来看，如果推类是归纳推理，那它就应该具有归纳推理的最根本特征，即或然性。不难看出，推类的前提和结论之间的推导具有或然性而没有必然性。因此，推类不是演绎推理，而是归纳推理。换言之，中国古代逻辑中如果有归纳逻辑，那就是推类。既然推类是中国逻辑的主导推理类型，那么可以说中国逻辑的主体是归纳逻辑。从归纳逻辑的个性看，亦即从文化和认知特点的角度看，这种推类又有其特殊性。虽然从推类上能够看到类比推理的影子，但是它不同于西方的类比推理。中国古代推类不同于西方归纳推理的特点是：第一，它重视内容上的意会，暗示性甚于明晰性；它是一种隐含的推理，能够实现"对经验实在的本体论基础进行直观的渗透"；第二，它不是价值中立的，而是渗透了价值的特殊归纳推理；第三，它是基于非外延关系的推理；第四，它不强调形式的正确性，重视非形式的合理性。不难看出，导致中西逻辑差异的根源不仅在于中国文化的特异性，而且在于中国人认知模式不同于西方人认知模式的特点。

山重水复疑无路，柳暗花明又一村。中国逻辑史研究面临的困局表明，中国逻辑史的"据西释中"的研究方法和演绎化研究进路之所以困难重重，原因在于，中国逻辑史研究不仅需要有文化诠释，而且需要从汉语言文化的认知基础方面去阐明中国古代逻辑的特异性。这种从逻辑研究到文化阐释再到认知寻根的研究路径，实际上是我们关于逻辑与认知研究本土化的一个初步尝试。

第 十 四 章

中国古代逻辑的认知寻根

从探讨中国古代逻辑研究的困难开始，我们逐渐认识到，中国古代逻辑面临困难的原因在于"据西释中"的研究方法遮蔽了我们的视野，"唯一逻辑"的一元化研究阻碍了我们进一步探寻导致困难的原因。有幸的是，国内一些有识之士响亮地提出了以"文化诠释"和"逻辑研究"相结合的方法。海外一些汉学家也明确提出对中国古代逻辑进行"文化探源"的研究课题。这就为破解中国古代逻辑研究的难题打开了一个缺口。实际上，在国内学者和海外学者（包括海外汉学家）眼中，"中国逻辑"有什么样的特点，不同文化环境中的学者其看法是有很大区别的。但有趣的是，他们对中国古代逻辑的研究大多采取了文化探源和认知寻根的方式，其中有一些学者的探索已经触及中华文化特有的认知模式和认知框架方面。不过，对于这种文化根基究竟是语言文化，还是社会政治文化，抑或二者兼有？国内外学者的看法目前还没有达成共识。

本章聚焦中国古代逻辑的认知基础问题。一方面讨论国内学界论先秦诸子逻辑思维的认知框架和特点，另一方面探讨了海外学者论中国古代逻辑的认知模式和特点。在此基础上着重从汉语言文字角度进一步探讨汉民族的认知模式及其特点，以揭示中国古代逻辑研究面临困难的深层次根源。

第一节　国内学者论先秦诸子逻辑思维的认知特点

人类逻辑思维发展的历史，与人类文明共生共长，悠久绵长。然而由于不同民族的文化传统和思维认知存在着诸多差异，因此各民族的逻辑思维有其自身的特质和个性，这种特质主要体现在认知取向和认知基础上。以下概述的是我国学界对这一问题的看法。

一　先秦诸子逻辑思维的认知特点

中国先秦时代的逻辑思维极为丰富，尤其是在处理矛盾的对立双方之间的关系问题上有自己的特点。[①] 先秦时代的思想家虽然看到了事物中存在矛盾的对立双方，但由于当时"礼崩乐坏"的局面，以"名实是非相淆"的表现形式，造成了社会风俗不正、刑罚不清，"名实之相怨，久矣"（《管子·宙合》），如何平定天下，重新实现中国社会的有效管理，始终是"思以其道易天下"的思想家们所希冀解决的问题，强调社会稳定、人际和谐就是其时的时代要求，因此，它在强调矛盾双方斗争成毁的同时，更注重揭示对立项双方的补充、渗透和运动推移，以取得事物或系统的动态平衡和相对稳定，并使之成为先秦逻辑思维的最大的特点。正如李泽厚所说，"中国古代的辩证法，更重视的是矛盾对立之间的渗透、互补和自行调节以保持整个机体、结构的动态的平衡稳定，它强调的是孤阴不生、独阳不长；阴中有阳、阳中有阴。"[②]

由于几千年来中国传统思想发展具有极强的稳定性和连续性，因此，先秦时期的逻辑思维是一种重同轻分的和谐逻辑思维。例如，"和"在儒家思想中占有非常重要的位置。孔子强调"叩其两端"，承认事物对立面的存在，主张从两方面来考虑问题，但他又提出"执两用中"的思维方法。"用中"旨在调和对立面之间斗争的局面，维持事物和谐统一、均衡稳定的状态。"中和"也就成为儒家所看重的事物存在的理想状态及重要的伦理思想："喜怒哀乐之未发，谓之中；发而皆中节，谓之和。中也者，天下之大本也；和也者，天下之达道也。致中和，天地位焉，万物育焉。"（《礼记·中庸》）这也是为政的根本："中和者，听（政）之绳也。"（《荀子·王制》）"中和"即"中庸"，即孔子所提："中庸之为德也，其至矣乎，民鲜久矣。"（《论语·雍也》）应该说，孔子的中庸思想是"用中"思想的进一步延伸。按其本意，"中庸"就是指对待事物的态度，是一种寻求平衡的思维方法之一。

---

① 张晓芒、刘琪：《先秦诸子辩证思维的认识论基础》，《晋阳学刊》2014 年第 5 期。
② 李泽厚：《中国古代思想史论》，生活·读书·新知三联书店 2008 年版，第 29 页。

"过犹不及"是孔子对中庸含义的具体解释。人的行为超过一定的或达不到一定的"度"都是不好的。中庸即无"过"无"不及"。"用中"、"中庸"以及"和为贵"本质上都是一致的，都是调和甚至取消矛盾，阻碍矛盾通过斗争而转化，防止事物通过质变而发展。

老庄处理矛盾的方式更是典型地体现了重和尚同的一面。老子认为，事物经过矛盾斗争发展到一定阶段就必然会走向衰亡。为了防止矛盾的转化，恒久地维持自身的存在，他主张人们应该主动避免出现被转化的结局，坚持"无为""不争""贵柔""守雌"，这才是理想的状态，只有这样才能达到毫无矛盾的"玄同"境界，维持矛盾统一体的和谐。体现在思维方法上即为："致虚极，守静笃。万物并作，吾以观复。夫物芸芸，各复归其根。归根曰静，静曰复命，复命曰常，知常曰明。不知常，妄作凶。"（《老子·十六章》）庄子则从更加极端的角度来否认矛盾的对立方面。庄子承认矛盾的对立和差别，但认为那都是相对有限的，"以道观之，物无贵贱；以物观之，自贵而相贱"。（《庄子·齐物论》）从绝对无限的"道"的立场上来看，万物是无所谓差别和对立的，任何差别和对立都能够在"道"中消解，以"类与不类，相与为类"达到"天地与我并生，万物与我为一"（《庄子·齐物论》）的绝对同一境界。

《易传》虽然肯定事物可以通过对立面的斗争而实现变革和发展，但它又认为尊卑有序、主次有别的等级秩序是不可以随意更改的，只有始终维持这种秩序才是中正之道，才能达到最高和谐的状态——"太和"。可见，《易传》企图把矛盾双方固定在各自原来的位置上，使二者不再斗争而彼此和谐共处，以"保合太和"作为自己所追求的终极目标。这实际上还是取消了矛盾斗争性的一面，以事物的和合为理想状态。

墨子的兼爱、尚贤、尚同的思想简单明了地体现了他期望建立一个无矛盾、无纷争、无差别的和谐社会。但这种追求"和""同"的思想同其他诸子一样，其"思想库主要是为统治者准备的，诸子提供的各式各样的治国方案和统治术，使他们有了选择的余地，以增强统治的应变能力"①，而"从平面上看百家相争，很有点民主气氛，但是如果分析一下每家的思想实质，

---

①　刘泽华、葛荃主编：《中国古代政治思想史》，南开大学出版社 2001 年版，第 27 页。

就会发现绝大多数人在政治上都鼓吹君主专制，思想上都要求罢黜他说，独尊己见，争着搞自己设计的君主专制主义。因此，百家争鸣的实际结果不可能促进政治走向民主、思想走向自由，只能是汇集成一股强大力量，促进君主专制主义的完善和强化"①。

名家学者惠施历来被人们认为是"合同异"的代表人物。所谓"合同异"大体包含有两个层面的内容：一是思维方法上重综合，二是主观上取消了事物同异间的差别和对立。从事物同异关系的确定性上讲，同就是同，异就是异，二者不能混淆。但惠施却从取消同异间的差别的观点出发，以"泛爱万物，天地一体"的命题形式提出了"历物十意"的结论性命题，其重"和"轻"分"的倾向溢于言表。

韩非子虽然前无古人地提炼出了"矛盾"一词，似乎注重了矛盾双方斗争的一面。但法家对于"势不两立"的"不可两存之仇"的矛盾解决办法，却是为了避免"两则相争，杂则两伤"（《慎子·德立》），其最终目的还是要借斗争而维护新兴地主阶级的统治地位。故而只能归二为一，体现在国家政治生活中，君主为"一"，即"威不二错，政不二门"（《管子·法禁》）；体现在社会经济生活中，是"末产不禁，则野不辟"（《管子·修权》）；体现在思想领域，则是禁绝异端，使"一国戚，齐士义"（《管子·法禁》）。韩非则将上述一切归于"一民之轨莫如法"（《五蠹》），体现在思想领域则是消灭异说，摈弃百家，统一思想，唯法是从，故而"明主之国，令者，言最贵者也；法者，事最适者也。言无二贵，法不两适，故言行而不轨于法令者必禁"（《问辩》）。如是，韩非的矛盾观就与他所希冀的强权政治、文化专制主义紧密地扯在了一起，当这种需要在稳固了地主阶级的统治地位以后必定要维持这种局面，其最终的归宿仍是"和"，"分"只不过是达到"和"的手段和方法。

总之，在先秦诸子看来，矛盾是普遍存在的，是运动发展的，正是矛盾双方之间的斗争才构成了大千世界林林总总的多彩画面。如果只承认矛盾间的统一而否认对立，事物是不可能有所发展的，人的认识或认知也是不可能有所前进的。另一方面，先秦诸子强调矛盾的统一性，忽视了矛盾的斗争

---

① 刘泽华、葛荃主编：《中国古代政治思想史》，南开大学出版社 2001 年版，第 28—29 页。

性。他们的逻辑思维中重和尚同的倾向是较为明显的。最明显的是，先秦诸
子的思维和认知方式具有明显的政治、伦理倾向，这是不同于西方人思维和
认知方式的特征之一。

二 先秦诸子逻辑思维产生的认知基础

中华民族具有一种特殊的且为全民族普遍接受的认知框架和精神追
求——"天地人"三者的和谐统一，即天人合一的和谐整体观。这种天人
合一的整体观当是中国传统哲学的主流思想，它要求无论怎样看待事物，都
要将它们放置在由天、地、人三大要素构成的整体框架中分析衡量，全面审
视。天、地、人"三大要素的统一，表现为时间对空间的统摄，人对自然的
利用与应和，同时也是古代中国民族对宇宙整体的总的看法，是研讨一切具
体事物所共通使用的理论点"①。"天人合一"思想应是先秦诸子逻辑思维产
生的认知基础。

在先秦诸子的思维方式中，最具特色的是儒、墨两家的思想，他们偏重
于"以天合人"，往往根据人道的主观理想来塑造天道，并使之为人道理想
做论证。而张东荪关于文化与逻辑间关系的内容也可体现"天人合一"思
想的内涵，他认为，不同的文化产生了不同的逻辑，这些逻辑可以进一步分
为四类：第一，传统逻辑（逻辑甲）；第二，数理逻辑（逻辑乙）；第三，
形而上学的逻辑（逻辑丙）；第四，政治思想的逻辑（逻辑丁）②。他认为中
国只存在逻辑丙和逻辑丁这两种类型的逻辑。"逻辑丙是由整体观念而演成
的，故为整体一观念所支配。逻辑丁是由对抗观念而演成的，亦全部为此观
念所左右。为整体观念所支配的便不能如对抗观念所形成的那样简单直接；
自必远溯而及于其他。于是便由社会而推到道德；由道德推到宇宙；由宇宙
推到上帝。"③ 这种由天道推及人道，统贯天人的整体观，尤为注重事物统
一、协调的一面，倾向于天人之间的和谐。这种认识虽然承认矛盾对立双方

---

① 刘长林：《中国系统思维》，中国社会科学出版社 2005 年版，第 416 页。

② 张东荪：《不同的逻辑与文化并论中国理学》，张汝伦编选《理性与良知——张东荪文选》，上
海远东出版社 1995 年版，第 388 页。

③ 张东荪：《不同的逻辑与文化并论中国理学》，张汝伦编选《理性与良知——张东荪文选》，上
海远东出版社 1995 年版，第 405 页。

的普遍存在，但在两者关系问题上多是偏重对立双方的联系、依存的一面，不能够全面客观地看待矛盾双方的对立统一的关系。

从文化和认知的视角看，"天人合一"思想包含着丰富的认知方法。它强调"天地一体""天人相合"。这样就把认识的主体（人）与客体（客观事物）融合在一起，在运思中把每个事物都作为普遍联系的有机整体中的一部分，注重事物彼此之间的内在关联，从整体联系的观点认识事物。这就克服了传统形而上学静止、孤立地考察事物的弊病，同样营造了一种万物相通、大化流行、宇宙星辰、和谐稳定的理想状态。"天人既无二，于是亦不必分别我与非我。我与非我原是一体，不必且不应将我与非我分开。于是，内外之对立消弭，而人与自然融为一片。"①

然而，从先秦诸子逻辑思维的角度来看，这一认识方法在对待"天""人"这一矛盾对立双方间的关系问题上存在着较为明显的偏向，它把认识的主客体包融在一起，既通过解释天道来论证人道，又遵循人道来说明天道，着力维持"天""人"二者之间的平衡关系，力图恒久地保证矛盾统一体的和谐稳定。但天道与人道之间的互相解释和论证实际上是一种循环论证，并没有产生任何新知识和新理念，从而阻碍了人们对自然界进一步的探寻和对社会问题的深入探讨，进而阻碍了古代科学技术的发展和人类认识水平的提高。因为，既然天道可以由人道来解释，自然可以由社会来说明，那么天人合一思想就取消了对一切客观化的事物进行概念化分析的必要性，而是重在强调主体认知的体悟与直观把握，这样就把探求的主要方向指向了人的内在存在，不需要对外界事物有规定性的认识。

总之，这种重体悟轻分析的认知模式，正是本着"天人合一""体用一源"的认知基点，在强调整体性、和谐性、直观性认知框架的影响下，先秦诸子的辩证思想具有了泛直观模糊性和强化矛盾双方的和谐统一、弱化双方对立的理论倾向。

三　实用理性与实践逻辑

应当注意的是，"天人合一"思想并不完全否认、排斥矛盾双方之间的

---

①　余雄：《中国哲学概论》，（高雄）复文出版社1991年版，第10页。

对立与冲突，而是在明确肯定矛盾双方存在斗争关系的前提下思考如何弱化二者间的对立因素，使其稳定、长久地维持在一个统一体中。它"'统一'或'和'的重点不在如何消除、泯灭差异、区别、矛盾以及对立、斗争，它并不追求或要求各方面、因素、事物的'相同'、'同一'或'一致'，而是追求在承认差异、区别、矛盾、斗争中能取得和谐共处以维系生存"①。这种理论的着眼点，与中国传统思想自身性格上的特色——实用理性精神相关。

正如南宋叶适在其《习学记言序目·荀子·正名》中所言，孔子之"正名"一开始就不是为正名而正名，而是为了正事而正名："孔子谓卫政当正名。是时父子不正而人道失序，则孔子所欲正之者，亦其事而已。名不正故事乱，名正则事从矣"②；以及西晋鲁胜在其《墨辩注序》中所言："名者所以别同异，明是非，道义之门，政化之准绳也。孔子曰：'必也正名，名不正则事不成'"③，先秦时代一切学术研究的目的，不是为了构造某种知识论的逻辑体系，而是为了寻找有利于实现自己论道经邦理论的原则和方法，便于其人事主张的宣传，为维持社会秩序和君主统治提供理论依据。"中国哲人，因思想理论以生活实践为依归，所以特别注重人生实相之探求，生活准则之论究。"④ 他们对自然界的观察与概括，不是出于对自然界运行规律的强烈兴趣，而是借自然明人事，其重心点始终落在人伦日用层面上，西方那种"为知识而知识"的学术传统近乎不存在。同样，像西方哲学中那种注重高度概念化、形式化的形而上理论思维方式，在先秦哲学中也从未得到真正的重视并占据主导地位。如果说，西方哲学主要是一种思辨型哲学，那么中国哲学可以称为是一种实践性哲学。由此形成的实用理性精神也就在与中国文化各个方面相联系、相渗透中形成并长久延续下去了。

在"天"与"人"这一矛盾关系中，无论从哪一方面对"天"进行解

---

① 李泽厚：《哲学纲要》，北京大学出版社 2011 年版，第 166 页。
② 中国逻辑史研究会资料编选组编：《中国逻辑史资料选（汉至明卷）》，甘肃人民出版社 1991 年版，第 361 页。
③ 中国逻辑史研究会资料编选组编：《中国逻辑史资料选（汉至明卷）》，甘肃人民出版社 1991 年版，第 181 页。
④ 余雄：《中国哲学概论》，复文出版社 1991 年版，第 11 页。

释，相比较"人"这个感性实在的存在，它无疑都是第二位的。"人"才是居于首位的并成为矛盾的主要方面。因此，在对待二者之间的关系问题上，维护人的生存的实用目的非常明确。维护如何可能？这就需要把握"度"，"'度'就是'掌握分寸，恰到好处'"①，即"度"是一种技巧或艺术，是一种人们为达到所为之事的目的而必须学会掌握恰当的分寸和火候的技艺，"增之一分则太长，减之一分则太短"，"差之毫厘，失之千里"。没有这个技艺的"度"，人类就不能维持生存。中国传统思想中一直强调的"中""和""中庸"就是"度"的现实体现，它们遍及社会生活的各个方面，即前述孔子的"执两用中"，以及"喜怒哀乐之未发，谓之中；发而皆中节，谓之和。中也者，天下之大本也；和也者，天下之达道也"，"弩不正，偏强偏弱而不和"（《孙膑兵法》），"宽以济猛，猛以济宽，政是以和"（《左传·昭公十二年》），"和，顺也，谐也，不坚不柔也"（《广韵》），等等。因此，在深知"度"这一理论大前提下，处理"天""人"之间的矛盾关系必然以缓和、协调为主，着重探求如何避免矛盾激化和转化的方法，力图维护某种理想安逸的生活状态，从而维系并延续人的生存、生活、生命的意义。

同时，"天人合一"思想的本体论传统也在一定程度上构成了实用理性精神的内在逻辑依据和直接途径。在中国传统哲学中，"天"包含多种含义，但不论"天"取何种意蕴，根据"天人合一"的要求，"天"的种种属性都可以由人的内在本性而得以体现，而且这些属性可以进而转化为人的内部存在，这样人自身就直接内涵了自然界的普遍原则，这就是所谓"在人之天"或"属人之天"。如此一来，在天与人、客体与主体、心灵与肉体、人与神之间，便不存在绝对的分歧和对立。这种"自然的人化"和"人的自然化"就是"天人合一"思想的具体体现。既然可以通过知"人"而达到知"天"，那么就可以排除对外在的客观存在进行客观化、概念化的分析的必要性，而把探求的主要目标指向了人的内在存在。对人的存在和本性的自我了解，就是了解自然法则或天道的根本途径和方法。也就是说，只有以"泛爱万物"的原则为前导，才可能有自然之和谐，才可能有人与自然之和

---

① 李泽厚：《哲学纲要》，北京大学出版社 2011 年版，第 129 页。

谐，才可能有人与人之和谐，才可能有人自我身心之和谐，才可能有人与社会之和谐；而有人与社会之和谐，才能促进人自我身心之和谐，才可能促进人与人之和谐，才可能促进人与自然之和谐，才可能促进自然之和谐。如是，才是"普遍和谐"观念文化下的实实在在的现实生活。

如上所述，"天人合一"思想与实用理性精神是相互补充、相互融贯、相互印证的。在二者共同的影响与作用下，先秦诸子的逻辑思维在天人矛盾统一体中侧重矛盾的一方——"人"，以其对矛盾对立双方多具有经验性的感性特征，希冀维持统一体的平衡与稳定，也是情之所趋、理之当然。但是，这种重和尚同的理论倾向虽然凝聚了先人关于自然、社会和人生的丰富经验和巨大智慧，体现了先秦时代特有的文化，具有独特的价值。但在这种观念支配下的逻辑思维显然不是一种积极进取的思维方式。但是，就整体而言，一个民族要发展，一个社会要进步，就必须适时进行改革以促进自身的完善。这其中的经验教训，值得我们认真反思。

我们认为，中华民族具有一种特殊的而又为全民族普遍接受的认知框架和精神追求——"天地人"三者的和谐统一，即天人合一的和谐整体观。而天人合一的整体观与中国传统思想自身性格上的特色——实用理性精神密切相关。在天人合一的认识观和实用理性精神的共同作用下，中国古代的辩证思维方法往往注重矛盾双方之间的渗透、互补以保持整个机体、结构的动态平衡稳定，形成了一种重合轻分的和谐思维。这种思维方式决定了中国古代逻辑的特征：第一，中国逻辑是一种实践的逻辑，也称为"实质逻辑"（material logic）[1]，或如温公颐先生所指出的是"内涵的逻辑"[2]。第二，中国逻辑"强调论证主体的文化隶属关系和论证的语境依赖性，表达了说理的社会文化性"[3]。第三，从逻辑与文化关系的角度进行逻辑研究，可以发现，中国古代逻辑实际上是一种伦理化、政治化的逻辑。在这里，与自然化认识论相契合的观点主要是中国逻辑的主体依赖性和语境依赖性。

---

① 张东荪：《理智与条理》，张汝伦编选《理性与良知——张东荪文选》，上海远东出版社 1995 年版，第 491 页。

② 温公颐：《先秦逻辑史》，上海人民出版社 1983 年版，第 48 页。

③ 鞠实儿：《论逻辑的文化相对性——从民族志和历史学的观点看》，《中国社会科学》2010 年第 1 期。

简言之，中国学界对中国古代逻辑所建基的认知框架和精神追求进行了深入探索，关注的焦点是社会文化基础和政治伦理性。但是缺乏对中国语言文字中体现的认知模式和认知结构的探索。

第二节　海外学者谈中国古代逻辑思维的认知特质

在20世纪初东西方文化交流互动的过程中，欧洲大陆出现了一股研究中国古代文化的热潮，涌现出了一批很有造诣的汉学家。文化背景的差异使得这些汉学家对中国古代逻辑有着独特的见解。他们是怎么看中国古代逻辑的？借用一位学者的比喻，国内外学者对于中国思想的研究由于文化背景的差异有着不同的看法，就像观察事物的眼睛一样：中国大陆学者的研究代表了一只眼，外国学者是第二只，而海外汉学家的视角则可以称得上是第三只眼。第三只眼兼具了前两者的特点，既避免了国内视角的主观，又优于国外视角的臆断。客观独立与深入浅出相结合是这些海外汉学家研究方法的特点，他们包括马伯乐（H. Maspero），P. 梅生（P. Masson-Oursel），沙畹（E-d. Chavannes）等，其中对中国古代逻辑有较为深入研究的汉学家是葛兰言（Marcel Granet，1884—1940）和刘家槐（Lioukia-Hway，1908—，法籍华裔哲学家）。然而，中国哲学和逻辑学界对这两位汉学家的观点了解不多，更谈不上深入研究。我们将通过评述海外汉学家尤其是葛兰言和刘家槐对中国古代逻辑的看法，从逻辑与文化、逻辑与认知的视角讨论中国古代逻辑的特殊性，在中西方文化互动的大背景下提出自己的一些观点，对中国逻辑研究提供了一些有益的启示。

一　中国人思维和认知中的具象性概念

中国语言中的概念是不是印—欧语言那样的抽象概念？中国式概念是不是实际存在？这种概念与语言认知结构有什么关系？对这些问题，葛兰言和刘家槐提出了自己独特的看法。

葛兰言指出，中国人的思维和认知不完全建立在概念的基础上，中国古代并不是用语言思维而是用语言来想象。中国语言不像印—欧语言那样是由抽象概念构成，但中国语言可以唤起无限复杂的想象。例如在所有欧洲语言中，老人是由单一的词表述的，因为它表述的是这个概念的最一般形式。在中国语言中，没有和这种概念相应的语词，代替它的是一系列描述或解释性的语词，它们描述老人的不同状态、需求和社会权利，比如老人是这样的：他们呼吸困难，需要丰富的食物，需要丰富的肉食；可以豁免兵役；由于年纪大而接近死亡；在城市中有权使用手杖；等等。① 这样，语词所表示的不是抽象的概念，而是具有复杂形象的想象，这就是它的感召力。

在葛兰言看来，中国语言中的语词不仅作为简单的符号，而且是发音的标志，是为描述性助词（descriptive auxiliaries）而实现的多种表征。葛兰言写道："这些具有重要意义的描述性助词，是古诗的特色。它们也在历代中国诗和散文中，占据重要地位。当中国诗人描写两个玩耍的蟋蟀时，使用描述性助词'摇一摇'和'唧一唧'，他并不完全限于拟声的描述，他想使人们看到蟋蟀运动的一种规律，并变成自然符号。这样对它们的描述性助词，就变成发音符号（vocal emblem）。"② 在葛兰言看来，中国文字体现了象征性原则。中国文字是表意文字，每一个符号相应于一个意思。这里只有相对有限数目的符号来创造复杂的表意文字。读这些表意文字的同时就包含着对形象的分析。简单的因素——部首（radical）——表示字的意义；第二部分（其他部分）表示字的发音。

按照葛兰言的说法，古代中国不是用表述概念的语词来思维的，这就可以说明，为什么引导希腊产生三段论理论的属种逻辑，在古代中国没有发展起来。葛兰言指出，中国人没有三段论的爱好。古代中国逻辑不是外延逻辑，而是一种讲求秩序和效率的逻辑。③我们认为，葛兰言正确地看到，中国逻辑思维方式不同于西方逻辑思维方式的根源在于，中国特有的表意文字反映了汉民族具有不同于西方民族的认知模式。这一观点体现了他对中国文化深邃的洞察和独到的见解。

不过，刘家槐对此提出了不同的看法，并对葛兰言的观点提出了反驳。刘家槐指出，中国式概念与西方式概念的区别在于写作的不同："中国的写

---

① Marcel Granet：*La pensée Chinoise*，Albin Michel，1934：38，葛兰言的法文著作译文均由南开大学哲学院安靖博士供稿，在此致谢！

② Marcel Granet：*La pensée Chinoise*，Albin Michel，1934：39.

③ Marcel Granet：*La pensée Chinoise*，Albin Michel，1934：336.

作从本质上说是具体的和综合的，西方的写作从本质上说是抽象的和分析的。"① 刘家槐从中国人写作这一认知侧面深入探讨了中国古代是否存在西方式的概念这个问题。

从心理—实践的角度看，刘家槐认为中国式概念是实际存在的，是一种"经验性的概念"②，而概念的表达离不开文字，每个汉字都有"图像"的属性，而这种图像属性与生活中的具体事物和事件联系紧密，所以在中国，"正是那些包含着模糊和一般性图像的汉字，通过它们的一般性和不精确性，取代了西方的概念。而且它们所指的正是那些对于中国人的实践生活来说发挥着必要作用的表象。"③

刘家槐指出，人类文明的发展过程中，"社会机构和确定了这些机构的那些观念似乎是自动联系在一起的"④，但两者的发展并不总是一帆风顺，在某些历史阶段，由于人类社会在行动领域和思想领域上出现了问题，造成了旧有社会机构的动摇和传统观念的颠覆。古希腊的苏格拉底和中国的孔子正是生活在这样的年代里，他们努力尝试着把人们的思想"引向传统中所包含的良知"⑤ 来避免因思想上的混乱而造成社会的动荡。为此，孔子提倡"正名"，意在纠正那些因思想上的混乱而造成事物的"名"与其"实"不符的情况。但孔子所说的"名"是否就是西方意义上"概念"？刘家槐举例回答了这一问题。

刘家槐分析了《论语·颜渊》当中的一段话："齐景公问政于孔子。孔子对曰：'君君、臣臣、父父、子子。'公曰：'善哉！信如君不君、臣不臣、父不父、子不子，虽有粟，吾得而食诸?'"在这段话里孔子的意思是无论是君主、臣子、父亲和子女，都应该做符合他们各自身份的事情，也就是"君"这个"名"就应该符合君主的"实"，同样的臣子、父亲和子女也应当如此。当各个"名"都与其"实"相符，那社会就会稳定，因为无论

---

① Liou Kia-Hway: *L'esprit Synthétique de la Chine*, Paris, 1961: 75. 刘家槐的法文著作译文由南开大学哲学院安靖博士提供，在此特别致谢！

② Liou Kia-Hway: *L'esprit Synthétique de la Chine*, Paris, 1961: 75.

③ Liou Kia-Hway: *L'esprit Synthétique de la Chine*, Paris, 1961: 76.

④ Liou Kia-Hway: *L'esprit Synthétique de la Chine*, Paris, 1961: 76.

⑤ Liou Kia-Hway: *L'esprit Synthétique de la Chine*, Paris, 1961: 76.

是君臣还是父子都做着他们这个角色所应该做的事情。反之，如果"名"与"实"不符，没有做到他们这个角色所应做的工作，那么就会导致社会的动荡。通过对孔子的分析，刘家槐得出结论："总而言之，在孔子看来，每一个名都要求属于自己的实（也就是与它相符的行为），排除异于它的行为（也就是不与其实相符的行为），因此，孔子的名代表着一个概念，这个概念包含着一定数量的、属于它的综合统一性的特殊行为，排除掉了与他的要求不相吻合的另外一些特殊行为。"①

通过对孔子理论的文本分析，刘家槐断言孔子的"名"不是西方意义上的概念——"一个真正的概念应当超越感性经验的所有具体材料。"② 但是对于葛兰言所说的中国古代思想家没有抽象化和一般化活动，刘家槐持不同的意见，其依据是荀子在《荀子·正名》中表达的思想，荀子指出：

> 异实者莫不异名也，不可乱也，犹使同实者莫不同名也。故万物虽众，有时而欲无举之，故谓之物；物也者，大共名也。推而共之，共则有共，至于无共然后止。有时而欲偏举之，故谓之鸟兽。鸟兽也者，大别名也。推而别之，别则有别，至于无别然后止。

这里的意思是，知道实质不同的事物要用不同的名称，所以使实质不同的事物无不具有不同的名称，这是不可错乱的，就像使实质相同的事物无不具有相同的名称一样。万物虽然众多，有时候却要把它们全面地举出来，所以把它们叫作"物"，"物"这个名称，是个最大的共用名称。依此推求而给事物制定共用的名称，那么共用的名称之中又有共用的名称，直到不再有共用的名称，然后才终止。有时候想要把它们部分地举出来，所以把它们叫作"鸟""兽"。"鸟""兽"这种名称，是一种最大的区别性名称。依此推求给事物制定区别性的名称，那么区别性的名称之中又有区别性的名称，直到不再有区别性的名称，然后才终止。

在荀子的这段话中，"物"作为最大的一种名称，它处于归类的顶端，

---

① Liou Kia-Hway: *L'esprit Synthétique de la Chine*, Paris, 1961: 77.

② Liou Kia-Hway: *L'esprit Synthétique de la Chine*, Paris, 1961: 78.

"物"之下有"鸟""兽"等特称词项。刘家槐通过上述文本的分析驳斥了葛兰言关于"中国的思想家完全不懂得用属和种来进行分类，从而也就对西方的抽象概念一无所知"的断言。

综上，我们认为，中国的思想家也知道用属和种来进行分类，也有一定程度的抽象概念，但是中国语言中的概念与印—欧语言那样的抽象概念不同。这种不同只是抽象程度的不同。换言之，中国式概念是在现实中实际存在的。这种概念与语言—认知结构的关系在于，中国语言—认知结构的特殊性决定了中国式概念的特殊性，这具体表现在：第一，中国文字是表意文字，每一个符号相应于一个意思。中国语言是图像性的自然语言，与这种特殊的自然语言中的语词相联系的概念具有一定程度的抽象性，但与西方逻辑中的概念比，它是具象多于抽象。第二，中国式概念对内涵的重视甚于对外延的强调，这是因为中国逻辑不是纯粹的外延逻辑，它蕴含着内涵逻辑的取向。第三，中国古代思想家们的逻辑思想受限于中国式语言的结构无法得到清晰的表达；中国语言中的语词具有一定模糊性和图像表意特征，与此对应的是，中国式概念往往精确程度不高，甚至隐含着不一致。因此，这种概念构成的判断就具有了它的特殊性。这种判断的特殊形式是什么呢？

二　中国古代思维和认知中的悖论性判断

判断既是一个逻辑概念，也是一个认知概念。与西方的判断相比，中国式判断的特殊性体现在它的悖论性。对于这些思想家们来说，中国语言的特殊结构既简化，又限制了他们的逻辑思考，同时还决定了中式判断的独特特性。对于中国式判断，刘家槐分析说："中国思想家将具体的、不确定的属应用于实践生活当中，实际上不要求任何演绎活动，他们所需要的是一种直觉性深入的大胆努力。这种直觉性深入的大胆努力催生了《论语》中所记载的孔子的细致思考。孔子的这些思考支配了孟子和荀子这两位伟大的儒家代表人物。这种思考在庄子那里转化为内在的'道'，正是这种'道'支撑着中国'智者'们的那些悖论性判断。"①

在刘家槐看来，中国式的悖论性判断表现在于，"一个否定性的中文命

---

① Liou Kia-Hway：*L'esprit Synthétique de la Chine*，Paris，1961：179.

题能够同时表达一个否定判断和一个无限判断,而后者从根本上表现的是一个肯定判断。"① 关于中国古代逻辑中的悖论性判断,公孙龙在他的《指物论》中有一段关于指与物的著名悖论:物非莫指,而指非指。刘家槐认为,这个极不确定的命题包含两个相反的判断:

一个肯定判断——任何物都是指(概念),但是,指是非指。

一个否定判断——任何物都是指,但是,指不是指。

刘家槐指出,根据公孙龙的长篇分析,否定命题"观念不是观念"所要表达的恰恰是:观念本身在世界上不存在。假设观念本身在世界上不存在,世界中的一切事物都暗含着对观念的分有就是不可能的。所以,作为否定判断的第一个中文语句就取消了观念的存在以及宇宙对这个观念的分有。根据公孙龙的本体论分析,肯定命题"观念是非—观念"应当以如下方式来解释:观念自身是对立于经验宇宙内部的观念的东西。所以,作为肯定判断的第一个中文语句就确立了观念的存在和宇宙对这个观念的分有。

按照刘家槐,"指"与"物"间的不可解释的悖论就在于:根据作者的逻辑分析,观念既不在自身中存在也不在世界中存在;根据作者的本体论分析,观念既在自身中存在也在世界中存在。这两种有关观念的相互矛盾的解释形成了悖论,这个悖论是由公孙龙的分析精神创造的,而后者正沉浸于宇宙实在的复杂性当中。② 杜米特留认为,这些自相矛盾的判断,根据一般的欧洲逻辑,几乎是难懂的;在中国人的思维中,则有确定的意义。③ 中国式的悖论性判断还表现在,由于大部分中文语句都不会提示概念的单复数,这种古汉语带来的模糊化表述使得读者始终要根据汉字的句法顺序来看出一个句子或一个命题到底是单数的还是复数的,到底是单称判断还是特称判断。例如在《庄子》33 章中的悖论是:

日方中方睨,物方生方死。

---

① Liou Kia-Hway: *L'esprit Synthétique de la Chine*, Paris, 1961: 101.

② Liou Kia-Hway: *L'esprit Synthétique de la Chine*, Paris, 1961: 102.

③ Anton Dumitriu: *History of Logic*, Abacus press, 1977, 35.

中文语句的目的是要强调世界中一切现象的不断变化的状态，而第二个命题是可以用三种方式来翻译的：

1. 一个存在者会诞生也会死亡；

2. 一些存在者会诞生也会死亡；

3. 所有存在者会诞生也会死亡。

在惠施和庄子的所有悖论中，"一"与"多"、"整体"与"部分"的无差异（indifferenciation）就是它们的基础。

刘家槐指出，如果以科学的严格性为标准来考察西方的理性原则，那么中国思想家们是完全不了解这些将具体经验的复杂关联彻底排除在外的原则的。[①] 例如惠施的悖论：白狗黑，违背了同一性原则；公孙龙的悖论"物莫非指，而指非指"，违背了矛盾性原则；庄子的悖论"天地一指也，万物一马也"违背了实体性原则。刘家槐最后总结到，"西方的理性原则的内部见证了一种彻底的二元论。这种彻底的二元论刻画着西方理性方法的特征，它极大地有利于一种还原和控制的逻辑，这是因为，面对着两个绝对不同的观念，热衷于统一性和融贯性的人类心灵倾向于把两个当中的一个还原为另外一个，以及用一个来同化另一个。与这种刻画着一切时代的西方人的心智的还原和统治的逻辑不同，忠于其传统的中国心灵提出了一种宇宙整合（cosmic integration）的和平逻辑，这种和平逻辑的基础是具体的、不可分的整体。因此，这种逻辑会催生各种悖论性判断，其基础在于唤起宇宙的深刻交织，这是一种兼爱和神秘统一的逻辑"[②]。

为什么中国式判断具有悖论性特征？在我们看来，这个原因在于，第一，中国思想家们要得到真理，不是作无限的表述，而是紧紧围绕获得的真理，达到几乎难以名状的概念，例如"道"。这种态度的结果是，中国哲学家不像西方哲学家那样无休止的论证，而是说得很少，用名言隽语、比喻例证。第二，中国式判断明晰不足而暗示有余，这就为中式判断中单称特称含糊、包含对立和不一贯、不符合严格意义上的理性原则留下了空间。

综上，悖论性判断的特征在于，第一，多值性。悖论性判断不仅仅是真

---

①　Liou Kia-Hway，*L'esprit Synthétique de la Chine*，Paris，1961：104.

②　Liou Kia-Hway，*L'esprit Synthétique de la Chine*，Paris，1961：107.

假二值，也可以包含三值。根据杜米特留的研究，这种判断"可能导致产生一个有关这些判断的多值逻辑概念体系。中国思维是在具体图像的基础上发展起来的，始终不离开个别或特殊。但是，多值逻辑结构局限于特殊或个别，不可能达到一般。在这种多值逻辑体系中，排中律和矛盾律并非普遍有效的方法。按照这同样的方法，在多值逻辑的帮助下，有可能发现微观物理学领域的融贯图式，有可能为古代中国思维展开一个融贯的概念体系。"①第二，模糊性。由于中文语句不明确提示概念的单复数带来了模糊化表述，这就使得中国式判断到底是单称判断还是特称判断不甚明确，从而使悖论性判断具有了模糊性特征。第三，不融贯性。悖论性判断的不融贯性指的是一个不确定的命题包含两个相反的判断。这种判断有时违背西方逻辑的矛盾律，有时违背同一律，但它在思维过程中包含具体的历史的统一。这种判断为中国式推类逻辑奠定了基础。值得注意的是，中国式的悖论性判断具有不融贯性，因而必然是容错的，可修正的。

三　中国古代"推类"的特质

崔清田认为，中国古代逻辑的主导推理类型是"推类"；在海外汉学家看来，中国古代推理就是"渗透归纳法"。那么，中国古代的渗透归纳法具有什么特质？它是不是推类？从海外汉学家的论述中，可以得到答案。在他们看来，中国人的思维中，一切看似悖论性的、无法解释的判断只是代表了一系列或隐或显的推理的结论。这一系列或隐或显的推理要求人们付出艰苦的努力，以一种直觉性的深入进入所有经验性实在的本体论根基当中。中国人精神的典型特征应当在于一种中国式推理，这种推理的目标就是尽可能地深入到存在整体当中。

例如，墨子在他的著作《墨子·耕柱》中有这样一段话：子墨子曰："世俗之君子，贫而谓之富则怒，无义而谓之有义，则喜。岂不悖哉！"这段话的意思是：世俗中的君子们，如果他贫穷而别人说他富有，他会很愤怒，但如果他无义，别人说他有义，他却会很高兴，这不是太矛盾了吗！在这里，"贫穷""富有"与"有义""无义"是两个概念组，都属于名实不

---

①　Anton Dumitriu: *History of Logic*, Abacus Press, 1977, 38.

符的情况，而君子们对于这两种"过誉"的态度却大相径庭。墨子通过这段话讽刺了那些自以为有义的伪善者们，既然贫穷被说成富裕会愤怒，那无义被说成有义也应该会愤怒，这与西方逻辑中的类比推理在形式上是十分类似的。

荀子的推类思想，用他自己的表述就是："欲观千岁，则数今日，预知亿万，则审一二。"（荀子·非相）在荀子那里，"千岁"和"今日"两个特殊例子都属同一类，"亿万"和"一二"也一样。所以从"今日"的现状便可推出"千岁"后的大势，从"一二"也可推出"亿万"。

刘家槐认为，中国式推理在古代称之为"推类"，它所能实现的只是类比推理的理想。这是因为，图像性的汉语无法表达与具体的、特殊的事实相割裂的抽象的、一般的理念。所有通过中文表达的推理看起来都是从一个特殊的事实过渡到另一个同样特殊的事实。从其外在形式的视角来看，这样一种推理不是别的，只能是类比推理。但是，刘家槐既不同意葛兰言和马伯乐一致认可的观点，即中国式推理及其各种变化形式从根本上说只表现了一种类比推理，[①] 也不认同胡适等学者在汉语经典文本中发现西方推理形式并把它们与西方逻辑推理简单比附的研究方法。[②] 在刘家槐看来，即使中式推理（推类）都只具有类比推理的形式，但这并不意味着字面上的类比推理表述足以说明中式推理所具有的潜在丰富性。虽然在《论语》《大学》《中庸》，以及墨翟和荀子那里发现大量的类比推理，但刘家槐断言："中式推理的典型特征并不在于类比推理，而是在于以类比推理的形式出现的渗透归纳法。渗透归纳法并不是这样一种类比推理：它通过从一个特殊的实例过渡到另一个同样特殊的实例来得出某个结论，然后把这个结论应用到宇宙当中所有现实或可能的实例那里。渗透归纳法的特征就在于它的直觉性深入力。这种直觉性深入力就在于从一个特殊事实出发来发现一条普遍法则。"[③]

中国式渗透归纳法与西方的类比推理究竟是同一种推理还是不同的推

---

① Marcel Granet: *La Penséechinoise*, op. cit., pp. 336 – 337, Henri Maspéro, Notes Sur la Logique de Mo-tseu et Sesécoles, pp. 28 – 29.

② 胡适:《胡适文存》，1921: 卷Ⅱ，41—45，48—49.《中国哲学史大纲》，商务印书馆1926年版，第208—213、216—221 页。

③ Liou Kia-Hway: *L'esprit Synthétique de la Chine*, Paris, 1961: 173.

理？多数海外学者和一部分国内学者认为，渗透归纳法就是一种类比推理；一部分国内学者认为，中国式"推类"即渗透归纳法与西方的类比推理完全不同。我们倾向于刘家槐的观点：中国式"推类"即渗透归纳法与西方的类比推理既有相同又有不同。在刘家槐看来，西方的归纳法与渗透归纳法并没有那么大的差异。它们的差异仅仅在于，西方归纳法的目标是在一组排他的同类事实那里验证它的法则，而渗透归纳法想要发现的是一条具有无限适用领域的法则。正是由于渗透归纳法总是会给出无限的法则，所以很难从形式的角度把类比推理和渗透归纳法区分开来。因此，刘家槐试图清楚地区分类比推理和渗透归纳法，他明确指出："类比推理乃是'松弛的'渗透归纳法，这种松弛的归纳由于忽视了无限法则的强大召唤力而止步于从一个特殊实例到另一个同样特殊的实例的过渡。渗透归纳法是一种'紧张的'类比推理，这种推理的目标就是强烈地召唤出特殊实例的一般性法则，但它忽视了从一个特殊实例向另一个特殊实例的过渡。"[1] 刘家槐总结说："尽管在中国古代思想当中存在着大量富有想象力的和无意识的类比推理，但我们要做出的论断是：中式推理的典型特征就在于它是一种以类比推理的形式出现的渗透归纳法。"[2] 实际上，中国古代思想家的逻辑推理通过隐喻、类比和溯因等多种手段推动了实践性推理理论的发展。

　　总之，中国式"推类"即渗透归纳法的认知特质表现在：第一，渗透归纳法与西方的类比推理在形式上是相同的。这两种推理都是从一个特殊的事实过渡到另一个同样特殊的事实的推理。第二，渗透归纳法与西方的类比推理在潜在丰富性方面是大不相同的。中国哲学家惯于用名言隽语、比喻例证的形式表达自己的思想。《老子》全书都是名言隽语，《庄子》各篇大都充满比喻例证。这里包含了深刻的思想和悠远的含义。而西方的类比推理更侧重形式的表述。第三，渗透归纳法与西方的类比推理的表述明晰不足而暗示有余，前者可以从后者得到补偿。而这些特质或特点源于中国语言—认知模式的特质。

　　概言之，海外学者的看法与国内学者的看法相比，确有其独到之处。他

---

[1]　Liou Kia-Hway: *L'esprit Synthétique de la Chine*, Paris, 1961: 173.

[2]　Liou Kia-Hway: *L'esprit Synthétique de la Chine*, Paris, 1961: 174.

们不仅关注奠基中国古代逻辑的社会文化基础和政治伦理性，而且更多地关注处于社会文化深层的语言—认知模式，尤其可贵的是，他们认识到中国特有的表意文字反映了汉民族具有不同于西方民族的认知模式。这就启发我们从汉字造字法的角度去考察汉民族思维的认知模式。

第三节　从汉字造字法看汉民族逻辑思维的认知模式

以上我们从中国古代逻辑的文化诠释谈起，探讨了建构中国古代逻辑的语言文字基础，进一步探讨了中国语言—认知模式的特点。接下来，我们将深入到逻辑与认知研究的最基本层面。亦即研究汉字造字、解字、认字等的认知过程，以便一窥中华民族（主要指汉民族）的认知模式及其特点。

我们发现，在汉字造字、解字、认字的过程中，汉字表意的生动性、直观性和具体性，以类化意向的"能指"之"象"去"象思维"地指称"所指"之"象"，在能指与所指的不断验证中，在生产对象与生产主体不断的相互映照下，水到渠成地为日后产生的推类逻辑思想与方法奠定了认知基础，表达了"汉字最深刻、最全面的、最典型、最概括、最细微地反映了中国古代文化方方面面的内容，特别是反映了中国古代的思想观念及思维方式"①。为此，我们的讨论首先从汉字造字法开始。

应该说，文字的产生、发展过程主要是一个造字的过程。史传黄帝史官仓颉②"见鸟兽蹄迒之迹，知分理之相别异也。初造书契，百工以乂，万品以察"③。这也间接反映了文字产生的轨迹，即黑格尔所说的"依照时间的次序，人的意识，对于对象总是先形成表象，后才形成概念，而且唯有通过表象，人的能思的心灵才进而达到对于事物思维的认识和把握"④。按此，我们尝试对中国文字造字过程中，中国古代先人是以何种思维方式在由"实象"至"心象"的演变过程中，以一定的"类化意识"，以及由此延伸出来

---

① 段石羽：《汉字中的中国古代哲学思想》，新疆人民出版社 2006 年版，第 2 页。
② 关于仓颉造字的传说，见于《荀子·解蔽》《韩非子·五蠹》《吕氏春秋·君守》《淮南子·本经训》等。《汉书·古今人表》与汉代许慎的《说文解字·叙》均言仓颉为黄帝时期的史官。
③ （汉）许慎：《说文解字·叙》。
④ ［德］黑格尔：《小逻辑》，商务印书馆 1980 年版，第 37 页。

的"公理意识",规范、制约不同的汉字是如何相互"别"与"察"的。

中国文字是表意文字,它的形体结构和意义有密切的关系。古人称为"六书":象形、指事、会意、形声、转注、假借。但实际上汉字的形体结构只有前四种,且更能体现实质意义上的造字法并更能反映文字发展的历史进程。在这里我们只分析其中的象形和形声两种。

(一) 象形字

象形字是指描摹实物形状的文字,它保留了最原始文字的形体和面貌,它的每个字都有固定的读法,和没有固定读法的图画文字相比,已经是真正意义上的文字了。"象形者,画成其物,随体诘诎,日月是也。"[1] 也就是说,将事物的轮廓或具有特征的部分,在"实象"虚化的过程中,以意象性思维方式描画出来,体现了意象性思维方式的最基本的原则,也就是主观情愿与外在物象相融合的心象。

按《说文解字》段注,"有独体之象形,有合体之象形"。象形字分为两类。一类是独体象形字,一类是合体象形字。

1. 独体象形字

独体象形字是通过简单地描摹某一物的轮廓来指称该物。在描摹该物的过程中,它是一个不可解构、不可拆分的整体象形表意。

或如,日 (⊟)、月 (☽)、水 (𡿨)、火 (🔥)、木 (🌲)。它们的甲骨文写法,就以"像"日之形、月之状、水之态、火之炎、树之貌之形状,来意象性地描摹指称这些事物。

应该说,独体象形字对于事物的简单描摹既是形象的也是抽象的。它的构成元素或者字素置向无论如何变化[2],在表现所描摹事物的本来情景上,是形象的,因为它的所"像"之形非常明显;在以所描摹事物功能以构形表义以及构形之美的"实象"虚化上,它又是抽象的,因为它的直观意义在以物的形体进行象形表意过程中,有了思维意象性映射的因素。它是超越的,在"象"的意义诠释中,表达形式与表达内容统一在一起,并且一直

---

[1]　(汉) 许慎:《说文解字·叙》。

[2]　张月:《甲骨文独体象形字字素置向研究》,《黑龙江史志》2014 年第 15 期。

贯穿于汉字造字过程的始终，成为一以贯之的"术"。也正是基于此，就是这种不可拆解的最简单的形象与抽象，以无须解构拆分且不能解构拆分的字形字义，构成了汉字的源头。当我们今天细细品察庞大汉字体系的字根时，实际上也就是在探源这种独体象形字所代表的"类"。[①] 而在我们看来，这种"类"的意象是中国推类思想的源头和根基。

2. 合体象形字

合体象形字必须由两部分的字素构件组成，字素构件之间形成一幅依附与烘托的复合形之"像"，从而使之既具有了形体上的联系；又有了意义上的联系。故而它虽然也简单地描摹了事物的轮廓，但其建立在依附与烘托基础上的复合意义，就还需要依附事物、借助于主体事物来帮助表义了。

或如"眉"（蒈、𥄀），是在已有的独体象形字"目"（𥃛）上增加眉毛象形符号。也正因为眉毛象形符号是在主体事物"目"上，才能借助于其整体表达"眉"义，"眉，目上毛也。从目，象眉之形"[②]。否则不知所"像"之云。

或如"果"（𣏟），是在已有的独体象形字"木"（𣎵）上增加果实象形符号构成的，"果，木实毛也。从木，象果形，在木之上"[③]。其基本构成原理同上。

文字的产生必定有一个历史化的过程。因此，最初的象形字肯定不是仓颉一人所为，在由图画文字向契刻文字演化的过程中，应该会有一个不同个体有不同感受的随意性过程。这种形式语言的"实验性"，是汉字造字阶段必然要经历的一个重要环节。但文字的符号指称的统一是沟通交际的需要，在艰辛生存的过程中更是生命的需要，必定需要某个人将这些文字统筹、收集起来，按"缘天官，凡同类同情者，其天官之意物也同"[④] 的"实象"感知，形成或制定"共许"的规则，使最初的汉字造字在意象性思维的引导

---

① 参见文字、文化学者李学俊、李元甲新著《独体象形字解析》。该书通过对独体象形字的解析和阐释，从字形的演变、字形构造解析、引申义、偏旁及部首应用、道德内涵、审美取向等方面介绍、探讨、研究和解析了独体象形字的字形、字义、文化以及传承和演变过程。中国言实出版社 2015 年版。

② 《说文解字·眉部》。

③ 《说文解字·木部》。

④ 《荀子·正名》。

下，在"经历"与"认可"中逐步发展，让"为何展现"与"如何展现"成为一种"前人所以垂后，后人所以识古"①的恒久的文化行为。

虽然这种文化行为最初仍然以视觉上的真实为"画成其物，随体诘诎"的最基本目的，并成为象形字的根本观念之"道"与技术方法之"术"，但这种尊重自然客体的精神，却为日后汉字的庞大体系筑了最坚实的思维方法论的基础，使今天学习汉字的人在学习过程中，仍然在汉字的表意性中，不断体验着融贯客观真实与科学精神为一体的意象性思维方式的表达欲望。

应该说，象形字从艺术原理、"实象"虚化的审美，到形式语言的表达技巧，是中国古代先民不断探索的结果，代表汉字初创时期的一种文化认知的能力。虽然自然界永远没有一种反射率能够为 1 的镜子，但作为一种实物"镜像"的"映射"表达，在象形字的造字过程中，意象思维方式仍然规范着所造字和所画之物的"能指"（signifier）与"所指"（signified）的同一，规范着所造字的自我说明的语义与语用的同一。亦即所谓的"随体诘诎"，这也可以说是暗示了思维与存在的同一。其表意性质中的审美情趣与旨意，正是意象性思维方式使然，"实象"虚化的过程熔铸并符合了以往的审美经验，也符合建立在经验基础上的语言——认知结构。否则，造字的初衷便失去通过"实象"虚化以记载并沟通交际的符号指称作用了。

从造字方法看，象形字最能反映字的本义，它是以后所有造字方法的根本和基础。之所以有此日后的不断延伸，是因为世界万物，林林总总，不可能都意象性地"随体诘诎"地画出，因此，《说文解字》中收字 9353 个，象形字为 364 个，只占 5% 弱。从象形字造字法，可以看出它对中国推类逻辑思维的重要影响。

1. 分类和类比是意象性思维方式在造字法中的具体体现，是实物"镜像"的"映射"表达。这里的类并不是西方文化中抽象的类概念，而是具有具象性的、象征性的符号。

2. 象形字的造字过程中图像化表征起着重要的作用，这就为比拟、比较、比喻思维方式的形成奠定了基础。这无疑会影响中国人的语言——认知结构，进而影响中国人的逻辑思维方式。这种影响即便不是决定性的，也是十

---

① （汉）许慎：《说文解字·叙》。

分重要的。

（二）形声字

形声字由表意的形旁和表音的声旁组合而成，造字能力最强。"形声者，以事为名，取譬相成，江河是也。"① 即 "江，从水，工声。古双切（jiang）"②；"河，从水，可声，乎哥切（he）"③。在《说文解字》中，收字9353 个，形声字占 80% 以上。一切抽象的概念和语言中的新词汇均可以用意符和声符组合成新字。或如，元素表中的字，金属元素除"汞"外，都用"金"字旁；非金属元素都用"石"字旁；气体元素除"溴"外，都用"气"字旁。这至少表明了以下几点。

1. 意象思维方式体现在通过意符的"察意"上，意象性思维方式是以"类"事理的同一性或相似性，根据意符来推导、辨认的，这其中包含着类似联想式的认知模式。

汉字字典都把部首作为查字、解字的一个主要手段。其主要功能就是按字的偏旁分类，把同一部首的字归为一类，意符相同的形声字，在意义上大都和意符所标示的事物或行为有关。因此，凡是作为部首的某字，均要标明"凡某之属皆从某"；凡是从属于某个属的形声字，均要标明"从某"。这样就从意符上巩固了类化意识，从而以规范性的规则要求，提示了通过"察意"规定认知途径中的类似联想。它的根据就是事物之间在形态或性质上的某些相似，即在类事理上具有同一性或相似性。这也就是俗话所说的"认字不认字，先认半个字"，即指先从偏旁辨别其"类"的意义所在。虽然形声字的意符并不就完全等于本义，但本义与意符之间仍然有密切的关系，这也为我们今天学汉字、解汉字，从本义而引申义，导出了意象性思维方法论的认知途径。或如，"赴趋赶越超"一组字，虽然读音不同，但我们可以从共同的偏旁"走"（^走）④ 中，体会出它们均与人的走、跑的行为有关。

---

① 《说文解字·叙》。
② 《说文解字·水部》。
③ 《说文解字·水部》。
④ "趋也，从夭止。夭止者，屈也。凡走之属皆从走。徐锴曰：走则足曲故从夭"。《说文解字·走部》。

虽然在形声字的造字过程中，意义范畴是一个较为宽泛的概念，意义范畴并不等同于词义本身。意符相同也并不意味着词义相同，"如以'言'或'贝'为意符的形声字并不都是等义词。……但是只要我们已经知道了某一形声字的几个意思，则可以根据意符来辨认哪一个是本义或比较原始的意义，哪些则是引申义或假借义"①。这里的辨认根据就是按照意象性思维方式，以"类"事理的同一性或相似性，根据意符来推导、辨认的。

2. 意象思维方式体现在通过声符的"辨音"上，这也从声符上巩固了类化意识，提示了通过"辨音"规定认知途径中的类似联想的思维模式。

在《说文解字》中，凡是形声字均在标明"从某"后再标明"某声"。这样也从声符上巩固了类化意识，也能够以规范性的规则要求，提示了通过"辨音"规定认知途径中的类似联想。就是事物之间在形态或性质上的某些相似，即在类事理上具有同一性或相似性。俗话所说的"认字不认字，先认半个字"，也包括了以"类"事理的同一性或相似性，根据声符（某字）大致揣度地读出这个字的音来。学汉字、读汉字，引导出意象性思维方法论的认知途径。

或如，"决决诀抉玦砄鴃駃蚗趹"一组字，偏旁不同，但我们只要认识其中的一个字，就可以大致读出这一组字中其他字的字音来。"决"与水有关（除去壅塞或打开缺口，引水导流）；"决"同"决"；"诀"与口有关（口诀，诀别，话别，秘诀，诀历：声音激越清澈）；"抉"与手有关（挑出，挖，引申为抉择）；"玦"（有缺口的玉环，古代常用来赠送给人表示决断、决裂）与玉石有关；"砄"为一种石头；"鴃"为古书中一种叫伯劳的鸟；"駃"为古书中说的一种骏马，又指驴骡：駃騠；"蚗"是螇蚗，蝉的一种；"趹"与足有关（马飞奔时，后蹄踢地的腾空貌）。在这里，形声造字法对产生类似联想的意象思维方式的影响可见一斑。另一方面，意象思维方式对造字法的规范作用同样很明显。

3. 察意、辨音过程中的类意识孕育了汉民族特有的认知模式，而汉字造字法的分类思维则强化了汉民族的意象性思维方式。

---

① 参见王力主编《古代汉语》（修订本第一册），中华书局 1985 年版，第二单元"古汉语通论"（五）。

　　在汉字造字过程中，形声字的"凡某之属皆从某""某声"的认字途径，展现了具有一定概括性的分类思想。基于上述意象思维方式在形声字的"察意""辨音"上的两点体现，在汉字不断孳乳、发展、壮大的过程中，这种"察意""辨音"的类意识极其明显且在新的形声字的不断产生中不断得以强化，进一步巩固了汉字的庞大造字功能的表意性。正如陈寅恪所说"凡解释一字，即是做一部文化史"，造字过程就是一种语言文字认知发展的历史。实际上汉字造字、解字、认字的认知过程，为日后产生的推类逻辑思想与方法奠定了坚实的文字学基础，"类事理"相同是中国推类法式成立的根本依据："类不悖，虽久同理，故乡乎邪曲而不迷，观乎杂物而不惑，以此度之"①；"辨异而不过，推类而不悖，听则合文，辨则尽故"②。

　　我们甚至可以说，在汉字的造字、解字、认字过程中遵循这种规范，就是意象性思维的类意识下遵守规则的强约束，它以如维特根斯坦所说的"遵守规则是一种实践"③，形成了一种生活经验。"经验"作为一个合成词，包含有两个重要的义项：一是表明一种观念来自实际的经历；二是表明这种观念在经历中有它的效验。在汉字的造字、解字、认字的实践中积累起来的经验，其思维特征是实象的虚化，"它们虽未揭示和理解事物的本质和规律，却已经包含着事物的本质规律，已经触及到了事物的本质和规律"④，从而不断强化着意象性思维的习惯，使得"习惯就是人生的最大指导。只有这条原则可以使我们的经验有益于我们，并且使我们期待将来有类似过去的一串事情发生"⑤，因此，这种汉字认知实践中积累的经验形成和塑造了我们民族的认知模式。

　　这种不断强化的意象性思维习惯使得形声字继续巩固着汉字的表意性。虽然随着汉字宗谱树的不断发展、壮大，形声字的表意功能一部分保存了，一部分分化了，一部分减弱了，一部分消失了，或如，"肝胆腑脏"不同于

---

① 《荀子·非相》。
② 《荀子·正名》。
③ Wittgenstein，L.，*Philosophical Investigations*，G. E. M. Anscombe（trans），2ed.，Oxford：Basil Blackwell Ltd，1958，p. 81.
④ 刘文英：《漫长的历史源头——原始思维与原始文化新探》，中国社会科学出版社 1996 年版，第 616 页。
⑤ ［英］休谟：《人类理解研究》，商务印书馆 1957 年版，第 43 页。

"朦胧朗胜"。但对于大多数形声字来，我们还是如同上述，只要已经知道了某一形声字的几个意思，就可以根据意符，按照意象性思维方式，以"类"事理的同一性或相似性，根据意符来推导、辨认了。

尽管如此，对于大部分形声字，我们仍然可以按照汉字造字的认知模式，从其基本字的字形中，分析出一定的认字判定规律来，因为认字即认知。就算是因汉字的形变、音变、义变而认错字也是常有的事，"强寻偏旁推点画，时得一二遗八九"①。仅从认错字的思维途径这一点上，也可从反面印证中国古人在造字认知过程中的意象性思维方式的规范作用。

我们之所以不厌其烦地举出这些例子，是想说明：一方面，汉字造字法不断强化着我们民族的认知模式，另一方面意象性思维习惯在汉字的造字过程中对我们民族的思维方式起到重要的规范作用。在这种"类意识"的经验直觉下，汉字在自己庞大的宗谱树上不断延展，"字者，言滋乳而浸多也"②，不断孳乳出许许多多的新字来。不同的家族在其肖像上总是分别有其基因的酷似之处。而这正是中国文字表意性及多产性的奥妙所在。

第四节　寻根：汉字形成的认知模式中体现的"推类意识"

在汉字形成的认知过程中，我们可以看到，汉字是一种"有意味的形式"语言文字体系，它不仅包含"类意识"和"推类意识"，在其认知过程中还体现出联想和隐喻因素。这种联想和隐喻因素为中国古代推类的产生奠定了基础。

汉字形成的认知模式之所以能够体现"推类意识"的原因在于：

第一，汉字是具有社会功用的"有意味的形式"语言，它表征和塑造了中华民族的情感、观念、想象、意味等认知架构和精神因素。

众所周知，汉字产生的初始阶段，表现了图画和汉字的同体性。而不管是图画还是最初的汉字，都以"线条色彩以某种特殊方式组成某种形式或形

---

① （宋）苏轼：《石鼓歌》。

② 《说文解字·叙》。

式的关系，激发我们的审美感情。这种线、色的关系和组合，这些审美的感人的形式，我视之为'有意味的形式'（significant form）。'有意味的形式'，就是一切艺术的共同本质"①。而这种"有意味的形式"并不仅仅是简单的形式，而是具有社会功用及意义的。"这永恒的艺术创造，体现了人类传承下来的社会性的共同心理结构，它们既是永恒不变，也不是倏忽即逝，不可捉摸，它是沉淀了内容的形式，是有意味的形式。"② 因为它"不只是感官愉快，而是其中参与了、存储了特定的观念意义。在对象一方，自然形式（装饰品、色彩）中已经积淀了社会内容；在主体一方，官能感受（对某种色彩感觉愉快）中已经积淀了观念性的想象、理解"③。我们在这里需要追问的是，这种积淀了社会内容的观念性的想象为什么得以可能，为什么得以理解，是需要得到一定的合理解释的。这就是一个论证的过程。

汉字这种"有意味的形式"发展到今天已经几千年了，它不仅为一门论证的科学奠定基础，而且体现为一门书法美的艺术。它在对自然界万事万物的不断抽象、综合的过程中，以形式和非形式的表达方式，不断升华人类复杂的情感、观念和想象。可以说，汉字在这种抽象过程中，同样以"思维内容的再现"，包含着思维主体的自我理解，准确地再现着人类的思维内容，并以逻辑的求真、求善功能④，在其语义、语用的统一中，蕴涵着人类的情感、观念、想象、意味等的认知架构和精神因素。因此，从汉字产生那一天起，为了社会沟通交际的需要，在有效传播信息的过程中，它就在语义的合理解释及语用的恰当使用中潜存着论证的意识。而论证从今天的逻辑观点看，就是一个广义有效性的综合推理过程。

或如，无论是"名，自命也。从口，从夕。夕者冥也。冥不相见，故以口自名"引发的事实中语义、语用的统一，还是"许君云自命者，谓自呼其名也。古者严男女之防，《礼记·内则》所云'夜行以烛，无烛则止'。盖所以闲（间）内外者为至密，故禁冥行。冥行则必自呼其名，使人知之，

---

① ［英］克莱夫·贝尔：《艺术》，中国文联出版公司1984年版，第4页。
② 李泽厚：《美的历程》，天津社会科学院出版社2001年版，第350页。
③ 李泽厚：《美的历程》，天津社会科学院出版社2001年版，第10页。
④ 参见张晓芒《逻辑的求善功能》，《南开学报》2011年第4期。

所以厚别远嫌也。此篆说解，足补古代礼制之遗，最为可据"①。所引发的价值的语义、语用的统一，都塑造、表达着初民的情感、观念、想象、意味等认知架构和精神因素。

第二，汉字造字过程中包含着丰富的认知关联性因素，汉民族特有的表意文字体现出特有的认知模式，这些认知模式对中华文化产生了深刻影响。

联想是通过某一事物的现象而想到具有某种联系的另一事物的现象，从而启发创新的思维方法。在人的思维中，它使人们可以通过自由的选择，由对一事物的认知而迁移、过渡到对另一事物的认知中。其特点是由此及彼、具有跳跃性、有一定的逻辑顺序。从汉字造字顺序来看，汉字在不断地繁衍孳乳的过程中，联想的因素是不可阙如的。象形字的"画成其物，随体诘诎，日月是也"，指事字的"视而可识，察而见意，上下是也"，会意字的"比类合谊，以见指㧑，武信是也"，形声字的"以事为名，取譬相成，江河是也"，都有一种意象性联想的因素在内。这种联想因素使得汉字在其不断创生发展过程中，有如创造学联想学派的迈德尼克在其著名的远程联想理论中所认为的，"在创造性过程中，大脑中已经存在的思想以不寻常的、创造的和有用的组合方式联系在一起。我们已有的每一个映象或概念与其他映象或概念联系在一起"②。这个能够得到整理归类的类事理联想的逻辑顺序，同时也是一个有效的类事理成立的逻辑论证过程。换言之，汉字在其产生发展的过程中，以实象虚化的演变，始终发挥着基于"象"基础之上的类事理的关联或联想作用，而类事理的关联或联想作用的发挥与实现，始终需要一个有效的语义解释和语义运作的论证过程。

郝大维、安乐哲指出："［中国人］所使用的那种类比论证必须理解为'关联思维'［correlative thinking］的一种模式。"③ 关联性思维的表现形式往往是联想、隐喻和类推之类。而这一切都是以中国文字符号、阴阳五行中体现的认知模式为基础的。比如，象形字就具有"象形类比"的认知功能，"月"字就模仿类比了月亮的形貌特征。而指事、会意则具有"象意类比"

---

① 张舜徽：《约注》，汤可敬《说文解字今释》，岳麓书社2001年版，第187—188页。
② 转引自尹鑫《逻辑抽象思维与创造性思维——兼谈逻辑抽象思维能力的培养》，《广西师范大学学报》（哲学社会科学版）2000年第3期，第16—18页。
③ ［美］郝大维、安乐哲：《汉哲学思维的文化探源》，江苏人民出版社1997年版，第142页。

的认知功能。以甲骨文的"武"字为例。它由"止"（象形"足"）和"戈"，意指"人"负"戈"而走，象征"威武"。在中国古代，类比联想、隐喻关联的表达方式丰富多彩、十分普遍；而在西方，实在的语言通常高于隐喻的语言。后期墨家也有几何名词，如《墨经》中有"端"（解释为几何中的点），"尺"（解释为几何中的线），"区"（解释为几何中的面），如此等等。这些字词都带有隐喻意味，是一种"文字几何"或经验几何。都不是数学理论中的精确定义。因此，汉字的认知结构和造字法中体现的认知模式对中华文化中特有的思维方式产生了很大影响。

第三，汉字造字法中体现的认知模式对中国传统哲学和古代逻辑中的模式型推类产生了深远的影响；而这种"模式型推理"在中华民族的逻辑思维方式中具有显著的地位。

汉字的认知结构和造字法中体现的认知模式不仅形塑了中华文化的特质，而且深刻影响了中国传统哲学中的"模式型推类"；而中华民族的关联性认知模式实质上是中国"模式型推类"的认知之根。试想：如果没有汉字结构的会意、象形的认知意味，没有汉字造字法中体现的包括联想、隐喻和类推的联想性思维，哪来中国哲学思维中的"模式型推理"。按照刘文英教授的说法，中国传统哲学思维是以"模式型推理"为其逻辑特征的。[1] 以往的中国逻辑思想研究已经注意到，《周易》中主要采用三种推类方法：一是根据卦象的象征意义去推类；二是根据相关卦辞爻辞的内容去推类；三是将卦象、爻象的象征意义和相应卦辞、爻辞的内容结合起来，从而对所询事物的吉凶祸福情况加以推断。这三种推类方法分别叫作"据象推类""据辞推类"和"象辞结合推类"。[2]

但是，我们不难看出这种"模式型推理"与汉民族认知模式乃至汉字认知结构的紧密联系。因为，"模式型推理"具有两个特点：一是要提供一个比照"法式"或"模式"；二是要依据"类同理同"的原理。但是，这种推理在具体应用中没有可操作的严格的规范形式，对主体和具体语境有依赖性，运作过程中具有容错性，表现为比喻、模拟、联想和类推的联想性思维

① 刘文英：《论中国传统哲学的逻辑特征》，《哲学研究》1988 年第 2 期。
② 温公颐、崔清田：《中国逻辑史教程》（修订本），南开大学出版社 2000 年版，第 21 页。

和依赖主体和语境的认知模式。简言之，这种模式的基本特征是隐喻性、主体依赖性和容错性。实际上，汉字这种表意文字体系的认知结构和认知模式在很大程度上影响中国传统哲学和逻辑中的"模式型推理"，即中国古代推类。而这种"模式型推理"或中国古代推类，按崔清田教授的说法，是中国逻辑史上的"主导推理类型"，[①] 在中华民族的逻辑思维方式中具有显著的地位。

来自文化和认知视角的以上探讨给我们的启示是：任何一个稳定的文化传统，必定包含了这个民族的逻辑思维方式。先秦时期，在如何认知世界、如何认识社会的过程中，经过中国古代先人历史积淀的认知实践及粗浅的理论概括，形成了建立在"类"概念基础之上的由"言事"而"言道"的推类思维方法。这种逻辑思维方法的认知基础是意象性认知模式，而这种模式的根基最主要的是汉字的认知结构和造字法体现的认知模式，其基本特征是隐喻性、模糊性。更重要的是，如前文所述，基于汉民族语言文字的中国式判断包含有悖论性判断，这就凸显出汉民族认知基础和在此基础上建立的逻辑思维具有主体依赖性和容错性等（参见本章第 2 节）。不难看出，这些特征与自然化科学哲学的特征基本吻合，唯一不同的是，前者更带有自己的文化特质或"文化基因"。可见，中国古代文字在其造字过程中为先秦推类方法的产生发展奠定了坚实的认知基础，同时也补充了自然化科学哲学的中国元素，有助于推动自然化科学哲学在我国的本土化研究。

我们可以说，不懂得中国古代推类，也就无从了解中国传统中得到长久肯定的瓜瓞绵绵的象思维。尽管这种"象思维"方式可能略显模糊、笼统，但它在思想传播中可以直指问题的本质，使之具有了中华文化的认知特色。在这个意义讲，我们是否可以这样认为，中国古代推类何以可能的问题，如能通过认知寻根得到较为充分、满意的解释，也就找到了了解并心怀敬意地理解中国思维文化史的钥匙。

综上所述，我们在自然化科学哲学的观念下开展中国古代逻辑的研究，探讨中国古代逻辑具有不同于西方传统逻辑的特异性，发现这种特异的中国逻辑是由特异的中华文化所影响和决定，而文化是一个比较宽泛的概念，究

---

① 崔清田：《中国逻辑的主导推理类型》，《中州学刊》2004 年第 3 期。

竟是中华文化的哪一部分或哪一方面影响和决定的呢？抑或是由中华文化的多个方面或多因素综合影响和决定的呢？我们认为，影响和决定中国古代逻辑特殊性的很可能是多种因素共同作用的结果，但其中最重要的因素是语言文字，包括汉民族表意文字体系结构和汉字造字法体现的认知模式。换言之，中华民族特有的表意文字影响和决定了中华民族特有的认知模式和特点，进而影响和决定中华文化形态和认知状态，在此基础上产生了中国特有的推理形式，形成了与古希腊逻辑、印度因明相并列的中国古代逻辑。这就较为圆满地回答了我们提出的文化探源和认知寻根的问题。

结　　语

本书通过贝叶斯推理、类比推理、溯因推理和中国古代推类的认知寻根和文化探源，在具有自然化科学哲学倾向的研究纲领下，探讨了几方面的问题：

第一，吸取了认知心理学、认知人类学、认知语言学和认知神经科学的研究成果，探讨了主观概率判断的支持理论、贝叶斯推理中的主体因素、类比推理的形式化、视觉溯因与视觉认知、动物溯因与动物认知以及中国古代逻辑的认知基础等问题，分析了这些具有自然化特征的学科对于逻辑推理形成、发展的影响，探讨了这种跨学科研究对逻辑和认知未来发展的启示。

第二，基于生物进化论、进化人类学和广义综合进化论的研究成果，探讨了视觉溯因的二重性、类比推理的形式化、动物溯因的二重性（既是本能，又是推理）与动物溯因的动态性、信念修正的动态性以及中国古代推类的容错性和动态特征等，分析了这些自然科学对于溯因推理、信念修正理论和中国推类形成、发展的影响。探讨了这种研究对逻辑特别是人工智能逻辑、中国逻辑未来发展的影响。

第三，基于经验心理学、文字学和自然计算观的研究成果，探讨了演绎推理、归纳推理、类比推理以及案例推理、类比程序、隐喻类比推理的或然性、不确定性、模糊性，分析了中国推类的联想性、隐喻性、主体依赖性和容错性特征等，剖析了这些思想资源对西方逻辑的推理和对中国逻辑推类发展的影响，初步探讨了逻辑和认知研究本土化的途径。

总之，我们的研究秉持的是批判继承的新心理主义立场并试图维护和重建科学哲学的自然主义，尽管我们这方面的研究还不够深入。在我们看来，当代逻辑与认知研究的核心论题是逻辑学研究应当从认知科学以及其他自然科学研究中学习和借鉴什么的方法论问题。需要反思的认识论问题是逻辑与认知、逻辑学与心理学究竟是一种什么关系的问题。

当前，在逻辑、认知和计算的哲学领域中盛行的关于心理主义与反心理主义的争论以及逻辑学与心理学，逻辑与认知关系的讨论，客观上对逻辑学、心理学、认知科学以及人工智能的哲学发展产生了重要的影响，而且这种争论在未来还将持续地影响着这些学科和哲学的发展。其实，逻辑与认知研究中出现的问题，哲学家早就探讨过了。正如一位具有哲学情怀的人工智能科学家麦克德莫特（McDermott）所言，许多没有出路的认知和智能研究，"只是因为对哲学家昔日的失败一无所知，才得以维持"①。

事实上，在逻辑、认知与计算的问题上截然相反的观点的争论持续了多年，至今仍是众说纷纭，莫衷一是。我们看到的往往是这样的对立和冲突：逻辑学家们对逻辑—心理截然二分的基本肯定与认知科学家、哲学家对这种二分的否定之间的鲜明反差。而这类的争论可能还要持续若干年。

另外，逻辑和认知研究中主观主义与客观主义的争论仍在持续发酵。一些学者认为，归纳逻辑作为一种科学的逻辑，只能是客观的；另一些学者认为，归纳逻辑作为一种放大性的逻辑，必然是主观的。主观与客观，孰优孰劣，主观主义与客观主义孰是孰非，始终未有定论。

此外，逻辑和认知的科学哲学研究中，自然主义与反自然主义的较量始终没有停止过。一方强调的是经验认知在科学中独特的重要性，坚称哲学与科学具有连续性；另一方强调逻辑理性在计算科学中特别重要，坚称哲学与科学具有差异和非连续性。双方各执一词，誓不相让。

经过这一波又一波的思想交锋，我们逐渐认识到，主观与客观，其实本身并无对错和优劣，全在一个"度"字。度才是逻辑的无上智慧，是逻辑发展的崇高境界。度既是一种真，更是一种美。深谙其中之奥妙的中国思想文化传统，历来反对走极端，认为过犹不及。主张拿捏分寸，从心所欲，但不逾矩。在西方文化传统中，主张在对立的两极之间保持必要的张力，强调二者之间的连续和过渡，这与中华文化的洞见不谋而合，有异曲同工之妙。在我们看来，主观和客观不是一个非此即彼的概念，而是一个程度的概念。在逻辑和认知研究中，纯粹主观和纯粹客观的情况都是罕见特例。大多数时

---

① ［英］玛格丽特·博登：《人工智能哲学》，上海译文出版社 2001 年版，第 17 页。

候是既有一定主观成分，又有一定客观成分的情况。主观与客观并不是截然二分的。它们看似对立，实际上是相互作用、相互渗透、相辅相成的两个方面，应该全面地看待这一问题。

我们欣慰地看到，随着认知科学和哲学的发展，心理主义与反心理主义、自然主义与反自然主义各自的僵硬立场正在逐渐趋于中立，逻辑世界与心理世界、理性与经验之间过去不可逾越的鸿沟正在被逐渐填平，客观与主观之间的截然分明的界限正在逐渐淡化。这就说明，对立是相对的，融合是绝对的、必然的。事物正在向自己的对立面转化。

皮尔士是一位以主张科学可错论而著名的哲学家，他有过一段发人深省的论述，值得我们汲取："科学中的每一项成就，如果它伟大得足以让几代人记住的话，都会显示出推理这门艺术在被书面表达时所存在的缺陷；因而科学中的每一次大的进步，都是对逻辑的一次教训。"① 说得好啊！科学的每一次进步，就意味着对各种逻辑系统的修正，也意味着对逻辑的超越和升华。我们可以说，随着当代人工智能和计算机科学、分子生物学和量子力学以及复杂性科学的发展，逻辑学和哲学必然要改变自己的形式，因而必须重新审视重大科学进步对逻辑的"教训"，而皮尔士所倡导的这种方法正是我们在本研究中一以贯之的方法。

重大科学进步给逻辑的教训是什么呢？我们认为，这个教训不仅仅是用非经典的、非演绎的、非形式的逻辑体系扩充和丰富已经根深蒂固的经典逻辑、演绎逻辑和形式化的逻辑体系，发展各种超越既有框架和范式的"异类"逻辑；而是超越目前占支配地位的"纯粹理性"的思维定式和理论权威的思想束缚，② 新的实践必将开拓逻辑研究的新领域、突破旧的划界标准，那些人工智能科学研究者绝不会因为看到"不是逻辑"的警示牌而停止前进。③ 重大科学进步给逻辑的教训是：在哲学、文化等较为宽广的背景下，弘扬一种皮尔士所说的自我批判、自我纠正、自我更新的科学方法和科学精神。在我们这个社会、政治、经济、文化和学术面临大变局的时代，我

---

① 转引自 I. M. Copi & J. A. Gould, *Readings on Logic*, The Macmillan Company, New York, 1964, p. 63。

② 参见任晓明、王刚《人工智能视域的纯粹理性批判》，《南开学报》2021 年第 1 期。

③ 桂起权等：《次协调逻辑与人工智能》，武汉大学出版社 2002 年版，第 7 页。

们的因应之道应该是，让我们的学术视野更加开阔，学术思想更加开放和包容，以容纳各种对立、冲突甚至并非无意义的（nontrivial）矛盾，实现真正的自我超越。

回顾过去，展望未来，虽然光明的发展前景和深刻的危机并存，发展机遇和严重的挑战同在，但是从长远看，从根本上看，我们对认知科学和逻辑学的未来充满信心。人类最终能够设计未来、创造未来、开拓未来，这是毫无疑问的。我们今天不知道的奥秘，我们将来可以知道，而认知科学、逻辑学、计算与智能科学将与我们同行。

参考文献

一 中文部分

（一）中文图书类

陈波：《逻辑学十五讲》，北京大学出版社 2008 年版。

程仲棠：《"中国古代逻辑学"解构》，中国社会科学出版社 2009 年版。

段石羽：《汉字中的中国古代哲学思想》，新疆人民出版社 2006 年版。

弓肇祥：《认知逻辑新发展》，北京大学出版社 2004 年版。

桂起权等：《次协调逻辑与人工智能》，武汉大学出版社 2002 年版。

何向东等：《认知信息的逻辑理论与应用研究》，科学出版社 2020 年版。

黄华新等：《逻辑、语言与认知》，浙江大学出版社 2019 年版。

鞠实儿等：《融合与修正：跨文化交流的逻辑与认知研究》，经济科学出版社 2020 年版。

李娜：《数理逻辑实验教程》，武汉大学出版社 2010 年版。

李平、［美］陈向主编：《科学和推理的认知研究》，江西人民出版社 2004 年版。

李泽厚：《中国古代思想史论》，生活·读书·新知三联书店 2008 年版。

郦全民：《用计算的观点看世界》，中山大学出版社 2009 年版。

刘明明：《中国古代推类逻辑研究》，北京师范大学出版社 2012 年版。

刘文英：《漫长的历史源头——原始思维与原始文化新探》，中国社会科学出版社 1996 年版。

刘泽华、葛荃主编：《中国古代政治思想史》，南开大学出版社 2001 年版。

罗四维：《视觉信息认知计算理论》，科学出版社 2010 年版。

任晓明、陈晓平：《决策、博弈与认知》，北京师范大学出版社 2014 年版。

任晓明：《当代归纳逻辑探赜——论科恩归纳逻辑的恰当性》，成都科技大学出版社 1993 年版。

任晓明、桂起权：《计算机科学哲学研究——认知计算与目的性的哲学思考》，人民出版社 2010 年版。

王亚同：《类比推理》，河北大学出版社 1999 年版。

王雨田、吴炳荣：《归纳逻辑与人工智能》，中国纺织大学出版社 1995 年版。

王元元：《计算机科学中的逻辑学》，科学出版社 1989 年版。

温纯如：《认知、逻辑与价值》，中国社会科学出版社 2000 年版。

温公颐：《先秦逻辑史》，上海人民出版社 1983 年版。

余雄：《中国哲学概论》，（高雄）复文出版社 1991 年版。

曾黄麟：《智能计算》，重庆大学出版社 2004 年版。

张留华：《皮尔士哲学的逻辑面向》，上海人民出版社 2012 年版。

张汝伦编选：《张东荪文选》，上海远东出版社 1995 年版。

张晓芒编：《温公颐文集》，山西高校联合出版社 1996 年版。

张晓芒：《先秦辩学法则史论》，中国人民大学出版社 1996 年版。

中国逻辑史研究会资料编选组编：《中国逻辑史资料选（汉至明卷)》，甘肃人民出版社 1991 年版。

周昌乐：《认知逻辑导论》，清华大学出版社 2001 年版。

周山：《中国传统类比推理系统研究》，上海辞书出版社 2011 年版。

　　（二）中译图书类

［荷］彼得·阿德里安斯等：《爱思唯尔科学哲学手册：信息哲学》下册，殷杰、原志宏、刘扬弃译，北京师范大学出版社 2015 年版。

［荷］西奥·A. F. 库珀斯主编：《爱思唯尔科学哲学手册：一般科学哲学焦点主题》，郭贵春等译，北京师范大学出版社 2015 年版。

［加］安德鲁·欧文：《爱思唯尔科学哲学手册：数学哲学》，康仕慧译，于晓皖审译，山西大学科学技术哲学研究中心编译，北京师范大学出版社 2015 年版。

［加］保罗·萨伽德：《心智：认知科学导论》，朱菁等译，上海辞书出版社 2012 年版。

［加］保罗·撒加德：《爱思唯尔科学哲学手册：心理学与认知科学哲学》，

王姝彦译，北京师范大学出版社 2015 年版。

［美］戴维森：《隐喻的含义》，牟博译，马蒂尼奇主编《语言哲学》，商务
印书馆 1998 年版。

［美］丹尼尔·卡尼曼、［美］保罗·斯洛维奇、［美］阿莫斯·特沃斯基编：
《不确定状况下的判断——启发式和偏差》，中国人民大学出版社 2013
年版。

［美］E. C. 斯坦哈特：《隐喻的逻辑——可能世界中的类比》，黄华新、徐
慈华等译，浙江大学出版社 2009 年版。

［美］E. 哈钦斯：《荒野中的认知》，于小涵译，浙江大学出版社 2010 年版。

［美］G. 波利亚：《数学与猜想：数学中的归纳与类比》，李心灿、王日爽、
李志尧译，科学出版社 2001 年版。

［美］R. M. 哈尼什：《心智、大脑与计算机》，王淼译，浙江大学出版社
2010 年版。

［美］郝大维、安乐哲：《汉哲学思维的文化探源》，江苏人民出版社 1997
年版。

［美］侯世达：《哥德尔、艾舍尔、巴赫——集异璧之大成》，翻译组，商务
印书馆 1997 年版。

［美］劳伦斯·夏皮罗：《具身认知》，李恒威、董达译，华夏出版社 2014
年版。

［美］莫里斯·克莱因：《古今数学思想》第二册，朱学贤、申由掌、叶其
孝等译，上海科技出版社 2002 年版。

［美］派利夏恩：《计算与认知》，任晓明、王左立译，中国人民大学出版社
2008 年版。

［美］王浩：《逻辑之旅：从哥德尔到哲学》，邢滔滔、郝兆宽等译，浙江大
学出版社 2009 年版。

［美］休伯特·德雷福斯：《计算机不能做什么》，生活·读书·新知三联
书店 1986 年版。

［美］约翰·道森：《哥德尔：逻辑的困境》，唐璐译，湖南科学技术出版社
2009 年版。

［墨］阿托卡·阿丽色达著：《溯因推理：从逻辑探究发现与解释》，魏屹

东、宋禄华译,科学出版社 2016 年版。

［日］箱田裕司、都築誉史、川畑秀明、萩原滋:《认知心理学》,宋永宁译,华东师范大学出版社 2013 年版。

［意］卢西亚诺·弗洛里迪:《计算与信息哲学导论（上册)》,商务印书馆 2010 年版。

［英］R. L. 格列高里:《视觉心理学》,彭聆龄、杨旻译,北京师范大学出版社 1986 年版。

［英］葛瑞汉:《论道者:中国古代哲学论辩》,张海晏译,中国社会科学出版社 2003 年版。

［英］罗杰·彭罗斯:《皇帝新脑》,许明贤、吴忠超译,湖南科学技术出版社 1996 年版。

［英］玛格丽特·博登主编:《人工智能哲学》,刘西瑞等译,上海译文出版社 2001 年版。

［英］休谟:《人类理解研究》,商务印书馆 1957 年版。

［英］休谟:《人性论》关文运译,商务印书馆 2008 年版。

［智］F. 瓦雷拉:《具身心智》,李恒威译,浙江大学出版社 2010 年版。

（三）论文类

蔡曙山:《逻辑、心理与认知——论后弗雷格时代逻辑学的发展》,《浙江大学学报》（人文社会科学版）2006 年第 5 期。

蔡曙山:《认知科学框架下心理学—逻辑学的交叉融合与发展》,《中国社会科学》2009 年第 2 期。

蔡曙山:《推理在学习与认知中的作用》,《重庆理工大学学报》（社会科学版）2011 年第 8 期。

崔清田:《墨家辩学逻辑的回顾与思考》,《南开学报》1995 年第 1 期。

崔清田:《推类:中国逻辑的主导推理类型》,《中州学刊》2004 年第 5 期。

崔清田:《"中国逻辑"名称困难的辨析》,《逻辑学研究》2009 年第 4 期。

符征、李建会:《灵魂的数学化和心灵的机械化——认知计算主义在古典与近代的发展》,《中州学刊》2013 年第 10 期。

郭美云、周君:《试析约翰·范本特姆对逻辑"心理主义"的辩护》,《哲学研究》2013 年第 8 期。

何向东：《归纳推理的类型新探》，《哲学研究》1983 年第 5 期。

胡竹菁：《推理心理研究中的逻辑加工与非逻辑加工评析》，《心理科学》
2002 年第 3 期。

黄华新、徐慈华：《隐喻语句的真值条件》，《哲学研究》2008 年第 4 期。

鞠实儿：《论逻辑的文化相对性——从民族志和历史学的观点看》，《中国社
会科学》2010 年第 1 期。

李建会：《计算主义世界观：若干批判和回应》，《哲学动态》2014 年第
1 期。

郦全民：《计算与实在——当代计算主义思潮剖析》，《哲学研究》2006 年第
3 期。

刘晓力：《计算主义质疑》，《哲学研究》2003 年第 4 期。

刘晓力：《认知科学研究纲领的困局和走向》，《中国社会科学》2003 年第
1 期。

龙潇、邹崇理：《海外汉学家视野中的中国古代逻辑》，《云南师范大学学
报》2017 年第 3 期。

阮松：《西方非形式逻辑运动与我国逻辑学的走向》，《南开学报》1996 年第
6 期。

史滋福、张庆林：《"锚定参照错误"偏向对贝叶斯推理成绩的影响》，《心
理科学》2009 年第 2 期。

王航赞：《溯因推理与最佳说明的推理》，《哲学动态》2013 年 5 期。

王佳：《对"中文屋"思想实验四个版本的考察》，《武汉理工大学学报》
2011 年第 4 期。

向玲、张庆林：《主观概率判断的支持理论》，《心理科学进展》2006 年第
5 期。

熊立文：《信念修正的 AGM 理论》，《现代哲学》2005 年第 1 期。

熊立文：《信念修正的理论与方法》，《哲学动态》2005 年第 3 期。

徐慈华、李恒威：《溯因推理与科学隐喻》，《哲学研究》2009 年第 7 期。

曾凡桂：《皮尔士 Abduction"译名探讨》，《外语教学与研究》2003 年第
6 期。

张玲：《假言命题与选言命题关系的实验研究——对逻辑学、心理学与认知科学的思考》，《晋阳学刊》2012 年第 3 期。

张玲：《心理逻辑经典实验的认知思考——认知科学背景下逻辑学与心理学的融合发展》，《自然辩证研究》2011 年第 11 期。

张向阳、刘鸣、张积家：《主体关联性对贝叶斯推理概率估计的影响》，《心理科学》2006 年第 4 期。

周丽洁：《从逻辑学到心理学——归纳推理的心理学意义初探》，《贵州教育学院学报》（社会科学版）2008 年第 8 期。

周山：《逻辑多元性的历史根据》，《哲学分析》2011 年第 3 期。

董剑：《贝叶斯推理中概率信息作用的认知神经机制》，硕士学位论文，湖南师范大学，2014 年。

解丽：《认知视野中的溯因推理》，博士学位论文，南开大学，2012 年。

李章吕：《贝叶斯决策理论研究》，博士学位论文，南开大学，2010 年。

廖紫祥：《工作记忆对贝叶斯推理的影响》，硕士学位论文，湖南师范大学，2015 年。

刘川：《计算主义的逻辑与认知研究》，博士学位论文，南开大学，2016 年。

那顺·乌力吉：《类比推理的逻辑与认知研究》，博士学位论文，南开大学，2012 年。

邱晓雯：《情绪因素对主观概率判断的影响》，硕士学位论文，首都师范大学，2008 年。

任晓明：《柯恩新古典归纳逻辑研究》，博士学位论文，武汉大学，1990 年。

史滋福：《贝叶斯推理问题解决中的认知偏向研究》，博士学位论文，西南大学，2007 年。

徐媛：《贝叶斯推理完成特点及影响因素》，硕士学位论文，华东师范大学，2003 年。

许涤非：《双主体认知逻辑研究》，博士学位论文，北京大学，2003 年。

张小燕：《逻辑·心理·认知：皮亚杰心理逻辑研究》，博士学位论文，南京大学，2004 年。

二　英文部分

（一）图书类

Anderson，J. A. ，and G. E. Hinton. 1981. *Models of Information Processing in the Brain*，in Parallel Models of Associative Memory，ed. G. E. Hinton and J. A. Anderson. Hillsdale，N. J：Erlbaum.

Anderson，J. R. 1976. *Language*，*Memory and Thought*. Hillsdale，N. J. ：Erlbaum.

Chomsky，N. 1957. *Review of B. F. Skinner's Verbal Behavior*，in The Structure-Chomsky，N. 1964. *Current Issues in Linguistic Theory*. The Hague：Mouton.

Chomsky，N. 1975. *The Logical Structure of Linguistic Theory*. New York：Plenum.

Chomsky，N. 1976. *Reflections on Language*. New York：Fontana.

Cohen，J. 1966. *Human Robots in Myth and Science*. London：George Allen and Unwin.

Dov M. Gabbay. Stephan Hartmann. John Woods. *Handbook of the History of Logic*，*Inductive Logic*，Volume 10. Elsevier，2011.

Dreyfus，H. L. 1979. *What Computers Can't Do*：*A Critique of Artificial Reason*. 2d ed. New York：Harper & Row.

ed. J. Haugeland. Cambridge，Mass. ：MIT Press，a Bradford Book.

E. Husserl. *Logische Untersuchungen*. Vol. 1. Husserliana，Volume 18 – 19. Nijhoff，The hague，Netherlands，1975.

Englewood Cliffs，N. J. ：Prentice-Hall.

Fodor，J. A. 1965. *Explanation in Psychology*，*in Philosophy in America*，ed. M. Black. Ithaca：Cornell Univ. Press.

Fodor，J. A. 1968b. *Psychological Explanation*. New York：Random House.

Fodor. J. A. 1975. *The Language of Thought*. New York：Crowell.

Fodor，J. A. 1978a. Computation and Reduction, in Perception and Congnition：Issues in the Foundations of Psychology, ed. C. W. Savage，*Minnesota Studies in the Philosophy of Science*，Vol. 9. Minneapolis：Univ. of Minnesota Press.

Fodor，J. A. 1980b. *Reply to Putnam*，*in Language and Learning*：*The Debate between Jean Piaget and Noam Chomsky*，ed. M. Piatelli-Palmarini. Cambridge，Mass. ：Harvard Univ. Press.

Fodor, J. A. 1980c. *Representations*. Cambridge, Mass. : MIT Press, a Bradford Book.

Fodor, J. A. 1983. *The Modularity of Mind: An Essay on Faculty Psychology*. Cambridge, Mass. : MIT Press, a Bradford Book.

Fodor, J. A. , and Z. W. Pylyshyn. 1981. *How Direct Is Visual Perception? Some Reflections on Gibson's Ecological Approach*, Cognition 9: 139 – 196.

Fodor, J. A. , T. Bever, and M. Garrett. 1974. *The Psychology of Language*. New York, George Humphrey, *Thinking*. New York: Wiley, 1951.

Gibson, J. J. 1966b. *The Senses Considered as Perceptual Systems*. Boston: Houghton Mifflin.

Gibson, J. J. 1979. *An Ecological Approach to Visual Perception*. Boston: Houghton Mifflin.

Goodman, N. 1954. *Fact, Fiction, and Forecast*. University of London: Athlone Press.

Goodman, N. 1968. *Languages of Art*. Indianapolis: Bobbs-Merrill.

Hanson, A. , and E. Riseman, eds. 1978. *Computer Vision Systems*. New York: Academic Press.

Hanson, N. R. 1958. *Patterns of Discovery*. Cambridge: University of Cambridge Press.

Haugeland, J. 1981a. *Semantic Engines: An Introduction to Mind Design*, Haugeland, J. 1981b. *Mind Design*. Cambridge, Mass. : MIT Press, a Bradford Book.

Hebb, D. O. 1949. *Organization of Behavior*. New York: Wiley.

John Macnamara and Gonzalo E. Reyes Edited. *Logical Foundation of Cognition*, New York : Oxford University Press, 1994.

Johnson, N. F. 1972. *Organization and the Concept of a Memory Code*, in Coding *Processes in Human Memory*, ed. A. W. Melton and E. Martin. New York: Winston.

J. Piaget. *Logic and Psychology*. Manchester University Press, Manchester, UK, 1953.

Kant, I. , [1800] 1974. *Logic*, Translated by R. S. Hartman & W. Schwarz. New

York: Bobbs-Merrill.

Keith Stenning and Michiel van Lambalgen. 2008. *Human Reasoning and Cognitive Science*. London: A Bradford Book The MIT Press Cambridge, Massachusetts.

Kleinschmidt, Harald. 2005. *Perception and Action in Medieval Europe* Boydell Press.

Kosslyn, S. M. 1980. *Image and Mind.* Cambridge, Mass. : Harvard University Press.

Language, ed. J. A. Fodor and J. J. Katz. Englewood Cliffs, N. J. : Prentice-Hall.

Matthen, Mohan. *Seeing, Doing, and Knowing: A Philosophical Theory of Sense Perception*, Oxford University Press Inc. 2005.

McCarthy, J. , and P. Hayes. 1969. Some Philosophical Problems from the Standpoint M G. Frege. *The Frege Reader.* Blackwell, Oxford, 1997. (edited by M. Beany) Minsky, M. L. 1967. *Computation: Finite and Infinite Machines.* Englewood Cliffs, Minsky, M. L. , and S. Papert. 1972. *Artificial Intelligence Progress Report.* Artificial Intelligence Memo No. 252, Massachusetts Institute of Technology.

Minsky, vi. L. , and S. Papert. 1969. *Perceptrons.* Cambridge, Mass. : MIT Press.

Newell, A. 1962. Some Problems of Basic Organization in Problem-Solving Programs, in *Self-Organizing Systems*, ed. A. Yovitts, G. T. Jacobi, and G. D. Goldstein. New York: Spartan.

Newell, A. 1970. Remarks on the Relationship between Artificial Intelligence and Cognitive Psychology, in *Theoretical Approaches to Non-Numerical Problem Solving*, ed. R. Banerji and M. D. Mesarovic. New York: Springer-Verlag.

Newell, A. 1972. A Theoretical Exploration of Mechanisms for Coding the Stimulus, in *Coding Processes in Human Memory*, ed. A. W. Melton and E. Martin. Edinburgh: Edinburgh Univ. Press.

Newell, A. 1973a. Artificial Intelligence and the Concept of Mind, in *Computer Models of Thought and Language*, ed. R. C. Schank and K. Colby. San Francisco: W. H. Freeman.

Newell, A. 1973b. Production Systems: Models of Control Structures, in *Visual In-*

formation Processing, ed. W. Chase. New York: Academic Press.

Newell. A. , and H. A. Simon. 1972. *Human Problem Solving*. Englewood Cliffs, N. J. : Prentice-Hall. of Artificial Intelligence, in *Machine Intelligence* 4, ed. B. Meltzer and D. Michie. Edinburgh: Edinburgh Univ. Press.

Putnam, H. 1960. Minds and Machines, in *Minds and Machines*, ed. A. Anderson Putnam, H. 1967. The Mental Life of Some Machines, in *Intentionality*, *Minds and Perception*, ed. H. N. Castaneda. Detroit: Wayne State University Press; reprinted in *Mind*, *Language and Reality*, Philosophical Papers, Vol. 2. Cambridge, England: Cambridge University Press.

Putnam, H. 1981. *Computational Psychology and Interpretation Theory*, Conference on Foundations of Cognitive Science, University of Western Ontario, London, Canada.

Pylyshyn, Z. W. 1972. *The Problem of Cognitive Representation*, Research Bulletin No. 227, Department of Psychology, University of Western Ontario.

Pylyshyn, Z. W. 1973b. *What the Mind's Eye Tells Mind's Brain: A Critique Mental Imagery*, Psychological Bulletin 80: 1 – 24.

Pylyshyn, Z. W. 1980c. Complexity and the Study of Human and Machine Intelligence, in *Mind Design*, ed. J. Haugeland. Cambridge, Mass. : MIT Press, a Bradford Book.

Pylyshyn, Z. W. 1984. Plasticity and Invariance in Cognitive Development, in *Neonate Cognition: Beyond the Blooming, Buzzing Confusion*, ed. J. Mehler and R. Fox. Hillsdale, N. J. : Erlbaum.

Pylyshyn, Z. W. , E. W. Elcock, M. Marmor, and P. Sander. 1978. *Explorations in Visual-Motor Spaces*, Proceedings of the Second International Conference of the Canadian Society for Computational Studies of Intelligence, University of Toronto.

Simon, H. A. 1969. *The Sciences of Artificial*, *Compton Lectures*. Cambridge, Mass: Turing, A. M. 1937. *On Computable Numbers*, *with an Application to the Entsch Dungs Problem*, Proceedings of the London Mathematical Society 42: 230 – 265.

Turing, A. M. 1950. Computing Machinery and Intelligence, in Mind; *Reprinted 1964 in Minds and Machines*, ed. A. R. Anderson. Englewood Cliffs, N. J.: Prentice-Hall.

Von Neumann, J. 1966. *Rigorous Theories of Control and Information, in the Theory of Self-Reproducing Automata.* Urbana: Univ. of Illinois Press.

Wade, Nicholas. 2005. *The Moving Tablet of the Eye: The Origins of Modern Eye Movement Research*, Oxford University Press.

（二）论文类

Anderson, J. R. 1978. Argument Concerning Representations for Mental Imagery, *Psychological Review* 85: 249 – 277.

Chomsky, N. 1980. Rules and Representations, *Behavioral and Brain Sciences* 3: 1: 1 – 15.

Churchland, P. M. 1980. Plasticity: Conceptual and Neuronal, *Behavioral and Brain Sciences* 3: 133 – 134.

Churchland, P. M. 1981. Eliminative Materialism and the Propositional Attitude, *Journal of Philosophy* 78: 2: 67 – 90.

Churchland, P. S. 1980. Neuroscience and Psychology: Should the Labor Be Divided? *Behavioral and Brain Sciences* 3: 133.

Fodor, J. A. 1968a. The Appeal to Tacit Knowledge in Psychological Explanation, *Journal of Philosophy* 65: 627 – 640.

Fodor, J. A. 1978b. Tom Swift and His Procedural Grandmother, *Cognition* 6: 229 – 247.

Fodor, J. A. 1980a. Methodological Solipsism Considered as a Research Strategy for Cognitive Psychology, *Behavioral and Brain Sciences* 3: 1: 63 – 73.

Fodor J. A. 1984. Why Paramecia Don't Have Mental Representations, *Unpublished Paper.*

Fodor, J. A. , and Z. W. Pylyshyn. 1981. How Direct Is Visual Perception? Some Reflections on Gibson's Ecological Approach, *Cognition* 9: 139 – 196.

Gibson, J. J. 1966a. The Problem of Temporal Order in Stimulation and Perception, *Journal of Psychology* 62: 141 – 149.

Gibson, J. J. 1973. On the Concept of "Formless Invariants" in Visual Perception, *Leonardo* 6: 43 – 45.

Haugeland, J. 1978. The Nature and Plausibility of Cognitivism, *Sciences* 2: 215 – 260.

Hebb, D. O. 1968. Concerning Imagery, *Psychological Review* 75: 466 – 477.

Johnson-Laird, P. N., and M. J. Steedman. 1978. The Psychology of Syllogisms, *Cognitive Psychology* 10: 64 – 99.

Kosslyn, S. M. 1973. Scanning Visual Images: Some Structural Implications, *Perception and Psychophysics* 14: 90 – 94.

Kosslyn, S. M. 1975. The Information Represented in Visual Images, *Cognitive Psychology* 7: 341 – 370.

Kosslyn, S. M. 1978. Measuring the Visual Angle of the Mind's Eye, *Cognitive Psychology* 10: 356 – 389.

Kosslyn, S. M., and J. R. Pomerantz. 1977. Imagery, Propositions, and the Form Internal Representations, *Cognitive Psychology* 9: 52 – 76.

Kosslyn, S. M., B. J. Reiser, M. J. Farah, and L. Fliegel. 1983. Generating Visual Images: Units and Relations, *Journal of Experimental Psychology: General*, 112: 2: 278 – 303.

Kosslyn, S. M., and S. P. Shwartz. 1977. A Data-Driven Simulation of Visual Imagery, *Cognitive Science* 1: 265 – 296.

Kosslyn, S. M., T. M. Ball, and B. J. Reiser. 1978. Visual Images Preserve Metric Spatial Information: Evidence from Studies of Image Scanning, *Journal of Experimental Psychology: Human Perception and Performance* 4: 46 – 60.

Kosslyn, S. M., S. Pinker, G. Smith, and S. P. Shwartz. 1979. On The Demystification of Mental Imagery, *Behavioral and Brain Sciences* 2: 4: 535 – 548.

Newell, A. 1980. Physical Symbol Systems, *Cognitive Science* 4: 2: 135 – 183.

Newell, A. 1982. The Knowledge Level, *Artificial Intelligence* 18: 1: 87 – 127.

Putnam, H. 1973. Reductionism and the Nature of Psychology, *Cognition* 2: 131 – 146.

Pylyshyn, Z. W. 1973a. The Role of Competence Theories in Cognitive Psychology,

Journal of Psycholinguistics Research 2: 21 – 50.

Pylyshyn, Z. W. 1974. Minds, Machines and Phenomenology, *Cognition* 3: 57 – 77.

Pylyshyn, Z. W. 1978a. Computational Models and Empirical Constraints, *Behavioral and Brain Sciences* 1: 93 – 99.

Pylyshyn, Z. W. 1979a. Do Mental Events Have Durations?, *Behavioral and Brain Sciences* 2: 2: 277 – 278.

Pylyshyn, Z. W. 1979b. The Rate of "Mental Rotation" of Images: A Test of a Holistic Analogue Hypothesis, *Memory and Cognition* 7: 19 – 28.

Pylyshyn, Z. W. 1979c. Validating Computational Models: A Critique of Anderson's Indeterminacy of Representation Claim, *Psychological Review* 86: 4: 383 – 394.

Pylyshyn, Z. W. 1980a. Cognition and Computation: Issues in the Foundations of Cognitive Science, *Behavioral and Brain Sciences* 3: 1: 111 – 132.

Pylyshyn, Z. W. 1980b. Cognitive Representation and the Process-Architecture Distinction, *Behavioral and Brain Sciences* 3: 1: 154 – 169.

Pylyshyn, Z. W. 1981. The Imagery Debate: Analogue Media Versus Tacit Knowledge, *Psychological Review* 88: 16 – 45.

Tversky, A., and D. Kahneman. 1974. Judgment under Uncertainty: Heuristics Biases, *Science* 185: 1124 – 1131.

索　引

后　记

　　本书是国家社会科学基金重点项目"基于逻辑视域的认知研究——从社会文化视角看"（项目批准号：11AZD056）的研究成果。

　　我们的书稿得以完成有赖于我们指导的几位博士研究生所做的基础性工作，他们的博士学位论文为本书的写作提供了素材。书中的一些内容就是我们在其初稿的基础上扩充、深化而定稿的。还有一些章节的内容是在他们所编译外文资料的基础上，由我们消化吸收并凝练观点而成的。这里特别要提到的文献有：那顺·乌力吉的博士学位论文《类比推理的逻辑与认知研究》，解丽的博士学位论文《溯因推理的逻辑与认知研究》，刘川的博士学位论文《涉身认知视野的计算问题研究》，董英东的博士学位论文《动态认知概率逻辑研究》等。

　　本书由任晓明和其博士生、硕士生共同合作完成。大致分工是：任晓明撰写第一章、第二章、第三章。潘文全博士参与了第一章初稿撰写。李章吕博士参与了第二章初稿撰写。第四章、第五章和第六章的初稿部分来自那顺·乌力吉博士学位论文，由任晓明修改提炼完成。第七章、第八章和第九章的初稿部分来自解丽的博士学位论文，由任晓明增补修改提炼完成。第十章初稿由董英东和解丽博士撰写，任晓明做了部分修改。第十一章和第十二章的初稿来自刘川的博士学位论文，由任晓明修改完成。第十三章由任晓明撰写，第十四章的初稿由贾磊、张晓芒撰写，任晓明修改和增补。体现本书中心思想的导言、结语和全书统稿工作由任晓明负责。桂起权教授对本书的修改提出了重要意见并参与了部分初稿的修改工作。南开大学博士生黄闪闪、高炜、董云峰参与了初稿的排版和打印工作，南开大学博士生王刚、林亦菲在研究生研讨课上的讨论对书稿的修改有所贡献。南开大学硕士生朱耀桦的硕士学位论文《认知视野中的溯因推理研究》《建模解决溯因推理的主观性问题》、硕士生田佳佳的论文《认知中的溯因》、硕士生于红的论文《皮尔士、汉森的溯因思想》、硕士生张贝思的论文《约翰·伍兹溯因推理思想研究》等思想资源为本书的撰写提供了参考和借鉴。

我们的研究是在南开大学和武汉大学起步的，我们极大地受惠于那里的先生和学友。此时此刻我首先要对武汉大学江天骥先生和桂起权教授这两位导师把我引上学术道路并悉心指教表示衷心感谢。我在北京师范大学哲学系就读本科和硕士研究生期间，杨百顺教授、吴家国教授、林熹教授、董志铁教授、宋文淦教授都给了我很大帮助，师恩难忘。南开大学温公颐先生和崔清田教授把我引进南开大学并悉心指教，知遇之恩难忘。南开大学哲学院此前曾经计划资助本书的出版，在此仍要对翟锦程教授、贾江鸿教授等表示感谢。感谢南开大学田立刚教授、贾向桐教授、李娜教授和王左立教授对我学术研究的帮助。没有大家的帮助，这本书是不可能完成并顺利出版的。

任晓明

2020 年 12 月 21 日于天津南开大学

图书在版编目(CIP)数据

逻辑学视野中的认知研究／任晓明等著 . —北京：中国社会科学
出版社，2021.3

（国家哲学社会科学成果文库）

ISBN 978 - 7 - 5203 - 8146 - 8

Ⅰ.①逻…　Ⅱ.①任…　Ⅲ.①逻辑学—认知—研究　Ⅳ.①B81

中国版本图书馆 CIP 数据核字（2021）第 051136 号

出　版　人	赵剑英
责任编辑	冯春凤
责任校对	朱妍洁
封面设计	肖　辉　郭蕾蕾
责任印制	戴　宽

出　　　版	中国社会科学出版社
社　　　址	北京鼓楼西大街甲 158 号
邮　　　编	100720
网　　　址	http://www.csspw.cn
发　行　部	010 - 84083685
门　市　部	010 - 84029450
经　　　销	新华书店及其他书店

印刷装订	北京君升印刷有限公司
版　　　次	2021 年 3 月第 1 版
印　　　次	2021 年 3 月第 1 次印刷

开　　　本	710 × 1000　1/16
印　　　张	28.25
字　　　数	463 千字
定　　　价	158.00 元

凡购买中国社会科学出版社图书，如有质量问题请与本社营销中心联系调换
电话：010 - 84083683